로컬에듀

로컬에듀

초판 1쇄 발행 2017년 6월 2일
초판 5쇄 발행 2020년 4월 17일

지은이 | 추창훈

발행인 | 김병주
출판부문대표 | 임종훈
주간 | 이하영
편집 | 신은정, 안선아
디자인 | 디자인붐
마케팅 | 박란희
펴낸 곳 | (주)에듀니티(www.eduniety.net)
도서문의 | 070-4342-6110
일원화 구입처 | 031-407-6368 (주)태양서적
등록 | 2009년 1월 6일 제300-2011-51호
주소 | 서울특별시 인사동5길 29 태화빌딩 9층

ISBN 979-11-85992-39-6 (13370)
값은 표지에 있습니다.

이 책은 저작권법에 따라 한국 내에서 보호를 받는 저작물이므로 무단 전재 및 복제를 금합니다.

지역교육을 위한 희망 로드맵

LOCAL
EDUCATION

로컬에듀

추창훈 지음

에듀니티

차 례

축하의 글
추천의 글 교육행정의 모범
들어가며 지역교육의 밑그림을 다시 그리다

1부. 로컬에듀, 지역이 함께 꿈꾸다

1장 지역교육에 물음표를 찍다	···022
2장 정책토론회, 로컬에듀 첫걸음을 떼다	···031
3장 발로 뛰는 권역별 학부모 네트워크	···045
4장 찾아가는 공감토크, 모든 정책은 현장으로부터	···063
5장 지역의 교육력을 높이는 혁신교육특구	···087

2부. 아이를 존중하는 학교

1장 따뜻한 학교	···104
2장 열손가락 책임교육	···125
3장 교사, 실천하면서 배우다	···147
4장 학교, 연극의 무대가 되다	···184

3부. 학교를 품은 마을

1장 학교와 마을이 함께 만드는 교육과정 ··· 214
2장 교육기부, 오히려 아이들에게 배우다 ··· 240
3장 문밖 진로체험처 ··· 259
4장 마을의 들꽃, 교육공동체 ··· 275

4부. 마을과 함께 숨 쉬는 교육

1장 300인 원탁토론 ··· 294
2장 풀뿌리 교육과정과 질적교육연구소 ··· 315
3장 풀뿌리 교육지원센터 ··· 333
4장 마을교과서 ··· 350
5장 플랫폼 홈페이지 ··· 365

나가며 혁신교육에서 지역교육으로 ··· 378

축하의 글

추창훈 장학사는 교사에서 장학사로 자리를 옮긴 후 5년 동안 완주교육지원청 장학사로 일하고 있습니다. 완주는 전라북도교육청이 지정한 혁신교육특구입니다. 혁신교육특구는 도교육청, 완주교육지원청, 완주군, 단위 학교 그리고 지역사회가 함께 교육협력의 모델을 만들어 가는 곳입니다.

전북의 14개 시·군 중 재정자립도가 가장 높은 곳이 완주군입니다. 공단 지역을 중심으로 고학력 학부모가 많이 거주하고 있고, 삼례읍, 고산면, 소양면을 중심으로 학부모 활동도 매우 활발합니다. 학교의 위치에 따라 학생들의 가정환경도 천차만별입니다. 완주는 전북에서 혁신학교가 가장 많은 지역이고, 삼우초등학교라는 전국적으로 명성이 있는 학교도 있습니다.

그래도 문제는 학교입니다. 초등학교를 졸업하거나 중학교를 졸업한 후 완주지역의 중학교나 고등학교로 진학하는 학생들의 비율이 높지 않습니다. 최소한 교육에 관한 한 '떠나는 완주'라는 인식이 오랫동안 유지되어 왔습니다. 그러한 인식을 바꾸기 위한 노력이 쌓이고 쌓여서 이제는 '돌아오는 완주'를 꿈꿀 수 있는 상황으로 바뀌기 시작했습니다.

중앙정부의 교육정책이 시·도의 교육을 다 해결할 수 없는 것처럼, 시·도교육청의 교육정책이 시·군 교육지원청의 교육을 다 해결할 수는 없습니다. 더 풀어서 말하면 지역교육지원청의 교육정책이 단위 학교의 교육을 다 해결할 수 없습니다. 우리에게 정말 필요한 것은 교육의 다양성과 자율성을 존중하는 자세입니다.

추창훈 장학사의 이 책 『로컬에듀』는 완주교육 변화의 몸부림과 그 과정을 하나의 시계열처럼 엮어 놓은 책입니다. 이 책은 완주의 교육혁신을 위해서 지난 5년간 현장을 뛰어다니면서 보고 느끼고 몸부림쳤던 기록을 잘 담아냈습니다. 나도 원고를 읽으면서 그동안 모르고 있었던 완주교육의 현안과 대안을 알게 되었습니다. 아무쪼록 원고가 잘 마무리되어 훌륭한 자료로 교육가족에게 다가가기를 기대하겠습니다.

2017년 4월 10일
김승환 전라북도교육감
페이스북에서 발췌

추천의 글
교육행정의 모범

이 책은 전라북도 완주교육지원청에 근무하고 있는 추창훈 장학사가 2014년부터 2016년까지 완주군 지역의 학생들에게 실질적으로 필요한 교육의 기회를 제공하기 위해 노력한 과정과 결과를 정리하고 있다.

전라북도 완주군은 마치 서울을 둘러싸고 있는 경기도와 유사한 지역이다. 다만 규모만 작을 뿐이다. 완주군은 전주시를 둘러싸고 있으면서, 농촌과 산촌 그리고 공장촌이 혼재되어 있다. 또한 전주시에 비해서 사회 문화적 배경이 열악하다. 그로 인해서 학생들은 성장에 필요한 자양분을 지역으로부터 충분히 얻기 어렵다. 부모들은 그 문제를 해결하기 위해서 자녀를 전주시로 보낸다. 그것은 다시 완주군을 저발전으로 나타난다.

사정이 이러함에도 불구하고 지난 수십 년 동안 완주군청이나 완주교육지원청은 완주군의 이러한 지역적 특성을 고려한 교육 정책을 마련하여 실천하지 못했다. 완주군청은 소수의 우수한 학생들을 선발하여 지원하는 교육 정책을 실시했다. 그것은 지역의 인재를 유출하는 결과를 초래했다. 완주교육지원청은 그동안 교육부나 전라북도교육청이 결정한 정책을 이행하는 일을 주로 해왔다. 그것은 완주군 지역의 학생들이 당면한 문제를 외면하는 결과를 초래했다.

추창훈 장학사는 지난 3년 동안 이러한 악순환의 고리를 끊고 선순환의 고리를 새롭게 만드는 일을 해왔다. 그 일을 하는 데 가장 필요한 것은 사람, 그 가운데 완주군 지역의 학생들에게 필요한 교사였다. 국가교육과정이나 상급 교육행정기관의 지시를 수동적으로 따르는 공무원으로서의 교원(敎員)이 아니라, 현재 자신이 만나는 학생의 특성과 처지를 고려하여 학생의 몸과 마음이 건강하게 자라도록 다양한 방안을 스스로 모색하여 실천할 수 있는, 전문가로서의 교사(敎師)가 필요했다.

추창훈 장학사는 따뜻한 학교, 열손가락 학교, 실천연구회, 맞춤형 책임교육, 마을교과서, 풀뿌리 교육과정, 질적교육연구소 등의 사업을 통해서 완주지역에 근무하는 교사들이 전문가로서의 교사로 다시 태어나도록 하고자 했다. 이와 함께 즐거운 학교 등의 사업을 통해서 학생들이 연극이나 뮤지컬 등을 관람하거나 스스로 공연할 기회를 제공했다.

그런데 이 일을 하는 데는 예산이 필요했다. 추창훈 장학사는 예산 확보를 위해서 완주군수나 완주군청의 교육 관련 담당자를 만나서 설득하고, 지역사회의 주민을 만나서 여론을 형성하고자 했다. 그렇지만 뜻대로 쉽게 되지 않았다. 그들로부터 외면당하기도 하고, 주변 사람들로부터 오해를 받기도 했다. 또한 추창훈 장학사가 시도하는 대부분의 사업은 현장 교사들에 의해서 오해되고, 왜곡되기 일쑤였다.

그런 어려움을 무릅쓰고 추창훈 장학사는 지난 3년 동안 묵묵히 한길로 걸어왔다. 이 책에는 그 과정이 담겨있다. 이 책에 적힌 이야기를 읽다 보면 이 시대의 교육과 교육행정이 어떻게 이루어져야 하는지, 그리고 그 일에 종사하는 사람이 어떻게 살아가야 하는지를 스스로 깨닫게 될 것이다. 그 점에서 이 책은 우리나라의 교육행정과 관련된 일을 하는 모든 사람이 반드시 읽을 가치가 있다.

2017년 입춘 아침에
서근원(대구가톨릭대학교 교육학과) 씀

들어가며

지역교육의 밑그림을 다시 그리다

완주군의 교육도 다른 지역과 마찬가지로 다양한 문제를 안고 있다. 특히 많은 초등학생이 도시에 있는 중학교로 진학한다. 중학생들은 지역의 고등학교를 외면한다. 학교가 미덥지 않은 학부모는 아이를 따라 지역을 떠날 기회를 엿보고 있다. 그러다 보니 학부모들의 삶도 지역에 뿌리를 내리지 못한다. 이런 상황이 해마다 되풀이된다.

완주교육지원청은 이러한 흐름을 돌이킬 수 없는 것으로 여기지 않고, 지역교육의 밑그림을 다시 그리기 시작했다. 아이들이 교육 때문에 지역을 떠나지 않고, 학부모들이 안심하고 자녀를 지역의 학교에 보내는 그림을 구상하는 것이다. 나아가 아이들이 경쟁의 대열에 합류하지 않고, 지역에서 자신이 하고 싶은 일을 하며 행복하게 살아갈 수 있는 선순환의 지역교육 시스템을 만들고자 했다.

완주교육지원청은 지역의 아이들이 적어도 중·고등학교까지는 지역의 학교에서 공부하고 성장할 수 있도록 지역이 학교를 실질적으로 지원하고, 학교는 교육과정과 수업을 충실히 운영하는 '로컬에듀' 운동을 지역사회에 제안했다. 그리고 '로컬에듀'를 실현하기 위하여 전라북도교육청이 지정하는 '혁신교육특구'를 완주군과 함께 운영하기 시작했다.

'혁신교육특구'는 연 10억 원 정도의 예산을 4년간 확보하여 지역이 공교육을 지원하고, 마을의 교육자원을 발굴하여 활용하는 정책이다. 또한 학교와 마을이 시간과 장소의 담을 허물어 함께 아이를 키우는 마을교육공동체 운동이다. 아이들의 배움이 학교에서 끝나면 안 된다. 학교에서 교과 지식과 태도, 품성을 배우고 익혀, 배움을 삶 속에서 경험하고 또 실천해야 한다. 삶의 터전인 마을은 아이들이 경험하고, 또 실천하는 장(場)이 되는 것이다.

혁신교육특구는 특히 학교의 창의적 교육과정 운영과 선생님들의 수업 전문성 신장에 힘을 쏟고 있다. 학교교육과정의 변화와 선생님들의 참여가 없다면 아무리 많은 예산이 들어간 정책과 사업도 잠깐 부는 바람에 그치고 만다. 아이들은 학교에서 가장 많은 시간을 보내고, 그 시간의 대부분은 교과수업이며, 아이들을 수업 속에서 만나는 사람은 선생님들이기 때문이다.

교육은 공공재이다. 따라서 공교육의 공공성과 책무성을 놓치지 않기 위하여 학습에 어려움을 겪는 아이들에게 더 많은 지원을 하고 있다. 아이들의 학습더딤의 원인이 무엇인지 살펴보고, 이를 보완해주는 근본적인 해결방안을 모색하고 있다.

완주가 문화적 혜택이 열악한 농산촌 지역임을 감안하여 전문 극단이 만든 연극을 보고, 수업 시간에 직접 만들어봄으로써 문화예술 감수성을 키울 수 있도록 했다. 지역사회의 일터 체험과 동아리 활동으로 자신의 진로를 고민해보고, 꿈을 찾는 데 필요한 능력을 스스로 갖추도록 했다.

아울러 지역에서 살고 있는 전문가와 다양한 자원을 찾아 시스템을 만들고, 네트워크로 묶어 학교교육과정 운영과 수업에 활용할 수 있는 토대를 마련하고 있다. 최근에는 학교에서 선생님이 아이들과 수업에 집중할 수 있도록 방과후와 돌봄교실 등 불필요한 것을 걷어내는 작업도 일부 지역에서나마 시범적으로 시작하고 있다.

마지막으로 사람이 바뀌고, 혁신교육특구가 종료되어 예산 지원이 끊기더라도 이 모든 과정이 스스로의 생명력으로 지속될 수 있도록 지역의 교육 지원 시스템도 조금씩 갖추어가고 있다. 풀뿌리 교육과정, 마을교육지원센터, 마을교과서, 플랫폼 홈페이지 등과 같은 다소 실험적인 시도들이 바로 그것이다.

> 태어나서 처음으로 뮤지컬이라는 것을 배웠다. 선생님으로부터 수업 시간에 뮤지컬을 만들어보자는 말을 들었을 때는 걱정이 많이 됐는데 막상 연습을 해보니 재미있었다. 학교에 찾아와서 뮤지컬을 공연한 극단의 진짜 배우가 와서 춤과 노래를 알려줬다. 한 달간 춤과 노래도 많이 늘었고 내 마음도 달라진 것 같다. 연습 때 힘들었던 것을 다 날려버렸다. 다음에 이런 기회가 있으면 또 해보고 싶다. 이 경험은 평생 잊지 못할 것 같다.

전문 극단이 학교에 찾아가서 공연한 뮤지컬을 보고, 수업 시간에 뮤지컬을 만든 삼우초등학교 학생의 실제 후기다. 이 학생은 수업을 마친 후에는 방과후학교에 가서 기타를 배운다. 중학교에 올라가서도 같은 선생님에게 계속 배울 수 있다. 동생 지현이는 돌봄교실에 가서 간식을 먹으며 엄마가 집에 돌아올 때까지 친구들과 논다. 학교가 문을 닫는 방학 중에도 문을 열어 맞벌이 학부모들은 자녀를 안심하고 맡길 수 있다. 이들 오누이는 주말이 되면 지역에 있는 다른 학교의 아이들과 함께 생태체험과 일터체험에 참여한다. 동네에 있는 산, 들, 강에서 마음껏 뛰어놀고, 마을 사람들의 일터에 가서 살아가는 이야기를 듣거나 체험하기도 한다.

여기에 참여하는 강사는 모두 마을에 살고 있는 지역주민이거나 학부모이다. 더욱이 프로그램을 만들고, 강사를 섭외하고, 강사비를 지급하는 일도 마을에서 한다. 마을에서 지역 학교 전체의 방과후학교와 돌봄을 위탁받아 운영하기 때문이다. 학교는 오직 교육과정과 수업에 집중한다. 선생님들은 정규 수업 후 학습에 어려움을 겪는 아이들을 돌보거나 수업실천 지역연구회에 참여한다.

아이들은 학교에 있을 때는 교과수업에 충실하고, 학교를 마친 후에는 지역에서 다양한 활동을 하며 즐겁게 생활한다. 그리고 저마다의 꿈을 키워나간다. 어떤 아이들은 학교를 졸업한 뒤에 멀리 떠나지 않고 지역에서 살아갈 수도 있겠다는 생각을 한다. 학교 수업에서 지역을 충분히 배우고, 마을 사람들이 행복하게 살아가는 것을 직접 보면서 자라기 때문이다.

이는 우리가 꿈꾸는 마을인 동시에, 우리가 지금 만들어가고 있는 완주군 고산면의 이야기이기도 하다. 이런 학교와 마을을 만들기 위해 교육지원청과 지자체는 필요한 인력, 예산, 차량, 시설 등을 적절히 지원한다. 이렇게 해서 공교육이 살아나고 마을이 교육적 기능을 회복한다면 아이들이 떠나지 않고, 오히려 인근 도시에서 찾아오는 지역이 될 것이다. 학부모들은 교육 때문에 도시로 나가지 않아도 아이들을 잘 키울 수 있다는 믿음을 갖게 될 것이다. 선생님들은 비로소 가르치는 긍지와 아이들의 성장을 바라보는 기쁨을 느낄 것이다. 지역주민의 정주 여건과 삶의 질 또한 한층 높아질 것이다. 이는 곧 지역의 발전으로 귀결될 것이다.

> 기록되기 전에는 아무 일도 진짜로 일어난 게 아니란다. 그러니 너도 가족과 친구들에게 많은 편지를 써야 한다. 일기도 꼭 쓰고.

버지니아 울프가 어느 소녀에게 했던 말이다. 소녀는 자라서 나중에 그녀의 전기를 썼다.(『고독의 힘』, 원재훈, 2015, 29쪽)

수업 시간에 아이들과 충분한 교감을 나누지 못해 한없이 작아지고 움츠러드는 시간이 많았습니다. 그러던 중 학생중심수업 실천연구회 활동에 참여하면서 내 수업을 현미경으로 들여다보는 경험을 하게 되었습니다. 평소에 수업 나눔은 교사의 아킬레스건이라고 생각하고 있었습니다. 교사에게 가장 필요하지만, 마지막 순간까지 외면하고 싶은 것이 수업 나눔이었습니다. 필연적으로 자신을 대면하는 과정을 거쳐야하기에 심적인 부담이 컸습니다. 그런데 실천연구회 활동을 하면서 내 수업을 끊임없이 들여다보고, 기록했습니다. 그리고 문제점을 찾아 해결 전략을 설정하는 법을 배우게 되었습니다. 그러자 서서히 내 수업이 보이기 시작했습니다.

2015년 하반기부터 1년 넘게 진행해온 실천연구회에 참여했던 중학교 선생님의 후기다. 선생님들은 수업에서 아이들을 만나는 과정을 기록했고, 그 기록을 바탕으로 다른 선생님들과 수업 실천 사례를 나누었다. 이러한 과정을 통해 자신의 수업을 돌아보고, 좋은 수업이란 무엇인가에 대해 동료와 함께 고민했다. 그리고 교실에 돌아가 실천했다. 이 고민과 실천의 출발점이 기록이었다.

나도 지난 3년 동안 완주교육지원청 장학사로 근무하면서 지자체로부터 예산을 확보한 과정, 학교에 찾아가 선생님들과 나눈 이야기, 마을의 다양한 전문가와 자원을 발굴한 일 등을 조금씩이나마 꾸준히 기록했다. 이 글은 그 기록과 함께 선생님들이 수업에서 실천한 사례와 지역 사람들이 학교를 지원한 내용을 정리한 것이다.

이 글은 완주교육지원청이 지역의 교육 현실에 대하여 질문을 제기하고, 그 질문의 해답을 찾아가는 과정을 담고 있다. 우리가 '로컬에듀'의 꿈을 이루기 위해 펼친 여러 정책의 성패를 지금 단정 지을 수는 없다. 어떤 정책은 의미 있는 변화나 가시적인 성과를 내기도 했지만, 주춤거리거나 실패한 것도 있다. 하지만 교육의 성과는 단기간에 나타나지 않는다. 아이들의 마음속 깊은 곳에서 태도나 가치의 변화로 싹을 틔우다가 성인이 되어서야 행동으로 나오는 경우도 있다.

우리는 교육이 근본적으로 변하려면 기나긴 시간이 흘러야 한다는 것을 알기에 조급해하지 않고, 뚜벅뚜벅 나아갈 것이다. 완주교육지원청이 학교에 일정한 예산을 주고, 단기간에 성과나 실적을 요구하지 않는 것도 같은 맥락이다.

이 글은 우리 스스로를 성찰하고, 대안을 모색하고자 로컬에듀와 혁신교육특구 정책을 펼치면서 거둔 성공의 결실과 실패의 아픔을 모두 실었다. 로컬에듀의 이상과 방향, 혁신교육특구의 내용과 방법을 지역의 교사, 학부모, 주민과 공유하고 싶다. 특히 해마다 100여 명의 교사가 지역에 새로 오는데, 그럴 때마다 학교에 찾아가 설명할 수는 없다. 그리고 혹시 이 글을 접한 지자체 관계자가 완주군의 교육발전을 위하여 교육정책과 교육경비 사용 방법을 획기적으로 바꿀지도 모른다는 기대도 조금은 있다. 나아가 우리처럼 지역의 교육을 고민하고, 치열하게 방법을 찾고 있는 다른 지역에도 조금이나마 참고가 됐으면 좋겠다. 마을에 학생이 줄어드는 것은 어느 지역이나 발등에 떨어진 불이기 때문이다.

특별히 감사드려야 할 분이 있다. 지역사회에 '로컬에듀'를 제안하고, 지역 전체가 새로운 교육을 꿈꾸게 한 '혁신교육특구' 정책의 중심에 윤덕임 교육장님이 있다. 교육장님의 아이에 대한 사랑, 학교 중심 교육철학, 장학사에 대한 신뢰의 리더십, 그리고 중요한 고비 때마다 어김없이 발휘하는 결단력이 없었다면 우리는 이 일을 시작할 엄두조차 내지 못했을 것이다. 완주교육지원청을 끝으로 42년간의 교직을 마무리하는 그분의 삶에 이 글이 헌사가 되었으면 좋겠다.

  혁신교육특구 정책의 이론적, 실천적 기반은 대구가톨릭대학교 서근원 교수님과 함께 만들었다. 교수님은 매주 연구회 선생님들을 만나 실천연구 과정을 검토하고, 방향을 제시해주었다. 이 연구회에 참여하여 수업과 아이에 대한 깊은 이해를 바탕으로 교실에서 실천한 선생님들은 교사로서의 긍지와 보람을 느낄 수 있었다. 그 선생님들이 만나는 아이들은 수업의 주체로 배울 수 있었고, 학교에서 좀 더 존중받을 수 있었다.

  완주교육을 새롭게 꿈꿀 기회를 주신 전라북도교육청 김승환 교육감님과 완주군 박성일 군수님께 감사드린다. 어려움이 있을 때마다 항상 든든한 버팀목이 되어주신 김쌍동 과장님, 고유한 업무가 과중함에도 흔쾌히 짐을 나누었던 동료 장학사님들, 그리고 우리 완주교육지원청의 모든 구성원에게 고마운 마음을 전한다. 이 글은 한 개인의 기록이 아니라, 완주교육지원청이 '교육'을 '지원'한 과정과 결과임을 분명히 밝힌다.

  그리고 무엇보다 지금 이 순간에도 아이를 중심에 둔 수업을 묵묵히 실천하고 있는 현장 선생님들과 내 아이가 아니라 우리 마을의 아이를 키우기 위하여 몸과 마음으로 성원해주신 학부모님들과 지역주민께 무한한 존경과 감사의 박수를 보내드린다.

  아이들은 지역의 심장이고, 교육은 지역의 미래를 담보한다는 것을 우리 모두가 늘 잊지 않았으면 한다.

2017년 6월
추창훈 씀

1부

로컬에듀,
지역이 함께
꿈꾸다

완주는 전라북도 중심 도시인 전주에서 가깝다. 고속도로도 촘촘히 통과하고 있어 교통이 매우 편리하다. 도심에서는 누릴 수 없는 맑은 공기와 울창한 삼림이 있어 거주지로 손색이 없다. 그래서 복잡한 도심을 떠나 완주에 살기를 희망하는 사람이 많다. 실제로 도내에서 유일하게 인구가 늘어나는 지역이기도 하다.

완주군에 있는 초등학교는 교육환경이 상대적으로 좋은 편이다. 도시학교에 비해 학급당 학생 수가 적고, 다양한 체험학습 등을 실시하므로 학부모들의 만족도가 높다. 그러나 중등학교는 학력이 낮고, 대입 성적도 좋지 않은 편이어서 지역사회와 학부모들의 만족도가 떨어지고 있다. 그러다 보니 학생 및 학급 수 감소, 교원 정원 감축 등으로 인해 교육과정 운영에 어려움을 겪는 학교가 많다.

이는 완주에서 뿌리를 내리고 살아가려는 학부모들에게 완주를 떠나 도시로 가야 하는지 갈등에 빠지게 하는 요인이 되고 있다. 지역의 학교가 변화하지 않는다면 학부모들은 늘 불안할 것이고, 동시에 완주의 미래도 어두울 수밖에 없다.

3년 전, 우리는 이러한 지역교육에 질문을 던지면서 지역사회에 로컬에듀 운동을 펼칠 것을 제안했다. 로컬에듀는 아이들이 지역의 학교에서 공부하고 성장할 수 있도록 지역 전체가 학교를 지원하는 교육운동이다. 특히 지자체와 협력을 강화하여 교육지원 경비를 함께 분석, 조정, 통합하여 예산을 확보하고, 이를 학교교육과정과 수업 등에 지원하고자 한다.

이를 통해 학교는 교육과정과 수업에 집중해 진로와 진학 문제를 동시에 해결함으로써 지역교육에 대한 학부모의 만족도를 높여 공교육의 신뢰를 회복하고자 했다. 동시에 마을은 돌봄과 나눔의 따뜻한 공동체성을 회복하는 것이다. 그러면 아이들은 지역에 자부심과 긍지를 가지게 될 것이고, 궁극적으로 지역에서 살아갈 수 있는 힘을 얻게 될 것이다.

그동안 완주에는 많은 일이 있었다. 로컬에듀 실현에 필요한 지자체 예산을 확보하기 위하여 지자체장 후보가 모두 모인 자리에서 정책토론회를 여는 등 지방선거를 적극 활용했다. 지역사회의 공감과 지지를 버팀목 삼아 학교를 실질적으로 지원하기 위한 교육경비의 규모와 내용에 대하여 지자체와 팽팽한 협상을 진행했다.

학부모들은 권역별로 네트워크를 만들어 로컬에듀의 필요성에 대한 토론회와 설명회를 자체적으로 진행했다. 학교를 지원하기 위해 발로 뛰고 몸으로 실천했다.

교육지원청은 교육장을 포함해 모든 전문직이 학교로 찾아갔다. 학교가 어떤 어려움을 겪고 있고, 선생님들에게 무엇이 필요한지 들으며, 아이를 존중하는 수업과 기초학력에 대해 학교마다 3시간 이상 토론했다. 이를 바탕으로 학교에 필요한 정책을 만들어 시행했다.

또한 완주군과 함께 전라북도교육청이 지정하는 혁신교육특구를 추진하고 있다. 로컬에듀가 지역교육이 나아가야 할 최종 목표라면 혁신교육특구는 이에 도달하기 위한 일종의 수단이요, 방법이요, 과정이다.

지금까지 지역교육은 교육지원청, 지자체, 학교, 지역사회, 학부모가 서로 다른 관점에서 접근해왔다. 이렇게 교육을 바라보는 관점이 다르고 저마다의 방법으로 접근하다 보니 갈등을 겪게 되고 학교가 혼란에 빠질 수밖에 없었다. 그래서 우리는 혁신교육특구를 통해 완주교육이 지향해야 할 철학, 가치, 방향성을 공유하도록 했다. 그리고 각 주체가 자신의 자리에서 무엇을 할 것인지 토론하고, 실천할 수 있도록 장을 마련했다.

1장

지역교육에
물음표를 찍다

⋮

완주는 참 살기 좋은 곳이다. 전주를 타원형으로 넓게 둘러싸고 있어 도심지와 가깝다. 고속도로도 여러 개 교차해 전국 어디든 쉽게 갈 수 있다. 고산, 비봉, 화산, 경천, 운주, 동상면 등은 강원도 골짜기에 왔다는 착각이 들 정도로 울창한 삼림이 많아 공기도 맑다. 구이, 경천, 대아 저수지 등 호수도 많다.

이서면 혁신도시에는 공공기관이 입주한 건물과 아파트 단지가 들어와 하루가 다르게 모습이 달라지고 있다. 봉동읍에 있는 산업단지와 과학단지에는 400여 개의 기업이 입주해있어 공장의 불이 밤에도 꺼지지 않는다. 여기에는 현대자동차, LS, KCC 등 굵직한 기업도 여러 개 있다. 이들 기업이 낸 지방세가 많아 전국 군 단위 자치단체 중에서 재정자립도가 가장 높다. 삼례읍은 초, 중, 고는 물론 대학까지 있어 교육도시라고 해도 손색이 없다.

사람들은 복잡한 도심을 떠나 완주에 살기를 희망하고 있다. 실제로 전주 인근에 위치한 소양, 이서, 구이, 상관면 등과 용진읍에는 전주에서 빠져나온 사람들이 형성한 고급 주택단지가 곳곳에 있다.

완주군 인구는 해마다 늘어나서 지금은 95,000명을 훌쩍 넘어 김제시와 남원시를 추월했다. 전북 제4의 도시인 정읍시를 곧 따라 잡을 것이란 말도 들린다. 또한 한국고용정보원이 2016년에 발표한 '지방소멸에 관한 7가지 보고서'에 따르면 전북 도내에서 30년 후에 남아 있을 지자체 명단에 당당히 이름을 올리고 있다. 완주의 발전과 성장 잠재력을 의심하는 사람은 아무도 없다. 적어도 지금은 그렇다.

인구는 늘어나는데 학생은 줄어든다

그런데 이상한 일이 하나 있다. 완주군 인구는 늘어나는데 학생은 해마다 줄어들고 있다.

전국적 상황을 살펴봤을 때 농산어촌의 인구가 줄어들고 그에 따라 학생이 줄어드는 것은 자연스러운 일이다. 그러나 인구는 늘어나는데 학생이 줄어드는 경우는 보기 드물다. 어쩌면 완주에서만 볼 수 있는 현상인지도 모른다. 봉동 산업단지에 있는 봉서초등학교는 전북에서 규모가 가

구분	2010년	2016년	비고
인구 수	83,885명	95,377명	11,492명 증가
학생 수	11,924명	10,978명	946명 감소

<표 1> 완주군 인구 및 학생 수 변동 현황 (2016.04.01. 기준)

장 크다. 봉서중학교도 과밀학교다. 이 지역 초, 중학생만 최근 6년 동안 1,000명 정도 늘어난 것을 감안하면 완주군의 전체적인 학생 수 감소는 보통 심각한 상황이 아니다(1984년의 완주군 학생 수는 36,267명이었다).

특히, 전주와 가까운 중학교의 학생 수 감소가 눈에 띈다. 용진읍과 소양면에 있는 중학교는 해마다 학급이 줄어 결국 2017년도에는 총 3학급으로 편성될 예정이다. 이곳은 전주에서 매우 가까워 곳곳에 고급 주택단지가 조성되어 있다. 그런데 해가 갈수록 학생이 줄어드는 것을 보면 이 문제가 얼마나 심각한지 알 수 있다.

학급이 줄어들면 감축된 학급에 비례하여 교사가 학교를 떠나야 한다. 주당 수업시수가 적은 도덕, 음악, 미술, 한문 등의 과목 담당 교사가 해당된다. 교육부에서는 예산 절감을 위하여 중등학교의 교원 법정 정원을 약 73%밖에 주지 않는다. 당연히 학교에 교사가 부족할 수밖에 없다. 도교육청에서는 그 빈자리를 보충하기 위해 순회교사(다른 학교의 수업을 지원하는 교사)를 배치한다.

순회교사가 많아지면 교과수업은 물론 생활교육과 학생상담 등에도 부정적인 영향을 미칠 수 있다. 이에 더하여 그들은 유·무형의 어려움을 많이 겪는다. 보따리장수처럼 떠돌아다니며 수업을 하는 순회교사가 오롯이 아이들에게 집중하기란 현실적으로 어렵다. 순회교사가 오는 학교나 순회교사를 내보내는 학교나 모두 저마다의 어려움을 호소한다.

또한 학급당 학생 수도 어느 정도는 유지되어야 한다. 아이들이 서로 협력하여 문제를 해결하는 수업을 진행하려면 일정한 모둠을 구성할 정도의 아이들이 있어야 한다. 공동으로 문제를 해결하는 협력학습, 프로젝트 학습을 혼자 할 수는 없기 때문이다. 아이들은 선생님과 교과서를 통해서만 배우는 것이 아니다. 어쩌면 어려움을 극복하고, 다른 사람과 더불어 살아가는 방법은 또래관계를 비롯한 잠재적 교육과정에서 더 많이 배우는지도 모른다.

관내 한 중학교의 교장 선생님은 이런 말씀을 하셨다.

> 수업이 끝나 아이들이 모두 돌아간 뒤에 교장실에서 차를 한잔 마시며 운동장을 보았습니다. 어떤 아이가 혼자서 공을 차고 있더군요. 아이는 골대로 공을 세게 찬 후 달려가서 공을 집어와 다시 차곤 했습니다. 텅 빈 운동장에서 아이 혼자 뛰는 것을 보는데 가슴에서 뜨거운 것이 올라왔습니다. 축구를 좋아하기 때문에 혼자서도 공을 찼겠지만 표정은 그리 밝지 않았습니다. 좋을 리가 없겠지요. 만약 부모가 이 모습을 보았다면 어떤 마음이 들었을까요? 그리고 어떻게 행동했을까요? 아마도 당장 도시로 아이를 전학시키거나, 그럴 처지가 못 된다면 자신을 한없이 책망했겠지요.

이 학교는 전주에서 멀리 떨어져 있어 학생 수가 지나치게 적다. 그러나 전주에서 가까운 학교도 크게 다르지 않다. 우리나라는 중학교까지 의무교육이라 초등학교를 졸업하면 지역에 있는 중학교로 배정을 받는다. 그런데 주소지에 있는 중학교가 마음에 들지 않으면 주소를 옮겨 다른 학교로 전학을 간다.

해마다 약 100여 명 정도의 초등학교 졸업생이 이런 식으로 완주를 떠난다. 고등학교에 들어갈 때는 상황이 더욱 심각하다. 중학교 졸업생 중에서 약 25% 정도만이 지역에 있는 고등학교에 진학한다. 이들 중에서도 가정형편이 열악하거나 성적이 낮아 어쩔 수 없이 남는 아이들을 제외하면 지역의 학교에 다니고 싶어서 다니는 학생들은 과연 얼마나 될까?

지역의 학교가 유의미한 선택지로 거듭나야 한다

아이들은 성장하면서 바깥세상으로 눈을 돌린다. 우리 집 아이들도 늘 '나는 대학 가면 독립할 거야' 라는 말을 입에 달고 산다. 비단 우리 아이만이 아니라 누구나 학창시절엔 집을 떠나고 싶어 하며 외부의 낯선 세계를 동경한다. 집을 떠나 부모에게서 독립하고 싶어 하는 것은 아이들이 커가는 과정에서 자연스럽게 겪는 일이 아닐까 싶다. 어쩌면 이런 과정을 거쳐야 온전한 어른으로 성장할 수 있는지도 모른다.

바깥세상을 동경하는 아이들을 붙잡기 위해서는 지역의 학교가 아이들의 기대에 부응하고, 학부모의 요구를 들어줄 수 있어야 한다. 그것은 진학으로 연결되는 시험 점수일 수도 있고, 아이의 성장을 뒷받침하는 수업 내용일 수도 있다. 얼마 전 중·고등학교 아이들로부터 학교와 지역에 바라는 것을 들을 기회가 있었다. 아이들은 자신들이 무엇을 좋아하는지, 무엇을 잘할 수 있는지, 무엇을 해야 하는지를 모른다고 했다. 아이들은 자신들이 꿈을 찾을 수 있도록 학교와 지역이 도와주기를 원했다.

완주의 학교들은 진학과 연결되는 성적 혹은 학생을 존중하는 수업, 꿈 찾기 등 여러 방면에서 학부모들에게 그리 환영받지는 못하는 것 같다. 이런 현상은 초등학교보다는 중·고등학교에서 더욱 그러하다. 상황이 이렇다 보니 많은 아이가 완주를 떠나 전주의 중학교나 고등학교로 진학한다. 성적이 높은 아이일수록 더 그렇다. 성적이 높은 아이들이 떠난 완주의 중·고등학교들의 학력은 그래서 더 낮다. 악순환이 이어진다.[1]

---

1 지역교육의 다양한 어려움을 극복하기 위해 노력한 결과 지금은 많은 변화가 생겼다. 특히 지역 고등학교의 신입생 가운데 지역 중학교 출신이 약 75% 정도 되고, 성적이 우수한 아이들의 비율도 높다.

아이들에게 지역의 학교를 다닐 것인지, 떠날 것인지 선택할 수 있는 기회를 주어야 한다. 만약 지역의 학교를 선택할 기회도 없이 상황에 밀려 떠날 수밖에 없다면 그것은 너무 가혹하다. 아이들에게 학교 선택의 기회를 주려면 먼저 완주의 학교에 다녀도 삶이 행복할 수 있다는 믿음을 줘야 한다. 완주에 있는 학교에 다녀도 잘 배울 수 있고, 자신의 꿈을 찾아 미래를 설계할 수 있으며, 상급학교에도 무리 없이 진학할 수 있다는 믿음이 있을 때 아이들은 주저하지 않고 완주의 학교를 선택할 것이다.

학교는 지역주민에게 최소량의 물질이다

식물의 성장은 그 식물이 필요로 하는 여러 물질 중에서 가장 적게 존재하는 물질에 의해 결정된다는 법칙이 있다. 독일의 화학자 리비히(Justus von Liebig)는 1840년 질소, 인산, 칼륨 등 식물 성장에 필요한 필수 영양소 중에서 성장은 넘치는 요소가 아니라, 가장 부족한 요소에 의해 결정된다는 '최소량의 법칙(Das Gesetz vom Minimum)'을 발표했다. 즉, 최대 물질이 아니라 최소 물질이 성장을 결정한다. 이를 가리켜 '리비히의 법칙'이라 부르기도 한다.

사람도 마찬가지다. 아무리 건강한 사람도 신체의 한 기관에 이상이 생기면 건강을 유지하지 못한다. 그것이 간이나 폐 등 중요한 장기라면 더욱 그러하다. 지역에서는 학교가 최소 물질이라고 할 수 있다. 완주가 아무리 교통, 환경, 재정 등의 여건이 좋더라도 학교가 이를 뒷받침하지 못한다면 사람들은 완주를 떠날 수밖에 없다. 많은 사람이 완주에서 살기를 원하지만, 아이들을 완주에 있는 학교에 보내고 싶어 하지는 않는다. 이는 완주가 고향인 원주민도 그렇고, 도시에서 나와 완주에 새롭게 정착한 사람들도 마찬가지다. 고산향 교육공동체[2]를 중심으로 지역에 있는 학교 보내기 운동을 펼치고는 있지만, 완주 전체로까지 확산하지는 못하고 있다.

아직도 부모들은 상급학교 진학은 가까운 도시인 전주로 보내야 한다고 생각한다. 말은 제주도로 보내고, 사람은 서울로 보내라는 말이 있듯이 좀 더 큰 지역에 가면 많이 배울 수 있다는 암묵적인 믿음이 있어서 그렇기도 하다. 실제로 예전에는 전주에서 중·고등학교에 다니는 것이 대학 진학에 유리했다.

그러나 지금은 달라졌다. 대학에 진학할 때 학생부종합전형 등 수시 입학 비율이 70% 이상 되면서 농산어촌에서 학교에 다니는 것이 절대적으로 유리해졌다. 내신등급도 전주보다 완주의 학교에 다니는 것이 최소 2, 3등급 이상 높다. 수시 입학의 중요한 요소인 학교생활기록부 교과세부능력 특기사항은 수업 시간에 아이들이 참여한 활동과 성장의 과정을 기재하는데 전주의 과밀학급에서는 쉽지 않다. 완주처럼 학급당 학생 수가 적은 학교에서 학생참여형 수업을 진행하기에 적합하고, 여기에 참여한 아이들의 활동과 성장 과정을 자세히 기록할 수 있다. 더욱이 창의적체험활동 영역인 자율, 동아리, 봉사, 진로 활동에서 지역의 전문가와 자원을 활용하여 다양한 경험을 할 수 있다는 장점도 있다. 입학사정관 제도나 농어촌 특별전형, 기회균등 전형 등 달라진 입시제도가 도시의 학교보다 농산어촌 학교에 더 많은 기회를 주는 것은 확실하다.

교육지원청에서 근무하다 보니 이서면에 있는 혁신도시로 내려오고자

---

2 고산면에서 활동하고 있는 자생적 교육공동체이다. 3부에서 자세히 언급한다.

하는 사람들의 전화를 가끔 받는다. 혁신도시에 어떤 학교가 있고, 그 학교가 아이를 보내기에 적합한지 등을 묻는 전화다.

그런데 혁신도시에 공공기관이 속속 들어서고, 여기에서 근무하는 사람도 함께 내려왔지만, 그 가족은 거의 내려오지 않았다고 한다. 혁신도시에 이주한 공무원 중에서 고작 20%만 가족과 함께 내려왔다는 기사도 있다(『일요신문』, 2014년 9월 9일). 홀로 이주한 공무원 중 가족을 데려올 계획이 있는 사람은 전체의 6.97%에 불과하다고 한다. 이들이 가족과 함께 내려오지 않는 가장 큰 이유는 수도권에 비해 열악한 교육환경 때문이다. 이들은 대부분 중산층 이상으로서 자녀교육에 관심이 많다. 혁신도시에 도로, 전기, 수도, 가스 등 기반시설이 다 갖춰져 있어도 소용없다. 물론 이들의 선택이 다 옳다고는 할 수 없다. 그러나 학교가 거주지를 결정하는 가장 중요한 요소임은 분명해 보인다.

지역교육에 질문을 던지다

사실 이런 현상은 지난 수 십 년 동안 매우 자연스러운 일이었다. 완주와 전주가 너무 가까웠기 때문이다. 그런데 완주와 전주가 가까워 완주에서 전주의 학교로 가는 것이 자연스럽다면, 반대로 전주에서 완주의 학교로 오는 것도 가능하지 않을까? 즉, 완주의 학교가 아이들의 기대와 학부모들의 요구에 부응한다면 전주의 아이들이 완주의 학교로 진학하는 것 또한 그다지 어렵지 않을 것이다.

전주시 호성동과 완주군 용진면은 인접하고 있다. 여기에 있는 전주시의 H 중학교는 과밀학급에 몸살을 앓고 있다. 반면에 완주군의 Y 중학교는 학생이 줄어 걱정이다. 만약 완주군의 중학교가 아이들이 찾아올 수 있도록 바뀐다면, 그리고 실제 전주에서 아이들이 찾아온다면 전주와 완주 모두에 이익이 될 것이다.

학교가 아이들과 학부모의 기대와 요구에 부응해야 아이들이 찾아올 수 있다. 그런데 아무리 초등학교의 방과후학교와 체험학습이 풍부하고, 교육환경 등에서 혜택이 많아도 상급학교에 진학할 때가 되면 완주의 학교를 외면할 것이다. 실제 전주시에서 완주군의 초등학교로 아이를 많이 보내지만 중학교에 진학할 때면 모두 썰물처럼 빠져나간다. 지자체가 수월성 교육을 위해 서울의 유명 학원 강사를 데려와 수업을 해도 아이들이 떠나는 것을 막을 수는 없다. 학부모는 여전히 학원보다는 학교에 기대하고 있고, 대학 진학 또한 대부분 학교에서 책임지기 때문이다.

지자체가 지금까지 많은 예산을 들여 교육을 지원하고, 교육지원청이 교육행정기관으로서의 역할을 성실히 수행했는데도 지역의 학교에 아이들이 줄어들고, 학부모들이 교육에 만족하지 못한다면 지금까지와는 전혀 다른, 새로운 접근이 필요하다. 지역교육의 현실과 어려움을 인정하고, 지역의 교육환경과 실태를 비틀어보며, 질문을 던지면서 지역이 함께 실천해가야 한다.

지금부터 약 3년 동안 완주에서 있었던 일과 학교와 지역에서 일어나고 있는 작은 변화를 이야기하고자 한다.

2장

정책토론회,
로컬에듀 첫걸음을 떼다

2014년 1월이었다. 전라북도교육청에서 지정하는 제3기 혁신학교로 선정된 학교의 전체 교직원 연수가 부안에서 2박 3일 동안 열렸다. 완주에서도 3개 학교가 혁신학교로 선정되어 나도 멘토 강사로 참여했다.

연수 프로그램 중의 하나로 경기도 시흥에 있는 장곡중학교 류승희 교감(지금은 시흥교육지원청 교수학습지원과장으로 근무하고 있다)이 혁신학교 운영사례를 발표했다. 장곡중학교는 우리보다 혁신학교를 먼저 시작한 학교로 그 당시 교육과정과 수업에서 새로운 길을 개척해가고 있었다. 그가 사례 발표 말미에 지나가는 말투로 한 말이 있다.

"혁신학교는 포기할 수 있어도 혁신교육지구는 포기할 수 없습니다."

갑자기 망치로 뒤통수를 한 대 얻어맞은 느낌이었다. 혁신학교는 당시 전라북도교육청이 배포한 수요업부계획의 젓머리를 차지하고 있을 정도로 가장 중요한 정책이었다. 그래서 나도 완주에 한 학교라도 더 혁신학교를 만들기 위해 뛰어다니고 있었다. 혁신학교 교사 및 학부모회 네트워크를 조직하여 그들의 어려움을 듣고 무엇을 지원할지 고민하고 있었다. 또한 혁신학교의 철학과 가치 그리고 여기에 참여한 사람들의 진정성을 보면서 우리 교육의 모순과 한계를 극복할 수 있는 대안으로 여기고 있었다. 그런 상황에서 우리가 만들고자 하는 혁신학교의 모델이 될 수 있는 장곡중학교에서 혁신학교를 포기할 수 있다는 말은 가히 충격적이었다. 그냥 지나칠 수 없었다.

강의가 끝난 후 식사시간에 류승희 교감의 옆자리에 가서 앉았다. 무작정 명함을 들이밀고 좀 전에 한 말이 무슨 뜻인지 설명해달라고 했다. 다른 사람들이 식사를 거의 끝낼 때까지도 나는 숟가락을 거의 들지 않았던 것으로 기억한다. 처음부터 끝까지 단 한마디도 놓치지 않고 들었다.

장곡중학교는 혁신학교인 동시에 혁신교육지구에 속해 있는 학교입니다. 물론 혁신학교도 정말 좋은 정책이고, 실제로 우리 학교도 혁신학교로서 많은 지원과 혜택을 받았습니다. 그런데 우리는 경기도교육청과 시흥시로부터 혁신교육지구로 지정받으면서 정말 많은 도움을 받았습니다.

특히 우리 학교는 선생님들이 공문처리를 하지 않습니다. 기안할 줄 모르는 사람이 많습니다. 이는 바로 혁신교육지구에서 공문처리와 같은 행정업무를 지원해 줄 행정실무사를 지원해주기 때문입니다. 실제 작년에 우리 학교에서 외부로 발송한 공문을 조사해보니 지난 한 해 동안 선생님들이 처리한 공문은 단 2%였습니다.

이외에도 혁신교육지구를 통해 상담사, 독서토론지도사, 수업협력교사 등의 지원 인력이 들어옵니다. 선생님들은 이분들의 도움으로 오로지 교육과정과 수업에만 집중합니다. 아이들을 만나는 데만 온 힘을 쏟습니다.

혁신교육지구, 어둠 속에서 빛을 보다

 2013년도 하반기에 혁신학교 교육과정을 지역의 다른 학교에 공개하고, 혁신학교 운영사례를 나누는 자리를 마련했다. 학교를 여는 자리가 부담이 되었겠지만, 3개 혁신학교가 흔쾌히 참여했다. 혁신학교의 교육과정 운영사례를 먼저 들은 후에 그 자리에 참석한 선생님들과 혁신학교의 철학과 방향, 가치에 대해 이야기를 나누었다.
 학교 구성원들이 혁신학교를 준비하고 추진하는 과정에서 좋았던 이야기, 보람 있었던 이야기, 관리자와 다른 선생님과 부딪히고 상처받은 이야기 등이 나왔다. 다양한 체험학습 등 행사를 치르느라 매우 바쁘고 힘들었지만, 정작 수업은 부실해졌다는 고백도 들을 수 있었다. 혁신학교를 막연히 동경하거나 부담감을 느끼고 있었던 관내의 많은 선생님에게 혁신학교 선생님들의 솔직한 이야기는 큰 울림을 주었다.
 이때 세 학교에서 공통으로 제기된 어려움이 있었다. 학교 행사나 처리해야 할 공문이 너무 많아 선생님들이 아이들한테 집중할 시간이 절대적으로 부족하다는 것이었다. 그러다 보니 행정업무 때문에 수업에 충실할 수 없다고 했다. 선생님들이 수업을 하고 남는 시간에 공문을 처리하는 것이 아니라, 공문을 처리하다 잠깐 짬을 내어 수업을 하러 들어간다는 말도 들었다.
 한 해에 학교로 약 12,000건의 공문이 간다고 한다(『교육지원청 혁신방안 탐구』, 경기도교육청, 2016). 대략 한 달에 1,000건이니 하루에 50개의 공문이 간다고 볼 수 있다. 학교는 공문에 눌려 숨도 쉬지 못하고 있다고 봐야 맞을 것이다.
 그래서 이날 류승희 교감의 이야기가 가슴에 더 와닿았던 것 같다. 혁신학교뿐만 아니라 완주의 모든 학교에서 근무하는 선생님이 교육과정과 수업에만 집중할 방법이 눈에 보였다. 선생님이 업무 없이 온전히 아이들을 만나는 건 생각만 해도 가슴 뛰는 일이었다. 이날 연수에서 강의를 들었던 수백 명의 교사, 관리자, 전문직이 모두들 부러워했을 것이다. 그러나 나는 부러워하는 데서 그치지 않고, 발로 뛰기 시작했다.

우리도 시흥과 같이 혁신교육지구를 추진하기로 마음을 먹었다. 그러나 현실적으로 지역의 작은 교육지원청은 혁신교육지구를 추진할 힘도, 사람도, 예산도 가지고 있지 못했다. 도교육청에 손을 벌릴 수밖에 없었다. 전라북도교육청 교육혁신과에 알아보니 다행히 혁신교육지구를 추진할 계획이 있었다. 다만 아직 구체적인 계획은 수립되어 있지 않았다.

경기도교육청 혁신교육지구 담당 장학사와 여러 번 통화했다. 혁신교육지구를 운영하는 시흥 등 경기도의 6개 교육지원청 홈페이지에도 들어가 계획서를 살펴보기도 했다. 류승희 교감의 말대로 경기도 혁신교육지구 대부분에서 학교에 행정실무, 상담, 사서 등 다양한 인력을 지원하고 있었다.

장곡중학교 수석교사인 박현숙 선생님과 당시 시흥 혁신교육지구를 담당하기 위해 시흥교육지원청 파견교사로 근무하고 있던 안선영 선생님을 여러 차례 만났다. 이 두 선생님에게 많은 자료와 도움을 받았다. 전주의 어느 허름한 선술집에서 장곡중학교 혁신학교 만들기와 시흥 혁신교육지구 운영 4년을 4시간으로 압축해서 듣기도 했다. 선생님들은 그동안 장곡중학교와 시흥에서 일어났던 일과 그 과정에서 겪은 애환을 솔직하게 말해주었다. 혁신학교와 혁신교육지구를 4년 동안 추진하면서 얼마나 많은 일이 있었겠는가? 이날의 만남은 혁신교육특구의 전체적인 방향을 세우는 데 큰 힘이 되었다.

이 무렵 전라북도교육청 교육혁신과와도 긴밀한 소통을 시작했다. 전라북도교육청에서도 혁신교육지구를 추진하기 위해서는 지역의 요구가 필요했다. 당시만 해도 전라북도교육청이 혁신학교를 추진하는 데 의회의 반대가 거세어서 예산 확보에 많은 어려움을 겪고 있었다. 혁신교육지구도 추진할 수 있을지 장담할 수 없는 상황이었다. 그래서 지역에서부터 혁신교육지구를 의제로 삼고 추진을 강하게 요구하면 의회를 압박하는 효과를 거둘 수 있으리라 기대했다. 실제 우리와 같은 지역의 활발한 요구가 혁신교육특구 예산을 확보하는 데 일정한 영향을 주었다고 생각한다.

어느 지역이나 4년에 한 번은 기회가 온다

혁신교육지구 운영의 또 다른 축은 지자체다. 어쩌면 가장 결정적인 힘을 가지고 있다고도 볼 수 있다. 지자체는 예산, 인력, 시설, 자원, 네트워크 등에서 교육지원청과 비교도 안 될 정도로 큰 힘을 가지고 있다. 다행스럽게도 완주군은 봉동에 있는 산업단지와 과학단지에 많은 기업체가 입주해있어 재정이 튼튼한 편이다. 한 해 교육경비로 143억 원(2014년 기준)을 사용한다. 이 예산의 일부를 혁신교육지구를 운영하는 데 사용하면 우리가 꿈꾸는 일이 충분히 실현될 수도 있다.

그러나 지자체가 살림이 넉넉하다고 해서 혁신교육지구 운영에 필요한 예산을 선뜻 지원할 리 없었다. 또한 예산의 내용도 문제가 될 수 있었다. 우리도 경기도와 같이 지자체 예산을 활용하여 학교교육과정 운영을 지원하고, 행정실무사 등 사람을 채용해 학교에 배치할 계획이었다. 그런데 학교에 교육과정을 지원할 사람을 배치하는 것은 말도 꺼내기 어려울 만큼 파격적인 것이었다. 그동안에는 지자체가 교육경비를 지원하더라도 학교교육과정을 지원하기보다는 방과후활동이나 학생에게 직접 지원하는 방식이었다. 그 내용도 주로 입시교육이나 공부 잘하는 일부 학생이 혜택을 받는 수월성 교육 지원에 치중되었다.

그래서 지자체로부터 예산을 확보하기 위하여 얼마 남지 않은 6·4지방선거를 활용하기로 전략을 짰다. 지자체장에 출마한 후보들이 혁신교육지구 정책을 선거공약으로 채택하도록 유도하기로 한 것이다. 이는 선거에 입후보한 후보자들의 공약을 따져보고 당선 후에도 공약 이행을 촉구하는 시민운동의 일종인 매니페스토 운동으로 볼 수 있었다. 정치인이 공약을 지키지 않으면 다음 선거에서 주민들의 선택을 받기 어렵다.

당시 완주군수에 도전한 후보는 모두 5명이었다. 이들 후보를 한 명씩 따로 만나 공약 채택을 요청하는 것은 시간상으로 어렵고, 효과적이지도 못했다. 그래서 지역의 교육을 살리기 위한 주제로 지역의 교육주체가 모두 모이는 정책토론회를 열고, 이 자리에 모든 후보를 초청해 혁신교육특구 추진을 공개적으로 약속하게 하는 것이 낫겠다는 판단이 들었다. 이 과정을 통해 지자체로부터 지원받은 예산은 혁신교육특구를 추진하는 전북의 다른 시·군보다 규모와 내용 면에서 일정 부분 의미가 있었다. 그러나 사정상 지면에 싣지 못하지만 한편으로는 아쉬운 면도 있었다.

지역의 교육환경 개선을 위해 예산을 확보하는 일은 피 말리는 투쟁이기 때문에 고도의 전략이 필요하다. 두 손 놓고 앉아있으면 절대 누가 예산을 손에 쥐어주지 않는다. 전문직은 법의 테두리 안에서 예산 확보를 위해 최대한 노력해야 한다. 그 예산은 고스란히 학교와 아이들에 돌아가기 때문이다. 지자체, 의회, 지역주민, 학부모 등 예산에 영향력을 미칠 수 있는 사람을 만나 설득하고, 새로운 비전을 제시해야 한다.

로컬푸드와 로컬에듀

정책토론회의 슬로건은 '로컬에듀, 찾아오는 완주'로 잡았다. 완주군을 대표하는 정책으로 로컬푸드(localfood)가 있다. 로컬푸드 정책은 지역에서 생산한 농산물을 지역에서 소비함으로써 농산물이 생산지로부터 가정의 밥상까지 이동하는 물리적 거리를 줄이는 운동이다. 생산자와 소비자의 사회적 거리를 좁힘으로써 식품안전과 가격안정을 보장받아 생산자와 소비자가 모두 윈-윈(win-win)하는 정책이다. 어찌 보면 일종의 지역경제 공동체를 꿈꾸는 것으로 볼 수도 있다.

로컬에듀(localedu)는 로컬푸드에서 영감을 얻었다. 완주의 학부모와 주민은 로컬에듀에 대해 굳이 길게 설명하지 않아도 그 의미를 직감적으로 안다. 자신의 가정이나 이웃이 직접 로컬푸드에 참여하는 생산자이자 소비자이기 때문이다. 완주군은 로컬푸드를 통해 연간 400억 원 이상의 매출을 올리는 등, 로컬푸드가 이미 정착되어 있다. 또한 150여 개의 마을에서 공동체와 협동조합 등 사회적 경제를 지향하는 조직이 끈끈히 관계를 맺고 있다. 이와 맥락을 같이 하는 로컬에듀는 지역이 교육을 스스로 책임지는 지역교육공동체를 꿈꾸는 운동이다. 혁신교육특구가 수단이나 방법이라면 로컬에듀는 이를 통해 도달하고자 하는 목표요, 이상이다.

로컬에듀는 지역의 학교에서 아이들이 자랄 수 있도록 지역의 모든 사람이 지역자원을 활용하여 학교를 지원한다. 학교는 창의적 교육과정 운영과 참된 성장을 지원하는 수업을 통해 더 이상 아이들이 도시의 학교로 떠나지 않도록 한다. 이는 아이들이 지역의 가치를 재발견하고, 긍지와 자부심을 느껴 지역을 떠나지 않고도 충분히 살아갈 수 있는 토대가 될 것이다. 이로써 지역의 성장 잠재력을 확보한다는 것은 두말할 필요도 없다.

❖ 로컬에듀 추진 단계

1단계: 지역의 교육철학과 방향에 대한 지역 전체의 토론과 합의를 바탕으로
2단계: 아이들이 타지로 떠나지 않고 지역의 학교에서 성장할 수 있게 하기 위하여
3단계: 지역사회와 지자체가 학교에 필요한 부분을 실질적으로 지원하고
4단계: 학교(교사)는 교육의 본질인 교육과정 운영과 수업에 집중하면
5단계: 아이들은 진로와 진학이라는 두 마리 토끼를 잡을 수 있고
6단계: 이는 궁극적으로 아이들이 지역에서 살아갈 수 있는 토대가 되며, 나아가 지역의 발전으로 귀결될 것이다.

모든 책임은 내가 질게

로컬에듀 정책토론회를 계획할 때부터 완주군 선관위와 여러 차례 통화했다. 당시는 6·4 지방선거를 불과 2개월도 채 남겨두지 않았기 때문에 매우 민감한 시기였다. 그래서 많은 사람이 참여하는 행사는 대부분 선거 이후로 잡혀있었다. 그 무렵 완주군 선관위 관계자가 진행한 연수에 참석한 적이 있다. 이 연수에서 눈에 띄는 내용이 두 개 있었다. 하나는 인터넷에 떠돌아다니는 댓글 하나를 잘못 옮긴 공무원이 선거에 영향을 미쳤다는 이유로 벌금 100만 원을 받아 파면됐다는 것이고, 다른 하나는 공직선거법 위반행위의 공소시효가 6개월이라는 것이다.

그날 선관위 직원한테 우리가 추진하고자 하는 정책토론회의 대략적인 내용을 말하고 가능 여부를 물어보았다. 처음에는 다소 부정적이었는데 정책토론회의 의미나 필요성을 말하고 설득했더니, 다행히 가능하다는

답을 얻을 수 있었다. 그로부터 한 달 동안 순조롭게 토론회를 준비했다.

그런데 토론회를 불과 5일 앞두고, 완주군 선관위로부터 정책토론회가 선거에 어떤 식으로든 영향을 미칠 수 있어서 불허한다는 공문이 날아왔다. 청천벽력이었다. 즉시 담당자에게 전화를 걸어 강력하게 항의했으나 소용없었다. 주말 내내 인터넷으로 공직선거법 위반 관련 기사와 판례 등을 찾아보았다. 선거에 진 후보가 정책토론회를 핑계 삼아 선관위에 고발하면 공직선거법에 저촉될 수가 있었다. 공무원들은 공직선거법 위반으로 100만 원 이상 벌금형을 선고받으면 파면이라는 선관위 직원의 말이 귓전에 맴돌았다. 그러나 이대로 멈출 수는 없었다.

월요일 아침에 선관위로부터 받은 공문을 들고 교육지원과장을 찾아가 상황을 이야기했다. 그리고 과장과 함께 교육장실에 들어갔다. 교육장에게 공문을 보여주며 상황을 설명했다. 공직선거법 이야기도 덧붙였다.

"추 장학사 생각은 어때?"

나는 잠깐 망설인 다음 입을 열었다.

"교육장님. 저는 반드시 하고 싶습니다. 이번 기회를 놓치면 다시 4년을 기다려야 합니다."

"그래? 그럼 우리 이거 하자. 대신 모든 책임은 내가 질 테니까 결재라인을 나까지 올려서 내부결재한 다음에 하자."

교육장은 단 일 초도 고민하지 않고 토론회를 진행하자고 했다. 선관위의 불허에도 불구하고 내부결재를 한 후에 정책토론회를 강행했다. 선관위에서 그날 행사를 제지하지는 않았으나 직원을 보내 모든 과정을 녹화했다고 한다. 선거에 떨어진 후보가 소송을 제기하면 증거로 삼기 위해서이다. 공직선거법 위반사범 공소시효가 끝나는 12월까지 나는 발 뻗고 잠을 잘 수 없었다.

로컬에듀, 첫발을 내딛다

2014년 4월 9일 완주군 삼례읍에 있는 향토문화회관에서 로컬에듀 정책토론회를 열었다. 손님을 맞이하고, 간식을 내며, 소책자를 나눠주는 일은 모두 학부모가 담당했다. 학부모들은 토론회를 잘 치르기 위하여 사전에 여러 차례 모였다. 그리고 서로 역할을 나누어 토론회가 차질 없이 이루어질 수 있도록 지원해주었다.

관내 초·중·고등학교에서 교장 선생님들이 많이 참석했다. 운영위원장, 학부모 대표, 시민사회단체 대표, 공동체 및 협동조합의 활동가 등 지역에서 교육과 관련 있는 사람들이 대거 참석했다. 또한 도교육청과 다른 교육지원청에서도 많은 관심을 가지고 여러 사람이 자리를 함께했다.

완주군수에 도전장을 내민 5명의 후보도 모두 빠짐없이 참석했다. 사실 이들이 토론회의 숨겨진 주인공이었다. 정책토론회에서 제안한 내용이 실현되기 위해서는 많은 예산과 인적, 물적 지원이 필요하다. 이는 지자체가 아니면 그 누구도 감당할 수 없다. 그런데 지자체장이 로컬에듀에 대한 이해와 긍정적인 인식 없이 많은 예산을 지원할 까닭이 없다.

그들은 오른쪽 맨 앞줄에 앉았다. 이렇게 한 자리에 모인 것은 선거 운동 시작 후 처음이었다. 선거가 얼마 남지 않았기에 일분일초도 쪼개가며 지역을 누비고 다녔지만, 그날 일정이 그들에게도 가장 중요했을 것이다. 그들은 토론회가 끝날 때까지 한 사람도 빠지지 않고 자리를 지켰다.

나는 토론회를 여는 말로 완주의 교육 현실과 학교 상황, 선생님들의 어려움을 설명했다. 관내 학생들의 기초학력 미달 비율이 높고, 중학교 졸업 후 타지로 떠나는 학생 비율이 80%에 육박한다는 내용을 구체적 통계와 함께 제시했다. 완주군의 인구는 늘어나는데 학생은 줄어들고, 학부모들

역시 완주를 떠나는 것을 심각하게 고려하고 있다는 내용도 덧붙였다. 그런데 학교에서는 선생님이 공문처리 등으로 수업을 준비하거나 학생들을 만날 시간이 절대적으로 부족하다는 이야기를 했다. 그리고 학교에서 선생님들이 아이를 잘 가르쳐 아이들이 지역을 떠나지 않을 수 있도록 지역 전체가 학교를 지원하는 로컬에듀 운동을 펼칠 것을 제안했다.

완주 관내 학교의 기초학력 미달 비율과 학생 수, 전출입 학생 수 등이 일반인에게 공개된 것은 처음이었다. 사실 지금까지 이런 통계자료나 학교 상황 등은 교육지원청에서 공식적으로 쉽게 꺼내지 못하는 이야기였다. 어쩌면 누워서 침 뱉는 격으로 스스로를 비하하는 일이기 때문이다. 또한 자칫하면 지역사회로부터 지금까지 학교가 무엇을 했느냐면서 비난의 역풍을 맞을 수도 있었다. 그러나 더 이상 감추고 있을 수 없었다. 학교는 아이들의 성장과 학부모의 삶을 결정하는 데 가장 중요한 요소이기 때문이다.

지역교육의 새로운 방향을 제시하다

로컬에듀는 학교와 교육청, 지자체와 마을 사람들이 모두 힘을 모아 아이가 성장할 때까지는 지역에서 가르치자는 것을 목표로 삼고 있다. 먼저 학교–교육청–지자체–지역사회가 다양한 자원을 활용하여 학교를 실질적으로 지원한다. 그럼 학교는 아이를 중심에 두고 교육과정 운영과 수업, 생활교육 등 학교 교육의 본질에 집중함으로써 지역사회의 공교육에 대한 신뢰감 향상을 꾀한다.

이를 위해 먼저 지자체 교육경비를 외부 전문가 등이 면밀히 분석, 통합, 조정하여 예산을 약 54억 원[3] 가량 확보한다. 그리고 이를 단위 학교의 창의적 교육과정 운영, 창의인재 육성, 지역 특성화 교육 등 세 분야를 지원함으로써 학교(교사)가 본연의 역할에 집중하도록 한다. 그 결과 아이들은 자신들을 키워준 지역을 더 잘 이해하고 자부심을 가지며 궁극적으로는 완주를 떠나지 않고 충분히 행복하게 살 수 있다는 비전을 제시했다.

또한 학교를 살리기 위한 실질적인 지원 방안을 설명했다. 수업협력교사, 행정전담인력, 사서교사, 상담 혹은 복지 전문가 등이 학교로 들어가 역할을 한다. 선생님은 수업과 아이들에 집중할 시간과 여유를 가진다.

방과후학교, 돌봄, 진로직업체험, 문화예술교육, 다문화 및 학부모 교육과 같은 학교가 감당하기 어려운 분야의 업무는 교육지원 중간 조직인 로컬에듀 지원센터가 일괄 전담 운영하여 학교의 부담을 덜어준다.

마지막으로 지자체가 단독으로 사업계획을 세워 일방적으로 예산을 지원하는 방식에서 벗어나 학교가 자체 논의를 통하여 결정한, 특색 있는 교육과정 운영을 지원하는 방식으로 전환할 것을 제안했다.

로컬에듀 정책 제안 이후 시흥교육지원청의 안선영 파견교사가 경기도 시흥 혁신교육지구 운영사례를 발표했다. 시흥시와 경기도교육청이 공동으로 지원한 예산은 연 60억 원 정도라고 한다. 이 예산을 활용해 행정실무사, 상담사, 수업협력교사, 사서교사 등 학교당 4~8명이 학교로 들어가 학교의 교육과정을 지원하고 있다고 말할 때는 객석에서 탄성마저 나왔다. 도저히 실현될 수 없는 꿈만 같은 일이 시흥에서는 실현되고 있었다.

---

[3] 완주군의 학교가 54개(유치원, 특수학교 및 초·중·고 전체)임을 염두에 둔 것이다. 학교에 균등하게 1억 원씩 지원하는 것이 아니라 학교교육과정 운영에 필요한 예산과 행정실무사 등 인력을 채용하는 데 사용할 예산이다.

이어서 주제토론을 진행했다. 완주 관내 학교의 어려움과 지역사회의 전폭적인 지원의 필요성을 나영성 삼우초등학교 교장 선생님과 최선호 (전)봉서중학교 선생님 두 분이 발표했다. 또한 자녀를 지역에서 키울지 아니면 밖으로 내보내야 하는지에 대한 고민을 김학렬 학부모가, 학교와 마을이 어떤 긍정적인 관계를 맺을 수 있는지를 커뮤니티비지니스 센터장인 임경수 박사가 발표했다. 토론자들의 발표가 끝나고 완주의 학교와 교육 현실, 그리고 우리 아이들에게 정말 필요한 것이 무엇인지 청중과도 깊이 있는 토론을 진행했다.

학부모, 지역에 호소하다

청중과의 질의응답까지 모두 마치고 거의 막바지에 이르러서 학부모들이 손에 손을 잡고 단상 위에 올라섰다. 완주의 8개 권역별 네트워크 대표 학부모들이었다. 그들은 한 명 한 명씩 마이크를 잡고 객석을 꽉 채운 청중과 5명의 단체장 후보에게 간절하게 부탁했다.

> 우리는 완주가 고향인 사람도 있고, 다른 지역에서 이사 온 사람들도 있습니다. 우리는 완주가 좋아서 끝까지 완주에서 살고 싶습니다. 그러나 아이를 여기에서 잘 키울 수 없어서 이사 갈 것을 고민하고 있습니다. 우리가 이곳 완주에서 아이들을 키울 수 있도록 도와주세요. 만약 우리 아이들이 여기에서 학교에 다닐 수 있다면 우리는 이사 가지 않겠습니다.

로컬에듀는 어느 책에 나와 있습니까?

지자체장 후보들은 토론회가 끝나자 연단 쪽으로 나와서 관객들에게 명함을 돌리며 인사를 했다. 이어서 자신이 당선되면 오늘 토론회에서 나온 내용을 정책으로 만들어 꼭 실현하겠다고 약속했다. 실제로 대부분의 후보가 이를 공약으로 만들어 배포했다. 어떤 후보는 이날 저녁에 기자회견을 열어 로컬에듀를 펼칠 사람은 자신이 가장 적임자이고, 당선된 후 반드시 확대하여 실천하겠다고 말하기도 했다. 후보 간에 약간의 온도 차는 있지만 모두 완주군의 교육발전을 위해 온 힘을 쏟겠다고 했다. 그날 이후 지방선거에서 로컬에듀가 중요한 의제로 부상했다.

"장학사님, 오늘 정책토론회 아주 감명 깊게 들었습니다. 제가 당선되면 로컬에듀를 꼭 실현하도록 하겠습니다. 그런데 오늘 토론회에서 발표한 이야기가 어느 책에 나와 있습니까? 나한테 그 책을 알려주면 꼭 읽어보도록 하겠습니다."

"후보님, 오늘 말씀드린 내용은 어느 책에도 나와 있지 않습니다. 오늘 제안한 내용은 이 자리에 참석한 그리고 아이를 완주에서 잘 가르치고 싶어 하는 우리 완주 학부모님들의 마음속에 담겨 있습니다. 후보님께서 원하시면 제가 학부모님들과 함께 찾아뵙고 상세히 설명을 드리겠습니다."

3장

발로 뛰는
권역별 학부모 네트워크

나는 2013년도에 완주교육지원청에 장학사로 첫발을 들여놓았다. 당시 완주의 혁신학교는 새로 지정된 3개교를 포함하여 총 8개교였다. 이때 혁신학교 업무담당 선생님과 학부모 대표를 네트워크로 조직하여 각각 월 1회 정도 정기적으로 만났다. 이 자리에서 학교의 창의적인 교육과정, 특색 있는 행사, 학부모 활동 등을 소개하기도 하고, 현재 학교가 안고 있는 어려움 등에 대하여 마음을 열고 이야기하기도 했다. 외부의 전문가나 강사가 특별한 도움을 주는 것이 아니라 비슷한 처지에 놓인 선생님과 학부모들이 서로의 이야기를 들어주고 격려했다. 이 과정에서 많은 사람이 힘과 영감을 얻어갔다.

교육지원청은 대체로 도교육청의 정책을 집행하거나, 어떤 목적을 달성하기 위하여 사업을 기획하여 학교에 내려보낸다. 그리고 모든 학교에 동일한 성과를 요구한다. 이는 마치 교실에서 선생님이 학급의 모든 아이에게 동일한 과제를 제시하고, 동일한 성취를 요구하는 것과 크게 다르지 않다. 아이의 현재 상황, 특성, 태도 등은 고려하지 않고 말이다. 이런 경우에는 필연적으로 학습더딤과 학습소외가 발생한다.

학교도 마찬가지다. 학교마다 상황과 여건이 다르기 때문에 각자에 적합한 방법으로 교육과정을 운영한다. 따라서 학교를 대상으로 정책이나 사업을 획일적으로 시행하기보다는 학교의 상황과 여건을 먼저 파악해야 한다. 그리고 학교가 필요한 것을 지원해야 한다. 정책이나 사업은 그 다음에 시행해도 늦지 않다.

혁신학교 선생님과 학부모는 자주 만나 카페에 가서 차도 마시고 맛있는 음식도 먹으며 이야기를 나눴다. 이때 나눈 이야기가 서로에게 큰 도움을 줬다. 어려움에 빠졌을 때 동료의 공감과 지지만큼 큰 역할을 하는 것이 어디 있겠는가? 교사와 학부모가 모이면 결국 학교 이야기, 수업 이야기, 아이들 이야기를 한다. 이 과정에서 혹 어떤 문제가 있다면 서로 위로하고 해결하기 위한 방법을 찾아본다. 교사와 학부모가 함께 모여서 이야기를 주고받을 수 있도록 적극적으로 자리를 만들어 주어야 하는 이유이기도 하다. 모든 문제의 원인은 사람에서 나오고, 그것을 해결하는 것도 결국 사람이기 때문이다.

학부모들은 참견하지 않고, 참여했다

이 무렵 혁신학교 학부모 대표들이 월별로 돌아가면서 혁신학교를 방문했다. 대부분의 학교에서 학부모들을 따뜻하게 맞이해 주었다. 학부모들은 모일 수 있는 공간만 빌렸는데 간식과 급식까지 준비한 학교도 많았다. 교장 선생님께서 직접 학교교육과정을 소개해주기도 하고, 학교의 현재 상황과 어려움을 이야기하고 학부모들에게 도움을 청하기도 했다. 이 자리에는 학부모 대표만이 아니라 일반 학부모도 많이 참여했다.

학부모들은 주로 한 달 동안 자신들의 학교에서 어떤 일이 있었는지 이야기했다. 특히 학교에서 월별로 진행한 특색 있는 교육과정, 학부모회 활동 상황을 공유했다. 학부모회가 잘 운영되지 않는 학교가 있을 때는 조언을 해주기도 했다. 어떤 때는 그 자리에서 곧바로 전화를 걸어 학부모회 운영이 잘되는 학교와 연결해주기도 했다. 학교 축제를 준비하는 학부모들에게는 학부모들이 참여하여 축제를 알차게 만든 사례를 소개해주기도 했다.

학부모들은 여러 학교의 상황을 공유하면서 학교를 어떻게 지원해야 할지 논의했다. 각 학교는 저마다의 어려운 상황이 있었지만, 이 자리는 모두가 힘을 주고 받는 자리였다. 그래서인지 늘 웃음꽃이 피었다. '학부모 활동을 입으로만 하면 참견이고 행동으로 함께 뒷받침하면 참여'라는 말도 이 무렵 학부모회에서 나온 말이다. 완주의 학부모들은 이때부터 학교교육과정을 실질적으로 지원하고, 참여하는 학부모회의 모범을 보여주고 있었다.

이런 활동을 꾸준히 하고 있던 터라 학부모들은 교육지원청에서 행사를 추진할 때마다 적극적으로 도와주었다. 교육과정 워크숍, 학생동아리 발표회 등 관내 전체 학교가 참여하는 행사에도 손을 보태고, 발로 뛰어나녔다.

완주에서는 해마다 가을에 와일드푸드 축제가 열린다. 전국에서 수만 명이 방문하는 대규모 행사다. 여기에서 혁신학교 학부모들이 혁신학교 교육과정을 소개하는 부스를 운영했다. 축제는 3일 동안 진행되는데 학부모들이 오전과 오후로 팀을 나눠 부스 운영에 참여했다. 관내에 있는 8개 혁신학교의 철학과 운영 방향, 특색 있는 교육과정과 창의적 프로그램을 간단한 책자로 만들었다. 학부모들이 부스를 방문한 사람들에게 기념품을 나눠주면서 책자에 나와 있는 교육과정을 설명하며 혁신학교를 소개했다. 학부모들은 혁신학교가 이렇게 좋으니 아이를 보내달라고 했다. 농산어촌에서 학급과 학생 수가 줄어들면서 많은 문제가 발생하고 있는데, 학부모들이 그 문제를 해결하기 위해 직접 나선 것이다.

학부모들의 이런 활동이 실제 학생 유치에 얼마나 많은 도움이 되었는지는 모른다. 다만 학부모들이 직접 학교를 살리기 위해 네트워크를 조직하여 행동에 나섰다는 것이 중요하다. 학부모들에게는 혁신학교가 자신의 학교냐 아니냐는 중요한 문제가 아니었다. 모두 우리 완주의 학교였다. 학부모들은 이렇게 끈끈하게 관계를 맺어가고 있었다. 이러한 학부모의 끈끈한 유대와 발로 뛰는 실천은 다음 해에 로컬에듀를 추진하는 원동력이 되었다.

지역 전체의 권역별 학부모 네트워크를 만들다

혁신교육지구 추진에 대한 구상을 처음 밝힌 자리는 2014년도 2월 말에 열린 혁신학교 학부모 대표자 모임이었다. 혁신학교를 개별적으로 지원하기보다는 지자체 교육경비를 확보해 지역 전체의 교육을 질적으로 개선하자는 혁신교육지구 사업을 제안했다.

완주군의 학교를 살려 지역의 학교에 아이들이 다닐 수 있게 하자는 정책을 학부모들이 마다할 이유가 없었다. 학부모들은 혁신교육지구를 추진하는 데 기꺼이 힘을 보태겠다고 하면서 오히려 더 적극적이었다. 적어도 학부모들에게 학교는 단순한 기관이 아니라 삶의 질을 좌우하는 생존의 문제였기 때문이 아닐까 싶었다.

약 한 달 후에 완주 관내 모든 학교의 학부모 대표자들이 모였다. 로컬에듀 정책토론회를 열흘 정도 남겨둔 때였다. 이 자리에는 완주에 있는 51개 초·중·고등학교에서 106명의 학부모 대표 및 운영위원장이 참석했다. 교육지원청 행사에 관내 모든 학교의 학부모 대표가 참석한 것은 처음이었다. 혁신학교 집행부 학부모들이 3월 중 학부모 총회를 통해 선출된 학교 대표들에게 일일이 전화해서 정말 중요한 자리이니 꼭 참석해달라고 부탁했다. 아직 총회를 열지 않은 학교는 전임 대표라도 나와달라고 요청했다.

이 자리에서 학부모들에게 지역의 교육환경을 근본적으로 바꿔 로컬에듀를 실현하고, 이를 위해 지자체 교육경비를 확보하는 혁신교육지구를 추진하자고 제안했다. 그리고 교육을 살려 완주군의 발전을 꾀하자는 비전을 제시했다.

이어서 학부모들은 자체적으로 모임을 가졌다. 활동 경험이 탄탄한 혁신학교 학부모회가 주축이 되어 회의를 진행했다. 먼저 완주군 전체의 학부모회 회장을 뽑았다. 절대다수의 지지로 혁신학교 학부모회장이 전체 회장으로 선출되었다. 학부모회장의 주관 아래 51개 학교를 지역별로 8개 권역으로 나누고 권역별 회의를 통해 권역 대표와 임원을 선출했다. 이렇게 해서 완주 전체의 학부모 권역별 네트워크가 만들어졌다.

지역 전체의 학부모 네트워크는 전북은 물론 전국에서도 드물다. 이 네트워크는 지금도 학교 방문을 이어가고 있으며, 어쩌면 완주 학부모 활동의 원천이라고도 할 수 있다.

순	학교명	이름	역할	비고
1	구이중	이○○	회장	
2	삼례초	정○○	부회장	
3	삼례중	강○○	사무국장	
4	봉서초	김○○	교육국장	
5	구이초	김○○	1권역 대표	구이초, 구이중, 대덕초, 청명초, 예술중, 예술고
6	남관초	한○○	2권역 대표	남관초, 상관초, 상관중
7	이성초	김○○	3권역 대표	이성초, 이서초, 삼우중
8	삼례초	송○○	4권역 대표	삼례초, 삼례중앙초, 삼례동초, 삼례중, 삼례여중, 삼례공고, 한별고
9	봉서중	박○○	5권역 대표	봉서초, 봉서중, 비봉초, 화산초, 화산중, 세인고
10	완주중	조○○	6권역 대표	완주중, 봉동초, 청완초, 완주고, 봉성초
11	용진중	유○○	7권역 대표	용진초, 용진중, 간중초, 용봉초
12	소양서초	김○○	8권역 대표	소양초, 소양서초, 동양초, 송광초, 소양중, 체육중, 체육고
13	고산고	김○○	9권역 대표	삼우초, 고산초, 고산중, 고산고, 푸른학교, 동상초, 가천초, 운주초, 운주중, 게임과학고

<표 2> 2015년 로컬에듀 학부모 네트워크 구성 현황

학부모, 로컬에듀 운동의 주체로 서다

 정책토론회 이후 교육지원청이 지방선거에 개입한다는 인상을 주지 않기 위해서 지자체와의 물밑 접촉 등을 제외하고 공개적인 어떠한 활동도 하지 않았다. 대신 이 자리를 학부모들이 메꾸었다.
 도교육청과 자치단체가 협약을 체결하여 혁신교육지구 정책을 시행한 경기도와 달리 완주군의 학부모들에게 로컬에듀는 생존의 문제였다. 이

때부터 학부모들은 약 8개월 동안 로컬에듀 학부모 집행부를 중심으로 학교를 방문하여 로컬에듀 토론회를 열었다. 그리고 로컬에듀의 당위성과 공감대를 빠르게 넓혀나갔다.

이때 전년도에 혁신학교 학부모들이 학교를 방문한 경험이 많은 도움이 되었다. 1학기에만 약 27회 정도 실시한 권역별, 학교별 토론회에 700여 명 남짓한 학부모가 참석했다. 대부분의 학교에서는 교장선생님이 참석하여 환영해주셨고, 학부모들의 노고에 감사를 표했다. 그리고 학교의 특색 있는 교육과정을 간략히 소개하기도 했다.

이 자리에서 학부모들은 자녀가 다니는 학교에서 운영하는 특색 있는 교육과정과 현재 학부모회를 어떻게 운영하고 있는지 돌아가며 말했다. 학교의 자랑거리를 이야기할 때는 어린아이처럼 얼굴이 빛났다.

토론회 말미에는 아이가 가고 싶고, 학부모가 보내고 싶은 학교를 만들기 위해 추진하는 로컬에듀에 관한 토론을 진행했다. 이 토론을 위하여 로컬에듀 학부모 집행부가 돌아가면서 협의회에 참여했다. 그들은 차비 한 푼 지원받지 못하고 학교를 돌아가면서 방문했다. 당시 학부모들은 무엇에 홀리기라도 한 듯 물불을 가리지 않고 뛰어다녔다. 그분들의 땀과 열정 그리고 실천이 없었으면 오늘날 완주에서 일어나고 있는 변화는 결코 없었을 것이다.

학부모들은 오프라인 모임과 함께 밴드, 카페 등의 SNS로도 소통했다. 이 공간에서는 권역별로, 학교별로 활동 상황을 공유했다. 어떤 학교에서 축제나 강연을 하면 밴드와 카페에 알리고 그 학교를 방문하기도 했다. 권역별 토론회를 가질 때면 카페에 어김없이 사진과 함께 서로 나눈 이야기가 올라왔다. 지금은 바뀌었지만 밴드 이름은 '51·8'이 있다. 51개의 학교 8개 권역이란 뜻이다. 물론 학교별로 학부모회 활동이 잘되지 않는 학교도 있었다. 아이가 졸업하고, 새로 입학하면서 학부모도 많이 바뀌었다. 그렇지만 많은 분이 지금도 계속 활동을 하고 있다.

일시	2014.07.07.(월) 10:30
장소	용진초 도서실
참석 인원	9명(용진초, 동상초, 간중초, 소양서초, 용진중, 소양중)
용진초 교장 선생님의 학교 소개	- 중국어, 영어 특성화학교 사업 - 학교 시설보다는 교육과정과 방과후 프로그램 운영에 집중 - 기초학력 신장을 위해 교사 연수 등 꾸준한 노력을 기울임 - 교직원들의 능동적이고 적극적인 자세
각 학교의 좋은 점 말해보기	- 용진초: 주민제안 참여사업(생태사업)에 선정 - 동상초: 엄마, 아빠가 함께하는 문화 - 간중초: 예술꽃 씨앗학교로 다양한 악기들을 아이들이 배움 - 소양서초: 학부모 영화동아리가 가족 모임으로 발전함 - 용진중: 지역의 초등학생 대상 학교 설명회 개최 - 소양중: 학부모회를 탄탄하게 만들기 위해 노력(월 1회 모임)
협의회 간추린 내용	- 학부모들이 학교에 참여할 때 수동적인 자세를 능동적인 자세로 바꿀 수 있어야 교육의 주체로 설 수 있다. - 로컬에듀는 아이들이 부모 옆에서 학교에 다닐 수 있게 해주는 것이다. 우리 아이들에게 지역의 학교를 선택할 수 있는 여건을 만들어주기 위한 것이다. - 전주 근접 지역인 7권역이 현지인과 이주민과의 갈등을 소통으로 해결할 수 있는 모델이 되기를 바란다. 로컬에듀의 핵심은 소통이다.

<표 3> 제 7권역 로컬에듀 학부모회의 내용

열정을 나누자 호응이 늘어나다

6월 초 로컬에듀 학부모 설명회를 다시 열었다. 학부모들은 시종일관 진지한 눈빛으로 말 한 마디 한 마디를 들으며 고개를 끄덕이기도 하고 손뼉을 치기도 했다. 특히 아이들을 잘 키우고 싶으나 가정형편 때문에 어쩔 수 없이 완주에 남을 수밖에 없는 상황을 전할 때 가끔 눈물을 훔치는 학부모도 있었다.

우리의 목표는 두 가지였다. 완주에서 아이들이 적어도 고등학교까지는 다닐 수 있어야 하고, 국, 영, 수 시험과 경쟁으로 줄 세우는 교육과 뒤처지는 아이를 낙인찍는 학교가 아니라, 아이들이 즐겁게 공부하고 행복한 학교를 통해 다른 사람과 더불어 살아갈 힘을 길러주자는 것이다. 이를 위해 완주의 모든 사람이 기득권을 버리고 힘을 합치자는 것이다. 혁신교육특구는 목적이 아니라 수단이다. 이날 학부모들과 충분하지는 않지만, 적어도 목표와 방향은 공유할 수 있었다. 그리고 모두 함께 참여하기로 마음을 모았다.

안녕하세요? 저는 중 1, 초 6, 초 1 자녀를 완주군의 학교에 보내고 있습니다. 평소 너무 바빠서 학부모 모임에 잘 참석하지 못했는데 이번에 로컬에듀 설명회가 있다는 말을 들었습니다. 로컬에듀는 처음 들어보는 말이었기 때문에 궁금해서 휴가를 얻어 참석했습니다.

처음에는 아이들 학습에 조금 도움이 되려는 내용인가 보다 하고 생각하며 찾아갔습니다. 그런데 너무 충격적이었습니다. 장학사님이 설명한 로컬에듀에 엄청난 감명을 받았습니다. 망치로 머리를 한 대 얻어맞은 기분입니다.

로컬에듀는 정말 우리가 원하는 교육이었습니다. 이날 학부모님들의 적극적인 분위기가 마치 학습지 회사에서 운영하는 다단계 같은 느낌을 줄 정도로 뜨거웠습니다.

우리 학교도 여기에 꼭 참여했으면 합니다. 우리 학부모들이 어떤 활동을 해야 로컬에듀 운영학교로 선정될지 궁금해서 두서없는 글을 올렸습니다. (학부모 카페에 올린 질문 중에서)

돌다리도 두들겨 건너다

6·4 지방선거 일주일 전이다. 지자체장에 출마한 5명의 후보가 여러 과정을 거쳐 2명으로 압축되었다. 이때는 여론조사 결과를 공표하지 못할 때이다. 1위 후보와 2위 후보의 지지도는 어느 정도 차이가 나는 것으로 알려져 있었다. 두 후보 모두 로컬에듀와 혁신교육특구를 공약으로 채택했다. 그런데 두 후보 간에는 로컬에듀에 대한 관점과 접근 방식의 차이가 확연했다.

학부모 회장에게 전화를 걸어 두 후보에게 로컬에듀 지원에 대한 약속을 다시 한 번 받으면 어떨지 제안했다. 학부모들은 협의를 거쳐 로컬에듀 학부모 집행부 및 권역별 대표 십여 명 정도가 후보 선거 사무실에 연이어 찾아갔다. 선거일까지 시간이 얼마 남지 않아 경황이 없었겠지만, 후보들은 학부모들을 반갑게 맞아주었다. 후보들은 교육을 주제로 학부모들과 많은 이야기를 나누었다.

학부모들은 후보들에게 로컬에듀 공약을 지키겠다는 약속을 해달라고 요청했다. 두 후보 모두 흔쾌히 약속했다. 학부모들이 약속 실현 의지를 보여 달라는 뜻에서 녹음을 요청했다. 역시 두 후보 모두 녹음에 동의했다. 다행히 이 녹음을 사용할 일은 발생하지 않았다. 지방선거 결과 모두의 예상을 뒤엎고 2위 후보가 당선되었다. 당선인은 50.2%의 득표율을 얻었다. 후보 간 표차가 불과 188표로 선거가 얼마나 치열했는지 짐작하고도 남는다.

당선인은 오로지 학부모만 쳐다보았다

지방선거가 끝난 후 학부모 2명과 함께 완주군수 당선인을 면담하러 간 일이 있었다. 당선인은 우리를 반갑게 맞이해 주었다. 나는 로컬에듀의 필요성과 운영 방향 그리고 예산 활용 방안에 대해 다시 한 번 설명했다. 그리고 완주교육이 나아갈 방향에 대해 비전을 제시하고, 지자체의 전폭적인 지원을 요청했다.

당선인은 예전부터 교육에 많은 관심이 있다고 말했다. 본인도 로컬에듀를 적극 지지해서 창의적 교육특구를 공약으로 제시했다고 했다. 그러나 공교육은 학교의 몫이고 지자체는 학교교육과정과 선생님들을 지원하기보다는 방과후활동 지원이나 인재양성과 같은 수월성 교육 등에 지원해야 한다고 분명히 언급했다. 로컬에듀는 자신이 지금 명확한 답을 할 수는 없지만, 실무자들을 통해 내용을 검토해보겠다고 했다.

당선인은 교육에 관심이 많았다. 특히 지금은 '미래를 선도하는 창조교육'을 군정 5대 실천 과제의 하나로 설정하여 교육에 많은 투자를 하고 있다. 그러나 동시에 교육방향과 인재양성의 개념에서 큰 견해 차가 있음을 분명히 알 수 있었다. 지난 4년 동안 많이 노력했지만, 완주군과는 이러한 견해 차를 끝내 좁히지 못하고 지금도 평행선을 달리고 있다.

이날 면담에서 당선인은 계속해서 학부모를 보면서 이야기했다. 내가 로컬에듀에 대해 구체적으로 수치를 들어 설명할 때를 제외하고는 몸이 시종일관 학부모 쪽으로 쏠려있었다. 학부모와 시선을 맞추며 학부모의 이야기에 귀를 기울였다. 당선인은 학부모의 관심과 어려움에는 깊이 공감하고 해결방안을 적극 찾아보겠다는 답변을 여러 번 했다. 새삼 표를 쥔 학부모의 위력을 느낀 순간이었다.

최근 전국의 여러 교육지원청에서 지자체를 움직여 교육협력 사업을 하기 위해 노력하고 있다. 매우 바람직한 일이다. 그러나 이러한 시도는 교육지원청만의 힘으로는 한계가 있다. 지자체를 움직이기 위해서는 그 무엇보다도 학부모와 함께 손을 잡아야 한다. 학부모들은 지자체장의 마음을 움직이는 소중한 유권자이기 때문이다. 완주가 변화하는 힘은 학부모이고, 그 힘의 원천은 참여와 실천이다.

학부모들, 와일드푸드 축제에서 부스를 운영하다

2014년 가을에도 역시 와일드푸드 축제가 열렸다. 완주 전체 학교에서 모인 학부모들이 혁신학교뿐만 아니라 완주 전체 학교에 대해 홍보했다. 완주에 있는 51개 초·중·고등학교의 학교 위치, 규모, 환경, 시설, 교통 편 등과 학교에서 운영 중인 특색 있는 교육과정과 다양한 체험활동을 소개하는 책자도 제작했다. 축제 3일 동안 오전, 오후로 조를 짰다. 학부모 집행부나 권역별 대표만이 아니라 아주 평범한, 오로지 우리 아이들을 잘 키워보고자 하는 많은 학부모가 참여했다. 심지어 가족 전체가 참여한 경우도 있었다.

학부모들은 부스 방문자들에게 완주 51개 학교의 창의적 교육과정을 소개하면서 아이들을 지역에 있는 학교에 보내달라고 했다. 많은 사람이 완주에 살면서 완주에 이렇게 많은 학교가 있는지 몰랐다고 했다. 그리고 아이를 완주의 학교에 보낼지 고민하겠다고 답했다.

학부모가 매듭을 짓다

　지방선거가 끝나고 로컬에듀에 필요한 예산의 규모와 내용에 대해 지자체와 20여 차례 이상 만나며 4개월 정도 협상을 진행했다. 10월 말경에 완주군에서 드디어 혁신교육특구 계획안을 보내왔다. 순간 내 눈을 의심했다. 예산은 형편없이 쪼그라들어 있었고, 로컬에듀 핵심인 교육과정운영 인력지원이 빠져 있었다.

　예산의 규모와 내용 면에서 도저히 받아들일 수 있는 계획안이 아니었다. 혁신교육특구를 포기하고 논의에서 철수할 것을 심각하게 고민했다. 전라북도의 다른 지자체와 달리 혁신교육특구는 완주군수의 공약이었으므로 교육지원청만 상처받는 것이 아니라 지자체도 주민들에게 신뢰를 잃을 것이 분명했다.

　학부모 집행부와 권역별 대표자 협의회를 열어 학부모들에게 조언을 구했다. 로컬에듀는 학부모의 필요와 절박함으로부터 시작했으니 학부모가 매듭을 지어달라고 했다. 완주군에서 제시한 혁신교육특구 계획안을 설명하고 인력지원 등 핵심이 빠져있다는 점을 분명히 말했다. 지금 우리는 절대로 받아들일 수 없지만, 학부모들의 의견에 따르겠다면서 어떻게 하면 좋을지 결정을 해달라고 했다. 전체적으로 매우 분위기가 험악했다. 이제는 학부모들이 나서야 할 때라며 군청 앞에서 시위를 하자는 의견도 나왔다. 완주 관내 전체인 51개 학교 학부모 대표자들이 군수 면담을 요구하고 이 자리에서 강력하게 항의하자고도 했다. 군수가 후보 시절에 학부모들 앞에서 로컬에듀를 추진하겠다고 말했던 녹음을 공개하며 공약이행을 강력히 촉구하자는 의견도 있었다.

　그로부터 한 달 동안 지자체와 협의를 계속했으나 별다른 진전이 없었다. 완주군이 제시한 내용에 대해 결정을 해야 할 시간이 다가와서 학부모 회의를 다시 열었다. 학부모들은 이번에도 역시 군청을 성토했다. 그러나 현실적으로 지자체의 완강한 생각을 바꾸기 어려우니 이번에는 완주군의 계획안을 받아들이고 내년도에 우리가 목표로 했던 것을 다시 실현해 보자는 의견도 나왔다. 그때가 되면 학부모들이 한마음으로 힘을 합쳐 반드시 이루어지도록 노력하겠다는 말도 덧붙였다. 일단 올해는 부족한 대로 시작하고 내년도에 우리가 원하는 것을 이루기로 학부모들의 의견이 한데 모였다.

일주일 후 완주군청 회의실에서 완주교육지원청, 완주군, 로컬에듀 학부모회 집행부가 모여 혁신교육특구(로컬에듀)를 공동으로 4년 동안 공동으로 추진하기로 협약을 체결했다.

완주 학부모 연대, 지역교육의 주체로 나서다[4]

저는 우리 아이가 초등학교 입학을 한 이후부터 아이들을 위한 일이라면 늘 학교에 매섭고 비판적인 목소리를 내는 학부모였습니다. 전북에서 가장 큰 학교이면서 아홉 번의 증축공사를 거친 봉서초등학교 학부모 대표로서의 앙칼진 모습과 함께 말입니다.

그랬습니다. 학부모는 그랬습니다. 학부모는 개인별로 파편화되어 조직적으로 움직이지 못하고 있었습니다. 아울러 자녀의 학업성적이

---

4 완주 봉서초등학교 김수정 학부모 회장이 쓴 글이다.

나 자신의 경제력과 시간적 여유에 의해 학교의 현안만을 위해 목소리를 높이면서 말입니다. 학교 참여도 개인적 수준에 머물러 있어서 사실상 많은 공감을 얻지 못하고 있었습니다. 일부 학부모는 학교가 안고 있는 문제를 들추어내고 고발자가 되어보기도 하지만, 변죽만 울릴 뿐 정작 핵심과 본질에는 접근하지 못하는 모습도 보았습니다.

이러한 상황이 계속되었다면 학부모와 지역사회가 학교 운영에 주도적으로 참여할 방법이 사실상 없었을 것입니다. 더구나 변화를 이끌어내는 것은 더욱 불가능했을 것입니다. 역할이 제한적이고, 학교 행사에 동원되는 수준의 학부모와 지역사회는 변화의 주체가 될 수 없습니다. 만약 학부모와 지역사회가 진정한 교육의 주체로서 자리매김할 수 있다면 학교혁신은 더욱 가속화될 것이라고 확신했습니다.

저 역시 학부모라는 이름으로 활동을 하기 시작할 때부터 지역의 다른 학교의 현안은 전혀 눈에 들어오지 않았습니다. 오직 우리 자녀가 다니는 학교의 현안만 중요했고, 그것을 해결하기 위하여 목소리를 높였습니다. 그렇게 목소리를 높이면 높일수록 주변에서 쏟아지는 불편함은 더욱 커져만 갔습니다.

그런데 폐교 직전인 작은 학교들의 고민을 들여다볼 수 있게 되면서부터 주변 학교들이 보이기 시작했습니다. 로컬에듀의 시작과 함께 저를 포함한 많은 학부모와 지역사회가 변하기 시작한 것입니다.

학부모 활동을 하며 학부모라는 이름이 우리 사회에서 묘한 느낌을 준다는 것을 알았습니다. 심지어 교육학자나 오랫동안의 교육운동으로 교육 전문성을 획득한 교육운동가도 한 아이의 학부모가 된 순간 자신들의 교육적 견해를 이야기하기가 쉽지만은 않게 됩니다. 학부모라고 말하면 왠지 교육에 대해서는 아무 말도 해서는 안 되는 존재로 인식되기도 합니다. 어떤 경우에는 아이들 때문에 한없이 약자의 위치에 있기도 하고, 학교에서는 내 아이만을 생각하는 아주 이기적인 존재로 비치기도 합니다.

'나는 부모인가? 학부모인가?'

공익광고협의회에서 참된 교육을 하는 부모가 되고자 만든 글귀가 새삼 가슴에 와닿기도 했었습니다.

학교 거버넌스는 교육과정 운영에 교사, 학생, 학부모 등 교육의 3주체가 모두 참여하여, 토론하고, 합의하는 것입니다. 이러한 학교 거버넌스를 통해 학교 비전의 공유, 각 주체의 권리와 책무성 공유, 파트너십 형성 등이 가능합니다. 민주적 학교 거버넌스에서 학부모의 위상과 역할은 예전보다 대폭 강화되었습니다. 그것은 학교(교사)와의 직접 소통 확대, 학교 참여 확대로 나타납니다. 학교가 성장하기 위해서는 학부모의 실질적인 학교 교육 참여를 보장해야 합니다. 학교교육과정 및 운영 방향 등을 교사와 학부모가 끊임없이 소통하고, 학생의 성장을 돕기 위해 협력해야 합니다.

그러나 현실은 사뭇 다릅니다. 학교에서 학부모의 역할과 참여가 중요하다는 점은 거듭 강조되어 왔고, 학교의 교장 선생님과 선생님들도 그 중요성을 잘 알고는 있으나 그에 대한 구체적인 모델을 제시하지는 못합니다. 실제로 많은 학교에서 학부모를 학교 구성원으로서, 그리고 학교 참여의 주체로 제대로 인정하지 않고 있습니다.

그 원인은 여러 가지가 있겠으나 학교의 문화가 성숙하지 못한 부분도 있고, 학부모의 역량이 부족한 것도 하나의 이유일 것입니다. 이러한 한계는 학교의 변화와 학부모의 노력으로 극복해가야 합니다. 그래서 우리에게는 새로운 학부모 학교 참여 모델과 바람직한 대안을 모색하고 만들어가는 것이 과제입니다.

중요한 것은 학교에서의 학부모 참여와 협력 모델이 구체적 실천을 거치면서 학부모의 손에서 만들어져야 한다는 점입니다. 특히 선생님과 학부모가 학교교육과정을 짤 때부터 협력하고 함께 준비한다면 더욱 내실 있게 교육과정을 운영할 수 있을 것입니다. 그리고 개별 학교 차원을 넘어 지역 학부모의 소통과 협력이 있을 때 지역의 교육은 더욱 발전할 것입니다. 우리는 로컬에듀를 발판으로 완주 학부모 회장단과 권역별 학부모 네트워크를 조직하고 활동함으로써 바람직한 학부모 참여 모델을 실현해가고 있습니다. 이를 통하여 관내 학교 학부모뿐 아니라 교육가족 전체와 소통하는 시간도 만들어갈 수 있었습니다. 더불어 내 아이가 다니는 단위 학교를 넘어 완주교육, 전북교육, 나아가 대한민국의 교육을 함께 고민하기 시작한 것입니다.

완주학부모연대는 교육청의 정책이기 이전에 교육주체가 실천한 교육운동의 결과물입니다. 그리고 학교혁신으로 완결되는 것이 아니라 교육을 혁신하고자 하는 새로운 교육운동의 출발점입니다. 즉 학교와 지역을 기반으로 하는 풀뿌리 교육운동의 일환이고, 우리나라 교육 전체의 변화를 가져올 수 있는 중요한 고리입니다. 교사, 학부모, 지역사회 모두가 이러한 고리를 정확하게 포착하여 성장·발전하는 계기로 삼아야 합니다.

우리는 학교에 대한 지나친 기대나 정치적 의미 부여를 넘어서서 새로운 교육운동에의 전망을 가지고 당면한 과제를 올바로 해결하려는 성실한 자세와 집단적 지혜를 추구해야 합니다. 학부모를 포함한 지역사회가 학교에서 어떤 역할을 하는 것이 바람직한지를 검토하기 위한 출발점은 학교의 현실에서 비롯되어야 합니다.

완주는 학부모들이 주체가 되는 마을학교, 마을선생님, 방과후학교 등 교육 현장에 함께하는 학부모들이 늘어나면서부터는 교육 거버넌스의 직접적인 소통의 장이 열리기 시작했습니다. 더불어 학교뿐 아니라 학교 밖 교육에도 눈을 돌려야 한다는 점도 깨달았습니다. 교육청과 군청 등 행정기관에 의해 움직이는 조직이 아니라 학부모가 자발적으로 활동하고 역할 하는 것을 보면서 참 감사한 마음이 들었습니다.

한평생 살아가면서 우린 참 많은 사람과 만나고 헤어집니다. 그러나 꽃처럼 마음 깊이 향기를 남기고 가는 사람을 만나기는 쉽지 않은 것 같습니다. 마음을 잘 다스려 평화로운 사람은 침묵하고 있어도 한 송이 꽃처럼 저절로 향기가 납니다. 성숙하고 품격 있는 완주학부모활동을 위해 적극 지원해주셨던, 침묵하고 있어도 향기가 있는 완주교육지원청 교육장님과 관계자 모두에게 다시 한 번 감사의 말씀을 전합니다.

4장

찾아가는 공감토크, 모든 정책은 현장으로부터

　지자체와 로컬에듀 예산의 규모와 내용에 대한 협의를 진행하면서 교육지원청에서는 학교에 찾아갔다. 학교의 어려운 교육환경 실태를 파악하여 학교를 실질적으로 돕는 구체적인 정책을 만들기 위해서이다. 로컬에듀를 통해 확보한 예산을 활용하여 학교를 지원하기 위해서는 학교의 어려움과 선생님들의 필요를 파악하는 것이 가장 중요했다. 그러려면 선생님들을 직접 만나야 했다.

　교육청에서는 학교를 지원하기 위해 많은 정책이나 사업을 추진한다. 그러나 학교 현장을 깊이 있게 알지 못하는 상태에서 진행하기 때문에 현장의 지지와 공감을 얻지 못하는 경우가 많았다. 심지어 학교교육과정 운영에 부담을 주는 정책도 있었다. 정책이나 사업은 현장 교원의 공감과 참여 없이는 효과를 제대로 거둘 수 없다. 이런 맥락에서 학교로 직접 찾아가 학교 현장과 소통하고, 선생님들의 목소리를 직접 듣는 것은 로컬에듀와 상관없이 어쩌면 다소 늦었는지도 모른다.

교육지원청은 명칭에서 보듯이 '교육'을 '지원'하는 행정조직이다. 아이들을 가르치는 곳은 학교이다. 그렇다면 교육지원청은 학교를 지원해야 한다. 그러나 현실은 교육지원청이 도교육청의 행정업무를 지원하는 조직으로 운영되는 경우를 자주 볼 수 있다. 실제 교육지원청이 학교를 바라보기보다는 도교육청을 바라볼 수밖에 없는 구조와 한계를 가지고 있다. 교육지원청은 교육감의 권한을 위임받아 사무를 집행하는 기관이고, 인사권과 예산 편성권 등을 모두 도교육청이 가지고 있기 때문이다. 그러나 제도상 어쩔 수 없더라도 이제는 교육지원청이 학교를 실질적으로 지원할 방법을 전향적으로 모색해야 할 때이다. 그 방법은 권한과 힘이 있는 도교육청이 먼저 찾아 제시해야 하고, 동시에 교육지원청 스스로도 길을 찾아야 한다.

학교를 모르고 지원할 수는 없다

교육지원청이 학교를 지원하기 위해서는 무엇보다 학교의 실상과 어려움을 알아야 한다. 그러나 교육지원청의 전문직들은 사실 학교를 잘 알지 못한다. 전문직들은 대부분 학교 현장에서 대개 20년 이상을 근무했기 때문에 학교를 잘 알 것으로 생각한다. 그러나 이는 사실과 다르다. 학교를 떠나온 지 오래된 전문직도 있지만, 그보다는 학교에 들어가서 선생님들을 만나기가 쉽지 않기 때문이다.

더욱이 교육지원청 전문직들은 적어도 열 가지 이상의 업무를 담당한다. 워낙 업무량과 종류가 많다 보니 야근에 시달리는 경우가 많다. 담당

업무와 의회 요구 자료, 도교육청에서 폭주하는 공문 때문에 학교에 찾아가 선생님들을 만날 여력이 없다.

또한 학교에 전문직들이 찾아가기 어렵다. 학교에서는 과거 교육지원청과 전문직들의 권위적이고 고압적인 태도를 여전히 기억하고 있기 때문에 전문직들을 그리 반가워하지 않는다. 또한 교육청 내에도 학교가 적극적으로 컨설팅이나 지원을 요청하지 않는 한 찾아갈 수 없는 분위기가 암묵적으로 형성되어 있다.

"장학사님, 요즘 이 학교 분위기 어때요? 별일 없어요?"

가끔 교육장님이 툭 던지는 질문이다. 교육장님은 가볍게 물어보는 말이지만 그럴 때마다 진땀이 흐른다. 도무지 무슨 말로 답을 해야 할지 모른다. 전문직 체면에 사실대로 모른다고 대답할 수는 없다. 그렇다고 거짓말을 할 수도 없다. 어쩔 수 없이 대강 얼버무리거나 그 학교 교장 선생님이며 일부 선생님 한두 분에게 들은 말을 전한다. 정확한 내용일 리 만무하다. 학교를 지원하는 전문직이 학교를 알지 못하는데 무슨 지원을 할 수 있겠는가?

학교에 찾아가는 일이 쉽지는 않다

중학교 교감 선생님들에게 '찾아가는 공감토크'에 대해 설명했다. 시 자체 교육경비를 확보해 학교와 선생님에게 필요한 부분을 지원할 계획도 밝혔다. 그러기 위해서는 학교에 찾아가 선생님들과 의견을 나누는 과정이 꼭 필요하다고 하면서 협조를 부탁했다. 시사체에서 확보된 교육경비 활용 방안은 다음과 같다.

> 첫째, 수업협력교사, 행정전담인력, 상담 혹은 복지 전문가, 사서 등 선생님이 수업과 아이들에 집중할 수 있는 시간을 가질 수 있도록 도움을 주는 교육과정운영 인력을 지원한다.
> 둘째, 방과후학교, 돌봄, 진로직업체험, 문예체 교육, 학부모 교육과 같이 학교가 감당하기 어려운 분야는 일정한 기구를 통해 학교에서 덜어내어 지역사회가 전담한다.
> 셋째, 지자체가 일방적으로 기획하여 공모를 통해 학교를 선정하고 예산을 지원하는 방식에서 벗어나 학교가 자체 논의를 통하여 요청하는 예산을 지원한다.

교감 선생님들은 주의 깊게 듣고 메모하는 등 관심을 보였다. 그리고 정말 학교에서 필요한 것이 무엇인지에 대해서도 의견을 주었다. 학교로 보내는 안내 공문에는 이런 내용을 자세히 담지 못하니 선생님들과 충분히 공유할 것을 당부했다. 교감 선생님들은 학교를 지원하자는 취지로 진행하는 것이고, 관리자 역할도 있기 때문에 아무도 이의를 제기하지 않았다. 하지만 아무리 좋은 목적이더라도 학교를 대상으로 일방적으로 펼치는 정책은 절차상 바람직하지 않기에 다소 불안했다.

불길한 예감은 언제나 들어맞는다. S 중학교의 한 선생님이 공감토크를 학교의 신청을 받지 않고 일방적으로 강행하는 것은 옳지 않으니 공문을 보내어 철회해달라고 했다. 만약 이 요구가 받아들여지지 않으면 항의 방문을 오겠다고 했다. 매우 난감한 상황이었다. 그러나 여기서 멈출 수 없었다. 학교에 찾아가지 않고 로컬에듀의 사업을 결정하는 것은 아무리 좋은 의도로 만들었다 하더라도 선생님들의 참여와 지지를 끌어낼 수가 없었다. 그동안 국가에서 학교에 일방적으로 밀어붙여 실패한 전철을 따라갈 수는 없었다.

원칙적으로는 그 선생님의 의견에 공감했다. 그러나 학교의 어려움을 직접 듣고 학교를 지원하는 정책을 펴기 위해 꼭 필요한 과정이므로 방법에 다소 문제가 있더라도 양해를 해달라고 요청했다. 필요하다면 직접 학교에 찾아간다고 했다. 그리고 지난 정책토론회부터 지금까지 있었던 과정과 이를 통하여 우리가 학교를 지원하고자 하는 내용과 방법을 설명하고 설득했다. 다행히도 절충점을 찾았다. 전체 학교로 취소 공문을 보내지 않고 그 학교에 한하여 선생님들이 협의하여 공감토크 참여 여부를 자발적으로 결정하기로 했다. 다행히도 과반수의 선생님이 공감토크에 참여하는 쪽으로 의견을 모았다.

교육지원청이 통째로 학교에 찾아가다

2014년 9월 중순 구이중학교를 시작으로 11월 초 봉서중학교까지 약 두 달 동안 관내 전체 중학교에 찾아갔다. 여기에 중등 전문직이 모두 참여했다. 학교의 어려움에 대해 현장에서 책임 있는 답변을 할 수 있도록 교육장이나 교육지원과장이 반드시 참석했다. 두 분이 함께 참석하는 경우도 많았다. 실제 일부 학교에서는 교육장이 시설과에 전화를 걸어 현장에서 문제가 해결된 경우도 있었다.

공감토크 때문에 학교에서 새로운 업무가 조금이라도 발생하지 않도록 교육지원청에서 등록부, 질문지, 성찰지 등을 만들어갔다. 심지어 홈페이지에 들어가 선생님들 명단을 확인해 책상 위에 올려놓을 명패까지 모두 만들어갔다. 사소할 수 있지만 이러한 우리의 노력을 보면서 선생님들이 마음을 열었다고 생각한다.

그러나 일단 교육장과 전문직들이 대거 학교로 간다는 것 자체가 선생님들에게는 부담스러웠을 것이다. 또한 우리가 아무리 많은 것을 준비한다 해도 업무가 발생하지 않을 수 없었을 것이다. 그런데도 선생님들은 우리를 반갑게 맞이해주었다.

대부분 학교에서 모든 선생님이 참여했다. 지금까지 교육지원청이 이렇게 통째로 학교로 찾아와 직접 소통해본 경험이 없기 때문에 처음에는 다소 낯설어하고, 경계심을 보이기도 했다. 선생님들과 자연스러운 대화를 이끌어가기 위하여 아래와 같은 질문지를 만들어갔다.

❖ **공감토크 질문지**

1. 교사로서 내가 가장 행복한 때는?
2. 내가 가고 싶은 학교는?
3. 나에게 우리 학생들은?
4. 나에게 교육과정이란?
5. 내가 생각하는 좋은 수업은?
6. 학교 관리자에게 바라는 점은?
7. 교육지원청이나 지자체, 도교육청에게 바라는 점은?
8. 로컬에듀를 통해 지원받고 싶은 것은?

처음에는 일상적인 이야기로 공감토크를 가볍게 시작했지만 나중에는 수업, 학습더딤, 생활교육, 학부모의 역할 등을 이야기하면서 치열한 토론을 벌였다. 물론 수업 등에 대하여 깊게 토론까지 못 간 학교도 있다. 그렇다고 실망하지는 않았다. 모든 학교가 똑같을 수는 없기 때문이다. 애초 계획한 3시간이 긴 듯했으나 많은 학교에서 시간을 넘기기 일쑤였다. 어떤 학교에서는 시간 부족으로 서로 못다 한 말이 있을 정도로 아쉬워하기도 했다.

각 학교에서 받은 성찰지를 분석해보니 대부분의 선생님이 교육지원청과 직접 소통하는 기회를 가진 것을 긍정적으로 평가했다. 선생님들은 교육장과 모든 전문직이 직접 학교를 방문하여 현장의 목소리를 경청하는 것에 기대와 신뢰를 보냈다. 초임 및 중견 교사는 물론 30년 이상 경력의 교사들도 교육지원청이 통째로 옮겨오는 이런 자리는 처음이었다는 소감을 전하기도 했다. 다만 이런 자리가 일회성으로 그치지 않고 계속해서 정기적으로 이어지기를 바라며, 논의된 내용이 정책에 반영되고 학교의 어려움을 극복하는 데 실질적인 도움이 되기를 기대했다.

❖ 공감토크 후기
- 화산중 교사: 첫 발령 교직의 떨림을 상기케 하는 시간이었다.
- 봉서중 교사: 우리 학교의 가치와 철학이 무엇인지 깨닫게 된 것이 가장 큰 수확이었다.
- 삼우중 교사: 나는 어떤 교사였는지, 학생과 학교를 위한 교사의 사명감은 있었는지, 더 나아가 보다 나은 학교의

미래를 위해 선생님들이 어떠한 노력을 기울여야 하는지 모두 함께 깨치는 시간이었다.
- 구이중 교사: 현장의 소리를 들으러 와주셔서 좋았다. 수업을 다시금 생각해보고 돌아볼 시간이 되어서 좋았다.
- 용진중 교사: 무엇보다도 교사 자신의 변화를 위한 실천이 필요하고, 지금 바로 시도해야 하리라 생각한다.
- 예술중 교사: 예전에는 교육청의 문턱이 높았고, 그 권위가 하늘을 찌르던 장학사님들이었는데 너무나 소탈하고 격의 없이 이야기 나눈 시간이었다.
- 고산중 교사: 학교 일정이 바빴기 때문에 처음에는 무척 힘들고 짜증이 났는데 허심탄회하게 말을 나누며 왜 이런 행사를 진행했는지 알게 되었다.
- 삼례중 교사: 교사가 학생을 섬기는, 진정한 섬김에 대해 다시 한 번 생각하게 되었다. 내일부터는 우리 반 아이들을 진짜 섬김의 마음과 태도로 바라보고 행동으로 옮겨야겠다.

학교는 밖에서 본 것과 많이 달랐다

학교에 직접 들어가 보니 밖에서 본 것과 많이 달랐다. 어떤 학교는 밖에서 보기에는 여러 가지 갈등이 많아 어려운 학교라는 시선이 있었는데,

그 안에서는 구성원들이 학교를 살리기 위해 치열하게 몸부림치고 있었다. 또 어떤 학교는 평화롭고 참 좋은 학교라는 느낌이었는데, 막상 교사에게만 좋은 학교였던 것은 아니었는지 돌아볼 수 있었다. 선생님들이 수업에 대해 치열하게 고민하기보다는 현재 아무 문제가 없다는 이유로 예전의 방식대로 수업에 임하는 학교도 있었다.

또한 그동안 교육지원청에서 학교를 깊이 들여다보지 못하고 피상적으로 바라봤다는 것을 알 수 있었다. 그리고 학교에 강도 높은 변화를 요구하면서 정작 교육지원청은 스스로 어떤 변화의 과정을 거쳤는지 성찰할 수 있었다. 학교에는 학생을 존중하고 개개인의 특성에 맞는 수업을 해야 한다고 하면서 막상 교육지원청은 학교의 상황과 여건을 고려한 정책을 펼쳤는지 돌아보는 계기가 되었다. 이렇게 공감토크는 학교에 도움을 주기 위해 들어갔지만 오히려 교육지원청에 더 큰 도움이 되었다.

선생님들은 교실에서 외로웠다

완주 관내의 학교는 전반적으로 안정감이 있어 보였다. 선생님들은 서로 존중하고 지지하고 있었다. 관리자와도 신뢰의 문화가 구축되어 있어 친밀하고 부드러운 관계를 형성하고 있었다. 또한 생활근거지인 전주에서 가깝기 때문에 근무환경에 대한 만족도가 매우 높았다. 도시에 비해 수업시수가 적으며, 학생들도 비교적 순박하고 온순하다. 적어도 표면적으로는 그다지 문제가 없어 보였다. 그런데 다음 H 선생님과의 대화를 한번 살펴보자.

H 선생님 30년 넘게 교직에 있으면서 지금처럼 수업하기 힘이 드는 때가 없었어요. 어느 날인가 밥을 먹다가 식탁에서 펑펑 울기도 했어요. 옆에서 자꾸 왜 우느냐고 하는데 아무 말도 못 했어요. 교직을 그만둬야 하나 고민도 했어요. 그동안 열심히 한다고는 했는데 이제는 지치고 있어요. 제 수업방법과 태도에 문제가 있다는 것을 알고 있고 찔리고 있어요. 이제는 시대의 변화를 받아들여야 하나…

나 다른 선생님은 이런 마음을 알고 계셨나요?

다른 선생님 아니오. 이 자리에서 처음 들었어요.

나 왜 다른 사람에게 말씀하지 않으셨나요?

H 선생님 (눈물 흘리며) 말하기가 쉽지 않았어요.

다른 선생님 아닙니다. 선생님은 정말 훌륭한 선생님이에요. 이 자리의 그 누구도 이 선생님처럼 아이들을 사랑하고 열정적으로 수업하지는 않아요. 선생님께서 기대 수준이 높아서 생기는 문제라고 생각해요.

나 모두가 이러한 어려움을 단지 개인의 열정이나 헌신에 맡겨두기보다는 함께 고민해 보면 어떨까요?

다른 선생님 우리도 모두 다 어려워요. 나름의 방식으로 위로하고 있어요. 공감도 해주고요.

나 다른 선생님들의 위로와 공감이 교실에 들어가서 수업할 때 도움이 되던가요?

H 선생님 ……. (선생님은 끝내 대답을 하지 못했다.)

이 학교에 처음 방문했을 때 선생님들은 모두 일어나서 손뼉을 치며 우리를 반갑게 맞이해주었다. 이야기를 나누는 동안에도 서로 격려하고, 응원하면서 시종일관 화기애애한 분위기를 형성하고 있었다. 누가 보더라도 이보다 더 행복한 학교는 없을 듯했다.

그러나 수업에 대한 이야기가 깊어지면서 그 행복의 한계가 여실히 드러나기 시작했다. 선생님들은 도심에서 가까운 거리, 적은 수업시수, 관리자의 온화한 품성, 선생님들 사이의 따뜻한 인간관계 등 근무여건에는 매우 만족하고 있었으나 정작 가장 중요한 수업에 들어갈 때는 행복하지 않았다. 아무리 잘 가르쳐도 절반 이상의 아이들이 수업에 참여하지 않고 선생님의 권위를 인정하지 않았다고 한다.

평소 사적인 자리에서는 서로 칭찬하며 지지하던 선생님들이 수업에서 아이들과 힘든 시간을 보내는 선생님은 방치했다. 선생님들은 외롭게 수업에 들어가서 온전히 혼자서 30명 정도 되는, 그 어려운 아이들을 만나야 했다. 교실에 들어갈 때마다 발걸음이 얼마나 무거웠을까? 선생님이 소신을 가지고 아이들을 사랑한다고, 또는 열심히 아이들을 가르친다고 해결될 일이 아니었다.

이러한 교실의 모습과 아이들 상황은 절대 개인이 풀 수 없는 문제다. 학교 선생님들의 사적인 대화를 아이들과 수업에 관해 이야기하는 공적인 논의의 틀로 옮겨와야 한다. 솔직하게 자신의 수업 상황과 어려움을 털어놓고 이를 극복하기 위하여 무엇을 어떻게 해야 할지 논의해야 한다. 그리고 모두가 함께 실천해야 한다. 한두 사람의 소신과 열정이 아니라 선생님들 전체가 움직여야 한다.

이 학교의 많은 선생님은 아이들을 진심으로 사랑하고 있었다. 그러나 동시에 수업의 어려움을 호소하고 있었다. 수업 변화에 대한 필요는 느끼고 있으나 그 돌파구를 찾지 못하고, 각자의 수업에 대해서는 이야기하지 않는 것을 암묵적으로 받아들이고 있었다. 마치 하나의 불문율처럼 다른 교사의 수업에 대해 이야기하지 않다 보니, 어떤 수업이 좋은 수업인지에 대한 논의도 거의 없었다. 또한 학생들이 생활에서 특별한 문제를 일으키지 않다 보니 수업 개선에 대한 의지나 노력도 부족해 보였다.

그러나 수업은 학교 교육활동의 중심이다. 수업이 무너진다면 굳이 학교에 갈 필요가 있을까? 굳이 학교에 교사가 필요할까? 어쩌면 엎드려서 잠을 자는 아이들을 바라보는 선생님보다는 재미없고 힘든 수업을 참아내야만 하는 아이들이 더 힘든 것은 아닐까?

학교와 선생님의 모든 역량을 수업에 집중해야 하는 이유가 여기에 있다. 아이들의 성장을 지원하는 수업을 하려면 국가가 획일적으로 내려주는 교육과정을 아이들이 처한 상황에 맞게 새롭게 해석하여 재구성하는 일이 가장 먼저 필요하다. 또한 교사들이 모여 논의할 수 있도록 민주적이고 개방적인 학교 문화를 만들어야 한다.

이와 함께 학교를 업무 중심에서 수업 중심으로 바꿔야 한다. 교사는 아이를 중심에 두고 수업을 진행하려는 노력을 동료 교사와 함께해야 하고, 학교 관리자와 학부모, 지역사회는 가능한 모든 방법을 동원하여 이를 도와야 한다.

더하여 교육청에서는 학교가 겪고 있는 어려움을 파악하고 지원해야 한다. 특히 현재의 학교 구조 및 여건으로는 선생님들이 교육과정과 수업에 전념하기 어렵다. 인사, 학생 수, 수업시수와 시설 등에 획기적인 지원이 필요하다. 선생님들이 새로운 시대의 변화를 긍정적으로 받아들일 수 있도록 동기를 부여하고, 격려하면서 교육이 나아갈 방향을 제시해야 한다. 도교육청이든 교육지원청이든 선생님과 학생들을 찾아가 시대와 사회의 흐름, 교육이 추구해야 할 가치, 학생인권과 교권의 관계, 학생자치와 생활협약 등에서 보다 적극적으로 설명하고, 논의하고, 토론해야 한다.

내가 물러나야지

수업이 무너지고 학생생활지도의 어려움을 호소하는 학교도 있었다. 이는 모두 학생인권만 강조하다 보니 교권이 무너져서 생긴 일이라고 한다. 도무지 학생들이 교사의 말을 듣지 않아서 수업이 무너졌다고 한다. 생활지도나 인성지도도 전혀 되지 않는다고 했다.

매우 안타까웠다. 학교의 상황과 선생님들의 어려움을 이해하지 못하는 것은 아니었다. 그러나 학생들이 폭력을 일으키고, 버릇이 없고, 수업에 참여하지 않는 것을 모두 학생 탓, 제도 탓, 인권 탓 등으로 돌리는 듯했다. 더욱 안타까운 것은 이러한 관점을 가진 선생님이 다른 선생님들에게 상당히 폭넓은 지지를 받는다는 점이다. 다음은 W 중학교에서 나눈 이야기다.

Y 선생님 학생인권만 소중한 것처럼 떠들다 보니 교권이 사라져서 수업이 안 됩니다.
나 그래서 수업하기가 많이 힘드나요?
Y 선생님 거 물어봐서 뭐합니까? 학생을 놔먹이니 아주 안 좋지요.
나 아이들이 현재 어떤 상황인가요?
Y 선생님 젊을 때는, 5~6년 전만 해도 열심히 가르치면 알아주는 분위기였는데 지금은 고삐 풀린 망아지가 되었어요.
나 그런 아이들을 수업에 끌어들이기 위해 어떤 방법을 쓰셨나요?
Y 선생님 그냥 열심히 합니다. <u>옛날 젊었을 때의 방법으로요</u>. 말을 하다 보니 그런데 우리가 교과지도를 잘못해서 수업이 무너진다는 것이 이니고 인권을 강조하다 보니 수업이 무너졌어요.

나 혹시 어떤 식으로 수업했는지 말씀해주실 수 있을까요?

Y 선생님 <u>뭐 수업이 다 똑같지 않나요?</u> 설명해주고, 문제 풀어주고, 나와서 풀라 하고, 틀리면 고쳐주고 그렇게 했지요.

다른 선생님 지금 우리에게 더 급한 것은 수업이 아니라 생활지도에요.

많은 선생님 (긍정의 눈빛)

Y 선생님 이전 학교에서는 통했으나 지금은 통하지 않아요. 내 수업 방법이 아이들한테 거부감이 있을지 모르지만, <u>전 지금 행복하지 않아요.</u>

나 마음이 매우 아프시겠어요?

Y 선생님 그렇죠. 나만이 아니라 여기 있는 교사들이 다 그럴 것이에요.

다른 선생님 근본적으로 인권만 찾다 보니 학생들의 기본이 안 되어서 생긴 문제이지요.

나 참 안타깝습니다. 수업 시간마다 그런 상황이라면 혹시 선생님이나 학교 차원에서 아이들이 수업에 참여할 수 있는 어떤 방법을 찾아보셨나요?

Y 선생님 없습니다. <u>내가 물러나야지.</u>

(옆에서 교육장님이 이제 그만하라면서 제지한다.)

사실 Y 선생님과 일부러 대화를 이어나갔다. 이 대화는 어찌 보면 선생님 개인보다는 전체 선생님과 나눈 대화라고 보면 된다. 이 학교의 많은 선생님이 전반적으로 아이들과의 관계에서 어려움을 겪고 있었다. 그래서 Y 선생님의 말에 공감을 하는 편이었다.

이 대화에서 눈여겨볼 것이 있다. 그것은 옛날 젊었을 때의 방법으로 열심히 가르친다는 말이다. 이 분이 50대 후반이었으니 젊었을 때란 어림잡아 30년은 족히 될 것이다. 세상이 변하고 아이들이 변했는데 교사의 수업 방법은 30년 동안 변하지 않았다면 아이들이 수업에서 달아나고 잠을 자는 것이 아이들만의 탓인가?

Y 선생님은 지금 행복하지 않다고 한다. 선생님들과 이야기하는 내내 마음이 너무 아팠다. 아이들은 수업에서 도망가고, 선생님이 행복하지 않다면 이는 보통 심각한 상황이 아니다. 학교는 도대체 왜 존재하는가? 그리고 우리는 그동안 무엇을 했는가? Y 선생님은 결국 자신의 말대로 다음 해에 학교를 떠났다.

가정이 깨진 아이들은 어떻게 해야 할까

교육지원청이 행복한 학교를 만들어야 한다는 의지를 가지고 현장의 목소리를 듣기 위해 직접 학교로 찾아오고, 노력하는 모습에 박수를 보냅니다. 무너져 버린 공교육을 살리기 위해 먼저 교사가 노력을 해야겠지만, 어떻게 해야 할지 막막합니다. 또한 막 나가는 학생들을 대할 때면 교단을 떠나고 싶을 때가 하루에도 몇 번씩 됩니다. 이런 상황이 학생 탓인지, 교사 탓인지, 관리자 탓인지, 학부모 탓인지, 사회 탓인지도 모르겠습니다. 해결 방법은 더욱 모르겠습니다. 하지만 수업 방법의 개선보다 가정에서 바른 인성지도가 선행되어야 한다는 점만은 분명합니다.

Y 선생님과 같은 학교에 근무하는 선생님의 공감토크 후기이다. 이 신생님 역시 아이들과의 관계에서 많은 어려움을 겪고 있다. 심지어 교단을 떠나고 싶다는 생각이 들 정도로 힘들어하고 있다. 하지만 이런 상황을 극복하기 위하여 학교에서 무엇을 할지 방법을 찾기 전에 가정에서의 인성지도를 요구하고 있다.

그런데 한번 돌아봐야 할 사실이 있다. 학교에서 문제를 일으키는 학생 중에 가정의 돌봄을 받을 수 있는 아이가 그리 많지 않다는 것이다. 이유야 어쨌든 그 아이들의 부모와 가정의 상황이 그리 좋지 않을 것이라는 건 누구나 알고 있는 사실이다. 이미 부모의 역할을 제대로 해내기 힘든 상황일 테고, 심지어는 가정이 무너졌을 수도 있을 텐데 그런데도 학교에서는 가정의 인성지도를 먼저 요구할 수 있을까?

사실 이 시기의 많은 아이가 비단 가정 때문이 아니더라도 어른들의 가치와 부딪치면서 다양한 일탈 행위를 한다. 오죽하면 중2병이라는 말까지 생겼을까? 그런데 교육전문가나 뇌 과학자는 이 시기에 나타나는 이런 일탈 행위가 지극히 정상이라고 조언한다. 초등학교 때까지 순하기만 했던 아이들이 갑자기 변한 것이 아니라, 성장하는 과정에서 나타나는 지극히 자연스러운 행동이라는 것이다. 전두엽이 발달하는 과정에 있는 아이들이 감정은 풍부한데 이성을 조절하지 못해 타인의 감정과 정서를 잘못 해석하거나 충동적이고 도발적으로 행동하는 것이라고 한다.

사회가 변하면서 교사들의 권위가 약화된 것도 교실에서 아이들과의 관계를 만들어갈 때 어려움을 겪게 하는 요인으로 작용하고 있다. 예전에는 교사가 교과서라는 무기를 들고 교실에서 절대적인 권한을 행사했다. 그때는 교사의 수업을 대체할 마땅한 수단이 없었다. 학생들은 교사의 수업을 제대로 듣지 않으면 성적이 떨어지고 좋은 학교에 가지 못한다는 것을 잘 알기에 교실에서 교사의 위치는 매우 확고했다.

그러나 지금은 공부는 학원에서 하고, 학원에서 내준 숙제를 하기 위해서 학교에 다닌다는 말이 있을 정도다. 연간 40조가 넘는 사교육 시장이 공교육을 잠식한 지 오래다. 브리태니커 백과사전의 수십 배가 넘는 정보가 스마트폰 속에 들어와 있고, 전 세계 수십억 명의 사람이 인터넷을 통하여 새로운 지식을 만들어가고 있다. 더 이상 교사의 말 한 마디 한 마디에 주목하지 않아도 더 좋은 최신의 정보를 충분히 다른 데서 배울 수 있다. 아이들은 더 이상 학교에서만 배우지 않는다.

많은 아이가 학원에서, 인터넷에서 선행학습을 한다. 학교 선생님의 수업 방법보다 훨씬 더 효율적으로 지식을 전달하는 인터넷 강의가 여기저기 널려 있다. 그러다 보니 교과서 지식만을 전달하는 선생님의 수업은 지루한 복습이 될 수밖에 없다. 교사들의 수업 방식이 달라져야 하는 이유가 바로 여기에 있다.

아이들이 달라진 것이 아니라 세상이 달라졌다. 학교에서 교과서와 문제집을 가지고 입시공부에 매달리면서 아이들이 달라졌다고, 가르치기가 힘들다고 하는 이런 상황이 완주군만의 문제는 아닐 것이다.

교사들이 함께 모여서 책을 읽고, 토론하면서 수업방식을 어떻게 바꾸어 나가야 할지, 아이들을 어떻게 이해할지, 시대의 상황에 맞는 교육을 어떻게 펼쳐 나갈지에 대한 고민이 없는 한 학교와 교사들은 아이들과 부모들에게 외면당할 수밖에 없다. 교육이 시대에 발 맞추지 않는 한 아이들은 끊임없이 교사의 권위와 가르침에 도전할 것이다.

평상시 신뢰관계가 중요하다

교육지원청이 학교에 직접 들어간 사례가 특이했던 모양이다. 다음 해에 다른 교육지원청에서도 학교를 찾아간 적이 있었다. 그러나 선생님들의 냉소적인 반응과 봇물 터지듯 터지는 민원성 요구로 인해 무척 힘들었다고 한다. 학교로 찾아가는 공감토크의 취지나 방향이 좋다고 그냥 학교로 들어가면 안 된다. 일반적으로 선생님들은 교육지원청에 그리 호감을 가지고 있지 않다. 대체로 학교에 무엇인가를 요구하거나 간섭한다는 피해의식을 가지고 있다. 어쩌면 이런 선입관이 전혀 터무니없는 것은 아닐 것이다.

그래서 일상적인 신뢰관계가 중요하다. 학교는 교육과정을 잘 운영하고, 교육지원청은 이런 학교를 잘 지원해야 하는 본연의 역할을 잘 수행해야 한다. 서로가 이 역할을 잘 수행하지 않거나 의심쩍은 눈으로 바라볼 때 신뢰관계가 세워지기 어렵다. 교육지원청이 평소에는 권위적이고 고압적인 행정을 하면서 갑자기 학교에 들어가 이야기하자고 하면 누가 마음을 터놓고 말할 수 있겠는가?

학교에 들어갈 때는 철저한 준비가 필요하다. 어떤 질문을 가지고 갈지, 그 질문을 어떻게 풀어낼지에 대해 깊이 고민해야 한다. 불만과 요구사항이 터져 나올 때 어떻게 대처할지에 대해서도 생각해야 한다. 학교에 들어가서 선생님들의 의견을 단순히 듣고만 나오지 않기 위해서 무엇을 어떻게 해야 할지 교육청 내에서 먼저 준비한다면 그리 겁낼 것이 없다.

학교에 다녀온 이후가 더 중요하다

학교를 다니면서 선생님들과 나눈 이야기는 모두 기록한 후 정리했다. 그리고 학교와 선생님들의 어려움과 요구사항을 주제별로 분류했다. 교육장이나 과장이 항상 동행했기 때문에 교육지원청 차원에서 해결할 수 있는 것은 그 자리에서 해결한 경우도 있었다. 그리고 학교에서 자체적으로 해결할 수 있는 것, 지자체에서 해결할 것, 도교육청 차원에서 해결해야 하는 것 등으로 나누어 최대한 해결하려고 노력했다.

특히 상담사나 복지사, 기초학력전문 코칭단과 같은 교육과정 운영 인력지원을 해결하기 위해 지자체와 끊임없이 협의했다. 도교육청 차원에서 해결해야 할 부분은 교육감에게 정식으로 보고서를 제출해서 지원을 요청했다. 그래서 일부 학교에서 숙원 사업이 해결되기도 했다.

K 중학교를 방문했을 때의 이야기다. 이 학교 인근에는 전국적으로 명성을 얻고 있는 초등학교가 있다. 전주 등 도심에서 이 학교에 자녀를 보내기 위해 많은 가구가 이사를 왔다. 이 아이들이 초등학교를 졸업하고 중학교에 진학하자 학부모들의 관심은 일제히 중학교로 향했다. 학부모들의 학교에 대한 관심과 열정이 지역사회의 여론을 움직여 그 지역의 중학교와 고등학교를 혁신학교로 만들 정도였다. 그런 학부모들이 중학교에 거는 기대는 가히 하늘을 찌를 정도였다.

그러다 보니 학부모들은 자연스럽게 학교에 자주 드나들었고, 학교교육과정 운영에 다양한 방법으로 의견을 표명했다. 그러나 선생님들은 이를 매우 불편하게 여겼다. 학부모들이 무리한 요구를 하고 학교교육과정에 지나치게 간섭한다고 했다. 반대로 학부모들은 학교가 제대로 움직이지 않는다는 불만이 상당했다. 선생님들은 이 문제를 해결하기 위해 교육지원청 차원에서 올바른 학부모 역할에 대해 연수를 해달라고 요청했다.

K 중학교의 또 하나의 고민은 본관과 강당을 연결하는 통로의 비가림 차양과 운동장 배수시설이었다. 본관에서 70m 이상 떨어진 운동장에 상당이 있는데 비가림 차양이 없어 비가 오기만 하면 아이들 옷이 다 젖는다고 한다. 본관과 운동장 높이의 차이가 10m 이상 되어 비를 덜 맞으려고 뛰어가다 보면 계단에서 굴러떨어져 크게 다칠 위험이 있다. 또한 비가 오면 학교 운동장에 배수가 되지 않아 일주일 이상 물이 빠지지 않고

잡초가 무성하게 자란다. 운동장이 질어서 풀을 뽑으러 들어가기도 어렵다. 어느 정도 물이 빠질만하면 또 비가 내리기 때문에 학생들이 운동장을 이용할 수 있는 날은 일 년 중 며칠 안 된다고 한다.

참 난감한 일이었다. 이 정도 시설 공사는 적게 잡아도 일억 원 이상은 들기 때문에 교육지원청 차원에서 해결하기는 쉽지 않았다. 또한 선생님들과 학부모와의 관계 개선도 시급히 해결해야 할 문제였다.

나는 다행스럽게도 그 학교 학부모들과는 평소 긴밀한 연락을 유지하고 있었다. 그날 저녁 학부모에게 전화를 걸었다. 학교의 어려움을 설명하고 비 가림 차양과 운동장 배수시설 문제를 학부모들이 나서서 풀어달라고 요청했다. 학부모들은 학교가 그런 어려움을 겪고 있는지를 잘 몰랐다고 한다. 흔쾌히 수락했다. 그 후 학부모들은 교육감 면담을 통해 도교육청 차원의 지원을 요청했다.

그 결과 다음 해에 본관에서 강당으로 이어지는 비가림 차양이 설치되었고, 운동장 배수로도 정비되었다. 얼마 전 학교에 가보니 비가 온 다음 날인데도 운동장 상황이 매우 좋았다. 행정실장의 말에 따르면 비가 오더라도 하루 정도 지나면 물이 빠져 연중 내내 운동장을 이용할 수 있고, 강당으로 이동할 때도 비를 맞지 않으며, 안전사고의 위험도 현저히 줄일 수 있었다. 이를 통해 선생님과 학부모가 한결 가까워진 것은 두말할 나위도 없다.

S 중학교에 가보니 교무실무사가 행정실에 근무하고 있었다. 교무실무사는 도교육청에서 예산을 지원하여 교사들의 행정업무를 지원하기 위해 배치한 인력이다. 그 교무실무사가 교무실이 아니라 행정실에 근무하면서 행정업무를 지원하고 있었다. 사립학교라는 한계 때문에 부당한 점이 있어도 선생님들이 적극적으로 의견을 표명하기 어려웠을 것이다.

즉시 도교육청에 요청해 공문을 보내 시정 조치를 요구하려 했다. 그러나 다행히 학교 관리자가 다음 해부터는 교무실무사가 교무실에서 근무할 수 있게 하겠다고 약속했다. 그리고 실제 그렇게 되었다. 우리가 학교에 들어가 선생님들 이야기를 직접 듣지 않았으면 이런 상황을 몰랐을 것이고, 아마 지금도 교무실무사가 교사들의 업무가 아닌 행정실의 업무를 돕고 있을 것이다.

공감토크를 모두 마치고 종합보고서를 작성했다. 이 종합보고서는 전문직과 교육지원과장, 교육장 그리고 교육감만 공유했다. 여기에는 완주군 중학교 전체에 대한 전반적인 분석과 함께 지역교육 발전에 대한 대안을 제시했다. 그리고 학교별로도 보고서를 만들었는데 학교의 상황과 어려움, 학생에 대한 교사들의 관점과 태도, 전반적인 문화와 분위기를 담았다. 또한 학교별 종합의견을 작성하여 전반적인 평가를 했다. 그 결과 완주에 있는 중학교 상황을 누가 물어보더라도 머뭇거리지 않고 어느 정도는 대답할 수 있게 되었다. 그리고 보고서를 바탕으로 다음 해에 로컬에듀 정책 사업을 짜고, 학교별 예산 지원 등에 많이 참고했다.

아이들은 흐르는 물입니다

찾아가는 공감토크를 마무리하면서 지역 전체 학교의 부장교사, 교감, 교장 워크숍을 각각 진행했다. 이 자리에서 학교를 찾아다니면서 느낀 점, 새롭게 알게 된 사실 등을 이야기했다. 그리고 완주군 관내 중학교의 상황, 어려움과 과제, 의미 있는 교육과정 등을 소개했다. 선생님들은 대체로 우리가 파악한 학교 상황과 현실 인식에 공감했다. 자신의 학교 상황만 알지 다른 학교 상황은 잘 몰랐기에 신선하다는 반응을 보였다. 또한 학교별 애로사항과 건의사항의 처리 결과도 해결 주체를 명시하여 안내했다. 완주군과 협의하고 있는 로컬에듀 운동의 진행 과정과 이를 통해 학교에 무엇을 지원할지 알려줄 때는 특히 많은 관심을 보였다.

특히 마지막 교장 선생님 워크숍 때는 교육감이 참석했다. 나는 워크숍 전날 교육감을 찾아가 공감토크 종합보고서를 펼쳐 보였다. 이 자리에서 완주 관내 중학교의 실상과 어려움을 설명하고, 도교육청 차원의 전향적인 지원을 요청했다.

교장 선생님들은 이날 워크숍에서 학교가 안고 있는 다양한 유형의 어려움을 이야기했다. 낙후된 시설, 순회교사와 기간제 교원의 증가, 지나치게 고령화된 교원 연령층, 소규모 학교교육과정 운영의 애로사항 등에 대해 비교적 솔직하게 표현하고 도교육청의 지원이 필요함을 역설했다. 또한 요즘 아이들이 예전 같지 않아 선생님들이 인성교육과 생활지도에 많은 어려움을 겪고 있다는 말도 덧붙였다.

교육감은 지난 4년 동안 학교 교육을 지원하기 위하여 많은 노력을 기울였지만, 아직도 갈 길이 멀다는 말씀을 하셨다. 그리고 이번 자리가 전북교육을 돌아볼 수 있는 소중한 계기가 되었다고 하면서 어려운 여건 속에서도 최선을 다하고 있는 교장 선생님들을 격려해 드렸다. 그러나 여기서 그치지 않고 다음과 같이 당부했다.

교장 선생님들, 무더운 여름에 시원한 계곡에 들어가서 발을 담가 본 적이 있나요? 느낌이 어땠나요? 시원하지요? 만약 계곡에 흐르는 물이 고여 있다면 시원할까요? 우리가 발을 담글 수 있었을까요? 그렇습니다. 아이들은 계곡에 흐르는 물과 같아서 우리한테 다가왔다가 곧바로 떠나갑니다. 우리가 지금 학교에서 혹은 교실에서 만나는 아이들은 예전의 아이들이 아니라 언제나 새로운 아이들입니다. 그렇다면 우리가 아이들을 만날 때 어떻게 해야 할까요? 아이들이 변했다고 탓하기보다는 자연스럽게 받아들이고 새로운 아이들을 맞이할 준비를 학교와 선생님이 해야 하지 않을까요? 그것이 수업이든 인성교육이든 말입니다.

현장에 문제와 답이 동시에 있다

학교를 다니며 만난 선생님들은 바쁘다는 말을 참 많이 했다. 공감토크도 취지나 방향은 공감하나 시간을 내야 했기 때문에 부담스러웠다고 했다. 수업을 하다 잠깐 짬을 내어 아이들도 만나고, 업무처리도 하다 보면 차 한 잔 마실 시간도 없다고 한다. 어쩌다 한번 특별한 행사나 프로그램이라도 운영하려고 하면 숨 쉴 틈도 없다고 했다.

어떤 학교에서 화초를 화분에 키워 학교 행사에서 전시하는 프로그램을 운영한다는 말을 들었다. 그런데 아이들이 잘 돌보지 않아 교사가 그 화분을 관리하느라 정신이 없다고 한다. 그래서 언제부터, 어떤 목적으로, 왜 화분을 키웠는지 물어보았다. 아무도 대답하는 이가 없었다. 예전부터 해왔다고 한다. 아무도 그 활동이 어떤 의미가 있고 수업과 어떤 관련이 있는지 알지 못했다. 중요한 것은 그 프로그램 때문에 힘이 들고 업무 부담이 크다는 것이었다. 게다가 아이들과 마찰을 겪는다는 것이다.

결국 학교 현장에 문제와 답이 동시에 있었다. 학교가 바쁘고 힘들다고 하는데 어쩌면 그것은 일정 부분 학교 스스로 만든 것일 수도 있다. 외부의 지원은 아무리 풍부해도 한계가 있다. 교원, 학생, 학부모가 집단지성과 협의를 통해 스스로 변화와 성찰의 과정을 거쳐야 한다. 이를 통하여 학교가 어떤 학생을 키울 것인지 분명히 교육목표를 세우고 이를 이루기 위해 교육과정과 수업, 평가를 내실 있게 운영하면 된다. 여기에 지역의 다양한 사람과 자원을 활용하면 더할 나위 없다.

　그래서 공감토크 후속 조치로 학교의 철학과 비전을 다시 세우고 이를 실현하기 위한 교육과정 편성 운영을 지원했다. 부장교사 워크숍 때 학교가 교육과정을 세우기 위해 거쳐야 하는 일정한 단계와 절차를 안내했다. 학교의 희망을 받아 초·중등 22개 학교에 교육과정을 함께 협의하고 세울 수 있는 연수 및 컨설팅 등을 지원했다. 그리고 관내 모든 학교에 수요일 오후 두 시간은 꼭 비워놓도록 요청했다. 이 시간에 선생님들은 함께 책을 읽으며 수업을 나눌 수 있도록 했고, 아이들은 다양한 동아리 활동, 진로탐색 활동, 자치활동 등을 하는 교육과정을 운영할 것을 제안했다.

5장

지역의 교육력을 높이는 혁신교육특구

진보교육감 시대가 활짝 열리면서 우리나라 교육은 일대 전환기를 맞이했다. 도올 김용옥은 진보교육감 13석 획득을 노무현 대통령 당선보다 더 큰 의미로 규정하면서 진보 세력의 기회이자 위기라고 역설했다. 이는 진보교육감들이 만들어야 할 교육혁신에 대한 국민의 기대와 책임을 표현한 것이다. 진보교육감에게 표를 준 국민들은 경쟁 위주의 교육이 아니라, 아이들의 삶이 곧 교육이 되고, 교육이 곧 삶이 되는 학교를 꿈꾸었을 것이다.

혁신학교는 진보교육감의 핵심 교육의제이다. 혁신학교 정책은 학교가 경쟁과 성적 중심의 입시교육에서 벗어나 민주적인 학교 운영을 통해 아이들의 참된 성장과 발달을 지원함으로써 학교 교육의 본질을 회복하고자 했다. 교사들의 헌신과 열정, 희생에 의존했던 작은학교 운동이나 전교조의 참교육 운동과는 달리 혁신학교는 시·도교육청의 제도적, 정책적

뒷받침을 통해 교사들의 자발성과 진정성을 이끌어내고 지원함으로써 공교육의 새로운 모델을 만들어가고 있다.

그런데 혁신학교를 통해 지역교육 전체의 변화를 끌어내기에는 현실적으로 한계가 있다. 혁신학교는 지역보다는 학교의 변화와 성장을 우선시한다. 또한 단위 학교에서 지역의 전반적인 교육시스템을 만들어나갈 여력이 부족하기 때문이기도 하다. 이에 따라 전북과 경기도에서는 교육청과 지자체의 협력과 자원 공유를 통하여 공교육 혁신을 지원하고 지역교육공동체를 강화하고자 혁신교육특구를 운영하고 있다. 최근 경남과 충북 등 다른 시·도에서도 행복교육지구 등으로 명칭을 바꾸어 속속 참여하고 있다.

전라북도교육청은 2015년부터 완주를 비롯하여 전주, 정읍, 남원 등 4개 지역에서 혁신교육특구를 운영하고 있고, 올해에는 익산이 추가로 선정되었다. 혁신교육특구는 전라북도교육청과 자치단체가 협약을 체결하고 예산을 확보하여 혁신교육 정책을 추진하는 정책이다. 그리고 재정·행정·시설·인사 등에서 지원을 함으로써 모두에게 신뢰받는 공교육 혁신과 실질적인 지역교육공동체를 만들기 위하여 교육감과 지자체장이 지정한 시·군을 말한다.

혁신교육특구는 교육지원청과 지자체가 지역교육을 함께 고민하고 문제점을 찾아 해결방법을 찾아 나간다는 데 특별한 의의가 있다. 이는 지금까지 교육지원청과 지자체가 긴밀한 협력이나 소통 없이 별개의 사업을 통해 학교와 교육을 지원함으로써 발생하는 많은 부작용과 폐단을 극복할 수 있을 것이다. 그리고 이를 통해 지역 전체의 교육력을 획기적으로 높일 가능성을 만들어가고 있다.

최근 전국적으로 마을교육공동체에 관한 관심이 높다. 기존 학교교육의 한계를 극복하고, 배움의 공간을 삶의 공간인 마을로 확장하는 측면에서 매우 바람직하다. 성미산 마을, 장곡 마을학교, 의정부 꿈이룸학교 등 전국에서 의미 있는 사례가 속속 나오고 있다. 마을교육공동체는 우리 교육이 궁극적으로 나아가야 할 방향이라는 점에 전적으로 공감한다.

완주군 고산면에서도 수년 전부터 학부모와 주민이 고산향이라는 교육공동체를 만들어 공교육을 지원하고, 마을에서 다양한 프로그램을 운영하고 있다. 소양면에서는 마을사람들이 학교를 마치고 갈 곳 없는 아이들에게 호주머니를 털어 간식을 해먹이고, 아이들이 어른들 눈치를 보지 않고 마음 편히 놀 수 있는 공간을 마련해주고 있다.

그런데 이들 공동체는 민간단체의 성격상 여러 가지 어려움을 겪고 있다. 고산지역 학교에서는 학부모의 관심을 참견으로 여겨 불편해하기도 하고, 원주민과 이주민 사이에 갈등도 발생하고 있다. 소양면에서는 아이들이 많아지면서 공간이 부족하고, 프로그램을 운영할 예산이 부족하다. 또한, 이들 지역과 같은 자발적 마을교육공동체가 완주 전체로 퍼지지는 못하고 있다. 완주처럼 작은 지역 내에서조차 교육 양극화가 발생하는 것이다.

이에 완주 혁신교육특구에서는 고산에는 풀뿌리 교육지원센터 운영 인력과 프로그램을 지원하고, 소양면에는 마을 돌봄이 가능한 예산을 지원하고 있다. 아울러 아직 이렇다 할 움직임이 없는 지역은 희망의 씨앗을 뿌리고, 물과 자양분 역할을 할 수 있는 마을학교를 만들어주고 있다.

결국, 혁신교육특구는 학교라는 공교육의 토대를 탄탄하게 만들어가면서 마을에서 자생적으로 활동하고 있는 교육공동체가 더욱 내실을 기하고, 본래의 취지에 맞게 운영할 수 있도록 예산, 시설, 인력 등을 지원하는 역할을 할 것이다. 지역 전체의 교육력을 높이는 데 혁신교육특구가 그 출발점이 될 것으로 기대한다.

교육지원청과 지자체의 협력이 답이다

 교육지원청과 지자체는 지방자치의 양대 축으로서 동일 행정구역 주민을 대상으로 교육서비스를 지원한다. 교육지원청은 유, 초, 중등 교육의 일선에서 교육 관련 업무를 직접 수행하고, 지자체는 유, 초, 중등 교육 발전을 위한 행·재정적 지원과 미취학 아동교육, 평생교육 등을 담당한다. 이 두 기관의 긴밀한 협력은 지방교육 발전의 필수 요소이다. 따라서 상호 소통과 신뢰를 통해 서로를 교육의 동반자, 협력자로 인식해야 한다.

 그러나 교육지원청과 지자체는 교육에 대한 인식과 관점이 다르다. 그러다 보니 예산을 투입하는 방식이 다르고, 실제 추진하는 사업과 프로그램에서도 현격한 차이가 있다. 교육지원청은 공교육을 살리고 모든 아이의 성장을 지원하기 위해 교육의 형평성과 책무성을 강조한다. 반면에 지자체는 우수한 인재를 육성하기 위해 수월성과 서울의 상위권 대학 진학 등에 중점을 두고 있다.

 또한 교육지원청은 학교교육과정과 수업을 지원하고 교원의 전문성 신장을 주요한 과제로 설정하지만, 지자체는 방과후 및 돌봄교실, 글로벌 해외캠프, 진로체험 등과 같은 프로그램을 만들어 학생을 선발해 직접 운영하기도 한다. 많은 예산을 들여 서울의 유명 입시학원 강사를 불러들여 국, 영, 수 입시교육을 하기도 한다. 이렇게 교육을 바라보는 관점과 집행 방식의 차이 때문에 많은 지역에서 갈등이 빚어지고 있다.

 지자체는 교육경비를 사용하는 과정에서 교육지원청과 긴밀한 협의 없이 단독으로 사업을 기획하고, 집행하는 경우가 많다. 지역주민의 표를 의식한 사업에 집중 투자하거나 공모를 통한 단기 프로그램 위주로 진행되면서 학교에 업무가 과중하게 요구되기도 한다. 학교는 예산을 받았으니

가시적인 성과를 내기 위하여 실적을 억지로 짜 맞춰야 하는 경우도 있고, 정산과 증빙서류를 갖추는 것도 그리 쉬운 일은 아니다.

　교육지원청 역시 지자체와의 협력과 예산 확보에 소극적이었다. 지자체 예산은 사용에 제약이 많다. 예산을 집행할 때 심하게 간섭하기도 한다. 그래서 전문직들은 지자체와의 접촉 자체를 꺼리는 경우가 많다. 교육지원청의 전문직들은 도교육청에서 발송한 공문을 처리하고 의회 자료 제출 등과 관련하여 학교에서 올라오는 문서들을 취합, 정리, 보고하는 것만으로도 격무에 시달리고 있다. 그래서 일정한 거리를 두고 서로의 사업에 간섭하지 않는 것이 일종의 불문율처럼 되어 있다. 또한 지자체와의 의사소통 과정에서 생기는 견해와 관점의 차이를 인정하고 이를 적극적으로 돌파하는 방법을 찾기보다는 일부러 회피하곤 했다.

　그러나 지역의 교육이 변화하기 위해서는 무엇보다 지자체의 협력이 필요하다. 교육지원청에 비해 지자체는 선출 권력을 바탕으로 예산, 인력, 조례 제정, 시설, 프로그램, 네트워크 등에서 막강한 권한을 가지고 있다. 체급 상 교육지원청이 경량급이라면 지자체는 중량급으로 볼 수 있다. 교육지원청에서는 지역교육을 성공적으로 지원하려면 어떻게 해서든지 지자체와 동반 협력관계를 구축해야 한다. 지자체 역시 교육발전 없이 지역발전이 없다는 것을 명확히 인식해야 함은 두말할 나위 없다.

　지자체가 가지고 있는 예산, 인력, 시설, 네트워크 등을 학교의 교육과정 운영과 수업, 생활교육, 진로직업체험, 방과후 등에 지원한다면 학교가 단독으로 변화를 꾀하는 것과는 질적으로 전혀 다른 결과를 가져올 수 있다. 교육지원청과 지자체는 교육에 대한 철학을 공유하고, 관점의 차이를 좁히도록 노력해야 한다. 이와 관련된 협의체나 네트워크 등을 조직해 정기적으로 만나야 한다. 함께 책을 읽고, 지역교육을 토론하면 더욱 좋다.

동시에 지자체의 교육경비 지원 계획을 함께 수립하여 교육을 지원하는 데 의미 있게 사용되도록 해야 한다. 비록 우리는 아직 성공의 단계에 이르지 못했지만, 어느 지역에서인가는 이런 사례를 만들어내면 좋겠다.

지자체와 평행선을 달리다

2014년 6·4 지방선거에서 두 명으로 압축된 최종 후보 가운데 현 완주군수가 당선되었다. 당선인은 로컬에듀 대신 창의적 교육특구를 공약으로 제시했다. 지방선거 후 지자체와 약 6개월 동안 창의적 교육특구의 예산 규모와 내용에 대하여 협의했다. 나는 여러 경로를 통해 군수, 부군수, 인수위 교육 분과 간사, 군수 직속의 조직 강화 팀장, 교육지원과장 및 팀장, 담당 주무관 등을 약 20차례 이상 만났다.

내가 주로 만난 사람은 완주군 행정지원과 인재양성팀장이었다. 우리는 정말 많이 만났지만 항상 길고 긴 평행선을 달렸다. 아무리 협의해도 교육을 바라보는 인식과 관점의 차이가 워낙 커서 간격이 좁혀지지 않았다. 지자체의 기본 인식은 학교교육과정은 학교에서 운영하고, 이에 대한 지원은 교육청에서 해야 한다는 것이다. 그리고 지자체는 방과후활동이나 평생교육 등을 지원해야 한다는 것이었다. 특히 학교에 사람을 지원하는 것에 대해서는 상당한 거부감이 있었다.

로컬에듀는 지역사회가 힘을 합쳐 학교를 살리자는 교육운동이다. 이 운동이 성공하기 위해서는 학교가 기존의 관행에서 벗어나 학생을 중심에 두고 교육과정을 운영해야 한다. 이는 필연적으로 교사의 변화와 참여를 동반해야 한다.

그런데 학교교육과정과 수업 변화를 유도하기 위해서는 선생님들이 피부로 체감할 수 있는 분명한 교육지원청의 메시지가 있어야 했다. 우리는 그것을 사람으로 보았다. 교사가 교육과정과 수업, 아이들에 집중하려면 시간을 확보해주어야 하고, 이를 위해 사람이 필요했다. 학교에 일정한 예산만 보내서는 죽도 밥도 안 되는 것을 너무 많이 보아왔다.

지자체에서는 인력지원이 그렇게 필요하다면 도교육청이나 교육부에서 해야 한다는 입장이었다. 물론 맞는 말이다. 그런데 교육부에서는 중등 교원 법정 정원을 겨우 73% 정도로 유지하고 있고, 과목을 담당할 정규 교사를 계속 줄여가는 마당에 학교에 예산이나 사람을 보내줄 리가 없다. 전라북도교육청도 교원 정원의 조정에 관한 아무런 권한도 없어 여력이 없다. 이러한 현실적인 어려움이 있기 때문에 지자체에 도움을 요청하는 것이라고 사정하기도 했다. 그러나 돌아오는 것은 언제나 공허한 메아리에 불과했다.

지자체 관계자는 교사가 아이들을 가르치고 남는 시간에 공문처리와 같은 행정업무를 하면 충분하다고 말했다. 만약 시간이 부족하다면 퇴근을 미루더라도 학교에 남아서 행정 일을 마무리해야 하지 않느냐는 것이다. 지자체에서는 야근을 밥 먹듯이 한다는 말도 빼놓지 않았다.

지자체의 입장을 이해 못하는 것은 아니었다. 인력지원은 도교육청에서도 풀지 못하는 문제이기 때문이다. 그러나 여기서 멈출 수는 없었다. 나는 완주군에서 해마다 100억 이상을 교육경비로 지원하는데 학교에 어떤 변화가 있는지 물었다. 완주에 있는 아이들 대부분이 상급학교로 진학할수록 인근 대도시로 빠져나가는 것을 보여주는 구체적인 자료를 제시했다. 지금까지 지자체에서 많은 예산을 들여 펼친 교육정책이 큰 효과를 보지 못한다면 이제는 대안을 모색해야 한다고 말했다. 하지만 거대한 벽에다 대고 이야기하는 것 같았다. 우리는 고장 난 녹음기처럼 늘 같은 말만 되풀이했다.

혁신교육특구 협약을 체결하다

드디어 그해 가을에 전라북도교육청에서 혁신교육특구 공모 공문을 보내왔다. 도내 14개 시·군 중, 3~4개 지역을 공모한다는 내용이었다. 중등학교 지원에 방점을 두고 있었고, 교육과정 운영인력 지원 등 로컬에듀의 방향과 정확히 일치했다. 여러 시·군에서 이 사업에 관심을 보였다. 우리보다 늦게 뛰어든 일부 시·군은 지자체에서 먼저 팀을 꾸려 교육청에 제안하는 등 매우 적극적인 행보를 보이고 있었다.

이 무렵 군수와 면담할 기회를 잡았다. 군수는 유·초·중등 교육과 보편적 교육은 교육청과 학교의 몫이라고 생각하며 지자체에서는 인재를 키워야 하는 관점에서 수월성과 경쟁력을 높일 수 있는 교육에 지원해야 한다고 말했다. 나는 소수의 아이를 대상으로 하는 수월성 교육은 전라북도교육청에서 추진하고 있는 혁신교육특구의 방향과 너무 다르기 때문에 이 사업에 선정되기 위해서는 군수의 결단이 필요하다고 했다. 또한 다른 지역에서 많은 관심을 보이고 있기 때문에 적절히 대응하지 못하면 이 사업에서 밀려날 수도 있다는 점을 강조했다.

군수는 배석한 사람들에게 너무 원칙적으로만 검토하지 말고 실무진끼리 잘 협의해서 좋은 결과가 나올 수 있도록 노력하라고 지시했다. 내가 군수에게 사업 추진 의지를 다시 한 번 확인하자 교육청과 군청이 긴밀하게 협력하여 이 사업이 실현될 수 있도록 노력할 것이라고 말했다. 이날 사업 추진에 대한 군수의 강한 의지를 확인했다.

그러나 그로부터 얼마 후 날아온 군청의 혁신교육특구 사업 계획안은 기대에 미치지 못했다. 전체적인 예산 규모도 미미한 수준이었고, 우리가 그토록 요청했던 교육과정 인력지원은 하나도 반영되지 않았다.

교육장에게 약 7억 정도의 군청 혁신교육특구 사업안을 보고했다. 교육장은 매우 아쉽지만, 우리는 최선을 다했으니 이 정도 선에서 받아들이자고 했다. 그리고 이제부터는 학교가 교육과정 운영에 충실히 해 아이들을 잘 가르칠 수 있도록 노력하자고 말씀했다. 교육장 앞에서는 어쩔 수 없이 그렇게 하겠노라고 동의했지만, 이대로 물러날 수는 없었다.

얼마 후 다시 군청에 찾아갔다. 도교육청에서 확보한 혁신교육특구 예산은 운영비로 사용할 수밖에 없음을 설명하고, 학교에 실질적인 도움을 줄 수 있는 인력지원에 대한 군청의 전향적인 입장 변화를 다시 한 번 요청했다. 그러나 끝내 원하는 대답은 들을 수 없었다. 능력의 한계를 절감했고 시간 또한 우리 편이 아니었다. 결국 학부모들의 뜻에 따라 그해 겨울의 초입에 학부모가 지켜보는 가운데 4년 동안 로컬에듀(창의적 교육특구)를 공동으로 추진하기로 협약을 체결했다.

완주 혁신교육특구의 주요 내용

혁신교육특구 3년 차인 2017년도에는 약 10억 원을 확보하여 따뜻한 학교, 함께 배우고 실천하는 학교, 즐거운 학교, 마을학교 등 4개 분야에서 21개 과제를 운영한다. 세부 사업에 대한 구체적인 내용은 2부에서 다시 언급한다.

첫째, '따뜻한 학교'는 구성원의 협의와 합의를 통하여 따뜻한 학교의 개념을 함께 세우고, 이를 함께 실천할 수 있도록 학교의 교육과정 운영을 지원한다. 또한 공교육의 공공성과 책무성을 구현하기 위하여 학습에 어려움을 겪는 아이를 더 많이 지원하는 '열손가락 학교'를 운영한다.

둘째, '함께 배우고 실천하는 학교'는 선생님의 수업 및 생활교육 전문성 신장을 위하여 학교 단위, 지역 단위 학생중심수업 실천연구 및 교과별, 주제별 동아리를 운영하고, 연극 및 독서 프로젝트 수업을 시도하는 선생님들을 지원한다.

셋째, '즐거운 학교'는 진로교육지원센터를 통해 자신의 적성과 소질에 맞는 진로를 탐색하고, 체험할 수 있도록 다양한 진로교육 프로그램을 지원한다. 또한 학교로 찾아가는 연극, 독서인문학 캠프, 프로젝트 자율동아리를 통해 아이들이 문화예술을 체험하고, 다양한 동아리 활동을 해봄으로써 학교에 즐겁게 다닐 수 있는 기회를 제공한다.

마지막으로 '마을학교'는 학교-마을이 함께 만드는 교육과정, 마을교육지원센터, 마을선생님, 대학생 어깨동무 멘토링 교육봉사, 문밖 진로체험처 등을 통하여 마을 사람들이 가지고 있는 교육적 자원과 경험, 전문성 등을 학교교육과정 운영과 학생중심수업에 연결한다.

이와 함께 완주의 지역적, 사회·문화적 환경을 분석하고 학교와 학생들의 실태와 학부모들의 요구를 파악하여 지역교육의 근본적인 변화를 모색하는 완주 풀뿌리 교육과정을 개발하여 안내한다. 그리고 지역별 마을교과서, 플랫폼 홈페이지 등을 통해 완주가 축적하고 있는 지역자원을 활용할 수 있는 토대를 마련하고 있다.

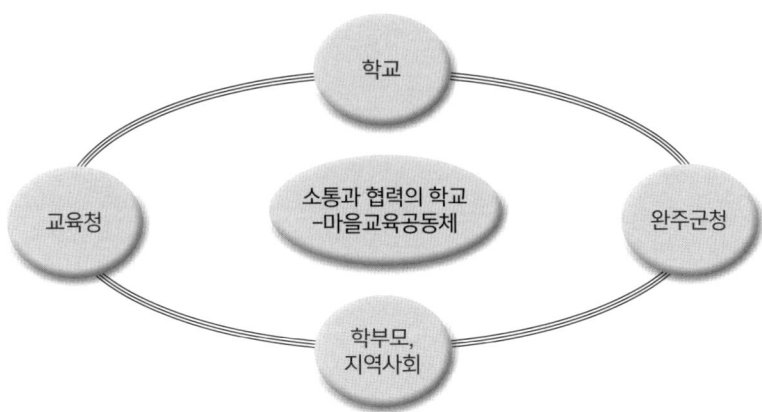

추진전략

- 단위 학교 창의적 교육과정 운영과 책임교육을 통한 따뜻한 학교
- 교원의 학생중심수업 전문성 신장을 통한 함께 배우고 실천하는 학교
- 자기주도적 진로탐색과 연극, 독서인문학 활동, 동아리 활동을 통한 즐거운 학교
- 마을의 다양한 교육주체의 참여와 지역자원 활용을 통한 마을학교

따뜻한 학교	실천하는 학교	즐거운 학교	마을 학교
· 완주군과 함께 만드는 따뜻한 학교 · 풀뿌리 교육과정 운영 학교 · 모든 아이의 성장을 지원하는 책임교육 · 또래학습 운영학교 · 인문학토크 콘서트	· 교원 역량 강화 연수 및 워크숍 · 학교로 찾아가는 연수 · 전문성 신장을 위한 실천연구 및 동아리 운영 · 연극 프로젝트 수업 · 독서 프로젝트 수업	· 진로교육지원센터 · 학교로 찾아가는 연극 · 학교로 찾아가는 독서 · 인문학 캠프 · 청소년 프로젝트 자율동아리 · 청소년 꿈 찾아 가꾸기 프로젝트	· 학교와 마을이 함께 만드는 교육과정 · 마을교육지원센터 · 지역별 마을교과서 개발 · 방과후 마을 학교 · 방과후 마을 돌봄 교실 · 마을선생님 및 어깨동무 멘토링

[그림 1] 2017 완주 혁신교육특구 비전 및 과제

2부

아이를 존중하는 학교

로컬에듀는 아이들이 지역의 학교에서 공부하고 바르게 성장할 수 있도록 하자는 교육운동이다. 이 운동의 중심에 아이들이 있고, 학교가 있다. 학교는 지역주민의 삶의 질과 직결된다. 학교가 그들의 필요와 기대에 부응하지 못한다면 주민들은 아이들에게 더 나은 교육환경을 제공하기 위해 지역을 떠날 것이다. 주민들이 떠나는 지역의 미래는 점점 더 암울해질 수밖에 없다. 지자체가 학교를 살리기 위해 적극 나서야 하는 이유가 여기에 있다.

　지금까지 지자체는 수월성 교육, 방과후활동, 원어민 보조교사, 체험학습 등에 많은 교육경비를 지원했다. 그러나 결과는 그리 만족스럽지 못했다. 그렇다면 지금까지와는 전혀 다른 관점과 방법으로 교육경비를 사용해야 한다는 결론이 나온다. 바로 지자체가 학교교육과정과 수업 개선에 팔을 걷어붙이고 예산을 적극 지원하는 것이다.

로컬에듀의 핵심은 학교의 변화다. 학교의 변화는 곧 학교교육과정의 변화라고 할 수 있다. 따뜻한 학교는 학교교육과정의 변화를 지원하기 위해 지자체가 예산을 지원했다. 지자체가 정규 교육과정을 지원했다는 면에서 특별한 의의가 있다.

교육지원청에서는 따뜻한 학교의 개념이나 방향을 제시하지 않았다. 학교 구성원 스스로 따뜻한 학교의 개념을 세우고, 과제를 설정해서 모두가 함께 실천하도록 했다. 그러다 보니 학교마다 '따뜻한 학교'의 개념이 다르다. 학교마다 여건이 다르고, 아이들이 다르고, 학부모들의 요구가 다르기 때문에 학교가 중요시하는 가치가 다를 수밖에 없다. 따뜻한 학교는 학교의 가장 중요한 가치를 구성원들이 협의를 통해 합의하고, 그것을 모두가 함께 실천하는 학교다.

학교는 공교육 기관이다. 따라서 학교는 공교육 기관의 공공성과 책무성을 실현하는 데 힘을 기울여야 한다. 교육에서의 공공성과 책무성은 과정의 평등만이 아니라 결과의 평등도 포함한다. 도움이 더 필요한 아이에게 더 많은 지원을 함으로써 결과적으로 평등한 삶을 살아갈 수 있도록 지원하자는 것이다. 열손가락 학교는 이런 가치를 실현하기 위해 학습더딤 아이를 집중 지원하는 정책이다.

혁신교육특구 정책의 가장 중요한 과제 중 하나는 선생님들의 수업 전문성 신장이다. 그래서 학교 단위로 전문적 실천연구 공동체를 만들고, 교육청 단위로 실천 연수를 진행했다. 이와 함께 수업 나눔과 독서토론을 일상화했다. 실천연구는 선생님들이 기존의 이념이나 이론 또는 방법을 가져다 적용하고 쓰는 것이 아니라, 각자의 교실 수업에서 실천과 연구를 병행하는 방식으로 수업 전문성을 키워나간다.

학교 변화의 핵심은 선생님들의 실천을 바탕으로 한 수업의 변화요, 아이들을 따뜻하게 품어주는 교실의 변화다. 수업과 교실의 변화가 없다면 아무리 많은 예산과 좋은 프로그램이 투입되더라도 모두 일회성 사업에 불과할 것이다. 선생님들의 진정한 참여와 실천이 없다면 4년 후에 혁신교육특구가 끝나고 예산 지원이 중단되었을 때 교실에 남는 것이 얼마나 있을까?

완주의 아이들은 농산촌이라는 지역의 특성상 문화예술을 경험할 기회가 적다. 그래서 아이들이 전문 극단이 공연하는 연극을 직접 보고, 수업으로 연결하는 시도를 하고 있다. 완주에서 초, 중, 고 12년을 다닌다면 적어도 12편의 연극이나 뮤지컬을 볼 수 있을 것이다. 나아가 수업 시간에 직접 연극을 만들고, 무대 위에 올라가는 경험을 하는 아이도 많이 있을 것이다. 문화예술 경험의 내용과 횟수 면에서 대도시 아이들에 비해서 결코 떨어지지 않을 것이다.

1장

따뜻한 학교

　그동안 정부에서는 교육개혁을 위한 정책을 셀 수 없이 만들어 냈으나 대부분 성공하지 못했다. 실패에는 여러 이유가 있겠지만, 그중 가장 큰 이유는 교사를 개혁의 대상으로 보았기 때문이다. 학교 현장 곳곳에 잠복하고 있는 수많은 모순과 낡은 관행을 깨기 위하여 직접 몸으로 부딪치고 실천할 교사들을 바꿔야 할 대상으로 보는데 그 정책이 성공할 까닭이 있을 리 없다.

　혁신학교가 현장 교사들로부터 환영을 받으면서 교육개혁의 상징으로 인정받는 이유는 교사들을 개혁의 대상이 아닌 주체로 세웠기 때문이다. 혁신학교 선생님들에게 승진과 전보 등에서 주어지는 인센티브는 전혀 없다. 그럼에도 불구하고 혁신학교에 근무하는 많은 선생님이 학교 변화의 주체로서 자신의 수업을 돌아보고, 아이들을 바라보는 관점을 바꾸고 있다. 나아가 학교의 본질을 찾기 위하여 의미 있는 실천을 해내고 있는 것도 이런 이유가 아닐까 싶다. 선생님들이 스스로 문제를 인식하고 그 해결전략과 방법을 찾아 실천한다는 면에서 따뜻한 학교도 혁신학교와 맥락이 같다.

'완주군과 함께 만드는 따뜻한 학교'(이하 '따뜻한 학교')는 로컬에듀의 핵심 정책 중 하나이다. 따뜻한 학교는 학교 구성원들이 따뜻한 학교라는 집을 짓고, 집안에 넣을 살림살이를 결정하여 채운 다음에 그 집에서 따뜻하고 온기 있는 삶을 함께 만들어가는 학교라고 할 수 있다.

지자체에서 학교교육과정을 지원하다

로컬에듀는 창의적 교육과정 운영과 선생님들의 수업 전문성 신장 지원을 핵심 과제로 설정하고 있다. 그래서 단위 학교 교육과정 운영을 지원하는 사업 명칭을 결정할 때도 깊이 고민했다. 학교에 있는 모든 구성원이 존중받고, 특히 아이들이 학교에서 행복한 경험을 할 수 있도록 하고 싶었다. 학교라는 단어에서 엄마의 품처럼 따뜻한 느낌을 떠올리게 하고 싶었다. 따뜻한 학교는 우리가 만들어가고자 하는 교육의 이상과 지향점을 어떻게 담을지 고민하면서 여럿이 함께 만든 명칭이었다.

따뜻한 학교는 여러 면에서 중요한 의미를 담고 있다. 그동안 지자체가 개별 사업에 학교를 지원한 사례는 많았지만, 학교교육과정을 직접 지원한 것은 처음이기 때문이다. 학교교육과정은 학교와 교육청이 맡아서 운영하고, 지자체와 지역사회는 학교 밖의 교육과정, 예를 들어 방과후나 수월성 교육, 원어민을 활용한 영어와 중국어 교육, 진로직업교육 등의 지원에 국한되어야 한다고 여겼다. 실제로 대부분의 지자체에서 이런 방식으로 학교를 지원하고 있다. 그러나 이런 사업들은 학교에 도움을 주기보다는 오히려 부담을 주는 면도 있다.

지자체가 일방적으로 사업계획을 세워 학교를 상대로 공모를 실시하고, 선정 절차를 거쳐 일정한 예산을 지원하는데 막상 학교에서는 외면당하기 일쑤였다. 교육과정 편성·운영 계획이 모두 끝난 학기 중에 오기도 하고, 교육과정과는 거리가 먼 내용도 있기 때문이다.

불쑥 끼어든 지자체 공모사업은 이수해야 하는 수업일수와 과목별 기준 시수 때문에, 그리고 지자체에서 요구하는 성과와 실적 요구로 인한 업무 부담 때문에 학교에서 환영받지 못했다.

이를 개선하기 위하여 로컬에듀를 통해 완주군청에 제안한 내용이 바로 완주군과 함께 만드는 따뜻한 학교다. 지자체에서 이미 결정한 사업을 공모하고 선정하여 예산을 지원하기보다는, 학교가 자체 논의를 통하여 교육과정을 편성하면 지자체가 이를 지원하는 방식이다. 외부에서 사업을 지정해 받는 예산과 학교의 필요에 의해 지원받는 예산은 그 효과와 참여도 면에서 근본적으로 차이가 있다.

지원 방식과 더불어 예산 지원 시기도 조정했다. 교육과정이 이미 시작된 학기 중 지원이 아니라, 학교교육과정에 녹여내 자연스럽게 운영할 수 있도록 2월 이전에 예산이 교부되었고, 각 학교에서는 여건과 상황에 맞는 교육과정을 편성하여 운영할 수 있게 되었다.

예산 지원 방식도 지자체에서 학교로 직접 보내는 것이 아니라 교육지원청을 거쳐 학교로 교부되기 때문에 학교는 지자체의 감사로부터 자유로웠다. 지자체 사업이 교육청을 거치면서 성과 부담을 덜고, 장황한 계획과 성과보고와 같은 실적 쌓기로부터 자유롭다 보니 따뜻한 학교는 다른 어떤 사업보다도 학교로부터 환영을 받고 있다.

따뜻한 학교가 도대체 뭐야?

따뜻한 학교 공모를 위한 공문이 학교로 갔을 때 선생님들에게서 가장 많이 들었던 말이다. 교육지원청에서 개념을 정해주지 않았고, 구체적인 사업 내용도 제시하지 않았기 때문에 당연히 궁금했을 것이다.

혁신학교 운동이 시작되면서 학교의 문화는 지시보다는 교사들의 협의가 주를 이루고, 구성원의 토론과 합의로 학교를 운영한다. 따뜻한 학교는 여기에서 좀 더 나아가 학교의 문제를 근본적으로 뒤집어보고, 그 문제를 해결하기 위하여 함께 실천할 방법을 찾아볼 수 있도록 했다. 따뜻한 학교에서는 많은 것을 한꺼번에 바꾸기보다는 하나라도 제대로 바꾸기 위하여 모두가 참여한다. 한 사람의 열 걸음보다 열 사람의 한 걸음이 낫기 때문이다.

따뜻한 학교는 학교에 공모 단계에서 개념과 구체적인 사업 내용을 주지 않았다. 구성원들이 생각하는 따뜻한 학교란 어떤 학교인지, 그런 학교를 만들어 가기 위해 어떻게 할 것인지 이야기 나누게 했고, 그 결과를 계획서에 담게 했다.

이것은 학교가 스스로의 힘으로 혁신을 진행할 수 있도록 하기 위한 방식으로 서근원 교수가 제안한 것이다. 그동안 학교 현장에서는 교육부나 교육청 등 상급 행정기관에서 결정한 정책을 이행하는 방식으로 일해 왔다. 심지어 학교 혁신 정책도 마찬가지다. 자연히 현장 교사들은 수동적일 수밖에 없었다.

그런데 따뜻한 학교는 개념부터 학교가 스스로 설정하고, 그 개념에 부합하는 내용을 학교 스스로 설정하여 실천하도록 함으로써 각 학교의 교사가 혁신의 주체로 서도록 했다. 그런데 이러한 방식이 현장 교사들에게는 낯설었다. 이와 유사한 일은 이후에도 여러 번 발생했다.

지금까지 한 번도 이런 방식으로 계획서를 제출해본 경험이 없었기 때문에 문의가 많이 왔다. 처음에 의도한 대로 계획서가 작성되지도 않아 담당자 협의회를 여러 번 진행했다.

"장학사님, 따뜻한 학교는 학교에 난로가 있으면 되지요? 아이들이 춥지 않게 장작을 듬뿍 넣고 불을 피워주면 되지 않을까요?"

따뜻한 학교 담당자 협의회에서 어떤 선생님이 우리 모두에게 농담처럼 한 말이다. 그런데 생각해볼수록 맞는 말이다. 아이가 집에서는 난방비 때문에 추위에 떨어도 학교에 오면 난로와 온풍기를 마음껏 틀어 추위에 떨지 않게 해주면 된다. 교실과 복도, 강당, 식당 등이 아이들이 수업을 하고, 뜀틀을 하고, 밥을 먹을 때 엄마의 품처럼 포근하게 감싸줄 수 있는 공간이 되면 된다. 그래야 아이들이 편안함을 느끼고 공부할 마음도 생긴다. 학교에서 가장 햇볕이 잘 드는 곳에 아이들이 공부하고, 쉴 수 있는 공간을 만들어줄 수 있도록 고민하고, 실천하는 것이 따뜻한 학교의 기본 정신이다.

아이들의 삶에서 가장 많은 기억을 쌓는 공간이 학교다. 학교에서 하는 모든 활동은 아이들의 머릿속에서 기억으로 남고 추억으로 새겨진다. 어렸을 적에 행복한 기억이 없는 아이들이 성장하여 행복하게 살기란 쉽지 않다. '따뜻한 학교'가 공모 방식부터 새롭게 바꾼 것도 아이들에게 학교가 어떤 공간이어야 하는가에 대한 고민에서 출발하기를 바라는 마음에서였다.

결과보다 과정이 중요하다

학교에 뿌려지는 수많은 사업은 공모 단계에서 계획서를 받는다. 목적을 달성하기 위해 무엇을 어떻게 할 것인지를 담아 계획서를 제출하게 하는데, 학교에 내려오는 공모사업 대부분이 그렇듯이, 사업계획서는 연구부장 혹은 사업을 담당하는 선생님의 몫이다. 선생님들과 변변한 논의 한 번 없이 날밤을 새워가며 거의 혼자 작성한다. 계획서를 심사해서 학교를 선정하고, 선정된 학교에만 예산을 주기 때문에 최대한 많은 자료와 실적을 붙여서 제출해야 한다.

공모 방식이 이렇다 보니 사업 선정 여부에 연구부장의 능력을 결부시키는 학교 문화도 있다. 계획서는 사업을 운영하기 위한 기초 과정이 아니라, 사업을 따오기 위한 형식적인 절차에 그치는 경우가 많다.

일단 공모사업에 선정이 되면 계획서는 용도 폐기 된다. 단순히 쓰임새가 사라진 것만의 문제가 아니다. 그 사업은 철저하게 담당 선생님 혹은 소수 몇 명만의 사업이 되고 만다. 함께 모여 의논하고 결정하지 않은 사업에 선생님들이 적극 참여할 까닭이 없다. 설령 참여한다 하더라도 이는 교육이 아니라 어쩔 수 없이 해야만 하는 업무에 불과하다. 자발성이 없으니 창의성을 발휘할 리가 없다. 주어진 대로 묵묵히 수행만 하면 되는, 그야말로 사업이 된다.

아이들을 데리고 주변 하천으로 생태학습을 갈 때, 내가 참여하여 결정하면 교육이고, 그렇지 않으면 업무가 되는 것과 같은 이치다. 선생님들이 수업을 뺀 나머지를 모두 업무라고 보는 시각이 바로 여기에서 나온다. 아이들이 이 사업을 통해 어떤 교육적 경험을 했느냐보다는 하천에 갔다 온 것 자체만 중요하게 되어 버린다. 교육의 과정보다는 행위, 혹은 결과만

남게 된다.

혁신학교 운동이 시작되면서 많은 학교가 결과보다 과정을 중시하는 문화를 만들어가고 있지만, 계획서가 계획으로만 존재하는 문화는 여전히 학교에서 맹위를 떨치고 있다.

따뜻한 학교는 그래서 공모 단계에서 계획서를 받지 않았다. 대신, 최소한의 기본적인 정보만 담은 신청서를 받았다. A4 용지 한두 장에 구성원이 모여서 나눈 협의 과정과 내용을 담게 했다. 따뜻한 학교를 하고 싶은지, 하고 싶다면 왜 하고 싶은지를 나누게 하고, 그 과정과 거기에서 나온 이야기를 간략하게 적어서 제출하게 했다.

신청서를 받은 다음에는 담당 선생님들을 불러 협의 시간을 가졌다. 따뜻한 학교가 어떤 의도로 추진되는 사업인지 설명하고, 학교로 돌아가 혼자가 아닌 구성원 모두의 의지와 내용을 담아달라고 부탁했다. 따뜻한 학교의 철학을 공유한 다음 충분한 시간을 갖고 함께 논의하여 단위 학교가 생각하는 따뜻한 학교가 무엇인지 개념부터 정하게 했다. 그런 학교를 만들기 위해서 선생님은, 부모는, 아이들은 어떻게 할 것인지 협의 과정을 거쳐 계획서를 완성해서 보내달라고 했다. 계획서 자체보다는 계획을 세우는 과정을 중요하게 생각했기 때문이었다. 함께 만들어야 계획이 계획으로 그치지 않고, 학교교육과정 속에서 실천되어 나갈 수 있을 것이라 생각했기 때문이었다.

오른쪽 표는 학교에 안내한 따뜻한 학교 논의 과정 및 절차다. 구성원들이 생각하는 따뜻한 학교는 어떤 학교인지, 우리 학교는 현재 어떤 상황에 놓여 있는지, 구성원들은 따뜻한 학교를 만들기 위해 무엇을 어떻게 할지 등을 협의하여 5쪽 이내로 계획서를 작성하도록 안내했다.

단계	내용 및 질문
1	▶ 따뜻한 학교에 대한 개념 및 방향 세우기 → 우리가 생각하는 따뜻한 학교는 어떤 학교인가?
2	▶ 우리 학교 상황 진단하기 → 우리 학교는 현재 어떤 상황인가?
3	▶ 따뜻한 학교 내용 만들기 → 따뜻한 학교를 만들기 위해 무엇을 할 것인가?
4	▶ 따뜻한 학교를 만들기 위한 교육과정 운영 → 따뜻한 학교를 만들기 위해 우리는 어떻게 할 것인가?
5	▶ 결과 및 실천과정 돌아보기 → 긍정적인 변화와 어려움은 무엇이 있는가?

<표 4> 따뜻한 학교 논의 과정 및 절차

그러나 2015년 3월 중순에 있었던 따뜻한 학교 담당 교사들의 지역교육공동체 역량강화 연수에서 선생님들이 쏟아낸 말을 보면 함께 과정을 만들어 간다는 것이 얼마나 어려운지 알 수 있다. 과정을 공유하고 함께 작성하는 계획서가 참 낯설고 힘들다는 교사도 있었고, 차라리 계획서를 연구부장 혼자서 쓰는 것이 훨씬 낫겠다는 말도 여러 번 들었다. 그날 선생님들은 4시간 동안 그간의 과정에 대해 치열하게 토론하고, 다른 학교 사례를 함께 나누었다. 따뜻한 학교 실천의 과정이 업무가 아닌 교육이 되기 위해 꼭 필요한 시간이었다.

여러 번에 걸친 이런 협의와 안내에도 불구하고, 여전히 연구부장만의 계획서가 나온 학교도 있었고, 의도대로 전체 구성원이 협의하여 계획서를 작성한 학교도 있었다. 지시와 전달 문화가 우리 사회에 얼마나 깊이 박혀있는지, 교육지원청이 앞으로 어떤 방식으로 사업을 해야 하는지를 따뜻한 학교 공모 과정을 거치며 새삼 깨달았다.

따뜻한 학교 운영계획서를 살펴보니 예상내로 학교마다 개념이 달랐다. 개념이 다르다는 것은 학교마다 그리고 선생님마다 중요하게 여기는 가치가 다르다는 것을 의미한다. 개념이 다르니 실천과정도 다를 수밖에 없다.

찾아가는 컨설팅

따뜻한 학교 운영 첫해였던 2015년도에는 참여를 희망했던 학교 전체를 탈락 없이 선정했다. 학교 구성원들의 논의 과정을 선별하여 평가하는 것 자체가 불편했고, 완주군의 많은 학교가 아이들에게 따뜻한 공간이 되기를 바라는 마음에서였다. 또한 경쟁을 통한 선정 방식이 로컬에듀의 기본 정신에도 맞지 않았으며 아이들에게는 경쟁을 지양하고 협력을 강조하면서 학교를 경쟁시키는 것 자체가 모순이었기 때문이다.

2015년도에는 초등학교 13교, 중학교 13교, 고등학교 2교 등 총 28교를 따뜻한 학교로 지정하여 약 2억 8천만 원 정도의 예산을 지원했다. 초등학교와 고등학교는 희망학교를 지정했지만, 중학교는 열악한 현실을 고려하여 완주 관내 모든 학교를 따뜻한 학교로 지정했다. 찾아가는 중학교 공감토크 결과를 반영한 것이다.

공모·선정이 끝난 후 4월부터 6월까지 학교로 직접 찾아가는 컨설팅을 했다. 창의적 교육과정 및 학생중심수업 운영 경험이 있는 교원 및 전문직을 멘토 강사로 선정하고, 여기에 교육지원청에서 학교 담당 장학사가 결합했다. 이 자리에 반드시 전체 교원이 함께 참석하게 하여 일방적인 안내나 확인이 아닌 토론의 방식을 채택하여 의견을 주고받았다.

따뜻한 학교를 만들기 위해 구성원들이 어떤 논의 과정을 거쳤는지, 내용은 무엇인지 등을 듣는 동시에 따뜻한 학교가 지향하는 가치와 철학을 멘토 강사가 안내하는 방식으로 진행했다.

컨설팅에서는 열띤 토론이 벌어지기도 하고, 훈훈하고 따뜻한 분위기가 연출되기도 했다. 교사가 묻고 멘토 강사가 답하며 안내하는 방식이 아닌, 구성원 모두의 의견과 생각을 꺼내도록 하는 '돌아가며 말하기' 방식을 채택했기 때문에 가능했다. 특히 이제까지의 과정에서 느낀 소감을 말할 때는 구성원 전체가 돌아가며 말하도록 시간을 주었다. 일부 학교에서는 강사가 직접 토론의 주제를 주기도 했다. '위기의 중학생들을 위한 따뜻한 학교는 어떤 학교이어야 하는가?'와 같은 토론 주제에 대해서는 일일이 의견을 묻기도 했다.

컨설팅을 마치고 멘토 강사와 학교 담당 전문직이 공동으로 보고서를 작성하고, 평가회를 거쳤다. 학교별로 편차가 있지만 선생님들이 따뜻한 학교의 개념과 방향에 대해 어느 정도 이해하고 있고, 학교의 변화와 성장에 힘을 모으고 있다는 의견이 주를 이뤘다. 특히 학교 담당 장학사들은 이런 방식으로 학교 선생님들을 직접 만나 이야기를 나누어 본 경험이 많지 않아서 선생님들의 이야기를 듣는 과정을 통해 학교를 이해하고 지원하는 데 많은 도움을 받았다고 했다.

선생님들에게서 들은 소감을 종합해보면 초등학교는 민주적인 학교 문화와 토론, 협의의 중요성에 관한 이야기가 많았다. 중학교의 경우는 계획 단계에서부터의 소통이 미흡했음을 이야기하며, 가르치기만 하는 수업에서 벗어나 학생 중심의 수업을 진행하기 위해 교사들이 무엇을 해야 하는지 생각하는 계기가 되었다는 의견이 많았다.

컨설팅 이후, 선생님이 해보고 싶은 것을 말할 때도 학교급별로 차이가 있었다. 초등학교는 수업의 방법보다는 교육과정 편성과 교사들의 학습공동체를 어떻게 운영할지에 초점이 맞춘 반면, 중학교는 학습 방법의 공유와 같은 수업 관련 토론과 문제점, 해결방안에 대한 이야기가 많았다.

2015년도에 따뜻한 학교를 운영했던 학교 중 7개교가 도교육청에서 운영하는 혁신학교에 선정되었다. 이는 따뜻한 학교든, 혁신학교든 결국 학교가 가야 할 방향이 학교별 상황에 맞는 창의적인 교육과정을 함께 편성하고, 자치를 통해 인권 존중의 학교 문화를 만들어야 하며, 전문적인 학습공동체 안에서 함께 수업을 고민해야 함을 보여주고 있다.

2016년도에는 초등학교 7교, 중등 5교 등 총 12교를 따뜻한 학교로 선정했다. 2015년도에 전체 중학교를 대상으로 했던 것을 바꾸어 희망하는 학교만 선정하고, 혁신학교를 통해 이미 예산을 지원받는 일부 학교를 제외했다.

컨설팅 방식도 일회성이 아닌 꾸준한 지원을 위하여 학교별로 멘토 강사를 연결했다. 창의적 교육과정 운영과 학생중심수업 경험이 풍부한 멘토 강사가 학교가 원하는 시간에 학교로 직접 찾아가 선생님을 만나서 수업과 생활에 대해 서로의 경험을 나누도록 했다.

완주교육지원청과 완주군은 로컬에듀를 통하여 학교가 즐거운 배움과 성장이 있는 교실 수업, 학생중심수업, 삶을 중심에 놓는 교육과정 운영, 구성원 모두가 서로 존중하고 배려하는 학교를 운영하고자 했다. 그 중심에 따뜻한 학교가 있었다.

따뜻한 학교가 모두 이런 가치를 실현하면서 일사불란하게 운영되는 것은 아니다. 학교마다 색깔이 있고, 앞으로 쭉 나가는 학교가 있는가 하면 더딘 학교도 있다. 그러나 분명한 것은 학교가 변하고 있고, 그 속에서 아이들은 좀 더 즐겁고 행복하게 학교에 다니고 있다는 것이다.

지난 1년 반 동안 따뜻한 학교를 운영했던 봉서중학교는 완주에서 가장 규모가 크며, 규모가 큰 만큼 다양한 어려움이 있다. 이 학교가 어떤 방식으로 따뜻한 학교를 운영했는지, 그 속에서 아이들은 어떤 삶을 살아가고 있는지 내부자의 시선으로 들여다보면서 따뜻한 학교가 완주에서 어떻게 자리매김하고 있는지 알아보고자 한다.

따뜻한 학교, 스스로 변화의 길을 찾다[5]

봉서중학교는 6년 차 혁신학교로 전북의 제1기 혁신학교 20교 중 하나다. 전주 인근 3공단(과학산업단지) 내에 2010년에 개교한 신설 학교로, 학년당 7학급 전체 21학급, 학생 수는 600여 명이고, 정규 교원이 40여 명 정도로 완주군 관내 13개 중학교 중에서 가장 큰 학교다. 혁신학교라고 해서 특별한 학교는 아니나, 창의적 체험활동과 학생회 활동이 비교적 안정적이고 활발한 편이다. 아이들 스스로 점심시간을 활용하여 스포츠 리그를 진행하는데, 남학생은 학년별 축구 리그를, 여학생은 피구 리그를 연중 진행하기도 한다. 혁신부가 주관하여 한 학기에 한 번씩, 일 년에 두 번의 주제중심 교과통합수업을 전일제 창체일과 연계하여 진행한다.

매년 큰 폭의 인사이동에 따라, 초기에 혁신학교 지정과 운영을 주도했던 사람들은 지금은 거의 남아 있지 않다. 딱히 혁신학교라고 내세울 만한 것도 없다. 그 정도 규모의 중학교가 바쁘게 돌아가듯이, 일상을 되풀이하며 정신없이 돌아가는 평범한 중학교 중 하나다.

---

5 봉서중학교 박일관 교감(『혁신학교 2.0』의 저자)이 쓴 글이다. 지금은 군산 교육지원청에서 교육장으로 근무하고 있다.

완주는 전주시를 둘러싸고 있는 군 지역으로 소규모 학교가 대부분이다. 그래서인지 출퇴근이 용이하고, 규모가 작은(학생 수가 적고, 수업시수가 적은) 학교를 선호하는 나이든 교사가 유독 많아서 평균 연령이 높다. 우리 학교는 규모가 크고 학생 수와 수업시수가 상대적으로 많다 보니, 완주 관내에서 교사들이 선호하는 학교는 아니다.

혁신학교 정책과 완주군의 '따뜻한 학교' 정책이 의도하는 방향은 거의 같다. 혁신학교 정책이 학교혁신의 큰 그림과 방향을 제시하고 예산과 제도의 뒷받침을 통해 전체 교육의 혁신을 선도하는 역할을 해왔다면, 완주군의 따뜻한 학교 정책은 완주만의 독자적인 방식으로 학교의 구체적인 교육과정과 수업, 학교자치, 교사학습공동체 등 변화의 노력을 가까이에서 지지해주고 지원해주는 든든한 조력자 역할을 해주었다. 오히려 현장과 가까이에서 소통하고 더 세밀하게 지원받을 수 있었다는 점에서 본다면, 완주군이 지원하는 따뜻한 학교 정책이 학교 입장에서는 더 도움이 되었다.

완주교육지원청의 따뜻한 학교 정책은 단위 학교의 교육과정 운영을 학교가 원하는 내용과 방식으로 지원하는 사업이다. 우리는 따뜻한 학교가 추구하는 바의 핵심을 '아이들의 배움이 중심이 되는 교육과정과 수업의 변화'라고 이해했다. 2015년과 마찬가지로 2016년에도 따뜻한 학교 운영을 희망했고 학년 초에 1천만 원의 예산을 지원받았다. 그리고 따뜻한 학교의 개념도 우리 스스로 정하고, 추진 과제도 자체적으로 정해서 운영계획서를 추후에 제출했다. 오른쪽에 보이는 글상자에서 우리 학교 TF팀의 협의를 통해 만든 따뜻한 학교 운영계획서를 확인할 수 있다.

❖ **봉서중학교 따뜻한 학교 운영계획서**

☐ 과제별 추진 계획

- 공통과제 ① 협력과 신뢰의 학교 문화
  - 따뜻한 소통이 있는 학생·학부모·교사 자치 공동체 운영
    - 자치 공동체를 위한 연수 실시
    - 분기별 협의회 실시
  - 인권을 존중하는 학교 문화 정착(인성·인권 주간)
  - 학생회의 문화 바꾸기를 위한 학생자치 및 동아리 지원

- 공통과제 ② 학생중심 수업혁신
  - 즐거운 배움과 협력이 넘치는 학생중심 수업혁신
    - 연관교과 수업 연수 및 수업공개 지원
    - 교육과정 재구성과 교과(주제)통합 학습 운영
  * 교육과정 재구성과 교과(주제)통합 수업(전 교원 2회 참여)
    환경·생태주간(2016.06.06. ~ 06.10.)
    인성·인권주간(2016.10.31. ~ 11.04.)

- 공통과제 ③ 모두가 성장하는 학습공동체
  - '교육공동체 성장의 날' 운영 – 매주 수요일 오후 2시간
    - 민주적인 교직원 협의회(1, 3주)
    - 교사연수, 교사동아리 활동(2, 4주)

- 공통과제 ④ 창의적 교육과정 운영
  - 모든 구성원이 참여하여 학교 철학 및 비전 세우기
    - 학기 초 교직원 대상 멘토 강사의 연수 및 안내(3월, 9월)
    - 교육과정 편성을 위한 멘토 강사의 연수 및 안내(12월)
    - 교육과정 운영 TF팀 협의회(수시)
  - 지역사회 다양한 자원을 활용한 교육과정 운영
    - 전일제창체 체험지원(연 4회)

- 선택과제
  - 자연과 함께 살아가는 환경 생태 교육
    - 환경동아리 지원: 잔반 없애기 운동, 환경 생태 체험

□ 성취기준 활용한 교과(주제)통합 프로젝트 수업 계획
  - 1학기에는 환경·생태 프로젝트 수업 주간 1주일 실시 예정
  - 2학기에는 인성·인권 프로젝트 수업 주간 1주일 실시 예정

□ 기대 효과
  - 학교, 학부모, 지역의 자발적인 교육공동체 형성
  - 학생 및 교사의 자치활동과 자율 동아리 활성화를 통해 즐거운 학교생활
  - 과정중심의 평가, 교육과정 재구성과 교과(주제)통합 학습을 실시로 학습에 대한 흥미와 창의력 향상

▫ 환경·생태 교육과 인성·인권 교육을 통해 친환경적인 인간 중심의 삶 교육

만일 따뜻한 학교 사업이 여타의 교육청 공모사업처럼 계획서를 제출받아서 평가하고 선정하는 방식이었고, 이 계획서가 그런 용도로 작성되었다면 이는 허술하기 짝이 없는 계획서였을 것이다. 그러나 간략하기도 하고 엉성하기도 한 이 계획서에는 우리 학교 구성원들의 소박한 꿈이 모두 담겨 있다. 나아가 계획서의 특성상 여러 과제를 형식적으로 분류하여 진술하긴 했지만, 우리 학교만의 특성과 원하는 사업 내용과 소요 예산까지 모두 담아낸 나름 의미 있고 실제적인 계획서다. 중요한 점은 이것이 소박하나마 그 내용 그대로 존중받았다는 점이고, 그래서 학교는 사소한 것에 에너지를 낭비하지 않고 본질적인 내용에 대한 토론과 합의에만 집중할 수 있었다.

학교의 본질적인 역할과 기능을 단순하게 표현하자면 두 가지, 학력과 인성을 길러주는 것이라고 생각한다. 학력과 인성은 수업과 생활지도(생활교육)로 구현된다. 우리가 생각한 따뜻한 학교 역시 수업과 생활교육, 즉 교과교육과정과 잠재적 교육과정이 모두 아이들의 따뜻한 배움과 성장을 중심으로 기획되고 구현되는 것(교육)이라고 생각했다. 학교혁신이란 것도 결국 이 두 가지를 혁신하자는 말이다.

올해 3월에 우리 학교 교육과정 운영의 큰 방향을 이 두 기둥의 혁신, 즉 수업혁신과 생활교육의 혁신으로 합의하고, 모두의 한 발짝 전진을 위한 공동의 노력을 지속적으로 기울여왔다. 이를 위해 TF팀을

조직했고 상시로 운영하고 있다. 여기에는 교감과 수석교사, 7명의 부장교사가 함께한다. 40여 명의 전체 교원이 한자리에 모여 의사결정을 하는 것이 쉽지 않은 관계로 전체 교직원회의에 앞서 학교의 주요 교육과정 운영의 내용과 방향, 주요 현안들을 미리 논의하여 전체 회의에 부의할 안을 정하고 일정을 조율한다.

또한 매주 수요일 6, 7교시를 활용하여 전체 교사가 한 자리에 모여 교육과정과 수업에 대한 협의와 연수, 생활교육에 대한 토론과 합의를 만들어간다. 외부 강사를 초청해서 함께 연수를 받기도 하고, 학년별로 그때그때 필요한 논의를 하기도 하며, 교사 동아리를 운영하기도 한다. 우리는 이날을 '배움과 성장의 날'이라 한다. 따뜻한 학교 운영을 위해 학년 초에는 외부 강사를 멘토로 초빙하여 두 차례 연수를 실시했으나, 이후 3월 말부터는 연수와 교육과정 재구성 작업 등을 자체적으로 운영해오고 있다. 교사들의 학습공동체는 이 시간에 만들어지고 체계화되어가고 있다. 또한 학부모들은 매월 첫 주 화요일에 정기적으로 학부모자치회를 열고, 여기서 논의된 내용을 학교에 가감 없이 전달한다. 올해는 전년도에 비해 학부모들의 참여가 크게 확대되었다.

TF팀 운영이나 교사들의 학습공동체 운영에 드는 예산, 학부모자치회 운영 등에 지원되는 예산은 모두 완주 따뜻한 학교의 지원 예산이다.

따뜻한 학교에서 꿈꾸었듯이, 올해 초에 우리는 수업과 생활교육의 두 가지 측면에서 작지만 중요한 변화에 합의했다. 수업은 '가르침 중심 수업, 일방적인 수용적 학습'을 넘어서 학생들의 '협력·활동·표현 중심의 수업'으로, 생활교육은 생활지도 차원을 넘어 '민주 시민성 교육'으로 한 발짝씩 내딛기로 한 것이다.

　작년에도 그랬듯이, 우리 학교가 올해 예정한 주제중심 교과통합 프로젝트 수업은 1학기에 '생명, 생태'를 주제로 한 번, 2학기에 '인권'을 주제로 한 번, 모두 두 번이었다. 계획서에도 그리 적었다. 그런데 계획서에도 없는 '4·16(세월호)'을 주제로 교과통합 프로젝트 수업을 진행했다. 학생회장의 제안을 받아 전 교원이 참여하는 교육과정협의회에서 논의하고 실행안이 만들어졌다. 4·16 관련 행사도 수업과 연결했다. 아이들이 추모 현수막을 걸고, 노란 리본을 제작하여 추모 문구를 써넣어 교문 옆 철책에 매달며, 대표단이 팽목항에 다녀오기도 했다. 전교생이 추모 영상을 보고, 세월호 관련 도서를 읽으며, 수학 시간에는 노랑 색종이에 그림과 추모 문구를 넣어 시어핀스키를 만들고, 사회 시간에는 세월호 관련 조례를 만들어보기도 하고, 국어 시간에는 그동안의 활동 속에서 알게 된 것들을 내용으로 하여 모둠별로 추모 영상을 만들기도 했다. 이 과정에서 아이들이 한 뼘 더 성장·성숙하고, 교사 또한 성장했다.

　수석교사가 중심이 되어 진행하는 수업공개와 협의회에는 수업연구 동아리 교사 20여 명이 자발적으로 참여한다. 교과 통합수업을 비롯하여 디베이트, 배움의 공동체, 거꾸로교실, 하브루타 등 학생의 배움이 중심이 되는 다양한 수업 형태가 1학기에만 해도 19차례나 공개·협의되었다.

　이러한 교육과정 재구성과 수업 개선의 문화는 조금씩 진화하고 있다. 1학기 기말고사 이후 수업이 잘 이루어지지 않는 시간에 프로젝트 수업을 진행하는 교과가 생겨나기도 하고, 학년별 또는 교과별로 배움중심수업 형태를 함께 연수받고 수업에 함께 적용해보기도 하며,

그런 수업을 서로 공개하고 협의하기도 한다. 3학년의 경우에는, 2학기 전일제 창체일에 실시할 학급여행을 교과와 연계한 학급별 모둠별 프로젝트를 통해 아이들 스스로 여행지를 선정하고 시행하기도 했다.

생활교육 측면에서의 변화도 이끌어냈다. 1학기에는 3주체 생활협약을 만들어내고, 전체 학생과 전체 교원, 학부모 대표가 참여하는 협약식을 맺기도 했다. 4월에 토론을 통해 교사들의 약속을 제정한 것을 시작으로, 5월에는 학부모의 약속을, 5월 마지막 주에는 전교생이 학년별 학급별 토론과 협의를 거쳐 학생자치회가 학생들의 약속을 만들었고, 6월 초에 협약식을 한 것이다.

아이들이 자율적인 입법자로서의 경험을 하게 되면 자발적인 준법자가 될 것이라는 믿음 하에서 민주 시민성 교육의 일환으로 진행된 일이었고, 이를 위해 공동체 구성원이 함께 참여한 것이다. 이 필요성을 공감한 교사들이 가장 먼저 토론에 나섰고, 모든 교원이 뜻을 모아 함께 참여한 결과였다. 일종의 학교 헌법이 먼저 만들어진 셈이다.

이어서 학생인권 생활규정 개정 작업도 진행했다. 모든 학생이 참여하는 규정 개정 작업에 착수한 것이다. 생활규정은 학생들의 지도와 처벌의 근거와 기준이 되는 것임에도 불구하고, 정작 아이들은 그런 규칙의 존재 자체도 잘 모르는 경우가 허다하다. 그래서 방학식날 1박 2일 일정으로 학생자치회 워크숍을 갖고 생활규정 개정을 위한 1차 토론을 진행했고, 2학기 시작과 함께 '학생인권과 생활교육의 방향'을 주제로 전 교원과 학생회 대표와 학부모자치회 대표가 함께 참여하는 연수의 기회를 가졌다. 이후 규정 개정을 위한 심의위원회를 구성하고, 학부모회 토론을 거치며, 전체 교원의 토론을 거쳐 각각의 개정안을 마련했다. 학생들은 학년별 원탁토론을 진행했다. 월드카페 방식의 학년별 '학생대토론회'를 거쳐 '학생인권 생활규정 개정안'을 만들기 위한 기초적인 토론을 진행했다. 이 토론 내용을 토대로 학생자치회가 개정안을 만들고 각 주체가 참여하는 규정개정소위원회와 학년 말에 열릴 운영위원회를 거쳐 최종적으로 공포할 예정이다. 이로써 학생 생활 속에서 민주주의와 학생인권을 보장하고, 동시에 스스로 자신들의 생활을 규정하는 세부적인 학교 법률과 시행령이 만들어지게 된 것이다. 아이들이 주인이 되고, 아이들이 스스로의 생활을 규정하는 규칙을 스스로 결정하게 하는 것이야말로 민주 시민성 교육의 핵심이고, 이것이 따뜻한 학교로서 지향해야 할 중요한 학교 교육의 한 축이라고 생각했다.

물론 어려움이 없는 것은 아니다. 우리 학교에 수업을 지원하는 순회교사들은 대체로 우리 학교의 아이들이 밝고 수업 분위기가 좋다고 평한다. 그래서 다른 작은 학교보다 우리 학교에 오고 싶어 한단다. 그럼에도 불구하고 600여 명의 아이 중에는 학교폭력으로 처벌받은 아이도 한둘쯤은 있고, 학년별로 수업 분위기를 저해하는 아이도 몇 명씩은 존재한다. 지속적으로 해결해야 할 일이다.

풀어야 할 과제도 있다. 여전히 수업공개나 협의회에 소극적이거나 아예 관심조차 두지 않는 교사도 일부 존재한다. 학부모 학교 참여가 점차 적극성을 띠어가고 있지만, 일부는 여전히 수업과 평가에 대해 보수적인 생각을 갖고, 자신의 의견을 강하게 피력하는 분들도 있다. 평가 혁신도 과제다. 학년별 학교운영체제로의 개편도 역시 내년에 해결해야 할 과제다.

2학기 배움과 성장의 날은 크게 두 가지 주제로 공동연수를 진행했다. 하나는 독서토론 연수를, 하나는 감정코칭 연수를 교내에서 진행했는데, 두 가지 모두 연수원에서 주관하고 지원하는 연수였다. 이를 통해 수업과 생활에 대한 공동체 구성원 상호 간의 진지한 배움과 토론이 이어지고, 이러한 관점을 바탕으로 올해의 따뜻한 학교를 평가하고, 내년에 이루어갈 따뜻한 학교에 대한 전망을 세워갈 토대를 바로 다질 수 있지 않았나 생각한다.

우리 학교는 이제 혁신학교를 졸업하는 시기를 맞았다. 3년간 지정·운영되는 혁신학교를 6년에 걸쳐 두 번 운영했기 때문이다. 혁신학교를 졸업하더라도 지역에서 같은 방향으로 학교혁신을 지지하고 지원해주는 '따뜻한 학교'와 같은 정책이 존재한다면, 학교는 변화와 성장의 노력을 지속할 수 있지 않을까 생각한다.

2장

열손가락
책임교육

⋮

　학교에서의 학업 성적은 학생의 능력과 노력에 달려 있다고 믿는 사람들이 있다. 이들은 학교가 공정한 경쟁을 할 수 있는 기본적인 여건이 되어 있다고 생각한다. 이러한 관점은 학생의 학업성취도 차이를 모두 학생의 탓으로 돌린다. 학업성취도가 높은 학생은 선천적으로 능력이 뛰어나고 열심히 공부했기 때문에 당연하다고 생각한다. 반면에 그렇지 않은 학생은 능력이 떨어지는 데다 노력까지 부족했기 때문에 성취도가 낮다고 생각한다.
　그러나 학생의 학업성취도에 미치는 요인은 눈에 보이는 것보다 훨씬 다양하고 복잡하다. 그 가운데에서도 부모의 사회·경제적 배경에 따라서 학업성취도가 차이 나는 것은 의심의 여지가 없어 보인다. 고소득 가정에서 사교육비를 많이 지출하고, 대개 그런 가정의 자녀는 학업성취도가 높다. 사교육이 보편화되면서 경제적으로 어려운 가정 자녀의 성공확률은 예전에 비해 매우 낮아졌다. 그러다 보니 개천에서 용 난다는 말도 이제는 옛말이 되었다.

가정에서 부모와의 관계, 언어 습관, 양육 태도 등과 같은 사회 문화적 자본도 학업성취도에 많은 영향을 미친다. 프랑스의 사회학자로 교육의 문화적 재생산 이론을 제시한 부르디외(Pierre Bourdieu)에 따르면 교과서는 중상류층의 문화를 보편적인 것으로 간주하고 대부분 학생이 그러한 문화를 경험했다는 가정하에 만들었다고 한다. 이 이론에 따르면 중상류 계층 자녀의 학업성취도가 높은 것은 어쩌면 당연한 것일지도 모른다.

우리나라 헌법 제31조는 모든 국민은 능력에 따라 균등하게 교육을 받을 권리가 있다고 선언하고 있다. 여기서 '능력에 따라'는 누구에게나 동일한 교육을 제공하는 것이 아니라, 학생 한 명 한 명에 적합한 교육을 말한다. 교육을 통해 학생 간의 선천적 차이를 좁혀주는 것이다.

우리 사회는 민주적 가치를 존중한다. 교육에서의 민주적 가치는 공공성과 책무성이다. 이를 실현하기 위해 산업화 시대에 필요했던 절차적 평등에서 벗어나, 이제는 부모의 배경 차이로 인한 태생적인 한계까지도 적극적으로 보장해주는 실질적 평등을 이루어야 한다.

열 손가락 깨물어 안 아픈 손가락 없다

사회에 도움이 필요한 약자가 있듯, 학교에도 약자가 있다. 인지적·심리 정서적·환경적 요인 등 여러 요인으로 학습더딤에 시달리는 학생들이 바로 그들이다. 교실마다 학습더딤 학생이 최소 5% 정도 있고, 농산어촌을 중심으로 30% 이상 되는 교실도 있다. 학교에서는 암묵적으로 이 아이들을 방치하고 있다. 수업을 방해하느니 차라리 잠이라도 자면 좋겠다는 말이 공공연히 들리기도 한다.

학습더딤 아이들은 가정과 학교에서 오랜 시간에 걸쳐 누적된 무기력과 무관심 때문에 자신감과 의욕이 없다. 일부는 폭력이나 부적응 문제를 일으켜 다른 아이들의 삶을 위협하기도 한다. 학습더딤은 개인의 삶을 불안하게 하는 데서 그치지 않고 사회적 비용의 증가로 이어진다. 우리가 학습더딤 문제를 개인의 문제에서 사회적 문제로 끌어와 적극적으로 대처해야 하는 또 다른 이유는 이것이다.

학습더딤의 요인을 가지고 학교에 온 아이들일지라도 더딤의 늪에 빠지지 않도록 뒷받침해야 한다. 학교에서 배운 것을 바탕으로 사회에 나가 건강하게 살아갈 수 있도록 창을 열어주고, 길을 마련해주어야 한다. 우리 사회가 실질적인 민주주의 가치를 실현하려면 그 어떤 문제보다도 학습더딤 문제를 해결하기 위해 많은 예산 배정과 여러 지원을 해야 한다.

학교는 학습더딤을 겪고 있는 아이들에게 보다 적극적으로 관심을 기울여야 한다. 단순히 학교교육과정 운영계획서에 선언적으로 몇 줄 써넣는 것에 그치지 않고, 이들을 실질적으로 지원할 구체적인 방법과 대안을 제시해야 한다. 학교는 이에 필요한 예산, 시설, 사람, 프로그램 등의 자원을 우선으로 확보하도록 해야 한다.

완주 혁신교육특구는 공교육의 공공성과 책무성을 실현하기 위하여 열손가락 학교와 열손가락 책임교육 지원단을 운영했다. 쉽게 짐작하겠지만, 사업명은 '열 손가락 깨물어 안 아픈 손가락 없다'는 속담에서 영감을 얻었다. 단 한 명의 아이도 포기하지 않고 학교의 모든 아이가 성장할 수 있도록 지원하겠다는 의미에서 이 이름을 사용했다.

열손가락 학교 공모 선정

　열손가락 학교는 학교와 교사가 학습더딤 아이를 바라보는 관점을 바꾸고, 아이 하나하나에 집중하여 진정성과 전문성을 가지고 지도할 수 있는 학교 문화와 그것을 담당할 교사의 성장을 지원하기 위하여 시도했다. 당장 성과를 내기보다는 학습더딤 학생을 이해하고, 그 이해를 토대로 적절한 지도계획과 방안을 실험적으로 모색할 계획이었다. 그 과정에서 학습더딤 학생을 지도하기 위해서 따라야 하는 절차를 개발하고, 그 일을 해내는데 요구되는 교사의 역량을 기를 수 있을 것으로 기대했다. 어쩌면 기존의 방식에 비하여 다소 이상적이고 시간이 걸리며 번거롭다고 생각할 수도 있겠지만, 차근차근 준비하고 나아가다 보면 분명히 변화와 진전이 있을 것으로 생각했다.

　초기에 열손가락 학교 10교를 공모했는데 19교에서 계획서를 제출했다. 그런데 학교에서 제출한 계획서를 살펴보았더니 기존의 양적 성과 위주의 정책사업 계획서와 크게 다르지 않았다. 행사나 프로그램 위주로 계획을 세우거나 심지어 연말에 운영 성과 발표회를 거창하게 추진한다는 학교도 있었다.

　또한 많은 학교에서 단순히 성적을 기준으로 학습더딤 학생을 선별해 방과후에 집단으로 남겨놓고 1주일에 1~2회 특별 보충학습을 운영하는 방식으로 계획하고 있었다. 사실 대부분 학교에서 학습더딤 아이를 지도할 때 흔히 시도하는 방식이다. 그러나 이 방식이 아이들을 학습더딤으로부터 구할 수 있을까? 해마다 전국의 수많은 학교에서 학습더딤 아이를 선별해 문제풀이 중심의 보충수업을 하지만, 학습더딤 학생의 수는 오히려 늘어나고 있다. 일부 효과를 보더라도 아이들의 자존심에 큰 상처를 입히거나 공부로부터 영영 도망치게 하기도 한다. 보충지도를 안 하니만 못한 상황이 곳곳에서 벌어지고 있다.

완주의 학교들도 선생님이 학습더딤 아이를 직접 지도하기보다는 아이들을 선별하여 관리하고 실질적인 지도는 외부 강사나 전문기관에 맡기는 것으로 가닥을 잡고 있었다. 선생님은 이 과정에서 외부 강사를 채용하거나 외부 전문기관에 연결해주는 역할을 한다. 그리고 강사 수당을 지급하고, 출석부 등 관련 서류 등을 챙기는 행정업무를 한다.

주객이 바뀌어도 한참 바뀐 경우다. 물론 선생님은 여러 가지로 참 많이 바쁘다. 그러나 교사가 가장 먼저 해야 할 일은 아이들과 관계를 맺고, 아이들이 제대로 배우는지 살펴보며, 아이에게 맞는 수업을 진행하는 것이다. 학습이 더딘 아이들을 위한 행정업무 처리보다는 수업 지도가 우선되어야 한다. 그런데 학교는 언제부터인가 학습더딤 아이를 외부에 맡기는 것을 당연하게 여기고 있다. 그러다 보니 학습더딤 아이를 가르치면서 자연스럽게 형성되는 지도 방법과 역량은 고스란히 외부로 빠져나간다. 교사가 학습더딤 아이 지도 역량을 축적하지 못하고, 외부 강사가 가져간다. 해마다 학습더딤 아이들이 교실 문을 두드릴 것이고, 정규 수업 속에서 학습더딤이 발생할 것이다. 그럴 때마다 선생님들은 외부 강사나 전문기관을 찾아 연결하는 행정업무만 처리할 것인가?

탈락한 학교도 협의회에 참석하다

열손가락 학교 운영계획서를 제출한 학교 중 학습더딤 학생 지도를 외부 강사에 전적으로 맡기지 않고, 선생님들이 지도하는 방향으로 계획을 수립한 3개 학교를 먼저 선정하여 발표했다. 그리고 선정학교와 탈락학교의 대표 선생님이 모두 모여서 협의회를 진행했다. 일반적인 정책사업 공모에서 탈락학교까지 협의회를 진행한 사례가 거의 없기 때문에 선생님들은 굉장히 의아해했다. 대부분 공모사업은 학교에서 제출한 계획서가 기대 수준에 미치지 못하더라도 계획한 수만큼 선정하고 나머지는 떨어뜨린다. 대부분 떨어지면 그만이다. 그러나 우리도 그렇게 처리하기에는 이 사업이 정말 중요했다.

이날 협의회에 참석한 선생님들에게 열손가락 학교의 방향과 취지를 설명하고 탈락학교가 많은 이유를 말했다. 그리고 선생님들로부터 열손가락 학교에 참여한 이유와 탈락한 것에 대한 느낌 등을 모두 들었다. 이 과정에서 어떤 선생님은 자기 학교가 떨어진 것을 납득하기 어렵다고 했고, 일부 선생님은 직접적으로 불쾌감을 나타내기도 했다. 어떤 선생님은 떨어진 것이 당연하다는 반응을 보이기도 했다. 일부 선생님은 긍정적인 의견을 내어놓기도 했다.

우리 학교는 처음에는 열손가락 학교에 참여하지 않기로 했다. 왜냐하면 학습더딤에 관한 한 기존의 실패 사례가 너무 많았기 때문에 열손가락 학교도 별다른 차이가 없을 것이라고 생각했다. 괜히 학생과 교사의 부담만 늘리지 말자는 의견이 대부분이었다. 그런데 열손가락 학교 공문을 읽어 보니 우리 학교에 꼭 필요하다는 생각이 들었다. 왜냐하면 우리 학교는 학생 수에 비해 더딤 학생 비율이 너무 높다. 농촌학교이다 보니 학부모의 관심도 적고 학원 등 각종 교육시설도 없기에 아이들의 학력이 매우 낮다. 거기에 학교의 수업 커리큘럼도 체험 위주의 프로그램이어서 학습더딤이 더욱더 심해진 것 같다.

계획서는 솔직히 급조한 면이 많다. 평범한 계획서였고 심지어 기존의 것을 답습한 것에 불과했다. 사실 안이한 마음이었다. 예산부터 따놓으면 그다음에는 어떻게든지 진행되리라는 마음이 컸다. 왜냐하면 기존의 사업들은 일단 어떻게든 계획서를 제출하면 거의 100% 선정되어 예산이 내려왔기 때문이다. 너무 쉽게 생각했다.

오늘 이야기를 들어 보니 이 사업이 진행되면 매우 좋을 것 같다. 학교 체제에 큰 변화가 올 것이다. 학교가 바쁘고 여러 가지로 부담은 되지만, 여기에 참여하여 학습더딤에 대한 새로운 접근 방법과 노하우를 얻고 싶다.

공모에서 탈락한 학교의 선생님 한 분이 해주신 말이다. 그래서 선생님들에게 여기에 참여한 학교 모두가 소중하니 학교별 운영계획을 수정해 다시 선정 절차를 거치자고 제안했다. 그리고 관점과 방향이 적합하다면 공모에 참여한 모든 학교를 선정할 수도 있다고 했다. 다만 이 과정에서 선정된 학교 대표 선생님들은 격주로 월 2회는 교육청 단위 연구회 활동을 해야 한다는 단서를 붙였다. 학교가 아무리 바쁘고 힘들어도 선생님들이 학습더딤 아이 지도 방법을 개발하고 지도 역량을 익히기 위하여 꼭 필요한 조치였다.

교육청 단위 열손가락 연구회를 3회 진행하면서 5개 학교가 추가로 선정되어 총 8개의 열손가락 학교를 운영했다. 선정된 학교는 열손가락 학교의 목적과 방향에 맞게 학교별로 운영계획서를 수정하도록 했다. 그러나 안타깝게도 수정된 계획서 역시 기존의 방식과 크게 다르지 않았다. 교육지원청 차원에서 운영 과정 또한 깊게 들여다보지 못했다. 이 일을 통해서 외부에서 정책 사업이나 예산을 동원하여 학교를 바꾼다는 것이 얼마나 힘든 일인지 새삼 깨달았다.

학교 변화는 내부 상황의 절박함과 구성원의 필요에 의해 자발적으로 일어나야 힘을 가진다. 혁신학교는 이런 과정을 거쳤기에 성공했다. 어쩌면 열손가락 학교는 선생님들이 학습과 아이에 대한 기존의 관점을 바꾸고, 아이의 행동만이 아니라 내면까지 진정으로 이해하여 수업과 생활교육에서 실천해야 가능하다는 점에서 혁신학교보다 더 어려운 과제임이 분명했다. 그러나 누군가는 반드시 해야 할 일이었다.

열손가락 학교 연구회를 운영하다

열손가락 학교에 선정된 8교의 업무담당 선생님들이 교육청 단위 연구회에 격주로 참여했다. 열손가락 학교의 대표 자격으로 온 선생님도 있고, 개인 자격으로 온 선생님도 있었다. 서근원 교수가 이 연구회에 참여하여 각 학교와 선생님 나름대로 학습더딤 아이 지도에 대한 체계적인 접근 절차와 방법을 구안할 수 있도록 안내했다. 여기에서는 학습더딤을 지도하는 표준화된 방법이나 일반적인 절차를 제시하지 않고, 현장 선생님들이 그것을 직접 만들어가게 했다.

이들은 학생 한 명을 선정하여 주의 깊게 관찰하여 학습더딤 원인을 파악하고, 그 원인에 따른 지도 방법과 절차를 만들어나갔다. 학교에서 해야할 일이 너무 많기도 하지만, 한 번도 해본 경험이 없어 이 과정은 선생님들에게 무척이나 어려웠다. 학습더딤 아이들에 대한 진정성과 책무성은 있지만, 지금까지와 다른 방식을 시도한다는 것 자체가 선생님들을 힘들게 했다. 그렇지만 대부분 포기하지 않고 그해 12월까지 연구회에 참여하여 학습더딤 아이를 지도하는 일정한 절차와 단계를 만들고 적용했다.

❖ 열손가락 연구회 선생님이 각자 개발한 지도 방안

- 경청 → 객관적 상태 파악 → 상태 공유 → 학습방법 공동결정 → 학습지도 → 자기확인 → 지속적 지도
- 학생 이해 자료수집 → 분석 → 더딤요인 가설설정 → 더딤요인 검사 → 더딤 유형별 학습방법 제시 → 학습방법 적용 → 학습결과 분석 및 환류
- 학생 파악 → 더딤 원인 파악 → 진단 → 처방 → 신뢰 형성 → 학습지도
- 자가 진단 → 문제 자각 → 계획 수립 → 계획 점검 → 멘토 역할(능동성 추구)
- 관찰 → 진단, 객관적 상황 파악 → 동기유발 프로그램 운영 → 점검 → 추후지도 방안 모색
- 진단 → 원인분석 → 지도 협의체 구성 → 지도 방법 적용 → 지속적 지도
- 특성 이해 → 구체적 문제 파악 → 원인 파악 → 해결방안 모색 → 적용 → 결과 분석 → 순환지도

위의 자료는 연구회 선생님들이 직접 만든 학습더딤 학생 지도 단계 및 절차다. 그리고 이를 토대로 실제 학습더딤 아이들을 만나 적용했다. 선생님들은 매주 연구회에 참여하면서 다른 선생님들과 함께 검토하고 수정, 보완해나갔다. 그 결과 일부 선생님은 학습더딤 아이들을 이해하고 지도하는 역량을 몸에 익힌 것으로 보인다. 그러나 이들이 학교로 돌아가 다른 선생님과 이 과정을 공유하고 함께 실천하지는 못했다. 선생님 한 명이 학교를 바꾼다는 것은 아무래도 무리였다. 각 학교는 연구회와 상관없이 상황과 여건에 맞게 열손가락 학교를 운영했다. 열손가락 학교는 일종의 실험적인 시도였다.

학습더딤은 증상일 뿐이다

학생의 학습더딤은 환자로 치면 기침, 고열 등 겉으로 드러난 증상이다. 기침하거나 열이 날 때 일시적으로 이를 멈추게 해서는 안 된다. 환자의 상태를 면밀히 관찰하고 일정한 검사를 통해 왜 그런 증상이 일어났는지 파악하여 근본 원인을 제거해야 한다. 그러지 않고 겉으로 드러난 증상만 치료하면 치료도 잘되지 않을 뿐더러 운 좋게 치료에 성공했다 하더라도 언제든지 재발할 수 있다. 이럴 경우에 환자는 상황이 악화돼 병을 치료할 수 있는 결정적인 기회를 놓칠 수도 있다. 심하면 사망에 이를 수도 있다.

아이들의 학습더딤은 폐가 나쁘면 기침을 하듯이 가정환경, 심리적 문제, 인지적 문제 등 학생을 둘러싼 다양한 문제가 겉으로 나타난 증상이라고 할 수 있다. 따라서 학습더딤을 극복하기 위해서는 아이에게 어떤 문제가 있는지 파악해서 그 문제를 제거하거나, 결손이 있으면 그 부분을 보충하는 방향으로 접근해야 한다. 그러지 않고 단순히 교과 점수 몇 점 더 올리는 식으로 지도한다면 언 발에 오줌 누는 꼴밖에 되지 않는다.

열손가락 학교는 학습더딤 학생을 실질적으로 지원하고, 정규 교실 수업에서 학습더딤이 발생하지 않도록, 아니 최소화되도록 근본적인 대안을 찾고자 시도했다. 어쩌면 이러한 정책사업 수행 여부를 떠나서 모든 학교에서는 학교교육과정을 짤 때 학습더딤 학생이나 다양한 결손이 있는 학생에게 학교의 예산, 사람, 프로그램, 시설 등에서 더 많이 지원해야 하지 않을까 싶다. 이는 교육의 공공성을 실현하는 공교육 기관의 최소한의 도리라고 할 수 있다.

학습더딤에 어떻게 접근해야 하는가

우리는 객관식 지필 시험을 통해 일정한 기준 점수 아래에 있는 아이를 학습더딤 아이라 부른다. 대부분의 학교에서 이 아이들을 지원하는 일반적인 방법은 방과후에 일정한 공간에 남겨놓고 국, 영, 수 문제 풀이를 통해 암기를 강요하고 지식을 전달하는 것이다. 그런데 이 아이가 운 좋게도 일정한 기준 점수 이상에 도달했다면 학습더딤을 극복했다고 단언할 수 있을까? 이러한 방식으로는 이번 시험에 기준 점수 이상 받더라도 다음 시험에는 기준 점수에 도달하지 못할 가능성이 크다.

조금 더 비관적으로 보면 이 아이는 정규 수업 시간에 또다시 학습더딤에 빠질 것이다. 교실 수업은 이 아이가 따라가기에는 내용이 너무 어렵고 빠르게 지나간다. 학년이 올라갈수록 난이도가 높은 새로운 내용이 나온다. 선생님은 교실의 중간 정도 성적의 아이에게 맞춰서 수업을 한다. 이러한 수업방식은 적어도 하위 성적 30% 정도의 아이들을 학습더딤에 빠지게 할 가능성이 높다. 대체로 이 아이들은 대부분의 수업 시간에 선생님이 생각하는 수업목표에 도달하지 못한다. 그러다 보니 수업을 하면 할수록 어김없이 학습더딤 학생이 생기기 마련이다.[6]

이러한 사실은 교실에서 수업을 해본 선생님들은 누구나 안다. 다만 드

---

6 『해석주의 교육사회학 연구』(서근원, 2012)
  가. 제외하기: 수업은 주로 중간 수준을 기준으로 하기 때문에 학습부진 학생은 교사의 교수 대상에서 제외된다.
  나. 포기하기: 수업에서 뒤처지는 학생을 따로 고려하여 지도하지 않는다.
  다. 숨죽이기: 원만한 수업을 진행하기 위하여 '과제물 검사' 등 역할만 부여 받는다.
  라. 낙인찍기: 방과후 등에 진행하는, 절대적 시간이 부족한 보충수업은 부진을 공식적으로 확인하는 데 그친다.

러내놓고 말하지 못할 뿐이다. 어쩌면 학교라는 공간 자체가 학습더딤을 극복하기 보다는 양산하는 체제가 아닐까 싶다. 만약 그렇다면 학습더딤이 아니라 교수부진이라는 말에 전적으로 동의할 수밖에 없다.

단위 학교 차원에서 학습더딤 극복 방안을 마련하기는 사실 쉽지 않다. 학교와 선생님들이 우리 사회 전체의 구조적 모순과 한계에 맞서고 학생의 인지적·가정적·환경적 결손을 온전히 보충하기가 어렵기 때문이다. 그렇다고 마냥 손을 놓고 있을 수는 없다. 학교에서 할 수 있는 모든 방법을 동원해야 한다. 사회·경제적 비용만 따지더라도 학습더딤 학생에 대한 지도는 학생 개인의 문제를 넘어 우리 사회 전체의 행복과 평화에 크게 이바지한다.

이미 누적된 학습더딤을 극복하기 위해서는 학습더딤을 겪는 학생 한 명 한 명에 적합한 교육법을 찾아야 한다. 학생 개인별로 학습더딤이 어디에서 오는지 관찰, 면담, 기록, 분석 등으로 그 원인을 파악하고, 그 원인에 따른 개인별 맞춤형 지원 방안을 마련해야 한다.

이는 어느 한두 사람의 힘으로 할 수 있는 일이 아니다. 학교의 선생님들이 학습더딤에 대한 관점을 바꾸는 것이 먼저 필요하다. 그리고 학습더딤 학생을 보다 근본적으로 지원할 수 있도록 학교의 시스템과 문화를 바꿔야 한다. 필요하다면 예산도 가장 먼저 확보해야 한다.

나아가 정규 수업에서 학습더딤이 발생하지 않거나, 최소화할 수 있도록 해야 한다. 교사가 일방적으로 지식을 가르치는 수업에서 벗어나 아이들이 질문하고, 토론하고, 탐구하는 수업을 통해 지식과 원리를 스스로 깨닫고 나아가 행동으로 옮길 힘을 길러주는 수업을 해야 한다. 이런 수업이 일상적으로 가능하도록 학교를 업무와 행사 중심에서 교육과정과 수업 중심으로 재구조화해야 한다.

이 모든 과정의 중심에 선생님이 있다. 학습더딤을 보는 관점을 바꾸고, 원인을 파악하여 아이 한 명 한 명에 맞게 지원하고, 수업의 주도권을 아이들에게 돌려줄 사람은 선생님이다. 학교에서 선생님이 모여 함께 책을 읽고 토론하면서 학습더딤 아이, 또는 인간에 대한 새로운 관점을 공유해야 한다. 집단지성을 통해 학습더딤 유형에 적합한 지도 방법과 절차를 만들어 구체적으로 실천해나가야 한다.

이를 위해 학교는 불필요한 사업과 행사를 줄이고, 수업중심 시스템을 만들어야 한다. 교육청과 지자체, 정부는 선생님을 지지하고 성장시키는 정책과 구체적인 대안을 마련해야 한다. 그렇지 않으면 아무리 많은 예산을 들이고 좋은 프로그램을 만들어도 밑 빠진 독에 물 붓기다.

열손가락 책임교육

완주 혁신교육특구는 대체로 학교교육과정을 지원하고, 선생님들의 전문성 신장에 초점을 두었다. 아이들을 직접 만나고, 관계를 맺는 사람은 선생님들이기 때문이다. 그런데 유일하게 학생을 직접 만나 지원한 정책이 있다. 열손가락 책임교육이 바로 그것이다. 열손가락 책임교육은 학습에 어려움을 겪는 학생들에게 주당 4~8시간 정도의 국어, 영어, 수학 수업을 1대 1로 지원한다. 공교육 기관에서 진행하는 일종의 개인 과외라고 볼 수 있다. 그러나 보충학습을 진행한다는 면에서 선행학습 중심의 일반 과외와는 질적으로 다르다.

아이들이 학습을 시작하는 단계부터 더딤을 예방하기 위해 초등학생을 지원하자는 의견도 있었지만, 성장발달 단계상 더욱 많은 관심과 지원을 필요로 하는 중학생을 대상으로 했다. 관내 5개 중학교에서 1학년 학생 20명이 참여했다. 담임선생님들이 보내준 신청서를 살펴보니 이들은 대체로 학습더딤이 매우 심각했고, 자존감이 낮아 매사에 의욕이 없었다.

아이들의 심리·정서적 특성과 학습더딤 정도를 파악해야 아이에게 가장 적합한 선생님을 연결해줄 수 있기에 학교로 찾아가서 아이들을 만나기로 했다. 아이들의 특성과 학습더딤 정도를 파악하려면 일정한 도구가 있어야 했다. 문장 완성 검사나 어휘력 측정 검사 도구 등 기존의 도구가 있었으나 아이들의 성격과 특성, 학습더딤 정도를 알아내는 데는 부족했다. 그래서 아이의 특성을 파악해 아이를 이해하기 위한 도구를 직접 만들었다.

이 면담지를 들고 책임교육 전반을 지원해주고 있는 상담교사(김금자, 서수정 선생님)가 학교로 찾아가 아이들을 만났다. 열손가락 책임교육에 참여한 아이들은 과연 어떤 아이들일까? 긴장과 설렘 속에 각 학교로 찾아갔다. 폭염으로 숨쉬기조차 힘든 여름에 20명의 아이를 만난다는 것은 생각처럼 쉬운 일은 아니었다.

우리는 K 중학교에 찾아갔다. 방학 중에 담임선생님의 연락을 받고 학교까지 나온 아이들은 우리를 썩 반기는 표정이 아니었다. 선생님이나 부모님의 권유로 신청서를 낸 아이도 있었다. 이미 학교에서 학습더딤아 혹은 문제가 있는 아이들로 불리고, 어쩌면 스스로도 그렇게 생각하는 아이들. 우리는 그 편견을 버리는 데서부터 시작하기로 했다. 처음부터 학습더딤아가 되는 아이들이 어디 있을까?

먼저 열손가락 책임교육을 소개하고, 아이들로부터 학교생활, 친구 관계, 가족 등 꽤 많은 이야기를 들었다. 책임교육의 주인공은 아이들이고,

참여 여부도 아이들 의견을 존중할 것이라고 강조했다. 원하는 것을 스스로 선택할 수 있고 그 선택에 책임을 다할 수 있도록 우리가 함께해주고 싶다고 분명히 말해주었다.

준비해간 질문지에 고개도 못 들고 수줍게나마 답해주는 아이, 아무 말도 하지 않는 아이, 대견할 만큼 의욕적인 아이, 한 시간 동안 의자만 돌리는 아이, 준비해 간 간식을 순식간에 먹고서는 별 반응이 없는 아이, 감추고 싶었던 속내를 꺼내놓고 눈물을 보이는 아이 등 아이들은 천차만별이었다. 서툴렀지만 진심을 담아서였을까? 도무지 열리지 않을 것 같았던 20명의 아이 입에서 "한번 해볼게요"라는 말을 들을 수 있었다. 이 말은 가슴 떨리는 긴장 속에 있던 우리에게 감사함과 동시에 책임감을 더해 주었다. 해보겠다고 말해주는 아이들이 어찌나 고마웠는지 모르겠다.

이후에는 담임선생님을 만났다. 책임교육의 취지와 운영 방향을 말씀드렸고, 무엇보다 담임선생님들의 도움이 꼭 필요함을 말씀드렸다. 바쁜 일과 중에 있는 선생님이 대부분이라서 길게 만나지는 못했지만, 아이들에 대해 도움이 될 만한 것들을 놓치지 않고 얘기해 주시려는 모습에서 깊은 인상을 받았다. (K 중학교 열손가락 책임교육 학생을 면담한 이야기)

아이들과 책임교육지원단을 연결하다

1대 1 맞춤형 개별학습 형태로 진행했던 책임교육의 최우선 목적은 눈앞의 성적 향상보다는 손상된 자존감 향상과 학습하고자 하는 마음을 갖게 하는 것이었다. 그러기 위해서는 아이들에 대한 세심한 관심과 사랑이 필요했다. 그래서 학생 한 명에 지원단 한 사람을 각각 연결해 주었다.

지역교육공동체 구축과 지역 일자리 창출 차원에서 완주에 주소를 두고 있는 주민과 학부모 중에서 지원단을 모집하려고 했다. 그러나 교원자격증과 완주 거주 등 조건이 너무 까다로웠는지 홈페이지에 올린 1차 공고에 지원자가 한 명밖에 오지 않았다. 2차 모집에서 조건을 다소 완화했더니 20명의 지원자가 원서를 제출했다. 간단한 서류 전형과 면접을 거쳐 경험과 연령대가 다양한 13명의 열손가락 책임교육지원단을 선발했다.

학생 면담을 마치고 학생 특성과 학습더딤 정도를 파악한 결과를 바탕으로 아이들에 적합한 지원단을 연결했다. 지원단의 교과 전문성, 거주 지역, 이동 거리, 활동 시간 등을 고려했지만, 무엇보다 아이들을 이해하고 소통할 수 있는 지원단을 연결하려고 노력했다. 지원단이 아직 아이들을 만나기 전이라 우리가 먼저 만나고 작성한 면담일지를 공유하여 사전에 충분히 준비할 수 있도록 도왔다.

그리고 본격적인 활동에 앞서 열손가락 책임교육의 철학과 방향, 지원단이 학교로 나가서 어떻게 아이들을 만날지 등에 대하여 연수를 진행했다. 또한 군산 지역에서 실제 학습코칭사로 활동했던 선생님을 초빙해 구체적인 사례도 직접 들었다. 이틀 동안의 연수를 마치고 교육장이 '열손가락 책임교육 지원단' 위촉장을 수여했다. 감격스러운 장면이었다.

사례나눔은 책임교육 가능성의 원천이다

책임교육 지원단이 학교로 찾아가 주당 4~8시간의 수업을 진행했다. 3개월 동안 실시한 책임교육의 원동력은 매주 금요일 오전에 모여서 나누었던 사례나눔이었다. 여기에 서근원 교수가 참여하여 조언하고, 아이의 특성을 이해하는 데 필요한 자료와 양식을 지원했다. 아이들의 상황과 지도했던, 혹은 지도할 계획을 나누었던 사례나눔은 지원단에게는 힘든 과정이었으나 아이들을 바로 이해하기 위해 꼭 필요했다.

첫 번째 사례나눔에서 아이들을 처음 만난 이야기를 들었다. 첫 시간에는 자존감 검사지 및 에고그램 검사 등을 활용해 아이들 특성을 파악하고 관계 형성에 주력할 것을 권유했기 때문에 대체로 아이들을 만나는 데 무리가 없었다. 그러나 대부분 앞으로 이 아이들을 어떻게 만나야 할지 어려워했다. 많은 아이가 무기력하고, 정서적으로 민감한 시기였기 때문에 표정과 태도도 어두웠다고 했다. 또한 학교와 가정에서는 학업 향상을 기대하는데 과연 짧은 시간에 아이들과 관계를 만들고 학습에 도움을 줄 수 있을지 의문을 갖기도 했다.

만난 첫날 우리는 국, 영, 수 문제 풀이에 급급하지 말고, 먼저 아이와 관계를 형성하고 아이의 특성을 파악하여 아이에게 맞는 교육을 만들어가자고 이야기했다. 아이가 학교에서 소외되지 않고 자존감을 키우면 자연스레 학습으로 연결될 것이라고 했다. 그러나 학원수업이나 과외수업 등 기존의 전달식 문제풀이에 익숙한 지원단이 아이를 지도할 구체적인 계획을 수립하고, 아이를 세심히 관찰하고 기록하는 보고서를 작성하는 일이 쉽지 않기에 불만을 제기하는 지원단도 있었다. 우리는 지원단에게 서두르지 말고 아이를 먼저 보고 이해할 수 있도록 노력하라고 주문했다.

매주 사례나눔을 진행하면서 기존의 방식대로 문제풀이 중심 수업을 주로 하고자 하는 지원단과 아이를 이해하여 아이의 특성을 파악하는 것이 먼저라는 교육지원청의 견해 차이로 갈등을 겪기도 했다. 그러나 시간이 지나면서 지원단도 책임교육의 방향에 동의하면서 변화하는 모습을 보여주었다.

아이에 따라 수업을 바꾸다

지원단에게 들은 아이들의 모습은 모두 달랐다. 조금씩 학습 의욕을 띠고 따라오는 아이가 있는 반면, 여전히 무기력한 아이, 반항하는 아이, 말없이 수업에 나타나지 않는 아이, 분노조절이 필요한 아이도 있었다.

본격적인 수업에 앞서 우리는 지원단으로부터 1대 1 개별학습 계획서를 받았다. 활동 전 계획을 체계화하는 것은 당연한 일이라고 생각했다. 그러나 아무리 좋은 계획을 담았더라도 아이에 대한 상황 파악 없이 교사 혼자서 짠 계획은 아이를 위한 계획서가 될 수 없다. 교사가 일방적으로 짠 계획서가 아닌, 아이를 중심에 두는 계획서를 만들기 위해서는 아이의 상황을 면밀히 관찰하고 분석하는 작업이 선행되어야 한다. 그런 다음 이를 바탕으로 구체적인 지도계획을 작성해야 한다. 이렇게 세운 계획도 아이의 현재 상황과 변화에 따라 계속 수정이 필요하다. 일주일에 보고서 한 장 쓰는 것도 버거워하는 지원단도 있었는데, 한 번도 해보지 않은 이 과정이 지원단에게 얼마나 어려웠을지 짐작하고도 남는다.

지원단은 먼저 아이가 가지고 있는 어려움과 상황, 특성을 파악하는 일부터 시작했다. 인적사항부터 가정환경 및 태도, 학업 수준, 사고과정 등 아이에 관한 사항을 파악하여 정리했다. 이 작업은 상당한 시간이 필요했다. 일주일에 단 두 번, 그것도 짧은 시간 동안 만나기 때문에 아이의 특성을 알아내는 것이 쉽지는 않았으나 아이를 이해하고, 문제 해결의 단초를 잡기 위해서 반드시 해야만 했다.

아이들의 상황과 특성을 정리하고 난 후, 그것을 바탕으로 아이에게 맞는 계획을 새롭게 세웠다. 새로운 계획에 따라 수업을 진행하고, 다시 아이에게 맞게 계획을 반복하여 수정했다. 교사 혼자서 계획하고 진행하는 수업과 달리 처음에 세웠던 계획을 2차, 3차에 걸쳐 수정하고, 수정한 계획에 따라 아이에게 맞는 수업을 진행하는 방법은 기존에 학교에서 실시한 학습더딤 학생 지도 방법과 질적으로 달랐다.

지원단의 수업을 질적으로 성장시킨 것 중의 하나가 수업 후에 작성하는 보고서였다. 처음에는 매회 기록하도록 했지만, 지원단의 부담을 고려하여 주별로 기록하게 했다. 보고서에는 담임교사와 학부모의 면담을 담았고, 지원단의 성찰도 담았다.

책임교육 활동의 중반부터는 아이들의 학습 수준이나 태도 등 공통된 특성을 기준으로 팀을 나누었다. 이전까지는 활동의 어려움을 중심으로 사례를 나누었다면, 이때부터는 어려움 해결 전략에 대해 함께 이야기 나누고, 그것을 수업에 적용하기 시작했다. 이런 식으로 수업을 돌아보며 성찰하고 그것을 바탕으로 수정하고 보완하여 적용하기를 반복했다.

이 과정에서 무엇보다도 중요한 것은 아이를 면밀히 관찰하고, 관찰을 기록으로 정리하는 것이었다. 기록이 익숙하지 않던 지원단에게 이 부분은 큰 부담이기도 했다. 그러나 기록을 통해 지원단은 교육의 전문가로 성장할 수 있었다. 마지막 개인별 책임교육 결과보고서는 평소의 기록이 밑바탕되어 작성이 가능했다.

열손가락 책임교육, 새로운 길을 가다

고되고 힘든 시간을 함께 보낸 덕분인지 아이들이 서서히 변화하기 시작했다. 아니, 정확하게 말하면 우리가 아이들을 바라보는 시선을 바꾸니, 아이들이 달라 보였다. 아이들과 관계를 맺는 것조차 힘든 상황에서 지원단은 꾸준히 헌신하고 인내했다.

지원단은 아이들을 그저 묵묵히 지켜보고, 이야기를 들어주고, 기다려 주었다. 매주 계속된 사례나눔이 처음에는 하소연으로 시작하여 하소연으로 끝나는 일이 많았으나, 시간이 갈수록 한숨이 줄어들었다. 아이들을 만나면서 있었던 일을 이야기하면서 지원단은 아이들이 보여주는 작은 변화에 주목하기 시작했다. 교육지원청에서 왜 아이들을 보라고 했는지 알 것 같다는 선생님도 여럿 있었다.

한 번도 가보지 않은 길을 갈 때 많은 용기와 인내가 필요하다. 주입식으로 받은 교육과, 성적을 올리기 위해 풀었던 숱한 문제집과 보충수업에 익숙했던 지원단에게 사례나눔과 기록은 한 번도 가보지 않은 길이었다. 책임교육 지원단은 매주 사례나눔에서 함께 고민하고 구체적인 지도 방법을 찾아 나갔다. 혼자 할 때는 길이 보이지 않아 헤매기도 했지만, 서로 힘을 주고받으며 조금씩 길을 만들어나갔다.

매주 사례나눔을 통해 아이들을 지도한 과정과 경험을 나누고, 여러 가지 시행착오를 거치며 성장해가는 지원단을 보며 뿌듯했지만, 한편으로는 마음 한쪽이 늘 아쉽고 허전했다. 어쩌면 지원단이 경험하고 성장한, 이러한 과정은 학교 선생님들이 경험했어야 마땅한 과정이었다.

학습더딤 아이 한 명 한 명을 자세히 살펴 그들의 특성을 파악하고, 그에 맞는 지도계획을 세워 실천하며, 이 모든 과정을 다른 선생님과 나누면서 아이와 교사가 함께 성장하는 곳이 바로 교실이자 학교여야 한다. 이런 과정을 거치면서 교사들은 교사로서의 전문성을 확보할 수 있어야 한다. 교사의 전문성 밑바탕에 아이들이 있어야 하고, 아이들이 있으려면 자세히 보고 기록해야 하며, 보고 기록한 것을 가지고 서로 나누면서 방법을 찾아 나가야 한다. 책임교육지원단이 경험한 이 모든 것은 정확하게 교사의 전문성과 맞닿아 있다.

지금도 많은 학교에서 보충수업이라는 명목으로 학습더딤 아이들을 한곳에 몰아넣고 낙인을 찍어가며 강제로 문제 풀이식 수업을 하고 있다. 엄밀히 말하면 그곳에는 존중받는 아이들이 없고, 아이를 이해하려는 교사도 없다. 학습더딤에 시달리는 아이들만 있을 뿐이다.

책임교육을 마무리해야 할 시간이 다가올 무렵 여기저기서 아쉬워하는 소리가 들렸다. 아이들과의 만남이 자연스러워지고, 학습에 차츰 탄력이 붙기 시작했다는 말도 들렸다. 아이들 입에서 방학 때 더 만날 수 없겠냐는 이야기도 나왔다. 아쉬웠지만 학습동행을 마칠 수밖에 없었다. 2015년 겨울, 우리는 약 3개월간의 짧지만 의미 있던 만남을 마무리했다.

3개월이란 시간에 얼마나 많은 것을 할 수 있을까 솔직히 기대하지 않았다. 처음엔 예상대로 눈에 보이는 성과도 크지는 않았다. 그러나 마치 내 아이의 미래인 것처럼, 작은 변화 하나하나에 대해 눈을 빛내며 마지막 소감을 전하는 지원단 선생님들을 보면서 분명 의미 있는 시간이었음을 느낄 수 있었다.

학생들을 가르친 경험이 많다고 스스로 생각하고 있었다. 그러나 새로운 학생을 시간과 공간이 제한된 상황에서 가르친다는 것이 어려움을 다시 느끼게 되었다. 대부분의 과외 학생은 나름대로 공부를 하려는 자세가 되어 있고, 숙제를 내주면 잘하는 편이었다. 그러나 이 학생은 스스로 공부를 해본 경험이 거의 없다. 따라서 어떻게 접근하고 수업을 해야 할지 처음에는 난감했다. 나 스스로도 지금까지 주입식 교육에 익숙해 있었다는 생각이 들었다. 그리고 이런 교육이 나에게는 너 쉬웠다.

하지만 시간이 흐르면서 참된 교육의 의미를 더 깊이 생각해보게 되었

고, 우리나라 교육의 문제점을 어떻게 해결해야 하는가를 생각하게 되었
다. 기존에 가지고 있는 수업에 대한 관점을 버리고 새로운 관점을 가지는
것이 무척 어려웠다. 하지만 막상 내 생각을 포기하고 모든 것을 학생의 입
장에서 보고 학생의 수준에 맞는 그리고 학생이 좋아하는 스타일로 수업
을 해보니 정말 참교육이 무엇인지를 알게 된 것 같았다. 결국 지금 눈에
보이는 성과보다는 학생 스스로 공부할 수 있는 능력을 길러주는 것이 더
중요하다는 생각을 했다. (책임교육지원단의 참여 소감 중)

    내년에도 다시 아이들을 만나고 싶다는 선생님, 올해는 처음이라 좌충
우돌했지만, 내년엔 아이들에게 더 잘할 수 있겠다는 선생님들이 고마웠
다. 그리 넉넉하지 않은 활동비를 받으며 이 어려운 작업에 참여하여 끝까
지 함께 해준 13명의 지원단에게 감사의 마음을 전한다. 아이들을 바라보
며 함께 웃고 울며 사랑으로 감싸주며 자신의 아이라도 되는 듯 깊은 애
정을 보여준 그들의 진정성에 박수를 보낸다.
    그리고 그 무엇보다도 이 과정에 참여한 20명의 아이에게 아낌없는 박
수를 보낸다. 한여름의 무더위에 시작하여 선선한 바람이 불 때까지 말만
들어도 머리에 쥐가 난다는 영어 단어 외우기, 수학 공식 이해하기 등 수
업에 포기하지 않고 참여한 과정이 분명 선명한 기억으로 남았을 것이다.
이 과정이 학습더딤 극복에 얼마나 많은 도움을 줄 수 있을지는 솔직히
모르겠다. 하지만 그들을 학습더딤이라는 틀에 가두지 않고 한 인간으로
이해하고, 진심으로 도움을 주려고 하는 사람들이 있었다는 것을 기억해
줬으면 좋겠다. 온전한 내 편이 있었다는 사실 말이다.
    우리는 이러한 과정을 기록으로 남겨 300쪽이 넘는 보고서로 묶었다.
훗날 이 길을 함께 가고자 하는 이에게 참고가 되었으면 한다.

3장

교사,
실천하면서 배우다

　지금까지 학교, 교사, 가정, 학생의 능력 등 여러 요인 가운데 어떤 요인이 학력에 가장 큰 영향을 주는지 논란이 많았다. 부모의 소득수준이 학력과 일치한다는 연구도 있었고, 학급당 학생 수만 줄이면 학력이 올라갈 것이라는 신화도 있었다. 그러나 완주군에 있는 공단 지역의 과밀학교와 오지에 있는 소규모 학교를 보면 학급당 학생 수에 따른 학력의 차이를 도무지 설명할 수 없다. 오히려 학급당 학생 수가 10명도 채 안 되는 소규모 학교에서 학력이 떨어지는 상황도 종종 볼 수 있다.

　교사의 질이 교육의 질을 결정한다는 말이 있다. 교사가 교육에 미치는 영향이 절대적이라는 뜻이다. 지난해 오스트레일리아 멜버른 대학의 존 헤티는 전 세계 학생 2억 5,000만 명에 관한 65,000건 이상의 보고서를 분석했다고 한다. 이 분석에 따르면 교실의 사이즈, 능력에 따른 교실 배치, 또는 근사한 교복에 이르기까지 수백 건의 교육 간섭 효과 가운데 단연 으뜸은 교사의 전문성이었다고 한다(《시사인》 2016년 7월 18일자 기사).

그렇다면 교사의 전문성은 어디에서 오는가? 얼핏 생각해보면 당연히 교대, 사대와 교육대학원 등 교사 양성기관에서 길러져야 한다. 우리나라 교대, 사대생의 입학 성적은 고교 상위 3%이내에 들 정도로 우수하다. 그러한 학생들이 대학에서 전문성을 갖춘 교사로서 성장할 수 있도록 충분한 기회를 제공 받고, 다양한 교육적 경험을 쌓아가고 있는가? 그들이 학교 현장에 나아가 직면하는 무수히 많은 상황과 어려움에 처했을 때 당황하거나 좌절하지 않고 문제를 풀어나갈 수 있는 역량을 길러주고 있는가?

유감스럽게도 대학은 예비 교사들에게 그러한 경험과 전문성을 쌓을 기회를 주지 않았다. 초등교사는 교실에서 전 과목을 담당해야 한다. 그러다보니 교대는 초등학생에 적합한 기초 지식을 얕게 그리고 넓게 가르친다. 그러나 초등학교 수업에서도 아이들이 단순한 지식 습득에 그치지 않고 사회의 여러 문제를 깊이 있게 생각할 수 있도록 도와주어야 한다. 그렇게 하기 위해서는 교사가 먼저 경험을 해야 하는데 실상은 그렇지 못하다. 교대에서는 학점과 시간표조차 학생이 선택하지 못하고 짜여진 시간표를 따라야 한다. 철저하게 현실에 안주하고 주어진 것만 수행하는 순응형 교사를 만든다. 사대는 더욱 심각하다. 바늘구멍보다 좁다는 임용고시에 합격하기 위해 대학 생활 내내 도서관과 학원에서 임용고사 문제집과 씨름한다. 대개 그것도 모자라 졸업 후 몇 년간 고시학원에서 자신과의 싸움을 치러야 한다. 대학 졸업 후 바로 시험에 합격하는 사람이 극히 드물기 때문이다. 임용고시 시험이 현재 학교와 교실 상황에서 철저하게 유리된 것은 굳이 언급할 가치도 없다.

단순 비교할 성질의 것은 아니지만 의대생은 학부를 마치고 인턴과 레지던트를 거쳐 전문의가 되기까지 과학적이고 체계적인 전문 프로그램을 이수하고 마지막에는 임상실습과 연구 논문을 쓴다. 스포츠 분야에서 최고가 되고자 하는 선수는 일반인이 감당하기 힘든 정신적 육체적 트레이닝을 통해 자신의 한계를 극복한다. 그런데 사람을 키우는 교육은 의학과 스포츠에 미치지 못하는 전문성으로 충분하다 생각하는가?

실제 갓 발령을 받은 신규교사의 경우 자신이 대학에서 배운 것이 학교 현장에서 발생하는 다양한 문제를 해결하고, 상처받은 아이들을 만나는 데 별 도움이 되지 않는다는 것을 알아채는 데 오랜 시간이 걸리지 않는다. 막상 현장에 나오면 대학에서 배운 것과 전혀 다른 상황이 펼쳐진다. 대개 교대생과 사대생은 평균 이상의 가정에서 부모의 다양한 지원을 받고 그다지 어려움 없이 자랐기 때문에 성적도 좋지만 흔히들 청소년기에 겪는 일탈행위를 해본 경험이 별로 없는 모범생들이다. 그런데 이들이 학교 현장에서 만나는 학생들은 그 스펙트럼이 워낙 넓어서 모범생이었던 교·사대생이 이해하기 어렵다. 자신이 경험하지 않고 안다는 것은 그저 지식일 뿐 마음으로 이해할 수 있는 것이 아니다. 교실 현장에서 만나는 아이들의 상처와 결손을 이해하고 보듬어주는 것은 이제 막 대학을 졸업한 새내기 교사가 감당하기에는 너무 벅차다. 학교에서 도망가려고 하는 아이들의 시선을 붙잡아 학교 다니는 것이 밖으로 나가 다른 세상을 경험하는 것보다 훨씬 흥미롭고 매력 있다는 것을 느끼게 하는 것은 여간 어려운 일이 아니다.

시대는 교사에게 효율성이 아니라 전문성을 요구한다

최근 학교교육의 근간이라 할 수 있는 교육과정이 개정되었다. 이 교육과정은 2017년에 초등학교 1, 2학년부터 적용되어 2020년에는 초·중·

고 전 학생에게 적용된다. 이 교육과정의 특징은 학교와 교사에게 교육과정 운영과 수업의 자율성을 폭넓게 부여한다는 것이다.

교육과정 변천사를 자세히 살펴보면 이러한 방향은 이미 6차 교육과정부터 시작되었다. 5차 교육과정까지는 국가가 교육과정을 만들고 이에 따라 만들어진 교과서를 충실히 전달하기만 하면 되었다. 지역과 상황, 학생들의 차이를 불문하고 모든 교실에서 동일한 수업이 이루어진 까닭이다. 이런 상황에서 교사에게는 전문성보다는 주어진 내용을 어떻게 하면 효율적으로 잘 전달하느냐는 것이 더 중요했다. 외부에서 들여온 새로운 이론이나 수업 방법이 효율적이라면 앞 다투어 교실에 적용했다.

그런데 6차 교육과정 이후 2015 개정 교육과정에 이르기까지 국가 교육과정은 교육과정 편제와 과목, 시수 등과 일반적인 기준만 제시하고 학교는 국가교육과정을 바탕으로 학교 실정에 맞는 학교 교육과정을 편성 운영하도록 되어 있다.

모든 교원이 전문성을 발휘하여 민주적인 절차를 거쳐 교원조직, 학생 실태 및 학부모의 요구, 지역사회의 실정 등이 충분히 반영될 수 있도록 하고 있다. 또한 창의적 체험활동의 영역, 활동, 시간 등을 자율적으로 편성·운영하도록 하고 있다.

교과 학습은 단편적인 지식의 암기를 지양하고, 핵심개념과 일반화된 지식의 심층적 이해에 중점을 두었다. 이를 위하여 학생이 융합적 사고를 기를 수 있도록 교과 내, 교과 간 내용 연계성을 고려하여 수업을 체계적으로 설계할 수 있도록 했다. 평가 역시 학생의 교육목표 도달도를 확인하고, 교수학습의 질을 개선하는 데 주안점을 두고, 학습의 결과만이 아니라 학습의 과정을 평가하여 모든 학생이 교육목표에 도달할 수 있도록 했다.

이제 학교와 선생님들은 지금까지와는 전혀 다른, 새로운 상황에 직면했다. 국가 교육과정의 기준에 따라 지역, 학생, 학부모의 특수성을 반영하여 아이들이 융합적, 창조적 사고를 할 수 있는 힘을 기를 수 있도록 학교 교육과정을 만들고 수업을 설계해야 한다. 예전처럼 국가나 다른 사람이 만들어주는 것이 아니라 교사들이 전문성을 발휘하여 만들어야 한다. 학교와 교사의 자율성이 늘어나는 만큼 책무성도 늘어났다.

새로운 시대와 상황은 선생님들에게 질적 교육을 추구하는 전문가가 되기를 원하는데 현실은 양적 교육을 하는 기능인에 머물러 있다. 교육과정은 아이들 한 명 한 명의 개성과 특성에 맞는 맞춤형 교육을 요구하는데 교사들은 수업에 참여한 모든 아이에게 같은 목표를 주고, 모두가 같은 지점에 도달할 수 있는 양적 수업을 하고 있다. 수업 시간에 교사들이 현재 가지고 있는 역량과 풀어 나가야 할 시대적 상황의 불일치 문제를 어떻게 극복할 수 있을까?

지금 학교 현장에서 가장 필요한 것은 교사의 전문성과 역량이다. 정부에서, 교육청에서 교사들에게 교육과정을 바꾸고 수업을 바꾸라고 연일 외치고 있다. 그리고 밀어붙인다. 그러나 이 문제는 일방적으로 밀어붙인다고 될 일이 아니다. 교사의 전문성과 역량을 키워줄 수 있는 교육정책과 구체적인 방법을 고민해야 한다.

보고 듣는 연수로 교사의 전문성을 신장할 수는 없다

교사의 역량과 전문성 신장을 지원하고 촉진하기 위하여 가장 많이 사용하는 방법은 연수다. 이에 따라 도교육청과 교육연수원 그리고 교육지원청에서 다양한 연수를 개설하여 선생님이 전문성을 쌓을 수 있도록 지원한다. 선생님은 새로운 이론과 전문성을 가진 교수 및 학자, 다양한 수업 방법을 가지고 있는 선배 교사 등 전문 강사들로부터 많은 것을 배운다. 이러한 연수를 통해 자신의 수업을 돌아보며, 학교에 돌아가 배운 것을 실천해볼 의지를 갖기도 한다.

그러나 연수를 받은 교사가 학교에 돌아가서 실제로 수업과 생활교육에서 유의미한 실천을 하기는 쉽지 않다. 안타깝게도 전문 강사에게 배운 것을 일반교사가 따라 하기는 쉽지 않다. 전문 강사도 수많은 시행착오와 어려움을 극복하고, 의미 있는 실천을 했기 때문에 강사로 섰을 것이다. 이를 일반교사가 한번 듣고 따라하는 것 자체가 무리다. 또한 지금까지 해오던 수업방식을 연수에서 보고 들은 대로 바꾸자니 무엇인가 몸에 맞지 않은 옷을 입은 듯하다. 교사의 전문성은 배워서 얻어지는 것이 아니다. 수많은 시행착오를 거치며 익힌 실천의 과정 자체가 바로 교사의 전문성이 피어나고 성숙해가는 과정이다.

또한 기존의 연수에서 한 가지 근본적으로 되짚어 봐야 할 문제가 있다. 전문적인 강사의 수업방식을 내 수업과 교실에 적용하기에는 아이들이 다르고, 문제가 다르고, 상황이 다르다. 그리고 무엇보다 교사의 역량이 다르다.

이제 효율적인 지식 전달이 교육이라고 믿었던 시대가 가고, 교사의 교과 전문성이 필요한 시대가 왔다. 상황과 문제가 다르고, 가진 역량이 다른 교사들을 지원하기 위해 이제까지와는 다른 사고와 새로운 방식이 필요하다. 배운 것을 실천하다가 막히면 아이들을 팽개친 채 봇짐장수처럼 짐을 싸서 다시 배우러 갈 일이 아니다.

수업의 문제를 교사가 스스로 해결하면 어떨까

우리는 선생님이 자신의 교실과 수업에서 직면하는 다양한 어려움과 문제를 함께 고민하고 해결 방법을 찾아갈 수 있는 실천연구 및 연수(이하 실천연구)를 진행했다. 실천연구는 외부에서 새로운 이론이나 수업 방법을 가져다 사용하지 않고, 수업을 하면서 부딪친 어려움을 스스로 해결해 나가는 과정이다. 그리고 그 과정을 기록으로 남겨 성찰과 재실천의 과정을 거치는 것이다. 연수의 과정이 곧 연구가 될 수 있게 했다.

또한 개인의 실천과 함께 학교 단위에서도 함께 실천할 수 있도록 했다. 연구회에 참여한 교사가 함께 문제를 진단하고 해결책을 찾아가는 것이다. 어느 집단이나 마찬가지겠지만, 특히 학교는 교사 개개인의 능력보다는 교사 간의 관계의 질이 더욱 중요하다. 한두 사람의 힘으로는 학교를 바꾸기 어렵다. 천천히 가더라도 함께 가야 한다. 선생님들은 연구자로 함께 참여하여 문제를 진단하고 해결과정을 모색하며, 연구의 결과를 함께 성찰하며 수업을 바꾸어가는 경험을 할 수 있다. 이러한 실천연구는 앞으로 단위 학교가 스스로 문제를 해결하는 전문적 실천연구 공동체로서 학교와 교사의 역할을 질적으로 전환하는 계기가 될 것이다.

지금까지 선생님은 국가의 교육정책이나 교육청의 지침을 학생들에게 전달하는 전달자로서의 역할을 충실히 했다. 국가가 교육과정을 만들고 교사용 지침서와 교과서라는 표준화된 도구를 내려주면 그 내용을 그대로 전달해주면 되었다. 이 과정에서 선생님의 생각은 그리 중요하지 않았다. 교실 상황과 아이들의 특성도 그다지 고려되지 못했다. 선생님은 철저히 객체요, 대상이었다. 이 땅의 수많은 선생님이 기능인, 생활인으로 살아갈 수밖에 없는 이유다.

그러나 실천연구는 선생님이 국가나 교육청의 정책에 어쩔 수 없이 끌려가는 것이 아니라 교실 수업을 하면서 겪는 어려움을 스스로 해결하면서 교육의 주체로, 수업의 전문가로 거듭나게 하자는 데 의의가 있다. 외국의 새로운 교육이론으로 중무장하거나 교육정책의 전문가가 아닌 내 반, 내 수업의 전문가로 우뚝 서게 하자는 취지였다.

선생님은 자신이 맡고 있는 수업과 아이들에 대해서는 전문가여야 한다. 아무리 뛰어난 능력과 연구 실적을 가진 교수나 학자도 내 반, 내 수업, 내 아이들에 대해서만큼은 나만큼 알지 못한다. 선생님은 아이들과 함께 생활하다 보니 아이들의 작은 변화도 금방 알아차린다. 마치 엄마들이 자신의 아이들이 집에 들어오면 눈빛 하나, 목소리 하나, 몸짓 하나로도 자녀의 마음을 알 수 있는 것과 같다. 아무리 뛰어난 양육지식을 가진 전문가라도 아이의 엄마를 대체할 수는 없다.

이 말은 바꾸어 말하면 이들에게 생기는 문제 상황과 어려움도 결국 내가 해결해야 한다는 말이다. 내 수업과 내 아이들을 누가 나보다 더 잘 알겠는가? 내 수업의 어려움을 다른 사람에게 맡겨 해결할 수는 없다. 좋은 강의를 듣고 훌륭한 방법을 익혀도 정작 내 수업에서는 그다지 도움이 되지 못하는 이유다. 교실마다, 아이마다 상황이 다 다른데 일률적으로 일반화된 방법을 적용하는 것 자체가 처음부터 무리다. 결정적으로 전문 강사와 나는 능력과 살아온 삶이 다르기까지 하다.

실천연구는 선생님들이 수업에서 아이들을 만날 때 어려움을 느끼고 해결하고자 하는 문제를 주제로 설정한다. 그리고 선생님들은 자신의 문제를 누군가에게 의지하거나 기대지 않고 스스로 풀어나간다. 학교마다, 교실마다 상황이 다르다 보니 선생님마다 문제도 모두 다르다. 엄밀하게 말하면 문제가 다른 것이 아니라 요인이 다르다.

실천연구를 시작하는 단계에서 선생님들이 가져온 문제를 살펴보니 대부분 '아이들이 수업에 잘 참여하지 않는다'였다. 대한민국 교사라면 누구나 느끼는 것을 실천연구에 참여하는 선생님들도 역시 문제로 생각하고 있었다. 그런데 문제는 같아도 요인은 모두 달랐다. 개인적, 집단적 요인에서부터 심리적, 정서적, 환경적 요인까지 다양했다.

누구도 내 교실에 들어와 수업을 대신해줄 수는 없다. 내가 겪고 있는 어려움을 누가 대신 겪어줄 수도 없다. 국가나 교육청은 물론이고 옆 반 선생님도 마찬가지다. 선생님은 자신의 문제를 스스로 극복해야 한다. 남의 눈에 있는 들보보다 내 손톱 밑에 박힌 가시가 더 아프다고 한다. 다른 사람 눈에는 대수롭지 않게 보이는 상황이라도 내 입장에서는 가장 중요할 수도 있다는 말이다. 실천연구는 선생님이 내 교실과 내 수업에 존재하는 문제 요인을 찾아 분석하고 그 해결 전략을 찾아 실천하는 과정을 반복적으로 수행하고, 그 과정을 통해 교실과 수업의 문제를 스스로 해결해나가는 것을 목적으로 한다.

배워서 실천하지 않고 실천하면서 배우다

나는 중학교에서 23년 동안 국어를 가르쳤다. 다른 교과에 비해 국어는 수업시수가 많은 편이라 평균 4~5개 반의 수업을 맡는다. 수업을 할 때마다 느끼지만, 첫째 반 수업은 실수가 많다. 아무리 준비를 열심히 해도 낭패를 보기 일쑤다. 수업은 살아있는 생물과 같아서 어쩌면 내가 계획한 대로 되지 않는 것이 당연하다. 아이들이 그림처럼 정지해 있다면 모를까 교실마다, 아이마다 상황이 다르기 때문에 당연한 것인지도 모른다.

첫째 반 수업에 들어가서 한 시간 내내 혼자 침을 튀겨가며 설명하고 교실 문을 열고나올 때 뒤통수가 따가운 적도 있었다. 심한 경우에는 핵심 개념은 비껴가고, 주변 이야기만 하다 나오는 경우도 있었다. 아이들은 느끼지 못하지만 수업을 진행한 교사는 자신의 수업이 어떤 문제가 있는지 잘 알고 있다.

대부분의 교사는 적어도 둘째, 셋째 반에서는 똑같은 실수를 되풀이 하지 않는다. 첫째 반 수업에서 부족한 부분을 수정 보완하여 둘째, 셋째 반 수업을 진행한다. 수업을 할수록 내용과 방식이 조금씩 나아지고 아이들도 수업에 적극 참여한다. 수업 속에서 아이들만이 아니라 교사도 배운다. 학습목표와 성취기준에 따라 핵심 개념을 아이들이 잘 이해할 수 있도록 설계한다. 그리고 혼자서 일방적으로 설명하지 않고 아이들의 참여와 협력을 촉진하는 방식으로 수업을 진행한다. 누가 가르쳐주는 것이 아니라 수업을 하다 보면 스스로 깨닫게 된다. 수업은 적어도 일정한 단계까지는 하면 할수록 좋아진다.

강의 내용이 기억에 남는 비율도 읽기–듣기–보기–말하기–행동하기 순이라고 한다.[7] 들으면 잊게 되고, 보면 기억하게 되고, 행동하면 이해하게 된다는 중국 격언처럼 학생들도 어떤 개념을 설명하다 보면 그 개념의 실체가 명확해지고 정확히 이해할 수 있다. 즉, 다른 사람에게 자신의 언어로 설명할 수 있어야 비로소 자신의 것이 되었다고 말할 수 있다.

교사도 크게 다르지 않다. 수업을 통해서 배우고 그 과정을 통해서 수업이 풍부해진다. 이 과정이 실천연구의 가장 기본적인 과정이다. 새로운 교

---

7 『나는 대한민국의 교사다』, 조벽, 2010, 100쪽.

수학습 방법과 상담 기법을 배워서 교실에 들여와 적용하는 것이 아니라 수업 속에서 문제점을 찾아 이를 해결하기 위해 실천하고 실천과정을 돌아보며 부족한 부분을 찾아 수정 보완하는 과정을 거친다.

그런데 가만히 생각해보니 이 과정을 해마다 되풀이했다. 만약 첫째, 둘째 반의 수업에서 드러난 시행착오와 이를 수정 보완해가는 과정과 내용을 틈틈이 적어놓았다면 어떻게 됐을까? 아이들의 반응과 태도에 따라 수업의 내용과 방법을 조절해가는 과정을 기록으로 남겨 놓았다면 다음 해에 같은 실수를 되풀이했을까? 아이들의 흥미를 살리면서 아이들이 잘 배울 수 있도록 하는 과정을 23년 동안 기록했다면 어떻게 됐을까? 아마 지금쯤 모두가 인정하는 수업 전문가가 되었거나, 수업 방법과 관련된 책 몇 권은 족히 썼을 것이다.

문제 해결 절차와 연구 방법을 익힌다

2차 세계대전 당시 연합군은 24시간마다 바뀌는 해독이 절대 불가능한 암호 '애니그마' 때문에 속수무책으로 당하게 된다. 24시간마다 1,590억의 10억 배 경우의 수가 생성되는 '애니그마'는 사실상 해독이 불가능하다고 여겨졌다. 이에 연합군은 수학자, 언어학자, 체스 챔피언, 대학생 등 각 분야의 수재들을 모집하여 암호해독팀을 만들어 가동한다. 이 팀에 참여한 27살의 천재 수학자 앨런 튜링은 독일군 암호해독을 위한 특별한 기계를 발명하지만 24시간마다 바뀌는 완벽한 암호체계 때문에 번번이 좌절하고 만다.

그러나 튜링은 포기하지 않고 각고의 노력 끝에 인류 최초 컴퓨터인 '튜링 머신'을 개발하여 '애니그마'를 해독하고 종전을 3년 정도 앞당겼다. 이로 인해 1,400만 명 이상의 목숨을 건졌다고 한다.

앨런 튜링의 실제 이야기를 바탕으로 만든 영화 '이미테이션 게임'의 줄거리다. 이 새로운 발명품은 바로 우리가 사용하는 컴퓨터로 발전했다. 우리가 인류 최초의 컴퓨터라고 잘못 알고 있는 '애니악'보다 2년이나 앞선 것이었다.

영화에서는 튜링이 실패를 거듭할 무렵 다른 팀에서는 독일군 암호를 간간히 맞춰서 부분적으로 연합군의 승리에 기여하기도 했다. 그러나 튜링은 그렇게 운이 좋아서 암호를 맞추는 방식은 근본적인 해결책이 되지 못하기에 자신이 하고자 했던 암호해독방식을 포기하지 않았다. 무수한 실패와 주변의 따가운 눈초리에도 튜링은 자신의 도전을 멈추지 않았고 마침내 '애니그마' 암호해독방법을 알아내었다.

선생님들은 해마다 새로운 아이들을 만난다. 착하고, 성적이 좋고, 말을 잘 듣는 아이도 있다. 그러나 잠만 자는 아이, 수업을 방해하는 아이, 학습더딤에 시달리는 아이 등 교실 수업에서 도망가는 아이들이 찾아올 수도 있다. 그리고 자존감이 떨어지는 아이, 우울증이 심한 아이, 사회성이 떨어지는 아이, 감정조절이 잘 되지 않아 공격적인 아이, 학교를 떠나고자 하는 아이 등 기본적인 삶과 생활교육에서 어려움을 겪는 아이들을 만날 수도 있다. 이런 아이들이 한두 명씩 찾아올 수도 있고, 무리지어 찾아오기도 하며, 한 아이가 여러 어려움을 동시에 가지고 나타나기도 한다. 아이들은 경우의 수가 워낙 많아 인간의 힘으로 풀기 어려운 독일군의 '애니그마'처럼 복잡하고 난해한 상황을 가지고 선생님을 찾아올 것이다.

한 아이가 어른들이 흔히 말하는 일탈행동을 할 때 그 행동의 이면에는 아이가 살아온 삶의 과정과 맥락이 있다. 아이를 이해한다는 것은 단순히 아이의 일탈행동을 용서하고 용납한다는 것이 아니라 행동 뒤에 숨겨진 아이의 정서, 상황, 맥락, 배경과 그 이유를 아는 것이다. 우리는 지금까지 너무 겉으로 드러난 사실에만 집중하여 처방을 내렸다.

사실 이 연구회가 무엇을 하는지 잘 모르고 들어왔어요. 저는 동민(가명)이가 하도 일을 일으켜 멘토를 맺어서 지원금을 받아 동민이랑 만나는 데 사용하려고 했어요. 이번 한 학기에 문서로 기록된 학교폭력 사안만 13건이 있는데 동민이가 관련된 사안만 10건이에요. 담임선생님 선에서 종결한 것도 많이 있고요. 어쩌면 이번 학기는 동민이를 위한, 동민이의 학기라고 할 수 있어요.

어느 날 저는 이 아이가 눈물을 흘리는 모습을 봤어요. 동민이가 우는 것을 본 적이 있는 선생님은 아무도 없을 거예요. 그 아이가 세상에서 유일하게 믿었던 사람이 있었어요. 바로 할머니예요. 할머니가 2년간 키워줬는데 할머니로부터 전폭적인 지지를 받았대요. 그런데 운이 없게도 초등학교 4학년 때 할머니가 돌아가셨대요. 세상에서 유일한 자기편을 잃어버렸던 거지요. 그 이야기를 하면서 눈물을 흘린 거예요. 이 아이가 제 앞에서 눈물을 보인 것은 저에게 마음을 열었다는 뜻이라 생각했어요. 그래서 공감해줬어요. "선생님도 옛날에 여섯 형제가 되는데 나이 드신 부모가 계셨다. 부모 돌아가시고 엄청 슬펐는데 아마 그 기분일 거야. 정말 슬펐겠다."고요. 그날 둘이 정말 많이 울었어요.

동민이를 만나면서 '내가 이 아이였더라면 아마 괴물이 되지 않았을까' 하는 생각이 가끔 들었어요. 엄마가 스무 살에 아이를 가졌고 남편이 없는 상태에서 시댁에 들어가서 아이를 키우다가 헤어졌어요. 그 후 재결합을 했는데 이 과정에서 아이는 할머니 집이며 엄마와 아빠 집을 왔다 갔다 했던 거죠. 부모와 같이 살았던 3~4살 무렵에는 부부싸움을 말리는 역할을 했다고 해요. 싸움은 말려도 소용이 없을 때가 많았는데 제가 볼 때 그 당시의 분노와 아무도 알아주지 않는 억울함이 몸에 배게 되었고, 최종적으로 억울함만 남지 않았을까 싶어요.

실천연구 과정에 1학기 동안 참여하면서 많이 답답했어요. 손에 잡히는 것이 없고 동민이도 크게 나아진 것이 없었거든요. 그래도 꾸준히 한 달에 두 번 연구회 모임에 참여하면서 동민이 문제를 늘 고민했어요. '동민이는 대체 왜 그럴까? 문제가 뭐지?' 하면서요.

마지막 모임에서였어요. 이야기하다가 "같이 싸웠는데 선생님들은 왜 저만 처벌해요? 제 편은 하나도 없잖아요."라는 말이 떠올랐어요. '아! 이 아이가 품은 감정이 억울함이겠네?' 라고 생각을 하는 순간 느낌이 왔어요. 미로의 탈출구를 찾은 느낌이었어요.

아이는 어릴 적에 부모에게 학대를 당했고, 그 경험이 '다른 아이도 잘못하면 맞아야 한다' 라는 생각으로 연결되었다는 생각이 들었어요. 자신이 그랬던 것처럼요. 어쩌면 동민이의 모든 행동 기저에는 이 감정이 담겨 있었던 것 같아요.

저는 학교에서 문제를 일으키는 학생이 있을 때는 아이의 행동만 볼 뿐, 다른 것은 생각하지 못했어요. 겉으로 드러나는 것보다 속에 감추어져 있는 것이 훨씬 중요한데 말이에요. 누군가 그 아이에게 새로운 방식으로 접근한다면 행동을 교정해주는 것이 아니라 그 아이의 억울함을 풀어주는 것으로 시작해야 옳다는 것을 깨달았어요.

연구회에 참가하면서 이런 과정을 처음 경험했어요. 한 아이를 깊게 들여다보고 이해하는 과정 말이에요. 우리는 그동안 성과주의에 너무 길들어 있었지 않았나 싶어요. 눈에 보이는 가시적인 변화와 성과가 없으면 쉽게 포기하고 다른 길을 가거든요. 힘은 많이 들었지만, 이 방식이 옳다는 확신이 들었어요. (열손가락수업 실천연구회 P 교사)

이날 많은 사람이 눈물을 흘렸다. '내가 이 아이라면 나는 괴물이 되었을 것'이라는 P 교사의 말에 끝내 나도 눈시울이 뜨거워졌다. 이런 선생님들이 있어서 그 힘든 아이들이 어른으로 성장해가나 보다.

선생님은 교실에서 이렇게 아픈 아이들을 어떻게 만날 것인가? 어려운 암호해독처럼 수업과 생활교육에서 선생님의 손길을 기다리는 아이들을 우리는 어찌 할 것인가? 튜링의 반대쪽에 있던 사람들처럼 운 좋게도 한두 아이의 문제를 용케 풀어내는 것으로 만족할 것인가? 선생님에게는 해마다 다른 아이들이 계속해서 찾아올 텐데 마치 어부가 여러 개 그물을 던지고 그중 하나가 걸리길 기다리듯이 문제를 해결할 수는 없다.

교사는 전문가가 되어야 한다. 설령 교대와 사대에서 가르쳐주지 않았더라도 스스로 그 방법을 터득해야 한다. 아이를 만나는 구체적인 방법을 스스로 만들어가야 한다. 그 전문성은 누가 제공하지 않는다. 연수를 통해 누군가 가르쳐주는 것이 아니라 스스로 터득해야 한다. 외부 전문가를 찾으러 다니고, 아이를 전문기관에 맡길 일이 아니라 내가 내 아이를 살펴보고, 이해하고, 가르쳐야 한다.

실천연구는 선생님이 다양한 교실 상황에서 부딪치는 여러 문제를 해결하기 위한 방법이다. 교실과 아이들의 문제를 스스로의 힘으로 풀어나가기 위한 연구 방법이다. 열정만 있고 방법은 모르면 더욱 위험하다고 했다. 선생님은 각자 교실의 문제를 해결하기 위해 모였지만, 문제 해결 그 자체보다는 해결 과정에 더 큰 의의를 두었다.

의사가 모든 환자의 병을 고칠 수는 없다. 의사 한 명 한 명이 환자를 치료하면서 쌓은 수많은 성공과 실패의 경험 덕분에 오늘날 의술이 눈부시게 발전했다. 그 경험은 단순히 개인적 경험으로 끝나지 않고 기록과 실습을 통해 다른 사람과 다른 세대에 공유되면서 고스란히 축적되어 왔다.

완주의 선생님들은 수업과 생활교육에서 아이들과 자신들이 직면한 문제를 해결하면서 동시에 자신만의 방법과 절차를 만들어가고 있다. 선생님들은 이제 더 이상 외국의 낯선 교육이론이나 새로운 학설을 가져다 쓰지 않는다. 자신의 수업과 아이들에게 맞는 방법을 만들어가고 있다. 외부에서 이론을 가져다 교실에 적용하는 소비자가 아니라 실천하면서 배우고 그 실천이 동시에 또 다른 학생을 만날 때 적용할 수 있는 자신만의 절차와 방법을 만들어가고 있다. 바야흐로 교육 방법의 소비자에서 생산자로 거듭나고 있다.

아이로부터 출발한다

실천연구의 과정을 거칠 때 반드시 지켜야 할 한 가지 원칙이 있다. 그동안 숱하게 이야기한 학생중심, 아이중심이 그것이다. 어떤 문제를 설정하고, 그 문제와 관련된 다양한 요인을 검토하고, 해결방안을 찾아 실천하고, 성찰과 평가를 통해 새로운 방안을 마련할 때 절대 놓쳐서는 안 되는 것이 아이의 관점이다. 해결하려고 설정한 문제가 혹시 교사만의 문제, 교사만의 해결 방안은 아니었는지, 아이의 입장에서 보고, 생각하고, 돌아봐야 한다.

"아이가 수업 시간에 반복적으로 잠을 잔다."

교실에서 흔히 볼 수 있는 장면이다. 교사와 아이 모두에게 문제 상황이라고 가정하자. 교사는 엎드려 잠을 자는 아이를 보면 화가 나기도 하고 한심해 보이기도 한다. 혹은 교사를 무시한다고 생각하기도 한다. 아이의 미래가 걱정되기도 한다. 그래서 아이를 깨워서 공부를 시켜야 한다고 생각한다. 열정이 넘치거나 신념이 강한 교사일수록 더욱 그렇다. 그래서 교사들은 보통 이 문제를 해결하기 위해 아이를 깨우거나, 교실 뒤에 세워놓거나, 수행평가 점수를 깎았다.

관점을 바꿔 아이의 입장에서 생각해보자. 아이는 왜 잠을 잘까? 밤늦게까지 아르바이트를 해서 잠이 부족할 수도 있고, 가정에 어떤 문제가 있을 수도 있으며, 또 다소 아플 수도 있다. 수업 자체가 아이의 관심과 흥미를 일으키지 않는 것일 수도 있다. 교실에서 배우는 지식이 자신의 삶과 아무런 연관이 없다고 생각할 수도 있다. 생각이 여기에 미치면 교사는 잠을 자는 아이를 보며 화가 나기보다는 안쓰러운 마음이 들 수도 있고, 내 수업을 돌아보며 수업의 방법을 고민할 수도 있다.

어떻게 생각하느냐에 따라, 누구의 관점에서 생각하느냐에 따라 해결방법은 당연히 달라진다. 아이를 억지로 깨우는 방법도 있지만, 교사가 수업의 방법을 바꾸거나 상황을 살펴서 잠을 자는 것을 어느 정도 용인해줄 수도 있다. 교사의 눈으로 바라보지 않고 아이의 관점에서 바라보는 순간 전혀 다른 상황이 전개된다.

실천연구의 최종 목적은 결국 아이의 성장이다. 따라서 아이의 성장을 지원하고 촉진할 수 있도록 수업을 설계하여야 한다. 일방적으로 지식을 전달하지 말고 교실에서 만나는 수많은 아이 한 명 한 명이 스스로 깨달아갈 수 있도록 교육과정, 교육내용, 교육방법을 찾아 실천해나가야 한다. 아이에게 지식을 가르치지 않고 깨닫게 하는 수업은 진정한 수업 고수들이 쓰는 방식이다. 의식은 저 높은 곳에서 아이들을 내려다보고 있으면서 눈높이는 아이들에 맞추는 것이다.

아이를 따라가는 수업[8]

1. 문제 설정(연구주제)
아이가 배우고 성장하는 수업

2. 연구주제 선정 이유
수업은 아이의 배움과 성장이 일어나는 좋은 기회이다. 아이들이 자발적으로 수업에 참여하게 하고, 아이의 잠재적 능력 및 가능성을 발견하여 이를 발현할 수 있도록 도우며, 아이의 자유로운 성장을 기대할 수 있다.

3. 중점적으로 해결하고자 하는 문제
아이들이 수업에 잘 집중하지 못한다.

4. 관련 요인
- 인내심이 부족하다. 수업에 쉽게 흥미를 잃는 편이다.
- 수학을 이해하는 데 시간이 걸리며 학습문제를 어려워한다.

8　실천연구회에 참여하고 있는 소양서초 이정애 선생님이 1학년 아이들이 수업에 집중하지 못하는 어려움을 극복하기 위하여 실천연구에 참여하여 쓴 글이다.

- 아이의 생각과 의견을 무시한 채 교사 중심의 수업을 했다.
- 여러 가지 이유로 개인적인 학습능력 수준 차이가 있다.
- 한글 미해득과 독해능력이 다소 부족한 아이가 있다.
- 글쓰기를 힘들어하며 대체로 그림으로 표현하는 것을 좋아한다.

5. 해결 전략

아이를 따라가는 수업

6. 실천과정
- 내용: 여름 방학 생활계획표를 창의적으로 표현하기 (통합교과 여름)
- 방법: 아이들이 자신의 생각을 자유롭게 드러낼 수 있도록 교사가 적절한 질문을 하고, 아이들이 배우고 싶은 학습 주제는 무엇이며 또 어떻게 배우고 싶은지를 특별한 규칙 없이 자유롭게 말하도록 했다.

→ 학습주제 정하기: 교과서를 살펴보더니 여름 방학 생활계획표 만들기를 하자고 한다. 이유는 생활계획을 그림으로 표현하는 것이 재밌을 것 같고 곧 여름방학이 다가오니까 관심이 생긴다고 했다.

→ 학습방법 및 순서 정하기: 평소 잘 하지 않는 질문이라 선뜻 대답하지 못한다. 먼저 생활계획표를 그림으로 표현하자고 하는 아이의 의견에는 모두 동의했다. 빨리 그림 그리기를 하고 싶은 생각에 생활계획을 먼저 그리자고 한다. 이때 "무엇을 어떻게 그려야 할지 생각은 해봤어요?"라는 질문에 아이들은 "방학 동안에 하고 싶은 것을 먼저 생각해야 해요"라고 대답한다. 교사가 질문하

고 아이들이 대답하면서 아이들은 학습순서를 정한다.
→ 활동하기: 여름방학 생활을 충분히 생각하고 대화하면서 그림으로 표현할 내용을 찾고 표현한다. 한 사람씩 자신의 생활계획을 발표하면서 안전한 생활에 대해서도 자연스럽게 이야기 나눈다.

7. 성찰

아이들은 교사가 수업목표 및 순서를 정하고 교사 중심의 수업을 할 때보다 더 자유로우면서 활기차게 수업에 참여했다. 하고 싶은 활동을 하니 자신감 있게 학습활동을 했으며 조금 실수해도 웃으면서 넘어갈 수 있었다. 아이들은 한 사람도 빠짐없이 수업 협의과정에 참여했으며, 교사는 아이의 의견을 무시하거나 비난하지 않고 격려하고 서로 합의해갈 수 있도록 도와주었다. 친구가 발표할 때는 집중해서 관찰하고 잘못된 점보다는 잘된 점을 찾아 칭찬해주려는 모습이 보기 좋았다.

아이를 따라가는 수업을 위해 다른 선생님들과 자주 이야기하기 시작했다. 이 과정에서 협의하고 합의하기 위해 상대방을 배려할 줄 알게 되었고, 물질뿐만 아니라 마음도 나누는 행복한 경험을 하게 되었다. 아직은 소통의 방법이 서툴지만 혼자보다는 함께 하는 것이 더 즐겁고 행복하다는 것을 알게 되었다.

8. 동료 교사의 성찰

· 아이 하나하나에 매 순간 관심과 집중의 끈을 놓지 않되, 그것은 자연스런 흐름 속에서 이루어져야 한다(긴장과 느슨함의 경계에 서기).
· 섣불리 아이를 이해하려는 오만을 버려야 한다(매 순간 아이는 변하

며, 그 이해는 상대적, 유보적인 결론임을 명심해야 한다).
- 나의 판단은 어디까지나 내 편견에 속하고, 섣부른 강요, 요구와 같은 다가감을 항상 경계해야 한다.
- 아이가 청할 때까지 기다릴 줄 알아야 하고, 아이의 한계를 냉철하게 바라보는 눈을 가져야 한다.
- 나는 아이를 가르치는 것이 아니라 하나의 대등한 존재로서 관계를 맺을 뿐이고, 역으로 아이로부터 깨닫고 배우는 측면이 많다.
- 선생님으로서 역할과 동등한 인격체로서의 역할을 동시에 할 수 있는, 실천하는 힘을 길러야 한다.

보고 듣는 연수를 실천연구로 바꾸다

혁신교육특구에서 진행하는 모든 연수를 실천연구로 바꾸고자 방향을 정했다. 그리고 2015학년도 2학기에 관내 학교에 공문을 보내어 참여할 뜻이 있는 학교와 선생님을 모집했다.

실천연구는 먼저 수업 변화를 고민하는 선생님들이 실천연구회를 구성하여 연구주제를 협의한다. 주제는 연구회 전체가 같을 수도 있고 개인별로 다를 수도 있다. 선생님들이 모여 주제를 함께 고민하고 토론하면서 각자의 실천 계획을 정하고 교실 수업과 학생지도 등에서 실천한다. 그리고 실천과정을 연구회 선생님들과 다시 나누고 성찰한 후 실천과정을 수정, 보완하여 다시 수업과 생활교육에 적용한다. 이 과정을 표로 정리하면 다음과 같다.

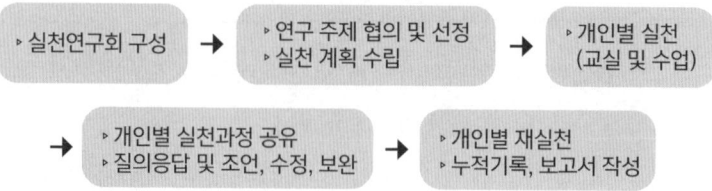

<표 5> 학교 단위 실천연구 활동 절차

관내 24개 초·중·고등학교에서 183명의 선생님이 참석한 가운데 실천연구를 안내하는 워크숍을 진행했다. 이 자리에서 학교 현장의 많은 어려움과 문제를 해결하기 위하여 우리 스스로 길을 찾아야 할 필요성과 함께 실천연구의 취지를 설명했다. 이어서 구체적인 예를 들면서 선생님이 학교에서 실천연구를 진행할 수 있도록 방법을 안내했다.

실천연구는 우리 일상생활에서 매우 흔하게 경험하는 것입니다. 연애를 처음 시작하는 젊은 청춘은 상대방에게 좋은 인상을 주기 위하여 머리를 새로 하고, 제일 예쁜 옷을 차려 입고, 아름다운 장신구를 차는 등 많은 신경을 씁니다. 그런데 막상 데이트에 나갔는데 상대방이 호감을 보이지 않거나 싫어하는 태도를 보인다면 어떻게 합니까? 다음에 만나러 나갈 때는 머리를 다른 모양으로 하거나 옷차림을 바꾸고 나가지 않습니까?
실천연구는 이런 것입니다. 우리가 수업을 하거나 아이들을 만날 때 어떤 목적을 세우고 실천하면서 그 과정을 계속 수정 보완해 나가는 것입니다. 나와 상대방을 끊임없이 돌아보고 그 과정을 기록하며 동료와 공유하면서 새로운 대안을 찾아가는 것이라고 할 수 있습니다.

실천연구에 많은 도움을 주었던 서근원 교수가 워크숍에서 한 말이다.

실천연구라는 용어 자체를 처음 들었다며 선생님 대부분이 낯설어했으나 구체적인 방법을 듣고 질문을 통해 학교에서 무엇을 해야 할지 이해했다. 이어서 학교별로 모여 선생님이 함께 실천 가능한 주제를 세우고 이를 실천하기 위하여 무엇을 할지 서로 토론하고 방향을 정해나갔다.

교육지원청에서는 실천연구회 활동에 도움을 주기 위하여 선생님들이 모여 식사하고 책을 살 수 있는 약간의 지원금과 함께 실천연구 진행 과정을 도와줄 수 있는 멘토 강사를 지원했다. 멘토 강사는 전북 전역에서 창의적 교육과정 운영과 학생중심수업에 의미 있는 과정을 경험한 선생님과 교육전문직으로 구성했다.

멘토 강사는 5회 정도 학교 선생님과 결합하면서 함께 책을 읽기도 하고, 직접 수업을 보며 도움을 주기도 했는데 그다지 성공적이지 못했다. 실천연구에 참여한 선생님이나 멘토 강사 모두 실천연구에 대한 이해가 부족하고 무엇보다 그 방법과 절차를 직접 해본 사람이 없기 때문에 처음 의도한 방향으로 나아가기가 힘들었다. 어쩌면 워크숍 한 번으로 그 과정을 충분히 해낼 수 있으리라고 생각한 것 자체가 무리였다. 선생님들이 모여 수업과 아이들의 문제를 함께 고민하고, 해결 방법을 찾아보려고 시도했다는 것으로 만족해야 했다.

우리는 이미 2015학년도 1학기에 초등 저학년의 읽기와 문자지도에서 어려움을 겪는 선생님들을 지원하기 위하여 전주교육지원청과 공동으로 '읽기 따라잡기 실행연수'를 진행했다. 완주와 전주 지역의 초등학교 저학년 선생님 23명이 참여하여 격주로 모여 문자지도 방법을 토론하고 실천과정을 공유했다. 모든 선생님의 담당 교실에 한글을 깨치지 못한 학생이 있었고, 그 지도에 어려움을 느끼고 있었다. 앉아서 일방적으로 강의를 듣는 연수가 아니라 본인이 직접 학생을 지도한 사례를 발표하고 나누면서 읽기 지도의 새로운 방법을 직접 만들어 갔다.

이 실행연구로부터 모티브를 제공받아 실천연구가 출발했지만 실행연구와 실천연구는 수행 방법에서 차이가 있다. 실행연구가 어떤 이론이나 학설을 바탕으로 수업이나 학생지도에 적용하며 그 과정을 수정 보완하는 것이라면, 실천연구는 저마다 가지고 있는 문제를 해결하기 위하여 스스로 요인을 분석하고, 전략을 세우며, 실천과정을 보완하여 문제를 해결하는 데 가장 적합한 방법과 절차를 만들어나간다. 따라서 우리 연구회는 기존에 만들어진 시스템이나 절차를 따르는 것이 아니고 선생님들이 자신에게 가장 알맞은 방법과 절차를 스스로 만들어가기 때문에 실천연구로 방향을 설정했다는 것이 맞다.

실천연구의 새로운 방향을 찾다

2016학년도에는 선생님의 역량과 전문성 신장을 로컬에듀의 중요한 과제로 설정하여 실천연구회를 두 가지 방식으로 운영했다. 학생중심수업 실천연구회는 선생님들이 수업의 어려움을 해결하기 위해 함께 모여 연구하는 학교 단위 연구회이다. 열손가락수업 실천연구회는 선생님들이 학습더딤과 생활에서 어려움을 겪고 있는 학생을 지원하기 위해 참여한 개인 단위 연구회이다. 학생중심수업 실천연구회에 19개 학교에서 148명이 참여했고, 열손가락수업 실천연구회에는 7개 학교에서 8명이 참여했다. 두 연구회 모두에게 연구회 활동에 필요한 약간의 경비를 지원했다.

전년도와 다른 점은 학교로 멘토 강사를 지원해주지 않고 연구회 대표가 월 2회(격주 목요일) 교육청에 모여 지역 단위 연구회 활동을 했다는 점

구분	학생중심수업 실천연구회	열손가락수업 실천연구회
단위	학교 단위	개인 단위
내용	수업	학습더딤 및 생활교육
대상	19개 학교 148명	7개 학교 8명

<표 6> 실천연구회 참여 현황

이다. 이들은 지역 단위 연구회 활동을 통해 실천연구를 깊게 이해하고 연구 방법과 절차를 익혀 학교로 돌아가 학교 단위 연구회 활동을 지원하는 쪽으로 방향을 잡았다. 연구회 대표들이 사실상 학교의 멘토 강사 역할을 맡았다.

본격적으로 실천연구 활동을 시작하기 전에 학생중심수업 실천연구회 대표와 열손가락수업 실천연구회 참여 교원 전체가 모여 워크숍을 진행했다. 이 자리에서 실천연구의 뜻과 방법 등 전반적인 진행 방향을 안내하고, 특히 연구회 대표 선생님들이 적어도 2주에 한 번씩 지역 단위 연구회 활동을 해야 한다고 설명하자 선생님들의 표정이 급격히 어두워졌다. 실천연구를 학교로 안내하고 공모할 때 지역 단위 연구회 활동도 포함되어 있었지만 실제로 참여해야 한다고 말하니 당황스러워 했다.

선생님들은 연구회 대표가 학교로 돌아가 연구회 활동을 지원하고 끌어가야 한다는 데 큰 부담을 가지고 있었다. 일부 선생님은 강하게 반발했다. 학교가 너무 바빠 2주에 한 번 나오는 것이 힘들다고 했다. 수업하랴, 업무하랴 해야 할 일이 너무 많아 도저히 참여할 수 없다고도 했다. 그냥 예전 방식처럼 원하는 학교에 멘토 강사를 지원해주고, 학교 상황에 맞게 자율적으로 운영할 수 있도록 해달라고 했다.

이날 의견을 발표한 선생님들의 어려움에 대체로 공감한다. 실제 학교가 정말 바쁘고, 선생님들은 여유가 없기 때문이다. 현재의 학교 운영 시스템과 문화를 극복하지 않고는 선생님들이 수업과 생활교육에 전념한다는 것은 정말 어려운 일이었다. 순간 흔들렸다. 판단하고 결정을 내리기 정말 어려웠다.

그러나 실천연구를 한 번도 해보지 않은 선생님들에게 예산만 지원하고 학교에서 알아서 하라고 할 수는 없었다. 전년도에 실패한 과정을 그대로 밟을 수는 없었다. 학교가 바쁘다는 것은 사실이나 그런 이유로 우리가 교사로서 정말 해야 할 일을 놓쳐서는 안 된다는 데 생각이 미쳤다.

일부의 반대를 무릅쓰고 선생님들을 설득하여 예정대로 강행했다. 대신 1학기 때는 대표교사 전체가 2주에 한 번씩 교육청 단위 연구회 활동에 참여하되, 2학기 때는 연구회별로 희망자에 한하여 진행하기로 했다. 1학기 때 연구회 활동의 모든 과정을 경험한 선생님은 2학기 때 참여하지 않더라도 학교 단위에서 스스로 할 수 있을 것으로 보았기 때문이다.

실천연구[9] 절차와 방법

선생님들은 먼저 각자 자신의 수업과 아이들과의 만남에서 가장 어려움을 겪고 있는 문제가 무엇인지 자유롭게 말하고, 해결하고자 하는 문제 상황을 설정했다. 그리고 이 문제 상황이 구체적인 실체가 있고, 스스로의 힘으로 해결이 가능하며, 학생과 관련된 사항인지 함께 검토했다. 이 3가

---

9 실천연구회 활동은 서근원 교수의 지도와 안내로 이루어졌다.

지 중에 하나라도 해당되면 다른 문제 상황을 설정하도록 했다.

　선생님들에게 문제 상황이 구체화될 수 있도록 한 문장으로 적어보게 했다. 그 과정에서 막연하거나, 스스로의 힘으로는 해결할 수 없거나, 학생의 문제가 아니라 교사의 문제라면 다시 설정하도록 했다. 또한 설정한 문제 상황에 대한 답을 미리 속단하거나, 짧은 시간 내에 해결하려는 생각은 처음부터 하지 않도록 했다. 그렇게 되면 필연적으로 선입견에 빠져 기존에 해왔던 방식을 되풀이할 가능성이 있다. 그래서 교사가 가진 경험의 틀 속에 들어 있는 해결 방식을 배제하고 내려놓는 일부터 시작했다.

　이어서 그 문제가 왜 발생했는지, 어떤 성격이 있는지 등 문제와 관련된 다양한 요인을 검토하고 분석했다. 이 과정에서 개인적·심리적·환경적·상황적 요인 등 다양한 요인이 나타날 수 있는데, 분류와 유목화 작업을 거쳐 어떤 요인이 중요한 요인인지를 찾아보았다.

　문제 상황에 가장 많은 영향을 미칠 수 있는 요인을 분석하여 해결방안을 생각해보고 교실에 돌아가 실천하도록 했다. 한꺼번에 모든 문제를 해결하려고 하지 않고 본인의 능력 범위 내에서 해결 가능한 것을 먼저 해결하도록 했다. 어느 한 가지 문제를 해결하면 다른 문제가 저절로 해결되기도 한다. 실천의 과정에서 다시 문제를 발견하고 처음의 과정으로 돌아가 반복하면서 해결을 해보는 과정을 수행했다.

　이 모든 과정이 직선으로 진행되는 것은 아니다. 문제 설정 후 원인을 파악하는 과정에서 문제 설정을 수정해야 할 필요성이 나타나기도 하는데, 이럴 때는 수정을 거쳐야 한다. 대안을 모색하는 단계에서 빠트린 것은 없는지, 어긋난 것은 없는지를 살펴서 끊임없는 수정을 반복한다. 문제 설정의 단계뿐만 아니라 관련 요인을 분석하고, 해결 전략을 세우며, 그것을 실행하는 단계도 마찬가지로 수업상황과 아이의 반응을 면밀히 살펴서 상황에 맞도록 수정의 과정을 계속해서 거쳐야 한다.

학생중심 연구회와 열손가락 연구회 선생님들은 2주에 한 번씩 모였다. 개인별로 설정한 주제(문제)와 실천의 과정을 연구회에서 검토하는 방식이었다. 한 선생님이 자신의 문제와 분석한 요인 그리고 해결 전략을 발표하고, 다른 선생님이 사례를 바탕으로 조언하며, 해결책을 같이 찾아보는 형식으로 모임이 진행됐다.

실천연구의 중심에는 사례나눔과 협의가 있다. 문제를 설정하는 단계에서부터 성찰과 평가의 과정까지 협의와 사례나눔 방식으로 진행했다. 설정한 문제를 함께 나누면서 적절하게 문제가 설정되었는지 함께 살펴보고, 관련 요인을 함께 분석해보고, 함께 해결 전략을 세워보고, 학교로 돌아가 실천하는 과정을 함께 나누었다. 다양한 사례를 함께 나누는 과정을 통해 선생님들은 뜻하지 않은 곳에서 해결의 실마리를 찾기도 하고, 놓치고 있던 중요한 사항을 발견하기도 했다. 아이를 면밀하게 살피고 관찰하는 방법도 차츰 몸에 익혀나갔다.

선생님들은 이러한 과정을 한 번도 경험해보지 않아서인지 매우 힘들어했다. 그동안의 학교 문화를 돌아보면 그럴 만도 하다. 다른 사람의 수업을 들여다본다는 것 자체가 금기처럼 여겨지는 학교 풍토에서 서로 자신의 사례를 꺼내 함께 이야기를 나눈다는 것은 여간 어려운 일이 아니었다. 또한 2주에 한 번씩 정기적으로 시간을 내는 것도 만만찮은 일이었다. 그러나 이 모든 어려움에도 불구하고 대부분의 선생님이 중간에 포기하지 않고 끝까지 참여했다.

개인적으로 혹은 학교 단위로 실천의 과정을 거치면서 선생님들은 문제 해결의 과정을 몸으로 익혀나갔다. 실천연구를 실천하는 과정의 체험은 선생님들에게 교실에서 직면하는 다양한 문제 상황들을 어떻게 바라보고, 어떻게 해결해나가야 할지에 대해 깊이 고민하는 시간을 제공했다. 교실의 문제를 더 이상 남의 손에 맡기기보다 선생님들끼리 협의와 사례 나눔을 통해 해결할 수 있음을 조금이나마 터득하는 시간이 되었다.

❖ **실천연구 문제 해결 과정 및 절차**

1. 문제를 명료화하는 것
  - 학생중심수업인지, 문제가 명확한지, 해결 가능한지 검토
  - '그 문제가 무슨 뜻입니까? 예를 들어 주세요.' 이런 질문만으로도 문제가 조금 선명해진다.
2. 문제와 관련된 요인을 검토하고 분석하는 것 (마인드맵)
  - 문제와 관련된 위계, 선후, 연관 관계 검토
  - 문제와 관련된 여러 요인을 분석 (이 과정을 잘하면 다음 과정이 쉬움)
3. 전략 수립
  - 한꺼번에 모든 문제를 해결하려고 하지 마라
  - 쉬운 것, 해결 가능한 것부터 접근해라
  - 한 가지 문제를 해결하면 다른 문제는 저절로 해결된다.
4. 전략 실행
  - 전략을 실행하고, 전략이 적절히 실행되고 있는지 알아본다.
5. 성찰 및 평가
  - 해결됨과 동시에 해답이라고 생각하기 쉽지만, 모든 과정을 거치고 나서 나오는 게 해답이다.
  - 이 과정을 끊임없이 되풀이한다.

실천연구 과정과 내용을 공유하다

한 학기를 마무리하면서 실천연구도 평가와 정리가 필요했다. 그래서 전체 선생님들이 한 자리에 모이는 워크숍을 마련했다. 이 자리에서 선생님들은 학교 또는 개인별로 실천한 과정과 사례를 나누면서 서로 힘을 주고받았다.

연구회 대표 선생님들의 실천연구 과정을 들어보니 수업이 교사 중심에서 아이중심으로 확연히 바뀌고 있음을 느낄 수 있었다. 아이들이 적극 참여하고 흥미 있어 하는 수업은 아이들이 스스로 하고 싶은 일을 직접 선택해 활동하는 수업이라고, 수업을 스스로 정의하는 선생님도 있었다. 교사의 눈높이에 맞추기 위해 아이를 바꾸려고 하기보다 선생님이 아이를 바라보는 관점과 수업방식을 바꾸니 아이들이 바뀌더라고 선생님들은 이구동성으로 말했다. 이런 맥락에서 다음 선생님의 말은 두고두고 곱씹어볼 만하다.

실천연구회 참여 후 몇 차례의 수업에 적용해나갔다. 학교에서 연구회 선생님들과 수업 고민을 말하다가 어느 순간 내가 생각하는 교사관, 학생관이 무엇인지 알게 됐다. 말로는 학생들이 좋아하는 것을 찾아서 활동한다고 했지만, 그 이면에는 항상 교사 중심의 생각이 자리 잡고 있다는 것을 깨닫게 되었다. 학생들은 잘 알지 못하고, 나는 잘 알고 있으므로 아이들에게 지식을 잘 전수해야 한다는 전통적인 교사관과 학생관을 가지고 있었다. 그래서 내가 결정한 것들이 중요했다. 왜냐면 난 수업의 내용이자 방법인 지식과 수업활동의 주인이니 제왕이나 다름없었던 듯하다. 적어도 교실에서는 말이다. 그래서 공부 못하는 아이들이 그렇게 답답했나 보다. 수업을 할 때마다 천근만근 무거운 짐을 혼자 끌어야 해서 힘들었다. 수업의 주인인 내가 이렇게 훌륭한데 왜 너희들은 그걸 못 받아들이냐면서 아이들을 수업에서 밀어내는 모습이었던 것 같다.

이 기회를 통해 교육이란 무엇인지 생각했다. 그것은 지식을 어떤 잘 짜인 틀에 넣어서 학생들에게 주는 게 수업이라고 믿었던 내 견고한 성을 무너뜨리는 작업이었다. 내 자신이 무너지는 것처럼 느껴지기도 하지만, 이 변화와 도전을 기쁘게 생각한다. 내가 받은 연수 역사상 처음으로 '교사인 너희가 판단하고 이렇게 해 봐'라는 내용을 접해보았다.

아직은 솔직히 내가 설정한 문제가 정말 내가 해결하고자 호소하는 문제가 맞는지, 관련 요인이라고 분석한 것이 맞는지 헷갈릴 때가 있다. 하지만 지금까지 한 번도 경험하지 않았던 것을 이제 시작했기 때문에 당연히 헤맬 수 있다고 생각하고 계속 시도해보려고 한다. (D 초등학교 L 교사)

연구회 대표 선생님들의 참여와 노력으로 많은 학교에서 의미 있는 연구회 활동이 있었다. 그런데 선생님들이 학교별 실천과정을 정리하여 제출한 워크숍 자료를 살펴보니 학교 대표로 지역 연구회에 직접 참여한 선생님들과 그렇지 않은 선생님들의 실천과정과 결과가 달랐다. 워크숍에 참석한 일반 선생님들 일부는 연구회의 실제 논의 과정을 처음 접해보고 나서 자신도 지역 연구회에 참여했다면 좋았을 것이라는 아쉬움을 표하기도 했다.

일반 선생님들도 교실 수업이나 아이의 문제 상황을 설정하고 이를 둘러싼 관련 요인을 분석하고 실천과정을 함께 나누는 등 지역 연구회에서 진행한 일정한 설차와 난계에 따라 신행하고 있었다. 그런데 결정적으로 한 가지가 빠져 있었다. 바로 아이로부터 출발한다는 것이었다. 우리가 하는 이 작업에는 아이중심, 교실(수업)의 문제, 공동체, 일정한 절차, 실천, 성찰 등의 키워드가 있다. 이 중 핵심은 아이중심이다.

우리는 수업 방법과 스킬을 익히고자 한 것이 아니라 아이를 바라보는 관점을 바꾸어 아이를 존중하는 수업을 하고자 했다. 아이를 존중한다는 것은 수업을 교사 중심에서 아이중심으로 바꾼다는 것이다. 연구회 대표 선생님의 글에는 이러한 관점과 절차가 들어있는데 연구회에 참여하지 않은 일반 선생님 글에서는 찾아보기 어려웠다. 처음부터 선생님들 모두가 함께 가고자 했던 것은 욕심이었다.

그러나 앞으로의 연수에서도 이 방식을 포기하지는 않을 것이다. 모두 한 번에 전문가로 성장할 수만 있다면야 그보다 더 바람직할 수는 없겠지만, 그것이 어렵다면 점진적인 변화와 성장을 위해 손을 잡고 함께 가려는 노력만으로도 교육은 희망이 있다고 본다. 실천연구의 방법과 절차를 익히는 것도 중요하지만 아이로부터 출발해서 아이의 눈으로 문제를 바라보아야 한다는 관점을 함께 공유했다는 것만으로도 충분히 의미 있는 워크숍이었다.

실천연구회에 공업계 고등학교 선생님 한 분이 대표 자격으로 참여하신다. 대체로 연구회 활동 내내 아무 말씀 안하시고 듣고만 계신다. 어느 날 연구회를 마치고 계단을 내려오면서 하신 말씀이다.

저는 오랫동안 회사에서 근무하다 학교로 들어온 지 얼마 안 됩니다. 학교에 들어와 보니 우리나라 교육이 문제가 많다는 것을 잘 알 수 있었습니다. 그런데 이 연구회에 참여하면서 '대한민국 교육에 희망이 있구나. 선생님들의 힘이 살아 있구나. 학교는 충분히 변할 수 있겠구나' 하는 생각이 들었습니다.

교육전문가로서 새로운 눈을 얻다[10]

1. 참여 교원의 실천연구 주제

담임	실천연구 주제
1	기초문해력 향상
2	수학 기초학력 향상 지도방안
3	배려와 존중을 배우는 인성 지도방안
4	모둠 활동의 의미 있고 효과적인 운영방안
5	수업 집중도 향상 방안
6	삶을 배우는 주제통합 프로젝트 수업방안
전담	수업 중 사적 대화로 소란스러운 학생 지도방안

2. 활동 내용

▶ 1차(일시: 2016.05.18., 장소: 솔마루반, 인원: 7명)

실천연구회 학교대표자 모임에서 토의했던 '실천연구'의 의미와 가치에 대해서 이야기 나눴다. 교사가 미리 옳거나 맞다고 생각하는 방법을 학생들에게 일방적으로 가르치거나 강요하지 않고 학생들과 수업 중에 발생하는 문제에서 출발하는 것에 대한 생각을 나눴다.

각자 교실의 문제점을 한 문장으로 서술해보기로 했다. 이 과정이 너무 어렵다고 말하는 사람이 많았다. 우선 문제가 무엇인지 명확히 아는 것이 각자 교실에서 겪는 문제를 푸는 열쇠라는 데는 동의했다.

---

10 대덕초등학교 '아신나(아이들이 신나게 배우는)' 실천연구회에서 쓴 글이다.

선생님마다 교실에서 마주치는 문제를 한 문장으로 써보았고, 이 문장이 그 사람의 문제 상황에 적합한지 서로 점검해주었다. 어떤 문제는 너무 포괄적이었고, 어떤 문제는 복합적인 상황이었다. 다음 모임까지 자신의 문제를 명확히 하고 구체화해 보기로 했다.

▶ 2차 (일시: 2016.06.01., 장소: 솔마루반, 인원: 7명)

'학생들이 수업 시간에 집중하지 않는' 것이 문제라고 한 선생님이 화제를 내주셨다. 집중이 안 된다? 그럼 해결 방법은 놀이나 게임이 들어가는 수업 방법이라고만 단순하게 접근하지 않았다. 그 문제를 해결하기 위한 방법을 생각해보기 전에, 5학년 학생들이 집중하지 않는 여러 원인을 마인드맵으로 그려 생각해보았다. 일찍 찾아온 사춘기, 학생들 사이에 생긴 인간관계의 역동, 수업 방법 등 다양한 요인을 검토해보았다. 그 요인 중 교사가 개입하여 해결할 수 있는 문제인가 아닌가에 대한 부분도 확인했다. 교사 자신이 무엇을 변화시켜보려고 하는지 명확히 했다.

해결 전략을 실천하기 위해 6월 달에 계획되어 있는 일상 수업공개의 기회를 활용하기로 했다. 6월 달에 4번에 걸쳐 학부모와 동료 교원에게 일상 수업을 공개하기로 했는데, 그때 교사가 연구주제에 따른 수업을 보는 관점을 제시하면 좋겠다는 의견이 있어서 실천해보기로 했다. 동료 간 수업공개는 학부모 공개수업과 동시에 진행하기로 했고, 동료들이 수업을 볼 때는 자신이 변화시키려는 요인을 어떻게 바꾸려고 하고 있는지, 또 수업에서 어떻게 실행됐는지 사전과 사후에 협의를 통해 성찰하며 실천해보기로 했다.

▶ 3~6차 모임 (일시: 2016.06.08~29., 장소: 솔마루반, 인원: 7명)

학년군 별로 매주 수업공개를 하고 사전 사후 협의를 했다. 각 연구주제에 맞게 수업의 변화를 시도했다. '아신나' 수업 실천연구회를 통해 교실의 상황과 각자의 연구주제를 서로 잘 알고 있어서 수업협의 내용을 더욱 깊이 있게 접근하는 데 도움이 되었다.

3. 활동 결과

학생중심수업 실천연구회에 참여하면서 우리 동아리 회원들의 교육 연구 방법이 변화된 것을 느낄 수 있었다. 밖에서 해답을 찾아와서 각 교실의 상황에 접목하려고 했던 방법을 내려놓고, 자신이 맡고 있는 아이들의 고유성을 인정하며, 나와 학생들의 수업이 어떠한지 면밀히 관찰하기 시작했다. 모든 회원이 첫 발걸음을 내딛은 것에 의미가 있다고 본다.

4. 교육청 연구회 활동 참여 소감 및 의견

처음에는 서로 다른 학교에서 온 일면식도 없는 선생님들이 모여서 자신의 수업 고민을 나눈다는 것에 거부감이 있었다. 그리고 잘 짜여진 시간표처럼 격주에 한 번씩 나와야 해서 부담스러웠다. 그런데 회차를 거듭하면서 교수님과의 토론, 다른 선생님들의 사례를 통해 어떤 식으로 실천연구를 진행해야 하는지를 배울 수 있는 좋은 기회가 된 것 같다. 내 수업에서 출발하여 문제를 풀어가는, 교육전문가로서 새로운 눈을 얻은 기분이다.

하지만 교육지원청이 실천연구회를 모으고 활동을 신행하는 과정에서 연구회 활동에 대한 안내가 충분하지 못했다. 동아리를 신청하면서 우리 학교에서는 나름대로 동아리 운영 방향을 그려왔는데 연구회를 시작하면서 강제적으로 수정해야만 했다. 더 많은 사람이 더 좋은 방법으로 하루라도 빨리 수업혁신을 실천해가도록 하려는 교육청의 뜻을 모르지는 않지만, 아무리 좋은 내용이어도 강제적으로 실시하는 것은 교사들의 자발성을 깨뜨릴 수 있다. 더디게 가더라도 교사들이 자발적으로 느끼고, 실천할 수 있도록 교육청도 기다림의 여유를 가져야 한다.

5. 교사별 실천연구회 참여 소감
- 나의 학생관은 무엇인지, 교사관은 무엇인지, 수업이란 무엇인지 생각할 수 있는 기회가 되었다.
- 특정한 수업 방법으로 모든 문제를 해결할 수 있을 것이라는 환상을 버리게 됐다.
- 학생이라고 다 같지 않다. 학생 각자의 수업 접근 방법은 다르다. 그것을 발견해내는 것이 교사가 할 일이고 그것이 교사의 전문성이다.
- 생각한 것을 실천하려니 생각보다 많이 힘들었다.

6. 교육청에 대한 제언
교사의 자발성을 저해하지 않으면서 연구할 수 있는 풍토를 조성해 주었으면 좋겠다. 지금까지 교육정책이 자주 변화해왔기 때문에 현장에서 교사가 느끼는 피로감은 생각보다 크다. 교육의 변화를 위해서 교사들의 변화가 중요하다는 것도 알고 그 변화가 시급하다는 것도 알지만, 위로부터의 변화는 얼마가지 않는다는 것 또한 역사를 통해서 배워 알고 있다. 변화가 시급할수록 변화의 필요성과 방향에 대한 교사의 의지를 다지는 시간이 필요하다. 교사가 힘을 가지고 교육에 긍정적인 변화를 추구할 수 있도록 교육청에서 천천히 질적인 변화를 추구해주기를 바란다. 내실 있고 깊이 있는 변화를 위한 환경조성을 위해 교육청은 다음 사항을 실행해주길 바란다.

첫째, 교사에게 연구할 수 있는 절대적인 시간 확보를 위해 교육청 차원의 노력이 더욱 필요하다. 단위 학교에서 추진해야 할 업무경감의 노력과는 별개로 교사가 항상 바쁠 수 밖에 없는 원인을 제거하기 위해 정책적으로 고민해주길 바란다. 절대적인 시간의 확보는 교사의 연구 활동에 선결되어야 할 문제이기 때문이다.

둘째, 연구회 실천 내용 중 우수 사례를 공유하는 다양한 기회가 있으면 좋겠다. 교육청에 모여 앉아서 한 명의 화자가 다수의 청중을 대상으로 발표하는 형태는 교사 간 상호작용을 저해하고 다수의 교사를 수동적으로 만든다. 교육박람회의 형태나 포럼의 형태로 사례를 나누면 좋겠다. 그 기회를 통해 교사 간의 상호작용이 활발하게 일어날 수 있고, 이는 자생적인 동아리가 조직될 수 있는 판을 깔아주는 결과로 이어질 거라 생각한다.

4장

학교,
연극의 무대가 되다

우리 아이들은 고등학교와 대학교에 다닌다. 아주 오래전부터, 아니 어쩌면 아이들이 학교에 들어가기 시작할 때부터였는지 모르겠다. 아침에 학교에 가거나 오후에 집에 돌아오면 이런 말을 자주 하며 등을 토닥거려 주었다.

"딸, 애쓰겠네. 힘내."

"아들, 공부하느라 고생했지? 조금만 참자."

아마 우리 집뿐만이 아니라 많은 가정에서 흔히 볼 수 있는 모습일 거다. 마치 어른들이 만나고 헤어질 때 날씨나 안부 인사를 주고받는 것처럼 학교 다니느라 애썼다는 대화를 자연스럽게 주고받는다. 부모나 아이, 그 누구나 공부하는 것이 힘들고, 학교가 고생하는 곳이라는 것에 이의를 제기하지 않는다.

우리나라 아이들은 좋은 대학교에 가기 위해서, 좋은 직업을 갖기 위해서, 혹은 돈을 많이 벌기 위해서 오늘도 여전히 학교에서 아침 일찍부터 밤늦게까지 고통을 참아가며 이를 악물고 공부한다. 학교란 배움의 고통을 참고 견디며 버텨야 하는 공간이다. 그러다 보니 늘 아프다. 매년 7만 명의 아이가 학교를 떠나고 20만 명 이상의 아이가 심각한 위기상황에 처해 있다고 한다. 청소년 행복지수, 자기효능감 등은 OECD 국가 중에서 하위권이다.

그렇다면 우리 모두의 머릿속에 학교는 다니기 싫어도 참고 버텨야만 하는 공간이라는 결론이 나온다. 그러다 보니 어른들이나 아이들의 기억 속에 학교는 아직 다 마치지 않은 숙제처럼 늘 찜찜한 기억으로 남아 있다. 학교를 떠올리면 잔잔한 그리움과 입가에 스치는 흐뭇한 미소를 기대하는 것은 정말 어려운 일인가? 그리고 무엇보다 지금 우리 아이들이 학교에 가는 것을 설레게 할 수는 없을까? 학교로 찾아가는 연극은 바로 이런 질문에서 시작했다. 아이들이 학교에 가면 즐겁고 신나는 일이 있어야 한다. 학교가 아이들에게 즐거운 경험을 하는 공간으로 기억될 수 있는 그 무엇이 있어야 한다.

문화예술 결핍을 채워주다

완주는 전주 근교에 있지만 어쩔 수 없는 시골이다. 아이들은 이러한 지역적, 환경적 특성 때문에 연극이나 뮤지컬, 음악회, 다양한 전시회 등 다채로운 문화예술을 직접 경험할 기회가 거의 없다. 교과서 속 활자나 대중매체, 인터넷 등으로 가끔 소식을 들을 뿐이다. 아는 만큼 보이고, 보이는 만큼 느낀다고 했다. 아이들이 어렸을 때 겪은 작은 경험의 차이가 어른이 되어서 전혀 다른 삶을 살아가게 한다. 언젠가 지인이 파리에 갔을 때의 일이다. 루브르 박물관에 걸려있는 그림을 보며 친구들과 속닥거리고, 무엇인가 골똘히 생각에 잠겨 있는 유럽의 초등학생 아이들을 보며 낯설고 부러웠다고 한다. 어릴 적부터 부모 손을 잡고 연극이나 뮤지컬, 오페라 등을 보러 가는 아이와 그런 경험이 하나도 없는 아이들이 살아가는 삶은 분명 다를 것이다. 사회의 다양한 면을 바라보고, 다른 사람과 관계를 맺어가며, 세상을 이해하는 방식에서 그 둘이 어찌 같을 수가 있겠는가?

이는 아이들에게만 국한된 현상이 아니다. 사실 어른들도 연극을 잘 보지 않는다. 경제적 여유가 없어서가 아니라 그런 경험을 해본 적이 없기 때문이다. 유치원 다닐 때 학예회에서 보았거나 학교 축제 때 교내 연극 동아리의 공연을 보았을 뿐이다. 어릴 적에 먹어보지 않은 음식은 커서도 잘 먹지 않는다. 어릴 적에 연극을 보지 않은 아이가 어른이 되어서 자신의 돈으로 티켓을 구입해 연극을 보러 가는 것을 기대하기는 어렵다.

문화적으로 낙후된 환경이 우리 지역만의 현실은 아니다. 완주는 그나마 전주 근교에 있어서 사정이 나은 편이다. 전북에도 완주보다 문화적으로 열악한 지역이 많다. 그런 지역에서는 이러한 결손을 학교가 채워주어야 한다. 아이마다 능력이 다르고 출발점이 다른데 모두 다 높은 성취 결과를 기대하는 것은 욕심이다.

이는 학교에서 해야 하지만, 학교에서 할 수 없는 부분도 분명히 있다. 학교의 예산, 인력, 시설, 자원, 프로그램 등에 한계가 있기 때문이다. 학교를 둘러싼 온 마을의 지원과 협업이 필요한 이유다. 특히 무엇보다 교육지원청과 지자체가 지역의 교육환경 실태와 현황을 분석하여 지역교육에 대한 근본적인 대안 마련에 나서야 한다. 이러한 고민 끝에 전문 극단이 공연하는 연극을 학교에 보내주면 좋겠다는 생각을 했다.

우리 아이가 중학교 3학년인데 이번에 뮤지컬을 처음 보았어요. '백제의 꿈, 온조'를 보고 굉장히 충격을 받은 것 같아요. 뮤지컬 배우들의 춤과 노래, 음악과 영상, 화려한 조명과 의상 등 그 감동과 떨림 때문에 잠을 자지도 않더라고요. 그래서 아이가 또 보고 싶다고 해서 다음 날에도 공연장을 찾았어요. 두 번째 보는 것이지만, 역시 이번에도 한 장면도 놓치지 않고 보더라고요. 그래서 제가 그랬어요. '뭐 이 정도 가지고 그래? 이보다 훨씬 재미있는 뮤지컬도 많아.' 그러자 딸아이가 '아빠, 그렇게 좋은 게 있는데 왜 나한테 한 번도 보여주지 않았어?' 하며 따지더라고요. 그래서 이번 방학 때 서울에 데리고 올라가서 뮤지컬을 보여줬는데 이 아이가 완전히 뮤지컬에 푹 빠졌어요. 이제는 방학 때마다 뮤지컬을 보려고 해요. 이번 방학에도 혼자 서울에 올라갔어요.

관내 어떤 선생님의 이야기이다. 우리는 '학교로 찾아가는 연극'과 별도로 대형 뮤지컬 '백제의 꿈, 온조'를 보여준 적이 있다. 이 선생님은 아이가 뮤지컬을 보고 새로운 세상을 만났다면서 거듭 고맙다고 인사했다. 아이가 이런 경험을 하지 못하고 어른이 되었다면 부모로서 큰 잘못을 할 뻔했다는 말도 덧붙였다. 아이들은 이러한 존재이다. 이 아이가 어떻게 성장할지 모르지만, 적어도 학교 다닐 때 행복하고 즐거운 경험을 했다는 것은 분명하다. 이 경험이 아이의 삶에 어떤 영향을 미칠지 궁금하다.

학창시절에 본 연극 한 편에 대한 행복한 경험은 어른이 되어서 연인과 함께 연극표를 구입하는 행동으로 이어질 것이고, 나아가 자녀의 손을 잡고 연극 공연을 보러 가게 하는 힘이 될 것이다. 완주에서 학교에 다니는 아이들이 모길에듀를 통해 해마다 한 편씩 연극을 본다면 초·중·고등학교에 다니는 12년 동안 총 12편의 연극을 보는 셈이다. 우리나라에서 어떤 지역의 아이들이 학창시절에 연극을 이렇게 많이 보겠는가?

도덕 교과서로만 도덕을 배우지 않는다

요즘은 일부 지역이나 교육청에서 드문드문 학교로 연극을 넣어주기도 하는데 대부분 학교폭력예방, 왕따, 자살방지, 인권교육, 성교육 등 일정한 목적이 있다. 시대적, 사회적 상황으로 볼 때 일견 수긍하는 면도 있지만, 그 목적이 지나치게 도덕적이고 교훈적이다. 그러한 연극은 문화예술이라기보다는, 또 다른 방식의 교육으로 볼 수 있다.

아이들은 도덕 교과서로만 도덕을 배우지 않는다. 그런 도덕적 지식은 오히려 더 위험할 수도 있다. 모르고 안 하는 경우와 알면서도 안 하는 것은 근본적으로 차원이 다르다. 아이들은 다양한 경험을 통해 그리고 다른 사람들과의 관계를 통해 스스로 터득하고 깨달아야 한다. 교육은 일방적으로 지식을 전달하는 것이 아니라 아이들에게 그런 환경을 제공해주고 기다려주어야 한다. 그래야 아이들이 진짜 도덕적인 인간이 될 수 있다.

연극을 통해 도덕을 가르치는 이러한 방식은 아이들이 연극에서 멀어지게 할 수 있다. 연극을 교육으로 만들어 재미없는 것으로 인식하게 할 수 있다는 것이다. 어릴 적 최초의 경험이 그다지 유쾌하지 않다면 아이들은 다시는 그 경험을 반복하지 않을 것이다.

아이들에게 연극을 통하여 도덕과 지식을 주입하지 말고, 아이들 스스로 연극이 즐겁고 재미있는 것이라는 것을 알면 된다. 그 과정에서 자신의 삶이 중요하듯 다른 사람의 삶도 중요하다는 것을 깨달으면 된다. 설령 깨닫지 못하더라도 어쩔 수 없다. 그것이 주 목적은 아니기 때문이다.

어른들은 아이들이 버릇이 없고, 자기밖에 모른다고 하면서 비판하는 말을 자주 한다. 이게 아이들만의 책임인가? 각 가정과 사회에서 어른들이 아이들에게 다른 사람과 소통하고 함께 살아갈 수 있는 의미 있는 경험을 제공했는가? 어쩌면 연극은 이러한 경험을 제공할 수 있다. 연극은 다른 사람의 인생을 배우가 대신 표현한다. 이 말은 연극으로 다른 사람과 소통하고 공감할 수 있는 능력을 길러줄 수 있다는 말과 같다.

전문 극단을 만나다

우석대학교 곽병창 교수의 도움으로 '극단 까치동(대표 전춘근)'과 '창작극회(대표 박규현)' 관계자를 처음 만났다. 두 극단 모두 전북 지역에서 20년 이상 활동하면서 많은 작품을 공연한 경험이 있는 전문 극단이었다. 이 기획을 구상할 초기 단계부터 서울 등 대도시에서 활동하는 대형 극단이 아니라 우리 지역에서 활동하는 극단과 연극인들에게 기회를 제공하려고 했다. 사실 지방은 연극을 비롯하여 문화예술 분야의 관객층이 너무 빈약하여 예술인들이 변변한 활동 기회를 얻지 못하고 있다. 학교로 찾아가는 연극을 통해 지역 연극인들이 활동하는 데 다소나마 도움을 줄 수 있으리라 기대했다. 그리고 이를 통하여 다른 지역에서도 예산을 확보하여 이와 같은 사업을 추진한다면 지역의 문화예술계에 지금까지와는 전혀 다른 새로운 판이 형성될 수도 있을 거라 생각했다.

두 극단의 대표 모두 우리 계획에 매우 흥미로워하며 큰 관심을 보였다. 학교로 찾아가는 연극은 우리 지역은 물론이고 다른 지역에서도 유래를 찾아보기 힘들 정도로 새로운 기획이었기 때문이었다.

그런데 우리가 하고자 하는 공연 방식은 극단이 작품을 일정한 장소에서 공연하면 관객이 찾아와서 보는, 기존의 방식에서 크게 벗어나 있었다. 그래서인지 극단의 대표들은 선뜻 결정을 내리지 못했다. 학교로 찾아가 공연을 하는 과정에서 여러 가지로 다양한 상황과 예상하지 못한 어려운 문제가 발생할 수 있어서였다.

이 공연은 배우들에게 적어도 환경 면에서는 최악이었을 것이다. 완주군의 학교는 널리 분포되어 있어 엄청나게 많은 장비를 차에 싣고 한참을 가야 한다. 학교마다 다르겠지만, 무대와 조명, 음향 등 어느 하나 온전한 것이 없다. 심지어 강당이 없는 학교도 있을 정도다. 실제로 공연을 할 때는 극단이 필요한 앰프 등을 가지고 이동했으나 기본적인 음향시설이 열악하니 배우들의 대사나 노랫소리가 잘 안 들려 집중이 안 될 때도 많았다. 배우들이 혼신의 연기를 하더라도 아이들이 몰입하기에는 규모나 시설 면에서 어려움이 컸다. 그리고 최소한의 안전장치도 없는 공간에서 공연을 해야 해서 배우들이 다칠 위험도 있었다. 특히 뮤지컬의 경우에는 배우들의 활동 반경이 커서 그 위험성이 더욱 컸다.

예산도 절대적으로 부족했다. 2015년도에 로컬에듀에서 이 사업에 확보한 예산은 불과 5,000만 원이었다. 완주군에 있는 학교가 모두 50여 개인데 대략 절반 정도가 참여할 것을 예상하면 학교당 200만 원 정도가 될 것이다. 무대에 10여 명의 배우가 올라가고, 스텝 등의 지원팀과 음향 장비 임대 등을 생각하면 선뜻 나서기 어려운 예산이다.

그럼에도 불구하고 두 극단은 아이들이 직접 공연예술을 접하고 이를 통해 문화예술의 잠재적인 관객을 확보한다는 측면에서 기꺼이 참여해주었다. 그리고 이 색다른 도전에 함께 참여할 수 있어서 매우 감사하다고 덧붙였다. 이 두 극단과 2016년도에 새롭게 참여한 '뮤지컬 극단 수(대표

정지용)' 및 '크로스오버 그룹 달이(대표 오영규)' 극단과 배우, 연출을 비롯한 스태프에게 진심으로 감사의 인사를 전한다.

연극, 학교로 찾아가다

2015년도에 초등학교에는 극단 까치동의 한지 인형극 '호랑이님이 나가신다'를 공연했는데, 초등학교 17교에서 2,240명이 관람했다. 관내 초등학교가 29교니 대략 절반 이상이 참여했다. 자기보다 약한 토끼를 괴롭히려는 호랑이와 꾀를 내어 상황을 모면하는 토끼의 이야기로, 결국은 토끼와 호랑이가 음악을 통해 하나가 되어 더불어 살아가는 내용이다. 공연은 약 60분 정도로 초등학교 아이들인 만큼 너무 길지 않게 진행되었다.

그런데 아무래도 인형극이라는 것과 주제도 초등학교 저학년 수준에 맞추어져 있어서 고학년들에게는 어떨지 다소 걱정이 되었다. 공연이 있을 때마다 학교를 찾아가 아이들 반응을 살폈다. 예상대로 저학년들은 이야기를 따라 등장인물이 위험에 빠지면 실제처럼 걱정하기도 하고, 재미있는 행동을 하면 깔깔깔 웃느라 정신이 없었다. 그러나 주로 뒷자리에 앉은 고학년들은 유치하다는 듯 지루해했다. 소품이나 배경, 음향 등이 전혀 없는 것은 아니었지만, 고학년 아이들의 흥미를 끌기에는 조금 부족했던 것 같다. 그러나 어떤 학교는 공연 소식을 듣고 유치원생도 따라오고 학부모님이 오시기도 했다. 아이들과 학부모 그리고 교사가 하나가 되어 웃고 떠드는 작은 마을 잔치를 보는 듯했다.

중·고등학교는 '막득이, 사랑을 비리다'라는 제목으로 창작극회가 공연했는데 총 10개 학교에서 2,175명이 관람했다. 공연하기 얼마 전 리허

설에 참석했는데, '전쟁은 모든 사랑과 인간성을 망가뜨린다'는 주제로 아직 어린 중학생에게는 다소 무거울 수 있어 걱정도 되었다.

첫 번째 공연은 화산중학교에서 했다. 그날은 6월 초임에도 유난히 더운 날이었다. 강당에는 에어컨도 없고 밖에서 들어오는 빛이며 무대와 좌석의 거리 등이 정말 열악했다. 거기다 아이들도 무려 400명이나 되었다. 공연장 안은 아이들의 체온과 열기로 더 더웠다. 아이들의 얼굴에는 기대보다는 짜증이 묻어나 있는 듯했다. 아이들이 좋아해야 할 텐데 내심 걱정이 되었다.

하지만 이런 걱정을 날려버리기라도 하듯 염려와는 달리 공연을 알리는 경쾌한 음악이 나오고 배우가 등장하자 아이들의 환호가 터져 나왔다. 무대가 좁아 배우들이 학생들 바로 앞까지 나와 노래를 하고 춤을 추었는데 아이들의 반응이 가히 폭발적이었다. 특히 아이돌급 외모의 남자배우가 나올 때마다 여학생들은 쓰러질 지경이었다. 예상하지 못한 아이들의 반응에 우리는 놀랄 수밖에 없었다. 90분 동안 더위 때문인지 아니면 공연의 열기 때문인지 모르겠지만, 감동적이고 뜨거운 시간을 보냈다. 공연이 끝나고도 아이들은 열을 쉽게 식히지 못하겠는지 한 번이라도 배우 얼굴을 더 보겠다고 주변을 서성거렸다. 우리는 그런 아이들이 귀여워 배우들과 함께 사진을 찍도록 해주었는데 배우들이 마치 유명한 연예인이라도 되는 것처럼 좋아했다.

화산중학교 선생님 또한 연극은 아이들이 쉽게 접할 수 없었는데 학교까지 찾아와줘서 정말 고마웠다는 말을 전했다. 아이들이 이런 반응을 보일 줄 몰랐다면서 단순히 공연 관람으로 그치지 않고 아이들이 꿈을 찾는 계기가 될 수 있을 것 같다고 덧붙였다.

창작극회 대표(박규현)도 첫 공연이라 긴장을 많이 했지만, 학생들의 반응이 기대 이상으로 좋았다면서 활짝 웃었다. 아이들 덕분에 무대에서도

구분	2015년		2016년	
	초등	중등	초등	중등
극단	극단 까치동 (대표 전춘근)	창작극회 (대표 박규현)	그룹 달이 (대표 오영규)	뮤지컬 극단 수 (대표 정지용)
작품	호랑이님 나가신다	막득이, 사랑을 버리다	퓨전 휘모리	뮤지컬 페임
학교 수(교)	17	10	15	10
학생 수(명)	2,240	2,175	2,270	2,274

<표 7> 학교로 찾아가는 연극 공연 관람 현황

배우들이 에너지를 받고 더 좋은 공연을 할 수 있었다면서 부족한 점들은 앞으로 거듭되는 공연을 통해 보완하여 더욱 즐거움을 주는 공연을 하고 싶다고도 했다.

이후 진행한 다른 학교에서도 규모와 환경이 달라 반응 또한 조금씩 달랐지만, 대부분의 아이가 연극을 처음 접해보았다면서 '감동적이었다, 재미있었다, 다시 보고 싶다'고 말했다. 선생님들 또한 연극을 보기 위해 많은 아이를 데리고 전주로 나가는 것은 엄두도 못 냈는데, 학교로 직접 찾아와 주니 너무 편하고 좋았다는 분이 많았다. 물론 전문 공연장과는 환경이 달라 음향과 조명 등이 열악해 매우 아쉬웠지만, 연극을 처음 접하는 아이들에게는 잊지 못할 시간이 되었다.

대형 뮤지컬 '온조, 백제의 꿈'을 관람하다

2015년 가을에 우연한 기회가 바람처럼 찾아왔다. 바로 우리 아이들이 대형 뮤지컬을 보는 것이었다. 'MS뮤지컬컴퍼니(대표 김면수)'가 한국 소리문화의 전당에서 공연하기로 했던 뮤지컬 '온조, 백제의 꿈'이 취소되어 공연을 할 수 없게 된 일이 있었다. 지인을 통해 이 소식을 접하고 완주의 아이들이 이 작품을 볼 수 있는지 타진했다. 극단 대표와 몇 차례 만나 3,000만 원에 완주 전체 아이들에게 작품을 보여줄 수 있다는 선까지 합의했다. 그런데 완주군은 지역이 넓어 이동 수단이 마땅치 않아 버스까지 지원해야 했다. 거의 불가능한 일이었다. 여러 가지 상황을 고려했을 때 지역교육지원청 차원에서 이런 일을 시도한다는 것 자체가 무리였다.

그러나 아이들이 1학기에 이미 학교로 찾아가는 연극을 통해 공연예술에 대한 흥미를 어느 정도 가지고 있었기에, 대형 뮤지컬을 통해 공연예술의 진수를 보여주고 싶었다. 더구나 '온조, 백제의 꿈'은 '백제역사유적지구'의 유네스코 세계문화유산 등재 축하공연의 성격을 띠고 있었다. 백제 건국의 의미를 현대적인 관점에서 재해석함으로써 아이들이 우리 역사에 대한 자긍심을 갖는 계기가 될 수도 있어 포기하기 힘들었다. 우리 지역이 백제의 뿌리였기 때문이다.

여러 차례의 논의를 거쳐 결국 '온조, 백제의 꿈'을 관람하기로 결정했다. 그리고 아이들을 전주 시내에 있는 공연장까지 데려다줄 버스 임차에 2,000만 원을 지급했다. 다소 무리였지만 우리 아이들이 대형 공연 관람을 통해 문화예술의 재미를 알고, 또 이를 즐길 줄 아는 어른으로 성장하기를 바라는 마음으로 시도했다. 그리고 학교가 즐거운 경험을 한 공간으로 기억되기를 기대했다.

'온조, 백제의 꿈'은 전북대학교 삼성문화회관에서 5일 동안에 총 6회 공연했다. 관내 초등학교 고학년, 중·고등학교 학생 및 교직원, 학부모 등 약 5,000여 명이 관람했다. 완주교육지원청 전체 직원 및 완주군청 직원도 40여 명 정도 관람했다. 공연 기간 내내 삼성문화회관 객석을 가득 메운 아이들의 반응은 뜨거웠다. 이런 대형 뮤지컬 공연을 처음 본 아이가 대부분이었다. 사실 어른들도 처음 본 사람도 많았다. 모두가 함께 공연을 즐기고 활짝 웃는 축제의 장이었다.

학교로 찾아가는 뮤지컬

2016년도에는 뮤지컬이 학교로 찾아갔다. 전년도 연극에 대한 아이들의 반응을 보니 춤과 노래가 나올 때 아이들이 즐거워했기 때문이었다. 다행히 전북 지역에서 활동하는 '극단 수(秀)'라는 전문 뮤지컬 극단이 있었다. 활동을 시작한 지 3년 정도밖에 안 된 신생 극단이었다. 전북 지역 젊은 뮤지컬 예술인들이 만든 극단이어서 아이들과 호흡을 잘 맞출 수 있겠다는 생각도 들었고, 젊은 그들에게 기회를 주고 싶기도 했다.

초, 중, 고 25개 학교에서 4,544명이 '뮤지컬 극단 수'의 '페임(FAME)'을 보았다. '페임'은 예술계 고등학교에서 벌어지는 꿈과 사랑, 우정을 그린 내용으로 학생들의 성장통을 춤과 노래로 담아낸 뮤지컬이다. 이미 널리 알려진 내용으로 아이들 귀에 친숙한 명곡이 많이 포함되어 있었다.

초등학교 저학년들은 청소년들의 꿈과 성장을 다룬 작품을 이해하는 데 무리가 있을 수 있어 '크로스 오버 그룹 달이(대표 오영규)'가 제작한 퓨전 국악극 '휘모리'를 보여주었다. 전통악기와 현대악기가 어우러진 가운데 아이들에게 우리 전통을 소개하고 함께 노래와 판소리를 배우는 등 다양한 활동으로 진행되었다. 그런데 학교를 다녀보니 대부분의 초등학교에서 두 개의 공연을 아이들에게 모두 보여주고 있었다. 심지어 뮤지컬 '페임'을 초등학생은 물론 유치원 어린이들에게도 보여주는 학교도 더러 있었다. 아무래도 이런 공연을 접할 기회가 없어서 그랬을 것이다.
　뮤지컬 '페임'에 대한 아이들의 반응은 가히 폭발적이었다. 고등학교에서 흔히 일어나는 일을 자신들의 시각으로 재구성해내는 내용도 공감되었던 듯하다. 손을 뻗으면 닿을 듯한 거리에서 배우들이 춤을 추고, 노래를 부르는 것을 처음 경험했기 때문인 것도 같았다. 배우들의 칼 군무와 함께 객석의 학생들도 모두 일어나 노래를 따라 부르고 춤을 춘 엔딩 부분에서는 아이들도 모두 배우가 되었다. 배우와 관객이 하나가 되어 공연을 즐기는 축제의 장이 뮤지컬 공연 때마다 펼쳐졌다.
　공연에 감동을 받은 것은 아이들만이 아니었다. 배우와 스텝도 이 공연에서 깊은 감명을 받았다고 했다. 연출 감독은 처음에는 공연 환경이 너무나 열악하여 관람하는 관객이나 배우들에게 모두 무리였기 때문에 이 거대한 프로젝트가 과연 성공할 수 있을지 회의가 들었다고 한다. 그런데 공연을 마치고 나니 공연 문화가 낯설고 익숙하지 않은 아이들, 더 크게는 SNS나 영상 미디어에 더 친숙한 현대 대중에게 성장의 고통과 삶의 의미를 라이브로 선사하는 기회가 주어진다는 것만으로도 이미 충분한 가치가 있었다고 평하기도 했다. 아이들은 50분 동안 바로 앞에서 호흡하고 움직이는 배우들과 음악 그리고 춤에 호기심을 갖고 적극적으로 참여했으며, 새로운 경험을 있는 그대로 받아들이는 모습이 많이 보였다고 했다.
　공연에 참여한 배우들은 이런 소감을 남겼다.

　　학교마다, 또 아이마다 반응이 조금씩 달랐지만 한 가지 확실한 것은 개인적으로는 접하기 쉽지 않은 공연문화를 체험하고, 잠시나마 자신의 진로를 생각해보는 값진 시간이 되었다는 것이다. 이번 공연을 통해 우리의 미래를 이끌어갈 이 아이들에게 비단 예술이나 엔터테이너의 길이 아니더라도 남의 이야기를 듣는 훈련, 공감대를 형성하는 훈련 그리고 무언가를 함께 만들어나가는 훈련의 한 자락이 되었기를 소망해본다.

이번 공연을 통해 초등학생과 중·고등학생들에게 즐거운 추억을 만들어주고 우리도 색다른 경험을 할 수 있었다. 25회의 공연을 하면서 매번 내 학창시절에 이런 프로그램이 있었다면 어땠을까 하는 아쉬움도 들었다. 그리고 아이들에게 문화예술을 경험해주고자 하는 완주교육지원청의 고민도 느껴졌다. 공연 중에는 아이들의 관람 태도가 좋은 학교도 있었고, 안 좋은 학교도 있었다. 하지만 공연이 끝나고 나면 관객 태도가 언제 안 좋았나 하는 생각이 들 만큼 아이들은 훌륭한 관객이 되어갔다. 아름다운 경험과 추억을 선물해준 완주교육지원청과 완주군 내의 25개 학교 선생님 및 학생들에게 고마움을 가지고 감사드린다.

수업에서 연극을 만나다

나는 중학교 국어교사였다. 국어 교과서에는 학년마다 연극이나 뮤지컬 단원이 하나씩은 있다. 이런 단원에 들어갈 때쯤이면 학교가 난리가 난다. 연극 공연을 해야 하기 때문이다. 여러 가지 어려움이 있었지만, 내 기억에 공연을 하지 않고 대본만 읽고 넘어간 경우는 거의 없었다. 여러 가지 학교 상황으로 볼 때 연극 공연이 쉬운 일은 아니다.

일단 선생님들이 연극을 체계적으로 배우지 않았다. 무대 위에서 공연하는 배우들의 발성, 호흡, 대사, 연기 능은 물론 무대 뒤에서 연출, 음향, 조명 감독과 같은 스텝들이 어떤 역할을 하는지 잘 모른다. 또한 정규 시

수 내에서 연극 한 편을 올리기에는 시간도 부족하다. 그러나 아무리 어려워도 연극을 대본으로 읽고만 넘어가서는 안 된다.

연극 공연을 준비할 때 교사보다 아이들이 바빠진다. 준비해야 할 일이 한둘이 아니다. 나는 전반적인 방향만 제시하고 대체로 아이들이 스스로 진행할 수 있도록 했다. 아이들은 교과서 작품을 그대로 공연할 수 없기 때문에 대부분 자신들의 수준에 맞게 각색한다. 그리고 배우와 스태프로 역할을 나누고 각자 배역을 정한다. 스텝을 맡은 아이도 무대에 한 번씩은 반드시 서보게 했다. 아이들이 본격적으로 연습을 시작하면 학교가 한바탕 홍역을 치른다. 쉬는 시간, 점심시간, 방과후에 연습을 하고 심지어는 마음 좋은 선생님의 허락을 얻어 다른 수업 시간까지도 침범한다. 공연 당일에는 무대배경, 소품, 의상, 분장, 음향 등을 준비하느라 학교가 정신이 없다. 그래도 다들 즐겁다.

막상 공연할 때는 제법 짜임새 있게 하는 반도 있지만, 엉망인 반도 있다. 그러나 작품의 완성도는 그리 중요하지 않다. 아이들이 즐겁고 행복하면 된다. 이날은 모두가 힘을 합쳐 준비했기 때문에 일종의 축제의 장이 된다. 생각해보면 교실에서, 수업에서 언제 아이들이 스스로 주체가 되어 무엇을 해본 적이 있었던가? 스스로 주체가 되는 경험을 즐겁게 할 수 있게 하는 수업으로 연극만한 게 있을까? 요즘은 많은 학교에서 프로젝트 수업을 진행하며 수업의 주도권을 아이들한테 넘겨줘서 아이들이 적극적으로 함께 문제를 풀어나가는 기회를 제공한다. 다행스러운 일이다.

현재 완주의 학교들은 공연을 관람하는 것에서 그치지 않고, 연극을 수업으로 연결해 선생님들과 함께 만들어가고 있다. 일명 '연극 프로젝트 수업'이다. 이 프로젝트에 관내 초, 중, 고 9개 학교가 참여하고 있다.

대표적인 종합예술인 연극은 아이들이 자기 생각을 정확하게 표현하고 상대방의 생각과 감정을 존중하고 이해할 수 있도록 도와준다. 무대에서 서로 호흡을 맞추지 않고는 공연할 수 없다. 연극의 준비과정과 무대 경험을 통해 자신의 끼를 발견하고 '나도 할 수 있다'는 자신감을 가질 수도 있다. 그래서 선생님과 사전 협의를 거쳐 비록 낮은 수준이더라도 아이들이 직접 연극 한 편을 무대에 올려 공연할 수 있도록 했다.

　수업을 무대로까지 연결하는 작업이 쉽지는 않을 것이다. 하지만 이 과정에서 아이들은 자기 능력의 한계를 알고, 이를 극복하는 과정에서 몰입과 성취감을 맛볼 것이다. 또한 동료와 협업하는 기쁨도 느끼고, 학교가 즐거운 곳임을 알아갈 것이다.

나는 꿈을 꾼다

　학교로 찾아가는 연극 관람에 학교당 약 250만 원 남짓 필요했다. 2015년도에는 학교에 전혀 부담을 주지 않고 혁신교육특구 예산에서 일괄 지원했다. 그러나 2016년도에는 50만 원씩 학교 표준교육비에서 부담하게 했다. 전체 예산을 절감하여 많은 학교와 학생에게 관람 기회를 주기 위한 것도 있지만, 그보다는 학교의 자생력을 고려했기 때문이었다. 혁신교육특구는 현재로써는 4년 한시 정책 사업이다. 즉 최악의 경우에 4년 후에는 종료될 수도 있다. 모든 예산을 우리가 지원한다면 4년 후에는 학교에서 연극을 찾아볼 수 없을 것이다. 학교가 미리 교육과정에서 조금씩 예산을 마련해나간다면 혁신교육특구 사업이 종료되더라도 학교에서 자체 예산으로 연극을 관람하리라 기대해본다.

　나는 오늘도 꿈을 꾸며 살아간다. 완주의 모든 학교에서 해마다 아이들이 연극을 본다. 보는 데서 그치지 않고 동아리 활동 시간에 또는 수업 시간에 연극을 직접 만들어 무대에 서본다. 연말이면 자신이 만든 연극을 학교 축제에서, 지역 청소년 연극제에서 발표하며 마음껏 끼를 발산한다. 그리고 이런 아이가 어른이 되어 자녀의 손을 잡고 공연장으로 향한다. 무대 위에서 춤을 추는 배우 중 한두 명은 완주에서 학교 다닐 때 연극을 본 친구들이다. 엄마 손을 꼭 잡은 아이들의 다른 손에는 배우들의 프로필과 작품을 소개하는 팸플릿이 들려있다. 아이도 부모도 모두 행복한 표정이다. 그 틈에 나도 끼어 있다.

교사, 교육을 다시 고민하다[11]

고민하다. 왜? 뭘 하지? 어떻게 하지?

우리 학교 6학년은 남자아이가 12명이고, 여자아이는 6명이다. 모두 다른 유전자를 갖고 태어나, 다른 환경에서 자란 아이들임에도 불구하고 수업 중 이 아이들의 모습은 놀랄 만큼 서로 닮았다. 눈은 허공에서 헤매고 손과 발은 목적 없이 떠돈다.

어느 때부터인가 우리 학교 교사의 최대 고민거리는 '6학년 아이들의 내재된 재능과 열정을 어떻게 하면 밖으로 끄집어낼 수 있을까?' 였다. 이런 고민에서 이번 연극 프로젝트 수업이 시작되었다.

어떤 문제이든 간에 문제 해결을 위해 가장 먼저 할 일은 문제의 증

---

11 이 글은 삼우초등학교 연극프로젝트 수업 사례이다.

상과 원인 찾기가 아닌가 싶다. 우리 학교 6학년 아이들은 어떨까? "하기 싫어요, 귀찮아요"라는 말을 달고 산다. 무기력하고 포기하는 모습도 자주 보인다. 부정적 욕구와 불안정한 감정을 끊임없이 드러낸다. 비난, 놀림, 왕따 등으로 서로가 서로를 못 믿고 불안해하는 아이들, 한마디로 자존감이 낮다.

그렇다면 이 아이들을 위해서 우리는 무엇을 해야 할까? 무엇보다도 성공 경험과 다른 사람들로부터 받아들여지는 경험, 그리고 스스로도 뭔가를 잘할 수 있다는 느낌을 가질 수 있는 경험이 시급해보였다. 그래서 아이들에게 도전적인 과제를 주어 아이들의 도전정신을 자극하고, 해결 과정과 성공경험으로 '나도 할 수 있다'는 자신감을 심어주며, 더 나아가 아이들이 자기 자신을 사랑할 수 있는 발판을 마련하는 것으로 큰 방향을 정했다.

다음으로 어떤 도전과제를 줄 것인지를 놓고 고민하던 중 예술이야말로 그 특유의 내면을 흔드는 속성으로 아이들의 마음을 자극하고, 결과적으로 아이들의 내적 문제를 완화시키거나 치유할 수 있다는 생각이 들었다. 다양한 예술 분야 중에서도 뮤지컬은 음악, 미술, 체육(무용), 국어(연극) 등 여러 영역을 아우르는 종합예술이고, 함께 힘을 모아 무엇인가를 성취하는 프로젝트로도 딱 맞아떨어지기에 우리 아이들에게 가장 필요하고, 또 가장 적절한 과제라는 확신이 들었다. 그런데 뮤지컬 프로젝트 수업을 누가, 어떻게 실천할 것인지 하는, 현실적이고도 중요한 문제가 앞에서 버티고 있었다.

굳이 예술교육의 효과를 언급하지 않더라도 예술교육의 필요성에는 대다수의 교사가 동의할 것이다. 그러나 학교라는 울타리 내에서의 예술교육은 교사 개인의 역량과 의지에 따라 크게 좌우되고 제한

되는 것이 현실이다. 그래서 우리는 교사 개인의 한계와 지도의 한계를 극복하고 예술교육의 질을 높이고자 지역 내 뮤지컬 전문 극단과의 협력하여 프로젝트 수업을 진행하기로 최종 결정했다.

교육과정을 통합하여 운영하다

뮤지컬 프로젝트 수업은 국어, 미술, 음악, 체육교과를 중심으로 교과 내에서, 또는 교과 간에 통합하여 운영했다.

학년	관련교과	단원	차시	학습주제
6	국어	7. 이야기의 구성	1/8~2/8	인물의 성격과 사건 전개 사이의 관계 파악하기
		12. 문학의 갈래	7/9~8/9	희곡의 특성을 생각하며 연극하기
	미술	10. 디자인과 생활	1/4~2/4	초청장, 포스터 디자인하여 만들어 게시하기
		12. 내가 만드는 우리 글씨	1/4~2/4	개성 있는 서체로 무대 소품 만들기
	음악	5. 우정을 나누며	1/16~2/16	화음의 어울림을 생각하며 부분 2부 합창하기
		5. 우정을 나누며	8/16~9/16	성부의 어울림을 생각하며 부분 2부 합창하기
		5. 우정을 나누며	14/16~15/16	장면의 변화에 따른 음악적 특징 이해하기(음악에 담긴 이야기 생각하기)
		8. 희망을 꿈꾸며	9/16~10/16	뮤지컬 이해하기
		8. 희망을 꿈꾸며	5/16~16/16	음악회 계획하고 준비하기
	체육	4. 표현활동	8/17~9/17	음악 속에서 주제 찾아 표현하기
		4. 표현활동	10/17~11/17	이야기를 움직임으로 표현하기
계			22	

<표 8> 뮤지컬 프로젝트 교과 통합 학습주제

뮤지컬 전문 극단과 함께 협력의 방법을 고민하다

프로젝트 수업에 앞서 먼저 뮤지컬 전문 극단인 '뮤지컬 수'의 연출가, 감독, 배우와 함께 뮤지컬 프로젝트 수업의 방향과 목적을 공유했다. 뮤지컬 프로젝트 수업의 목적이 아이들에게 뮤지컬의 기능을 가르치고 숙련시켜 완성도 있는 공연을 무대에 올리는 것이 아니라, 아이들이 뮤지컬을 준비하고 공연하는 과정에서 내면의 열정을 깨우고 자신감을 찾게 하는 것으로 뜻을 모았다.

수업의 방향에 대해 공유한 다음 프로젝트 수업의 구체적인 실천 방법으로 먼저 주기 집중형 프로젝트 수업 일정을 짰다. 문화예술사업의 일환으로 예술전문 강사가 일주일에 한 번씩 학교 현장을 방문하지만 일주일에 한 시간이라는 제한된 시간 속에서 아이들이 예술적 경험에 몰입하는 것은 거의 불가능했다. 그래서 뮤지컬 프로젝트 수업만큼은 더 지속적이고 밀도 있는 예술 경험이 가능하도록 4월 한 달 동안 매주 수요일과 금요일에 2시간씩, 총 22시간 집중적으로 운영하기로 했다.

그런데 어떻게 하면 수업 시간 내내 아이들의 흥미를 유지하고 집중하게 할 수 있을까? 목표의식을 갖게 하는 것이 중요 포인트가 아닐까 싶었다.

그동안 '왜 그런 걸 배워야 해요? 그런 걸 배워서 어디에다 써 먹어요?'라는 아이들의 질문에 궁색하게 답변하거나, 교사라는 지위를 행사하여 '배움에 무슨 이유가 필요하니?' 하고 밀어붙이기식 억지를 부릴 때도 있었다. 아이들의 항의성 질문이 당연하지만, 교육과정을 탓하며 외면했다.

그러나 뮤지컬 수업만큼은 아이들에게 왜 배워야 하는지 그 목적을 분명하게 이해시키고 싶었다. 그래서 수업을 시작하면서 아이들에게 수업의 결과물로 공연을 무대에 올리자고 강하게 말했다. 그런데 말이 끝나기가 무섭게 6학년 아이들은 '우리가 어떻게 뮤지컬 공연을 해요?'라며 잔뜩 겁을 먹고 미리 포기하는 모습을 보였다. 시작하기도 전에 뮤지컬과 자신들 사이에 스스로 보이지 않는 장벽을 세워버린 것이다. '실패해서 다른 사람들을 실망시키면 어쩌지?' 하는 두려움 때문에 습관적으로 도전 자체를 포기하던 아이들이었기에 이런 반응이 자연스럽기까지 했다.

아이들의 부담감과 두려움 앞에서 교사들의 고민은 다시 시작되었다. 어떻게 하면 뮤지컬이라는 낯선 경험에 보다 쉽게 다가가게 할 수 있을까? 어떻게 하면 아이들의 부담감과 두려움을 줄일 수 있을까? 어떻게 하면 실패의 경험이 아닌 성공의 경험을 갖게 할 수 있을까? 여러 차례의 논의 끝에 정통 뮤지컬이 아닌 세미 뮤지컬 형식의 갈라쇼를 하는 것으로 계획을 변경했다.

뮤지컬 프로젝트 수업을 실천하다

수업 과정 내내 우리는 기존의 학예회처럼 발표를 위한 공연이 수업의 목적이 되지 않도록 주의를 기울였다. 아이들이 수업의 과정 속에서 자신의 열정을 발견하고 뮤지컬의 다양한 기능을 접할 수 있게끔 노력했다. 결과나 성과가 중요한 것이 아니라 무대공연은 전체 과정의 일부분일 뿐이고, 즐겁게만 하면 된다는 것을 지속적으로 강조하며 아이들을 격려했다.

뮤지컬 수업 초반, 정규 교육과정과는 전혀 다른 새로운 자극이어서 아이들의 흥미를 끄는 데 성공한 듯했다. 색다른 차원의 호기심에 불이 붙은 듯도 보였다. 그러나 성실성을 담보로 하는 연습 의지는 극소수의 아이에게서만 느껴졌다.

그런데 어느 순간부터 소극적으로 굴던 아이들이 변하기 시작했다. 전문 배우들의 애정과 열정이 알게 모르게 아이들에게 조금씩 스며들었고, 배우들의 섬세한 손끝이 가슴 속 열정과 감성을 일깨우지 않았나 싶다. 프로젝트 수업이 끝을 향해 갈수록 아이들은 불씨가 살아난 열정을 매개로 자신에 대한 믿음을 찾아갔다.

아이들, 무대를 스스로 꾸미다

공연 무대는 아이들과 함께 꾸몄다. 아니, 아이들 스스로 꾸미도록 적극적으로 지원했다. 무기력과 학습더딤으로 우리들 고민의 중심에 서있던 한 아이는 무대를 꾸미는 내내 적극적으로 참여하는 모습을 보여 우리를 놀래켰다. 풍선을 색깔별로 모으고, 풍선 장식용 리본 끈의 길이를 맞추는 등 스스로 판단하여 움직이기도 했다. 심지어 우리에게 다가와 '선생님, 제가 더 도울 일 없을까요?' 하고 묻기까지 했다. 이 아이가 학습에 무기력한 것이 아니라, 교사들이 정해놓은 교육과정의 틀에서 소외되고 과소평가되었던 것은 아닐까하는 생각이 들었다.

아이들, 무대에 서다

공연 시작 전, 아이들의 긴장된 표정 속에 두려움과 떨림이 고스란히 묻어났다. 그러나 공연이 끝난 후에는, 아이들의 표정 속에 또 다른 떨림이 느껴졌다. '내가 해냈구나' 라는 안도의 떨림과 '나도 할 수 있다' 는 자신감의 떨림이었다.

1~5학년 아이들과 학부모님들은 공연 내내 열광적인 반응을 보였다. 우리조차도 미처 예상 못한 뜨거운 반응이었다. 어떤 학부모는 공연이 끝난 후 '내 아이가 6학년이 아닌데도 공연을 보는 내내 마음 밑바닥에서부터 뜨거운 것이 올라와 울 뻔 했어요'라고 말하기도 했다. 관중의 뜨거운 반응을 보면서 아이들은 무대의 가시지 않은 흥분과 더불어 마음 깊은 곳에서 우러나오는 여러 벅찬 감정을 얼굴에 드러냈다.

공연의 떨림을 글로 되새기다

　공연이 끝나고 나서 그 시간의 감동을 글로 남기는 수업을 했다. 자신의 특별한 경험을 글로 남기는 작업이어서인지 평소에 글쓰기를 싫어하던 아이들도 이날만큼은 진지하게 글을 쓰고, 읽어보고, 고치는 과정에 참여했다. 아이들이 쓴 글을 읽는 내내, '뮤지컬 공연'이라는 성공경험이 아이들을 어떻게 성장시켰는지 느낄 수 있었다. 글 속에서 아이들이 자신에 대한 사랑과 믿음으로 새로운 도전을 이어갈 수 있으리라는 열정이 느껴져서 글을 읽으며 우리도 덩달아 행복했다.

아이들, 자신을 사랑하기 시작하다

　뭔가 특별한 일들을 해내고 나면 아이들은 부쩍 성장한다. '나도 할 수 있다'는 자신감 덕분이 아닐까 싶다. 우리 아이들은 어땠을까?
　한 달간의 노력이 공연을 통해 학부모, 교사, 후배들로부터 좋은 반응을 얻은 후, 우리 아이들에게도 작지만 특별한 변화가 있었다. 예전에는 아이들의 부정적 감정과 욕구, 부정적 충동들이 즉각적이고 노골적이었다면, 지금은 좀 더 순화되고 다른 사람들이 받아들일 수 있는 방법으로 진일보함을 관찰할 수 있었다.

적극적 학습자로서 배움을 채우다

뮤지컬 연습, 무대 꾸미기, 공연 홍보, 초대장 제작, 공연에 이르는 모든 과정을 학생이 주체가 되어 진행함으로써 수동적 학습자가 아닌 적극적 학습자로서 역할을 경험했다. 또한 한 명의 학생도 빠짐없이 함께 실천함으로써 모두 함께 성장하는 기쁨까지 누렸다.

협력의 가치를 알다

뮤지컬을 준비하고, 무대에 공연을 올리는 전 과정을 통해 함께하면 큰일을 할 수 있다는 협력의 가치를 자연스럽게 알게 되었다. 협력 작업으로 소속감이라는 강렬한 감정까지 공유하게 되었다. 이때 맛본 소속감이 학습에서도 이어지기를 희망해본다.

전문가와 협력해 교육을 보완하다

만약 똑같은 프로그램을 교사가 진행했어도 과연 이만큼의 변화와 반응이 있었을까? 전문가와 학교 간 협력의 필요성이 바로 여기에 있다 생각된다. 전문가가 학교교육을 적절히 보완해줌으로써 교사는 아이들에게 보다 나은 교육기회를 줄 수 있다. 아이들은 예술가와 함께 직접 예술을 경험하고, 예술 활동에 성공적으로 참여함으로써 예술에 대한 관심과 진지한 태도를 갖게 되었다. '이번 기회를 통해 누군가는 미래의 예술가로서의 꿈과 열정을 갖게 되지 않았을까?' 하는 기분 좋은 상상을 해본다. 더 밀리는 모든 아이가 가슴속에 예술적 감수성을 한층 더 쌓아 행복하게 살아가는 힘을 얻지 않았을까 싶다.

> 교사, 교육을 다시 고민하다
>
> 뮤지컬 수업은 아이들뿐만 아니라 교사들에게도 자극을 주었다. 이론 수업에서는 볼 수 없었던 몰입을 보았고, 아이들의 도전정신이 자극 받는 것을 보았기에 앞으로 어떤 수업을 해야 할 것인지에 대해 진지하게 고민하게 했다. 뮤지컬 수업은 우리에게 신선한 충격과 도전이었다.

3부

학교를 품은 마을

아이들이 지역의 학교에 다닐 수 있도록 교육환경을 개선하는 것이 로컬에듀의 최대 과제다. 학교를 살리기에 학교와 교육지원청의 힘만으로는 모자라다. 예산, 인력, 시설, 네트워크 면에서 한계가 있기 때문이다. 그래서 지자체와 함께 혁신교육특구를 운영하면서 학교를 살릴 수 있는 다양한 방법을 모색하고 있다.

이와 함께 마을 사람들이 학교에 들어가 교육과정과 수업을 지원하고 있다. 학교와 마을이 함께 만드는 교육과정이 그것이다. 마을에는 다양한 전문가와 직업인이 살고 있다. 이늘은 적어도 한 분야에서 10년 이상의 경험을 쌓은 사람들이다. 이들이 학교에 들어가 선생님의 수업을 지원하고, 아이들이 다양한 경험을 할 수 있도록 도와준다면 수업은 더욱 풍성해질 것이다.

아이들이 교실로부터 도망가는 데는 이유가 있다. 수업이 재미가 없을 수도 있고, 학교에서 배우는 지식이 자신의 삶과 동떨어져서 그럴 수도 있다. 마을교육과정은 이 두 가지 문제를 동시에 해결할 가능성을 내포하고 있다. 마을교육과정을 활용하는 교실은 아이들이 지식을 지식으로 배우는 데서 끝나지 않는다. 수업에서 배운 내용을 마을 전문가와 함께 직접 손으로 만지고 몸으로 익히기 때문에 즐겁게 배우고, 또 실생활에 활용할 수 있다. 이는 자전거 타기를 지식으로 배울 수 없는 것과 같은 이치다. 머리가 아니라 몸이 기억해야 제대로 배운 것이다.

지역의 학부모와 주민을 마을선생님으로 위촉하여 학교에 들어가 교육기부 활동을 할 수 있도록 연결해주었다. 이들 중 일부는 특별한 재능과 전문성이 있지 않았음에도 학교에 들어가 선생님의 수업을 도와주고, 아이들을 돌보았다. 많은 마을선생님이 학교에서 요청하는 일의 분야와 경중을 따지지 않고 학교에 들어갔다. 교과 학습만이 아니라 문·예·체 활동도 지원했다.

지역 교·사대생들은 학습더딤 아이를 1대 1로 만나 지도하면서 동시에 교육봉사 학점도 이수했다. 그들은 예비 교사로서 그 무엇과도 바꿀 수 없는 소중한 경험을 했다.

우리는 또한 문밖 진로체험처를 발굴했다. 아이들이 버스를 타고 멀리 나가지 않더라도 직업체험이 가능하도록 지역의 일터를 체험처로 발굴했다. 아이들은 지역의 체험처에서 이론이 아닌 몸으로 일의 가치와 중요성을 익혔다. 문밖 진로체험처에서 아이들은 지역의 사람들이 무슨 일을 하며 살아가는지 직접 보고 느끼는 시간을 가졌다. 이는 아이들이 지역의 삶을 긍정적으로 인식하는 데 기여할 것이다.

완주에는 곳곳에서 자생적으로 만들어진, 들꽃 같은 교육공동체들이 있다. 이들 중 '고산향'과 '소꿈사'의 사례를 일부 소개한다. 사례를 살펴

봄으로써 마을이 학교와 어떻게 깊게 관계를 맺고 있는지 살펴볼 수 있다. 고산향은 오래전부터 공교육을 살리기 위해 활동하고 있고, 소꿈사는 오갈 데 없는 학교 밖 청소년들의 쉼터를 마련해주고 있다. 완주의 힘을 이들 교육공동체에서 볼 수 있을 것이다.

아이들은 학교에서 배우지만 마을에서 살아간다. 때문에 학교와 마을이 벽을 허물고 서로 활발하게 소통해야 한다. 교실에서 배운 지식과 자신의 삶이 아무 관계가 없을 때 학습에 흥미를 잃는다. 자신이 살아가고 있는 지역을 바로 알기도 어렵다. 바로 알지 못하면 애정도 없을 것이고, 애정이 없다 보면 지역을 떠나기도 쉬울 것이다. 마을이 학교를 살릴 때 비로소 마을도 살아날 수 있을 것이다.

1장

학교와 마을이
함께 만드는 교육과정

　최근 기존의 학교체제를 흔들 수 있는 두 가지 중요한 교육정책이 학교로 찾아오고 있다. 2016년부터 중학교에서 전면 시행되는 '자유학기제'와 2017년부터 단계적으로 시작해서 2020년도에 초, 중, 고의 모든 학교에 적용이 되는 '2015 개정 교육과정'이 바로 그것이다.

　'자유학기제'는 중학교 과정 중 한 학기를 아이들이 꿈과 끼를 찾을 수 있도록 토론과 실습 등으로 수업을 진행하고, 진로탐색활동 등 다양한 체험활동이 가능하도록 교육과정을 유연하게 운영하는 학기를 말한다. 유연한 학사 운영을 위해 중간이나 기말고사와 같은 일제형 평가를 실시하지 않는다. '자유학기제'는 전국의 모든 중학교에서 2016년부터 전면 시행하고 있다. 그러나 아무리 취지가 좋더라도 지역의 여건과 학교의 상황을 고려하지 않고 일률적으로 실시하는 것은 문제가 있다. 이에 전북은 전북의 여건과 상황에 맞는 전북형 '자유학기제'를 운영하고 있다.

'2015 개정 교육과정'은 학생들이 인문·사회·과학기술에 대한 기초 소양을 함양하여, 인문학적 상상력과 과학기술 창조력을 갖춘 창의·융합형 인재로 성장할 수 있도록 우리 교육의 근본적인 패러다임을 전환하고자 한다. 이를 실현하기 위하여 교과는 단편 지식보다 핵심 개념과 원리를 제시하고, 학습량을 적정화하여 토의·토론 수업, 실험·실습 활동 등 학생들이 수업에 직접 참여하도록 하고 있다.

두 정책에 대한 비판과 우려의 목소리도 많이 있지만 오로지 대학 진학을 목표로 한 줄 세우기에 급급한 기존의 비정상적인 학교 교육을 극복하고자 하는 점에서 비교적 긍정적으로 평가할 수 있다.

이 두 정책을 관통하는 하나의 줄기는 바로 수업의 변화다. 이 정책들이 실효성을 갖기 위해서는 무엇보다 학교에서 일상적으로 행하는 수업의 변화가 뒤따라야 한다. 그렇지 않으면 이 정책을 통한 학교 교육의 변화와 아이들의 성장은 헛된 구호에 그치기 쉽다.

교사가 수업을 바꾼다는 것은 수업 방식을 교사 중심에서 학생 중심으로 바꾼다는 뜻이다. 교사가 우월적 위치에서 일방적으로 교과서의 지식을 전달하고 학생들은 수동적으로 그 지식을 외우는 것이 아니라, 학생들이 수업을 통하여 스스로 생각하고 배울 수 있도록 이끈다는 의미다.

아이들이 적극적으로 참여하여 질문하고, 다른 친구들과 함께 문제를 설정하여 해결하는 과정을 경험할 수 있도록 수업을 바꾸어야 한다. 이를 통하여 지식과 성적 중심의 학교 교육에서 벗어나 학생들이 자신의 삶을 소중히 여기고, 다른 사람과 함께 살아갈 능력을 키워주어야 한다. 아이들이 어려움에 처했을 때 스스로 문제를 창의적으로 풀어나가고, 문화예술과 자연을 소중히 여기며, 새롭게 생각하는 힘을 키워줄 수 있어야 한다.

그런데 초등학교 선생님은 여러 과목을 담당하고, 교과에서도 기본 개념이나 기초 지식을 주로 다루기 때문에 한 과목을 깊이 있게 수업하기 어렵다. 중등학교 선생님은 전공 교과에는 전문성이 있지만, 다른 교과에 대해서는 잘 모른다. 수업을 진행하다 보면 다른 교과와 연계하거나 교실을 뛰어넘어 현장의 경험과 사례가 필요하기도 하다.

따라서 현장의 경험과 사례를 지닌 전문가와 함께 수업을 진행한다면 교실은 이전보다 훨씬 더 활기차고 즐거운 곳이 될 것이다. 일방적인 가르침만 존재하는 교실에서 벗어나 아이들이 사고하고, 참여하며, 깨달음을 얻는 곳이 될 것이다. 두 정책에서 공통으로 추구하는 것이기도 하다.

마을에는 많은 전문가와 자원이 있다

마을에는 지자체를 비롯해 다양한 공공기관이 있다. 시민사회단체, 마을공동체, 협동조합 등에서 열정과 전문성을 가진 많은 청년 활동가가 살고 있다. 목공, 수공예, 원예, 제과 및 제빵, 흙 건축, 도예 등의 분야에서 활발히 활동하는 전문 강사도 있다. 음악, 미술, 체육, 문학, 독서 등을 전공했거나 일정한 연수 프로그램을 통해 전문성을 가진 학부모도 많다. 마을의 환경, 생태, 역사, 문화 유적 등에 깊은 조예가 있는 지역주민도 상당히 있다. 만약 이들과 함께 한다면 창의적인 교육과정 운영과 학생중심 수업의 일정 부분을 마을에서 지원할 수 있다.

아무리 전문성이 뛰어난 사람들과 프로그램이 있다 하더라도 그들이 활동할 공간과 기회가 마련되지 않으면 소용없다. 실제로 마을에서 활동하고 있는 전문가와 지역주민, 학부모는 학교에 도움을 주고 싶어도 기회가 주어지지 않아 참여하지 못하는 경우가 많다. 일단 누구를 붙잡고 무슨 말을 해야 할지를 모른다. 교장 선생님을 만나야 할지, 교무부장 선생님을 만나야 할지, 행정실을 찾아가야 할지 고민이다.

학교에는 마을이나 지역주민과 소통할 수 있는 적절한 통로가 없다. 학부모나 지역주민과의 소통 업무는 잘해봐야 본전이라는 의식이 있기도 하고, 외부 전문가가 학교에 들어오면 처리해야 할 행정업무가 만만찮기도 해서다. 방과후 강사 한 명을 채용하고 운영하는 데 발생하는 업무를 보면 교사들이 왜 외부에서 들어오는 사업을 꺼리는지 이해가 된다.

방과후 강사를 채용하려면 담당 교사가 학교장에게 프로그램 운영에 필요한 강사를 채용하겠다는 계획서에 결재를 받아야 한다. 결재 과정도 힘들지만 이후 학생 수요조사, 강사 공고, 접수, 면접, 범죄경력 조회 등을 연이어 진행해야 한다. 강사가 한 명도 신청하지 않는 경우에는 재공고를 해야 하고, 경우에 따라서는 주변 사람이나 다른 학교에서 활동하고 있는 강사에게 통사정하는 경우도 종종 있다. 프로그램 운영 중에는 에듀파인(학교회계지원시스템)에 들어가 매월 수당을 지급해야 하고, 이를 위한 강의확인서, 출석부 관리, 출결 관리와 같은 부수적인 업무도 처리해야 한다. 더구나 예산 지출이 동반되기 때문에 집중 감사의 대상이 된다.

이런 상황임에도 불구하고 선생님들은 수업을 고민하는 과정에서 마을의 전문가나 프로그램에 갈증을 느낀다. 그러나 마을에 교육과정과 수업을 지원할 수 있는 어떤 전문가와 프로그램이 있는지 알지 못한다. 교사는 물론이고 학교와 학교 간에도 정보 공유가 되지 않고, 이를 체계적으로 관리할 지역 단위 시스템도 없다. 가까스로 외부 전문가를 섭외하여 활용하더라도 그 과정에서 발생하는 업무 부담과 스트레스를 겪다 보면 다시는 거들떠보고 싶지도 않게 된다.

마을의 전문가와 프로그램을 발굴하다

그래서 우리는 지역에서 활동하고 있는 다양한 분야의 전문가와 프로그램을 발굴하여 학교와 연결해주었다. 그리고 여기에 필요한 강사비와 아이들이 학교 밖으로 나갈 때 필요한 버스비를 지원해주었다. 학교에 예산을 보내주면 필연적으로 업무가 발생하기 때문에 강사비 지급과 버스 임차 관련 업무 등 모든 행정 처리까지 지원하여 선생님은 오로지 수업에만 집중할 수 있도록 했다.

교육지원청에서 직접 전문가와 프로그램을 발굴하는 것보다는 완주군에서 오랫동안 활동하면서 지역사회를 잘 아는 협동조합을 활용했다. 대부분 지역이나 학교 주변에는 이러한 사람들이 이미 활동하고 있을 것이다. 교육지원청의 장학사는 대부분 외지인이기 때문에 지역사회를 잘 모른다. 그래서 교육지원청이 직접 발굴하기보다는 다양한 경험과 역량을 갖춘 마을의 자원을 활용하는 것이 낫다. 누구든 궁하면 찾게 되고, 찾다 보면 답이 나온다.

다행히 완주군은 오래전부터 농촌 활력화 사업을 통하여 마을과 공동체에서 다양한 역량을 축적하도록 지원해오고 있다. 완주군의 400여 개 마을 중에서 100여 개 정도의 마을이 공동체, 협동조합 등을 통하여 마을의 특성에 따라 농업, 가공, 유통, 생태환경, 농촌체험 등을 운영하고 있다. 여기에는 완주 토박이들과 함께 외지에서 들어온 청년들이 어우러져 활발하게 활동하고 있다.

우리는 이중 온누리살이 사회적 협동조합(이하 온누리살이)에 도움을 요청했다. 온누리살이가 주축이 되어 학교-마을이 함께 만들어가는 교육과정(이하 마을교육과정)에 참여할 수 있는 기관과 프로그램을 발굴했다. 온누리살이는 완주군 전체의 순환경제 활성화에 크게 기여한 커뮤니티 비즈니스 센터(지금은 완주 공동체 지원센터로 이름을 바꾸었다)에서 분화되어 지역 사회에서 진로교육을 지원하기 위해 설립한 사회적 협동조합이다. 이곳은 지역자원을 활용한 진로교육에 열정과 전문성이 있는 청년활동가가 있고, 이미 어느 정도의 네트워크와 자료도 확보하고 있었다.

온누리살이가 지역에서 활동하고 있는 기관 및 단체에 마을교육과정 참가 안내문을 발송했다. 사람이 많이 오가는 완주 곳곳에 플래카드를 걸기도 했다. 완주에서 이미 활발하게 활동하고 있고, 학교교육과정 운영에 도움이 될 만한 기관 및 단체에 참여를 적극 요청했다.

며칠 후 완주군청 문화강좌실에서 마을교육과정 설명회를 열었다. 사업의 방향과 취지를 안내하고, 마을교육과정의 구체적인 이해를 돕기 위해 마련한 자리였다. 이 자리에 50여 개의 기관, 단체에서 100여 명의 관계자가 참석했다. 자유학기와 2015 개정 교육과정 등의 주요 내용과 함께 마을 사람들이 학교 교육에 참여하고 수업을 지원해야 하는 이유를 설명했다. 이어서 우리가 추진하려는 마을교육과정의 구체적인 방법과 일정을 안내했다.

지금은 완주에서는 마을교육과정이 일상이 될 만큼 낮익은 단어가 되었지만, 당시만 해도 지역의 자원 발굴과 학교 연계는 처음이었기 때문에 참여 기관으로부터 질문을 많이 받았다. 당시 설명회에 참여한 마을 전문가들의 주된 관심사는 역시 프로그램 운영 강사비와 재료비 등 경제적인 부분이었다. 대체로 여기에 참여한 기관, 단체는 경제적 이윤을 목적으로 활동하는 영리 단체였기 때문이다. 강사비는 얼마인지, 예산 총규모는 어느 정도인지, 재료비와 체험비도 지원 가능한지 등을 집중적으로 질문했다. 그러나 완주군과 혁신교육특구 예산의 규모와 내용을 협의하는 중이었기 때문에 확실한 답을 하지는 못했다.

마을교육과정에 지역에서 활동하고 있는 많은 기관과 단체가 관심을 보였지만, 최종적으로 참여 신청서와 프로그램 운영계획서를 제출한 기관은 약 20개 정도였다. 여러 가지 이유가 있었지만, 대부분 시간당 3만 원 남짓 하는 강사비로는 수익성이 떨어지기 때문이었다.

사실 마을교육과정은 학교교육과정 운영과 수업을 지원하기 위하여 기획되었지만, 지역에 활력을 불어넣으려는 의도도 있었다. 학교가 언제까지나 지역에 손을 벌리고 지역민의 헌신과 봉사를 요구할 수는 없다. 어느 한쪽이 일방적으로 희생하고 헌신하는 관계는 지속성을 담보할 수 없다. 마을이 학교를 품어 학교가 제 역할을 할 수 있도록 가능한 모든 방법으로 지원해야 하지만, 학교를 통해 마을이 살아 움직일 수 있는 방법 또한 모색해야 한다. 학교에 다양한 일자리가 만들어지고 그 일자리를 통해 마을이 살아나도록 해야 한다. 그리고 시간이 지나 궁극적으로 아이들이 이 일자리에 참여하고 스스로 일자리를 만들어가는 마을을 그려야 한다.

설명회 이후에 마을교육과정 참여단체를 대상으로 워크숍을 열었다. 온누리살이와 완주교육지원청이 함께 마을교육과정의 취지와 학교교육과정에 대해서 안내했다. 이미 학교에 들어가 방과후학교 등에 참여한 기관들도 있지만, 대부분은 학교교육과정에 참여한 경험이 전혀 없었기 때문에 꼭 필요한 절차였다. 교육과정 이외에도 참여 기관 소개, 사업 내용 공유, 세부 프로그램 작성 및 상호 평가도 함께 진행했다.

학교에 들어가본 경험이 없는 기관은 학교교육과정에 대한 이해가 부족했고, 학교에서 자신이 무슨 역할을 할 수 있으며, 어떻게 프로그램을 운영해야 하는지 잘 몰랐다. 그들은 학교교육과정에 자신들의 프로그램이 어떻게 접목될 수 있을지 궁금해했고, 대부분 처음 해보는 과정인지라

염려하기도 했지만 동시에 큰 기대를 하고 있었다.

이렇게 온누리살이가 지역에서 다양한 전문가와 프로그램을 발굴하고 있을 때 교육지원청에서도 자체적으로 지역에서 활동하고 있는 기관을 발굴했다. 이미 많은 학교에서 방과후학교, 창의적 체험활동, 진로직업체험 등의 분야에서 지역의 자원을 활용하고 있었으나 학교 간 연계나 공유는 되지 않고 있었다. 그래서 학교와 긴밀히 협조하여 최근 3년 이내에 각 학교에서 활용한 지역의 기관 목록과 프로그램 내용을 모았다. 여기에다 실제 학교에서 활용하지는 않았지만, 지역에 있는 기관과 단체 중 프로그램 참여를 원하는 기관 목록도 함께 받았더니 약 50여 개 기관을 발굴할 수 있었다. 이들에게는 교육지원청에서 직접 전화를 걸거나 찾아가서 마을교육과정의 방향과 취지를 안내하고 참여 신청서와 프로그램 운영계획서를 제출하도록 했다.

이런 과정을 거쳐 최종적으로 지역에서 학교교육과정과 수업을 지원할 수 있는 기관을 결정했다. 기관은 41개였고, 이들이 운영할 수 있는 프로그램은 목공, 원예, 생태, 마을탐방, 진로 등 102개 정도 되었다.

아쉽게도 완주에는 연극 수업을 지원할 수 있는 극단이 없어서 부득이하게 전주에서 활동하고 있는 까치동과 창작극회 등 2개 단체에 연락하여 참여하도록 했다. 이들 단체를 제외하고 나머지는 모두 완주지역에서 활동하고 있었다.

이 부렵 완주군청과도 2년 차 로컬에듀 사업계획에 대한 협의가 어느 정도 이루어져 약 1억 4천만 원 정도 예산을 확보하여 마을교육과정 운영에 필요한 강사비와 버스비를 지원해주는 방향으로 가닥을 잡았다.

마을과 학교가 어떻게 만날까

이제 마을과 학교가 만나는 데 가장 중요한 관문 하나를 남겨 놓고 있었다. 선생님이 수업에서 이들 전문가와 프로그램을 활용하게 하려면 어떻게 해야 할지 고민이었다.

가장 일반적인 방법은 발굴한 기관 목록과 프로그램 안내 책자를 만들어 학교에 배포하고, 공문으로 참여 신청을 받는 것이다. 그러나 이런 방식은 소중한 전문가와 프로그램을 사장시키는 것이나 다름없었다. 당시는 정기고사 평가와 결과 처리에 바쁜 학년 말이라 선생님들이 책자를 꼼꼼히 살펴 자신의 수업에 적합한 프로그램과 강사 활용 계획을 세우기가 불가능해 보였기 때문이다. 아마 십중팔구 안내 책자는 책꽂이로 직행해 먼지만 뒤집어쓴 채 아무도 거들떠보지 않을 것이 분명했다.

그래서 학교 선생님과 마을 사람이 함께 만나는 자리를 마련하기로 했다. 그동안 학교와 마을은 같은 공간에 얕은 담 하나를 두고 있었지만 심리적·정서적 담은 쉽게 넘기 어려운, 거대한 장벽으로 자리하고 있었다. 선생님들은 우리 마을에 어떤 전문가가 있고 그들이 어떤 프로그램을 가지고 있는지 알지 못했고, 마을 사람들도 학교교육과정과 수업에 대한 이해가 전혀 없었다. 사실 상대방을 만나지 않고 알 수 있다는 것 자체가 이상한 일일 것이다.

일단 학교와 마을이 만나서는 얼굴을 익히고, 가진 것을 내놓고 이야기하는 과정이 필요했다. 기관에서 작성한 프로그램은 선생님이 실제로 수업에 활용하기 어려운 측면이 많았다. 주제, 차시, 내용, 강사 등에서 학교 실정과는 맞지 않는 부분도 있었기 때문이다. 양쪽 당사자가 직접 만나서 얼굴을 마주 보고 프로그램 내용과 학교 사정을 이야기하면 그 차이를 좁할 수 있으리라 생각했다.

처음에는 마을교육과정에 참여한 기관에서 부스를 운영하는 박람회 형태로 만남의 자리를 만들 생각도 했었다. 그러나 우리에게는 학교 못지않게 마을 사람들도 소중했다. 박람회를 개최하면 기관이나 단체가 자신의 프로그램을 홍보하기 위하여 경쟁적으로 부스를 화려하게 꾸미고 성과를 과잉 포장할 수 있었다. 여기에 참여한 기관 중 일부는 전문성과 열정은 있으나 활동 경험이 부족하기 때문에 특별한 산출물이 없는 곳도 있었다. 우리는 그동안 마을 사람들에게 학교와 지역이 함께 성장해야 함을 강조했다. 우리의 진정성에 공감하면서 활동에 참여한 그들을 경쟁으로 밀어 넣을 수는 없었다.

그래서 일단 학교와 기관이 직접 만나는 자리를 마련하기로 했다. 학교-마을이 함께 만드는 교육과정 원탁협의회(이하 원탁협의회)를 열기로 하고, 관내 모든 유치원, 특수학교 및 초·중·고등학교에 원탁협의회 참석 안내 공문을 보냈다. 공문에는 마을교육과정에 참여하는 기관 현황과 프로그램 운영계획서도 함께 보냈다.

프로그램 운영계획서에는 선생님들이 관심을 가질 수 있도록 다음과 같은 내용을 담았다.

원탁협의회에서 선생님과 기관의 전문가가 직접 만나 학교에 필요한 부분과 기관에서 지원 가능한 내용을 협의하고 조정한다. 학교 교육과정과 수업을 지원하기 위한 계획서를 공동으로 만들어 학교에서 운영계획서를 공문으로 제출한다. 교육지원청과 진로교육지원센터에서는 혁신교육특구 예산에서 마을교육과정 운영에 필요한 강사와 버스를 지원한다.

학교와 마을이 처음으로 원탁에서 만나다

2015년 12월 14일 학교-마을이 함께 만드는 교육과정 원탁협의회를 열었다. 특정한 시간에 형식적인 의례를 진행하지 않고 오후 내내 선생님들이 자유롭게 방문하여 마을의 전문가를 직접 만날 수 있도록 했다. 학교에 안내하여 참석자 명단을 받기는 했으나 실제로 얼마나 참석할지 예상하기가 어려웠다. 마을의 전문가들은 설레는 마음으로 선생님들이 찾아오기를 기다렸다.

원탁협의회에 참여한 기관마다 원형 테이블을 하나씩 제공했다. 테이블 옆에는 기관 현황과 프로그램 내용을 소개하는 배너가 세워져 있고, 테이블 위에는 프로그램 운영계획안과 관련 자료가 놓여 있었다.

❖ 마을교육과정 참여 기관 소개 자료
- 우리 기관은 어떤 목적을 가지고, 어떠한 가치를 추구하는지
- 누구에 의해 세워졌고, 어떤 사람들과 함께하고 있는지
- 지금까지 무슨 일들을 해왔는지
- 앞으로 어떻게 운영할 것인지
- 우리가 진행하는 프로그램은 무엇인지
- 학교 수업과는 어떤 관련이 있는지
- 아이들은 이 프로그램을 통해 무엇을 얻을 수 있는지

오후 2시가 되자 선생님들이 삼삼오오 모여들었다. 처음에는 한산했으

나 시간이 흐르자 발 디딜 틈도 없이 행사장이 꽉 찼다. 많은 학교에서 관심 있는 선생님들이 대거 참석했다. 교육과정 시간표를 조정해 전체 선생님이 참여한 학교도 많았다. 완주 관내 초·중·고 교원이 약 1,000명 정도인데 대략 600~700여 명 정도가 참여했다. 원탁협의회를 준비하면서도 이 정도로 많은 선생님이 참여할 것이라고는 예상하지 못했다.

선생님들은 돌아다니며 관심이 있는 분야의 원탁 테이블에 앉았다. 그리고 프로그램 운영계획서를 참고로 자신들의 수업에 무엇이 필요한지를 말하고, 마을의 전문가들이 실제 어떤 도움을 줄 수 있는지를 물었다. 마을 전문가들도 선생님들의 이야기를 경청하며 자신들이 선생님들에게 무엇을 도와줄 수 있는지 최선을 다해 답변했다.

기관에서는 대체로 10차시, 20차시 정도의 프로그램 운영계획안을 만들었다. 그러나 학교는 한 학기가 17주라 17차시가 필요한 학교가 있었고, 특정한 단원에서만 운영하기 위해 4차시나 8차시 참여를 희망하는 학교도 있었다. 1년 내내 참여를 희망하는 학교도 있었다. 프로그램 참여 학년, 인원, 내용 및 방법 등도 이야기하면서 서로의 차이를 좁혀나갔다. 원칙적으로 학교를 중심에 두고 기관에서 학교의 교과, 단원, 성취기준, 차시에 따라 프로그램을 조정했다.

학교 선생님과 마을 전문가 모두 이런 자리는 처음이라 다소 어색해했으나 시간이 지날수록 행사장 분위기는 달아올랐다. 전체적으로 매우 유쾌한 자리였고 곳곳에서 웃음소리가 끊이지 않았다. 마치 오랫동안 만나온 사람들처럼 속 깊은 이야기를 주고받기도 했다.

대부분의 학교에서 마을교육과정에 참여하다

원탁협의회 후 일주일 정도 여유를 주었다. 이 기간에 학교와 마을이 지속적인 협의를 진행하여 세부 내용을 조율할 수 있도록 했다. 워크숍 때 시간이 부족해 미처 협의하지 못한 기관과 접촉하여 합의한 학교도 있었다. 그 결과 학교와 기관이 구체적인 프로그램 내용, 일정, 시간, 대상, 장소 등을 조율하고 최종적인 마을교육과정 운영계획서를 학교에서 공문으로 제출했다. 프로그램 제안은 마을에서 했으나 이를 수업에서 직접 활용하는 것은 학교였기 때문에 학교가 계획서를 제출하도록 했다. 하지만 실제로는 학교와 마을이 함께 계획서를 작성한 것으로 보아야 한다.

완주에는 52개의 특수학교와 초·중·고등학교가 있는데 이 중 43개 학교에서 102개 프로그램 운영 신청서를 제출했다. 나중에 이 소식을 들은 단설유치원 두 곳에서도 참여하겠다고 했다. 완주에 있는 54개 학교 중 45개 학교가 참여한 것이다. 고등학교 8교를 감안하면 거의 모든 초·중학교에서 참여했다고 볼 수 있다.

마을교육과정 운영 예산을 확정하다

학교에서 신청서를 받을 때 지원 가능한 예산 기준금액을 제시하지 않았더니 프로그램 수와 예산을 너무 많이 신청한 학교도 있었다. 어떤 대규모 학교는 학년별로 프로그램을 신청하고 예산도 일천만 원이 넘게 요구했다. 그러나 지자체에서 확보한 로컬에듀 예산으로는 학교에서 요구한 대로 지원할 수가 없었다. 그래서 부득이 학교당 400만 원 이내에서 운영하도록 조정할 수밖에 없었다. 신청서에는 학교, 기관(단체), 로컬에듀 등 3주체가 얼마를 부담하는지 명기하고, 강사비, 재료비(체험비), 버스비 등 3가지 항목으로 나누어 작성하도록 했다.

예산과 프로그램을 조정한 신청서를 모두 받아서 정리하고 있을 때 완주군청에서 연락이 왔다. 재료비(체험비)는 사전에 협의하지 않았기 때문에 지원할 수 없고 강사비와 버스비만 지원하겠다는 것이었다. 눈앞이 캄캄했다. 이미 학교에 모든 예산을 지원하겠다고 안내했고, 공문으로 신청서를 받았기 때문에 번복하기 어려웠다.

학교에 도예, 목공, 원예, 요리 등의 프로그램을 가지고 들어갈 때는 재료가 반드시 있어야 했다. 아이들이 버스를 타고 마을이나 기관으로 체험을 하러 갈 때도 일정한 체험비를 지출해야 하는데 이를 지원하지 않는다는 것을 도무지 이해할 수가 없었다. 합리적인 이유를 제시하고, 불가피한 상황을 설명하며 완주군 담당자를 설득해도 소용이 없었다.

결국 초기 공문을 번복하고 마을교육과정 운영에 필요한 재료비는 학교에서 부담하고 로컬에듀에서 강사비와 버스비만 지원한다는 내용의 공문을 다시 발송했다. 다행히 대부분 학교에서 별 타박 없이 신청서를 다시 냈다.

그런데 결과적으로 이 과정이 오히려 학교에는 약이 되었다. 마을교육과정 운영을 위하여 학교에서 요청한 예산은 2억 4천만 원이었는데 혁신교육특구에서 확보한 예산은 불과 1억 4천만 원이었다. 학교가 표준교육비에서 자체적으로 재료비 1억 원을 부담했기 때문에 한 학교도 탈락시키지 않고 마을교육과정 운영을 희망하는 학교를 모두 지원할 수 있었다.

이 모든 과정을 마무리하고 생각해보니 여러 가지로 다행이라는 생각이 들었다. 전체 예산을 지원하는 것보다 학교가 일정 부분 예산을 부담하는 것이 혁신교육특구의 지속성과 안정성을 확보하는 측면에서도 좋았다. 혁신교육특구는 현재로서는 4년 한시 사업이다. 특구가 종료되어도 학교가 마을교육과정 운영에 자생력을 가지려면 지금부터 준비해야 한다. 학교에는 넉넉하지는 않지만 예산이 있고 그 예산은 무엇보다 교육과정, 특히 수업에 많은 부분이 할애되어야 한다. 그런 맥락에서 학교가 표준교육비로 일정 부분을 부담하는 것은 장기적으로 보면 분명 긍정적인 역할을 할 것이다.

마을과 학교가 다시 만나다

신학년도 개학을 일주일 앞두고 마을교육과정에 참여한 학교와 마을이 다시 만나는 자리를 만들었다.

선생님들이 실제 수업에 활용할 교과서를 가지고 와서 이미 매칭이 확정된 마을 전문가를 다시 만났다. 선생님과 마을 전문가가 함께 구체적인 일정과 교과, 단원, 성취기준에 따라 어떤 아이들을 대상으로 어떻게 수업을 어떻게 전개하고 어떻게 협업할지 논의했다. 이 자리에 경기도 시흥 행복교육지원센터에서 파견교사로 활동하고 있는 이권수 선생님이 시흥에서 운영하는 마을교육과정 운영사례를 소개하는 시간이 있었는데 처음 시작하는 선생님들에게 많은 참고가 되었다.

행사 말미에 마을교육과정 운영을 위한 행정 절차를 안내했다. 마을교육과정을 운영하는 선생님들에게 행정업무 부담을 주지 않기 위해 우리는 여러 가지 노력을 기울였다. 학교로 예산을 보내지 않고 강사비와 버스비를 집행하는 것을 비롯하여 강사 공모, 신원조회, 계약, 수당 지급, 버스

배차, 보고서 정산 등을 모두 진로교육지원센터에서 처리했다. 프로그램 종료 후 결과보고서도 학교가 아닌 각 기관에서 받았다. 선생님들이 프로그램과 강사를 활용하여 수업에만 집중할 수 있도록 하기 위해서였다.

그러나 마을교육과정을 마친 후에는 운영과정 및 결과를 간단한 보고서로 작성하여 제출하도록 하였다. 보고서에는 마을교육과정을 수업 전, 수업 중, 수업 후에 어떻게 활용했는지, 마을로부터 도움 받은 것은 무엇인지, 마을교육과정에 대한 의견이나 개선할 부분은 무엇인지 등을 포함하였다. 이로써 선생님들이 마을교육과정 운영과정을 성찰함과 동시에 다른 학교 선생님과도 소감을 공유하여 앞으로의 마을교육과정 운영에 참고할 수 있도록 하였다. 교육과정의 성과를 돌아보고, 보완하는 것은 교사의 잡무가 아니라 당연한 직무라 볼 수 있기 때문이다.

학교, 마을교육과정을 운영하다

2016년 3월 초부터 45개 학교(유치원 2곳 포함)에서 마을교육과정이 운영되었다. 매일 최소 5개 이상의 학교에서 프로그램을 운영했다. 마을의 전문가들이 교실에 들어가거나 아이들이 현장에 나오는 방식으로 학교교육과정과 수업을 지원했다. 선생님들은 이론과 지식으로 구성된 교과서의 한계를 극복하고 아이들이 실제 만지고, 느끼며, 협업할 수 있도록 수업을 진행했다.

한 중학교에서 실시한 우리 마을 알기 프로젝트 수업에는 마을에서 오랫동안 생활한 사람들이 강사로 참여했다. 마을 강사가 아이들을 데리고 마을 구석구석을 누비며 마을을 알아갈 수 있도록 수업을 진행했다.

학교는 마을교육과정을 활용하여 정규 수업은 물론 자유학기 프로그램, 진로직업교육, 창의적 체험활동 등을 운영했다. 아이들은 이런 수업을 흥미로워했고, 지역을 이해하면서 마을을 삶의 터전으로 이해하는 시간을 가졌다. 마을 사람들은 학교교육과정과 수업에 참여하여 아이들이 성장하는 것을 보며 보람을 느꼈고, 지역사회의 구성원으로서 제 역할을 다할 수 있었다. 그리고 아직은 많이 미흡하나마 마을에 약간의 일자리를 만든 것도 큰 수확이었다.

마을의 자원에 눈을 돌리기 시작한 이유는 단순했다. 수업을 재밌게 하고 싶었다. 우리는 즐겁게 가르치고 아이들의 배움은 삶과 연결되고 있는가? 나는 이 질문에 긍정적인 대답을 하지 못했다. 학생들에게 지식이 사용되는 맥락과 상황을 제시하기 위해 마을교육과정에 참여했고, 이를 위해 학교교육과정을 재구성했다.

우리 학교가 운영한 마을교육과정이 모두 의미 있거나 효과적이었다고 말할 수는 없다. 스스로 돌아보았을 때 아쉬운 점도 있다. 그러나 새로운 경험은 우리에게 다양한 생각을 할 수 있도록 해주었다. 우리가 이걸 왜 하게 됐을까? 이게 교육적으로 의미가 있나? 어떻게 하면 더 의미 있게 할 수 있을까?

학교-마을 교육과정은 학교 운영의 핵심을 수업에 두고 아이들에게 배움의 동기를 촉진한다는 측면에서 계속 실천할 가치가 있다고 생각한다. 탈맥락적인 수업 대신 제대로 된 상황을 제시할 수 있고, 사회공동체가 서로 유기적으로 연결되어 있음을 가르칠 수 있기 때문이다. (마을교육과정 참여 교원 소감 중)

마을교육과정도 역시 사람이 필요하다

　마을교육과정 운영 초기에는 행정을 지원하는 진로교육지원센터에서 학교에 찾아가 선생님과 강사를 만나 어떤 어려운 점이 있는지, 보완할 사항이 무엇인지 살펴보았다. 그 과정에서 간혹 수업을 직접 참관하기도 했다. 진로교육지원센터에서 학교를 방문할 때 미리 양해를 구하기는 했으나 학교와 선생님들 입장에서는 다소 당혹스러웠을 것이다. 더구나 수업 참관까지 했으니 말이다.

　마을교육과정 수업은 보통 하나의 프로젝트로 운영된다. 프로젝트형으로 수업이 진행되기 위해서는 수업 전, 후에 일정한 계획과 과정이 있어야 하고, 그 계획과 과정을 완성하기 위해 프로그램과 강사가 결합해야 한다. 일회성 행사나 체험에 그치지 않고 실제의 삶을 체험하는 깊이 있는 수업이 되려면 서로 머리를 맞대고 논의하는 시간을 꾸준히 가져야 한다. 진로교육지원센터는 강사비 지급과 버스 배차와 같은 행정 처리도 중요하지만 학교에서 마을교육과정이 제대로 운영되는지를 살펴보고, 이 과정에서 어려움을 찾아 지원해야 한다. 그런데 교육지원청 전문직이나 정규 교원도 아닌 계약직 담당자가 이런 역할을 수행하기에는 역부족이었다. 초기에 학교에 찾아가 선생님들을 만나기도 했으나 낭패를 본 적도 많았다. 이는 학교 선생님들도 마찬가지였을 것이다.

　따라서 학교에서 마을교육과정을 내실 있게 운영할 수 있도록 지원하기 위해서는 교육지원청 전문직이 한 번이라도 직접 학교에 찾아가서 선생님을 만나야 했다. 그러나 현실적으로 어려운 일이었다. 전문직이 담당 학교를 한 번씩이라도 찾아가도록 협의해보려 했으나, 그렇지 않아도 혁신교육특구 때문에 부담이 늘어난 터라 차마 말을 꺼내지 못했다. 학습 연구년제 선생님과 결합하여 학교를 돌아보게 하려던 계획도 성사되지 않았다. 참 안타까웠다. 혁신교육특구가 내실 있게 운영되려면 예산 지원과 더불어 학교에 들어가 선생님을 만날 수 있는 사람도 지원해야 한다.

학교 아지트 만들기 프로젝트[12]

☐ 학교명: 대덕초등학교
☐ 참여 기관명: 꽁냥장이 협동조합
☐ 프로젝트명: 학교 아지트 만들기 프로젝트
☐ 교육과정 연계 내용

학년	교과	단원	성취기준
5	실과	1. 나와 가정생활	· 여러 가지 일과 그 가치를 알고, 일을 분담해야 하는 이유를 이해한다. · 나의 역할을 찾아 실천하려는 태도를 기른다.
5	실과	4. 생활과 기술	· 일상생활에서 사용하는 다양한 제품을 통해 기술과 발명의 관계를 이해할 수 있다. · 다양한 재료를 활용하여 일상생활에 필요한 생활용품을 창의적으로 만들 수 있다.
6	실과	2. 나의 진로	· 일과 직업의 의미와 중요성을 알고, 여러 가지 정보 매체를 활용하여 다양한 직업의 종류와 특성을 파악하여 일과 직업에 대한 긍정적인 태도를 가질 수 있다. · 자기 자신의 이해를 바탕으로 스스로 진로를 탐색하고, 합리적인 의사 결정 과정을 통하여 자신에게 적합한 진로를 설계할 수 있다.
6	실과	5. 쾌적한 주거와 생활자원 관리	· 생활 쓰레기를 줄이고 올바른 분리·처리와 재활용을 통하여 자원의 낭비를 막고 쾌적한 주거환경을 유지하는 능력을 기를 수 있다.

---

12 대덕초등학교 이정윤 선생님이 학교-마을교육과정을 운영한 사례를 쓴 글이다.

□ 운영내용
- 기간: 2016.03.31. ~ 06.02. / 총 8회, 16시간
- 장소: 대덕초등학교 무지개실
- 참여 학년 및 인원: 5, 6학년 (총 25명)

□ 학교-마을 교육과정 참여 이유 및 필요성

담임교사가 거의 모든 과목을 가르쳐야 하는 초등학교의 특성상 교사가 모든 과목에 대한 전문적인 지식이나 기술을 갖추기는 매우 어렵다. 이 한계는 교사의 노력, 특히 수업연구로 보완해나가야 할 부분이지만 그 분야에 전문성을 가지고 있는 인력을 활용하는 것이 크게 도움될 때가 많았다. 그러나 그런 기회를 쉽게 잡기 어려웠다. 그런데 마침 교육지원청에서 학교-마을이 함께 만들어가는 교육과정 안내 공문이 왔다. 눈이 번쩍 띄었다. 여러 가지 학교-마을 교육과정 중에서 교육과정에서 제시하는 교과별 성취기준과 연관성이 크고 동시에 교사가 전문성을 갖기 힘든 부분에 대해 도움을 줄 수 있는 것을 선택했다. 동시에 아이들이 평소에 경험하지 못했던 것을 경험해볼 수 있고, 생활 속에서도 유용한 영역의 학교-마을 교육과정에 주목했다.

이러한 기준으로 살펴봤을 때 우리 학교에 가장 적절하다고 판단한 것은 꿈냥장이 협동조합에서 진행하는 '학교 아지트 만들기 프로젝트'였다. 마침 학교의 후관 건물이 신축되어 여유 교실이 생기면서 그 공간을 아이들의 아이디어로 채우고 싶다는 것도 큰 동기로 작용했다. 또한 학교 아지트 프로젝트에 포함된 공간디자인, 목공, 협업 등의 요소가 고학년의 특성과 합치되어 5, 6학년이 함께 수입할 수 있다는 점도 큰 장점으로 다가왔다. 최근 몇 년 동안 5, 6학년이 크고 작은 갈

등을 겪어와 학교에서 해결해야 할 문제 중 하나였는데, 이 학교-마을 교육과정을 통해 서로 긍정적으로 의존하며 힘을 모으는 것의 즐거움을 느끼게 되면 생활지도와 수업이 동시에 이루어질 수 있을 것이라 기대했기 때문이다.

☐ 학교-마을 교육과정 주요 내용
• 수업 전 활동

학교-마을 교육과정이 학교교육과정 운영에 긍정적인 영향을 주기 위해서는 수업 전에 5, 6학년 담임교사와 참여 강사가 수업 계획을 공유하고 이견을 조율해나가는 것이 중요하다고 생각했다. 학교-마을 교육과정이 아이들의 흥미를 불러일으키고 긍정적인 경험의 기회를 가져왔다고 해도 학교에서 운영하는 교육과정과 별개의 것으로 존재한다면 일회성 체험으로 그치고 말기 때문이다.

학교-마을 교육과정을 본격적으로 시작하기 이전에 5, 6학년 담임교사가 가장 먼저 한 일은 한 학기 교육과정의 흐름을 살펴보고 학교-마을 교육과정이 교육과정 속에 자연스럽게 녹아들 수 있는 공통적인 요소를 찾는 것이었다.

협의 결과 5, 6학년의 실과교육과정의 성취기준에 상호 연관된 요소가 있음을 발견했고 학교-마을 교육과정에서 제공하는 활동이 그 성취기준을 달성하는 데 도움을 줄 수 있을 것이라 판단했다. 이 프로젝트로 달성해야 할 목표, 성취기준과 연관되어 프로젝트 속에 포함되어야 할 활동의 요소를 협의하여 결정하고, 그것들이 프로젝트 과정에 잘 반영될 수 있도록 꿍냥장이 협동조합의 강사들과 논의했다.

• 수업 내용

시작은 프로젝트 진행의 성패를 가름하게 될 중요 요소인 '소통과 협업'의 가치를 공유하는 것이었다. 프로젝트를 통해 새롭게 꾸미게 될 우리의 공간(무지개실)을 탐색하고, 그 공간을 재구성하기 위한 아이디어를 함께 나누며, 앞으로 모든 작업에서 협업이 중요하다는 점을 이야기했다. 이 과정에서 강사들은 아이들의 소통 과정을 옆에서 지켜보며 원만한 의사소통을 돕는 피드백을 제공했다.

수업 중반부에는 아이들의 아이디어를 모아 실제로 공간을 구성하는 작업이 진행되었다. 간판 꾸미기, 가구 만들기, 그림 그리기 등으로 공간 재구성의 과제를 세분화하여 같은 과제를 선택한 아이끼리 팀을 이루어 협력하며 공간을 채워나갔다. 강사들은 전문적인 지식을 바탕으로 아이들의 투박한 아이디어를 다듬고, 또 생각의 폭을 넓혀주는 역할을 했다. 또한 목공 기구 다루기, 가구 제작 등에 관한 기술을 아이들에게 1:1로 지도하며 디자인과 가구 제작 과정을 지원했다.

공간이 어느 정도 채워진 수업의 후반부에는 우리가 만들어낸 공동의 공간을 어떤 방식으로 운영할지 생각을 모아보았다. 같은 아이디어를 가진 아이끼리 모여 제안서를 작성·발표하며 의견의 장단점을 살펴보았다. 아이들이 찾아낸 장단점을 기반으로 아이디어를 수정하고 보완하여 공간 활용의 최종 계획을 확정했다.

• 수업 후 활동

수업 후 활동은 크게 두 가지로 나누어 볼 수 있다. 첫 번째는 프로젝트 과정을 서로 피드백하며 반성하는 것이었다. 아이들은 프로젝트 과정에서 느낀 긍정적인 부분과 부정적인 부분을 기탄없이 이야기하며 서로 발전한 부분을 칭찬하면서 자신들의 성장을 기뻐했다.

두 번째 활동은 아이들이 정한 공간 활용의 계획에 따라 무지개실을 운영하는 것이다. 아이들의 의견에 따라 2학기 때에 이 무지개실은 실제로 매점으로 운영되었다.

☐ 학교-마을 교육과정 및 강사에게 도움을 받은 부분

수업을 준비하며 아이들이 경험하지 못했던 것들, 아이들의 삶에 도움이 될 것들을 연구하지만, 전문적인 지식이나 기술이 없는 상태에서는 활동 선택의 폭이 좁아 아쉬울 때가 많았다. 이번 프로젝트 수업을 통해 꽁냥장이 협동조합의 강사들로부터 가장 큰 도움을 받은 부분이 바로 이 점이다. 특히 실과 수업을 하며 공간디자인이나 목공에 관한 내용을 접하면 스스로 전문성이 부족함에 목마름을 느낀 경험이 많은데, 전문 강사의 경험과 지식이 그 목마름을 상당히 채워줬다고 생각한다.

자신의 경험을 바탕으로 공간디자인의 여러 가지 예를 들어주며 생각의 폭을 넓히거나, 가구를 제작할 때 안전 수칙과 기구 사용법을 가르친 것 등은 아이들에게 삶의 힘을 길러주는 데 크게 공헌했다고 생각한다. 또한 전문 강사들과 함께 수업하며 새로 경험한 것들은 교사로서의 전문성을 한 단계 신장시키는 데에도 많은 도움을 주었다.

☐ 학교-마을 교육과정에 대한 소감 및 의견
- 5학년 담임교사

꽁냥장이와 함께 학교-마을 교육과정을 여덟 번 진행했다. 실과는 5학년 아이들이 처음 접하는 과목인데도 학교-마을 교육과정을 통해

별 어려움 없이 즐겁게 수업했다. 아이들은 마을의 전문가에게 목공 도구 사용법을 배우고, 나무를 다루는 데에 필요한 기술도 많이 배웠다. 직접 나무를 자르고 못질하는 등 실습시간도 많이 가졌다. 이 수업은 분명 아이들에게 잊지 못할 경험이 되었을 것이다.

직접 노작 활동을 하며 아이들이 노동의 소중함과 필요성을 느낄 수 있는 학교-마을 교육과정이었다. 내년에도 우리 아이들이 과목의 목표에 맞는 학교-마을 교육과정을 체험할 수 있으면 좋겠다.

다만 교사가 학교-마을 교육과정의 조력자 역할밖에 할 수 없어 아쉬웠다. 교사가 학교-마을 교육과정을 정확히 이해하여 다양한 교과와 연계하여 수업한다면, 학생들에게 더 도움이 되는 학교-마을 교육과정이 될 것으로 생각한다. 이를 위해 교사와 학교-마을 교육과정 선생님들이 자주 만나 내용을 공유하고 수업의 어느 부분에 활용하면 좋을지 이야기하는 과정이 더 많이 필요하다.

- 6학년 담임교사

꿈낭장이 협동조합에서 진행하는 프로젝트를 평소 학교 수업에서 실현하기에는 시간, 예산 등이 부족했다. 그런데 완주교육지원청의 학교-마을 교육과정의 도움을 받아 어려운 여건 속에서 이를 진행할 수 있었다.

아이들에게 도움을 주기 위해 항상 노력해주신 마을교육과정에 참여한 강사분들께 감사드린다. 이번 프로젝트를 통해 내 수업을 도와줄 사람들이 마을에 많이 있다는 것을 알았다. 다만 내가 적극적으로 찾지 않았을 뿐이다. 그동안 수업을 준비하면서 '시간이 부족하나, 예산이 없다'와 같은 변명거리를 찾으며 현재에 안주하려 했던 나 자신을 냉정하게 볼 수 있는 귀중한 시간이었다. 스스로의 힘으로 프로젝트를 이끌어가는 아이들을 보며 아이들을 성장시키는 것은 역시 기다림과 믿음이라는 생각을 다시 한 번 새기게 되었다.

- 학교-마을 교육과정에 대한 총평

5, 6학년의 실과와 창의적 체험활동의 진로 활동과 생활안전을 학생들이 실제로 배우는 기회였다. 실과 교육의 목표인 노작의 기쁨을 아는 것과 진로교육의 목표인 다양한 일의 세계를 직접 체험하고 탐색할 수 있었다는 점에서 이번 학교-마을 교육과정 '학교 아지트 만들기' 프로젝트는 성공적이었다.

공간을 직접 기획·제작하고 운영하면서 아이들의 자율적인 학습 능력이 높아졌고, 이에 따라 아이들에게서 '해보고 싶다'는 의지가 생겨나는 것을 보았다. 학습 무기력이 요즘 교육의 심각한 이슈인데, 이런 점에서 '학교 아지트 만들기 프로젝트' 수업은 프로그램의 내용이나 수업 방법에서 시사하는 바가 크다.

'남는 교실을 어떻게 사용할까?'

아이들은 프로젝트를 수행하는 과정에서 자연스럽게 공동체의 구성원으로서 문제를 해결하는 방식을 배웠다. 예를 들면, 유휴 공간을 재구성하는 아이디어 모을 때나, 만들어 낸 공간의 활용 방안을 협의할 때 민주적 의사소통 절차라는 딱지를 붙이지 않아도 충분히 의견을 나눌 수 있었다. 공간 구성은 혼자 할 수 없는 문제여서 여러 사람의 생각과 힘을 모아야 했다. 이 과정에서 말로 가르치지 않아도 자연스럽게 협력하는 과정을 체득하고, 또 다른 사람과 조화를 이루며 살아가는 삶의 방식을 배웠다고 생각한다.

아이들은 직업을 직접 접할 기회가 적다 보니 다양한 직업의 세계를 알 수 없다. 아이들이 학교-마을 교육과정으로 지역 문화예술에 대한 이해의 폭을 넓히게 되었고, 이는 시간이 지나 아이들이 직업을 선택할 때 큰 자양분이 되어주리라 생각한다.

학교-마을 교육과정은 일선 현장의 교사에게는 교육활동 선택의 폭을 넓히는 하나의 방법이 될 수 있다. 해당 분야의 전문성을 가진 지역 인사와의 협업 경험을 통해 교사는 자신이 이전에 경험하지 못했던 새로운 영역을 교육 현장으로 끌어올 수 있는 수업디자인 능력이 향상될 것이다. 교육에 대한 열린 마음과 전문적인 지식을 갖춘 지역 인사들에 대한 정보가 데이터베이스화되어 교육 현장에서 더욱 활용될 수 있으면 하는 바람이다.

소통이 줄어들고, 갈수록 이웃과 관계를 맺지 않으며, 서로 불신의 늪에 빠져가는 현대사회에서 학교-마을 교육과정은 다시금 우리 사회의 공동체에 관계의 싹을 틔우고, 연결망을 조직하는 첫 발걸음이 되었다.

학생들을 위해 학교와 지역사회가 협업을 하게 되었다. 8회기 16시간의 길지 않은 시간이지만, 학생들이 만난 마을의 아저씨와 언니, 형은 늘 만나는 선생님과는 다른 느낌이었을 것이다. 학생들이 마을협동조합 사람들과 만나며 마을과 세상을 보는 눈이 얼마나 넓어졌을지, 어떻게 바뀌었을지 궁금하다.

2장

교육기부,
오히려 아이들에게 배우다

마을선생님

마을 주민이나 학부모 중에 기관이나 단체에 소속되어 있지는 않지만, 역량이 있는 사람이 많다. 분야도 다양하다. 이들이 가지고 있는 소중한 경험과 전문성을 학교를 지원하는 데 활용하고 싶었다. 그래서 우리는 이들을 마을선생님으로 발굴하여 학교에 연결해주었다.

마을 주민과 학부모 중에 학교를 지원할 수 있는 사람을 모집하여 일정한 절차를 거쳐 마을선생님으로 인증해주고, 이들이 학교교육과정 운영과 수업 지원 등에 참여할 수 있도록 했다. 마을선생님을 교육기부 형태로 운영하면서 워크숍을 열어 전문성을 키우고, 우리와 방향을 함께 하도록 많은 이야기를 나누었다.

로컬에듀 학부모 집행부 회의에서 마을선생님의 취지와 운영 방향을 설명했더니 모두 좋아했다. 많은 학부모가 이미 방과후 강사, 교통봉사, 급식봉사 등과 같이 다양한 형태로 학교교육과정 운영을 지원하고 있었다. 사실 학교는 사람이 필요하다. 급식이나 교통봉사와 같은 비공식적인 참여 방식을 마을선생님이라는 공식적인 영역으로 끌어오는 것은 학교와 지역이 함께 간다는 측면에서 큰 의미가 있을 거라며 기뻐했다.

폐쇄적인 면이 있어서 학부모와 지역주민의 참여를 달가워하지 않는 학교도 있는데, 교육지원청에서 학교와 마을을 연결해주면 학부모들이 한결 더 쉽게 학교로 들어갈 수 있을 것이라고도 했다. 무엇보다도 마을선생님이라는 공식 직함이 있으면 학교에 들어갔을 때 자부심과 긍지도 가질 수 있을 것 같아 매우 바람직한 일이라며 적극적으로 응원했다.

마을선생님을 모집하다

우리는 학부모들의 열띤 지지와 성원에 고무되어 마을선생님을 추진했다. 먼저, 학교로 공문을 보내 모든 가정에 안내문을 발송하고 SNS 등을 활용하여 마을선생님의 의미와 취지에 대해 홍보를 부탁했다. 이와 함께 교육지원청과 완주군청 홈페이지에서도 마을선생님 모집을 적극적으로 알렸다.

교과 및 학습더딤 지도, 특기적성, 지역사회 이해, 진로직업 체험, 도서관 및 기타 등 7가지 분야로 나누어 신청을 받았는데 86명이 신청했다. 마을선생님은 원주민과 새로 이주한 주민, 학부모 등 구성이 다양했다.

원래 완주에서 살던 주민들은 지역에서 오랫동안 살아왔기 때문에 지역에 대한 이해가 깊다. 따라서 그들은 지역사회 이해와 직업체험 지원 분야 등에서 강점이 있었다. 도심에서 새로 이주한 주민들은 학력이 높고 다양한 시민사회운동 경험이 있어 교과 및 학습더딤, 특기적성, 진로교육 분야에 강점이 있었다. 특별한 기술이나 전문성이 없는 학부모와 주민은 교통, 급식, 도서관 운영 등에서 열정을 발휘할 수 있도록 길을 열어놓았다.

❖ 마을선생님 활동 분야
1. 국어, 영어, 수학 등 정규 교과수업 지원 분야
2. 그림책 읽어주기, 한글 지도 등 더딤 학생 지도 분야
3. 음악, 미술, 체육, 놀이 등 특기적성 지도 분야
4. 문화, 역사, 민요, 옛이야기 등 지역사회 이해 분야
5. 진로직업 체험 및 직업 이해 분야
6. 사서 및 독서지도 등 도서관 운영 분야
7. 경험, 열정을 활용할 수 있는 기타 분야

신청자 대부분이 7가지 분야 가운데 2~3개를 신청했다. 심지어 7개 분야 전체를 희망한 사람도 있었다. 학교를 지원하는 데 자신을 불러만 준다면 내용과 방법을 가리지 않고 달려가겠다는 의지가 보였다. 아이들을 제대로 키우는 일에 관심이 있고, 언제든 같이할 마음의 준비가 되어있음을 확인할 수 있었다.

2014년도에 로컬에듀 운동을 처음 제안했을 때도 가장 든든한 후원자는 학부모였고, 이분들은 완주군청과 치열한 협의 과정에서 큰 역할을 했다. 완주 학부모와 지역주민의 열정을 다시 한 번 확인할 수 있었다. 이미 학원이나 학교의 방과후활동에서 강사로 활동했거나 지금도 활동하고 있는 사람도 많았다. 충분히 대가를 받고 활동할 수 있음에도 순수 교육기

부인 마을선생님에 참여한 것 하나만으로도 박수받을 일이다.

마을선생님에 참여한 분들은 연령, 거주 지역, 직업, 경험 등에서 매우 다양했다. 30대의 젊은 학부모와 노련한 경험을 가진 60대 학부모도 있었다. 지역에서 태어나서 한 번도 마을을 떠나지 않은 원주민도 있었고, 서울에서 살다 남편을 따라 혁신도시로 이사 온 사람도 있었다. 가정주부, 학원 강사, 퇴직을 한 달 앞둔 교사, 공무원 등 남녀노소, 지역, 직업을 불문하고 학교를 지원하고, 아이를 돌보는 데 주저함이 없었다. 완주에서 아이를 키우면서 학교와 지역사회로부터 많은 도움을 받았는데 자신도 다른 사람에게 재능을 나눠주고 싶다는 사연도 있었고, 그동안 학교에 들어가서 일정한 역할을 하고 싶었으나 쉽게 기회를 잡지 못해서 아쉬웠는데 좋은 기회를 줘서 감사하다는 사람도 있었다.

그동안 방과후 강사 활동을 하면서 여러 초·중·고등학교에서 마음이 멍들어 있는 아이, 힘들어서 금방이라도 쓰러질 것 같은 아이들을 만났습니다. 이 아이들의 입장에서 이야기를 들어주고, 지지해주며, 자신들이 발견하지 못한 무한한 능력을 미술 심리 상담을 통하여 볼 수 있는 마음의 눈을 뜨게 해주었는데 정말 보람이 있었습니다. 내가 살고 있는 완주의 아이들을 응원하고 싶고, 돕고 싶은 마음으로 참여하게 되었습니다.

저는 서울에서 살다가 삼례로 내려왔습니다. 우리 아이가 공부만 가르치는 도시 학교를 숨 막혀 해서 조금은 자유로운 시골 학교로 내려오게 되었는데 아이들을 학교에 보내고 남는 시간을 학교와 선생님을 돕는 일에 사용하고 싶습니다. 그리고 우리 아이처럼 학습에 어려움을 겪는 아이들을 엄마의 마음으로 도와주고 싶어 지원했습니다.

신청서와 프로그램 운영계획서를 참고하여 최종적으로 66명을 선정했다. 이들을 대상으로 로컬에듀와 마을선생님의 역할이라는 주제로 워크숍을 진행했다. 교육장이 한 사람씩 일일이 위촉장을 주면서 진심 어린 감사의 말을 전했다. 지난 2년 동안의 로컬에듀 내용과 마을선생님의 활동 방향에 대해서도 안내했다. 이들은 마을공동체 복원이라는 거대 담론을 이해하면서 매우 뿌듯해했다.

이어서 도봉구 교육담당보좌관인 박동국 선생님으로부터 도봉구 마을학교 운영사례도 들었다. 이미 노원구, 도봉구 등 서울 일부 지역에서는 마을의 교육전문가가 학교와 활발하게 소통하고 있었다.

도봉구에서도 학교교육과정을 지원하기 위하여 마을 교사를 운영하는데 그곳에서는 시간당 3만 원 정도의 강사비를 지급한다고 했다. 반면 완주는 교육기부를 원칙으로 하되 지역이 워낙 넓기 때문에 하루에 1만 원 정도의 교통비를 지급하는 것을 검토하는 때였다. 마을선생님을 보다 내실 있게 활용하고, 지속성을 담보하려면 언제까지나 참여자들의 희생과 헌신에만 의존할 수 없다. 노동에 대한 정당한 대가는 당연히 보장되어야 한다. 깊이 고민할 부분이다.

워크숍 이후 마을선생님 인력풀을 학교에 안내했다. 마을선생님이 직접 작성한 소개 자료와 함께 10차시 정도의 활동계획서를 보내주었다. 교육지원청에서는 성범죄 기록을 조회해서 마을선생님들이 학교에 들어갔을 때 학교가 특별한 절차를 거치지 않고도 바로 활용할 수 있도록 했다. 교통비도 학교에서 월별로 활동한 현황만 메신저로 보내면 완주진로교육지원센터에서 지급했다.

학교에서는 마을선생님 인력풀을 바탕으로 학교교육과정과 수업, 또는 선생님의 다양한 교육 활동에 적합한 분에게 개별적으로 연락하여 충분히 협의했다. 학교의 필요와 마을선생님의 상황이 맞아떨어지면 교육지원청에 통보하고 활용하면 된다.

우리가 지역자원을 애써서 발굴했으니 학교에서 이를 활용하라고 강제해서는 안 된다. 그런 방식은 일시적으로 효과를 볼 수 있으나 오히려 선생님들이 마음의 문을 닫게 한다. 선생님들이 적절히 활용할 수 있도록 기다려주고, 주변 여건과 상황을 만들어주면 된다. 모든 과정을 철저하게 학교 중심, 선생님 중심으로 진행해야 한다. 그러다 보니 마을선생님으로 등록해놓고도 학교와 매칭이 되지 않은 분이 상당히 있다. 이분들에게 늘 미안한 마음이 있으나 어쩔 수 없는 일이다.

지금 완주 진로교육지원센터에서는 학부모들이 음악 줄넘기를 배우고 있다. 온누리살이 협동조합에서는 마을 청년들이 진로 지도자 과정을 이수하고 있다. 교육지원청이 예산을 지원하여 학부모들이 목공을 배우고 있다. 이분들은 모두 마을선생님이나 학교-마을 교육과정에 강사로 참여해 교육과정 운영과 수업에 도움을 줄 것으로 기대하고 있다.

우리는 지역과 학교가 협력하여 지역에서 아이들이 바르게 성장할 수 있도록 하는 로컬에듀를 실현하고자 한다. 여기에는 많은 예산, 인력, 자원, 프로그램, 시설 등이 필요하다. 이에 완주군과 함께 혁신교육특구를 공동으로 운영하면서 힘과 지혜를 모으고 있다. 그러나 예산이 넉넉하고 자원이 풍부하다고 해서 해결되지는 않는다. 내 아이가 아니라 우리 모두의 아이를 키우겠다는 진정성과 열정이 동반되어야 한다. 이런 맥락에서 마을선생님은 우리가 나아가고자 하는 완주교육의 질적인 변화와 성장에 촉매제 역할을 할 것이다.

홈페이지에 마을선생님 인력풀을 구성하여 안내하다

2017학년도에는 마을선생님의 운영 방향이 다소 변화될 것이다. 새롭게 구축한 로컬에듀 플랫폼 홈페이지에 마을선생님들이 자신의 경력과 전문성을 등록하는 것이다. 그리고 특별한 분야의 지도 역량을 가진 마을선생님들이 자신들이 지도할 수 있는 프로그램을 등록하면 학교가 이를 적절히 활용하는 것이다. 학교와 마을선생님이 협의하여 활동을 시작하면 완주진로교육지원센터에서 예전처럼 하루에 1만 원 정도의 강사비를 지급한다.

지금까지는 마을선생님을 교육기부로만 운영했는데 유료로도 참여할 수 있게 했다. 교육기부인지, 유료강사인지는 마을선생님과 학교가 상황에 맞게 선택할 것이다. 또한 지역에서 활동하고 있는 모든 방과후 강사가 마을선생님으로 활동할 수 있도록 길을 열어 놓았다. 홈페이지에 일종의 방과후 강사 인력풀을 구축하고 학교가 이를 활용하는 것이다.

많은 농산어촌 학교가 방과후 강사를 확보하지 못해 발을 동동거리고 있는 실정이다. 방과후 강사들이 시간당 30,000원 정도의 강사비로는 오려고 하지 않기 때문이다. 또한 방과후 강사를 학교가 공유하지 않아서 어떤 학교는 강사가 넘치고, 어떤 학교는 강사가 부족한 경우도 많다. 지역 내에 이들에 대한 정보를 공유하는 최소한의 네트워크도 없다. 그래서 로컬에듀 플랫폼 홈페이지를 통해 각 학교에서 활동하고 있는 방과후 강사 풀을 공유하려고 한다.

[가르친 것보다 배운 것이 더 많습니다]
지난 1년 동안 전통미술과 공예 분야의 마을선생님으로 활동했습니다.

운 좋게도 여러 학교에서 수업할 기회가 주어졌습니다. 한 시간 수업을 위하여 적어도 1~2주 전부터 준비하면서 참 많이 설레고 기뻤습니다. 수업을 하면서도 아이들과 즐거운 시간을 보낼 수 있어 보람도 많았습니다.

그동안 로컬에듀 학부모 활동을 하면서 그래도 조금은 학교를 알고 있다고 생각했는데, 막상 현장에 직접 들어가 보니 생각한 것과 매우 달랐습니다. 학교는 학부모와 지역의 도움이 정말 많이 필요했습니다.

마을선생님에 많은 학부모님과 지역주민이 함께 참여하셨으면 하는 생각이 들었습니다. 학교에 들어와 보면 학교와 아이들을 바라보는 시선이 긍정적이고 따뜻한 눈빛으로 바뀔 것입니다.

저는 아이들을 가르쳤지만 정작 아이들에게 배운 것이 더 많았습니다. 내가 가진 재능을 나누면서 나 자신이 많이 성장하는 것을 보고 놀랐습니다. (마을선생님으로 활동한 박정일 학부모님)

2016년도에 기초학력과 평가 업무를 담당하게 된 나는 촉을 곤두세우며 새로 맡은 사업의 정보를 여기저기서 수집해야만 했다. 여기에다 전임자가 신청한 '두드림학교 사업'이 선정되어 사업설명회와 컨설팅에 참여하는 등 정신이 없었다.

내가 생각한 기초학습 극복을 위한 최선의 방책은 '1대1 맞춤형 지도'였다. 학기 초 진단검사를 실시한 결과 기초학습 더딤아는 4명이었다. 이 아이들은 오랜 시간 더딤이 누적되어 자신감이 없었고, 학년이 올라갈수록 더딤 정도가 심해지고 있었다. 이 아이들을 위해 1:1 개별지도를 연중 운영하기에는 사람도 없었고, 학교 예산도 턱없이 부족했다.

그 무렵 완주교육지원청에서 실시하는 마을선생님 참여 공문이 왔다. 마을선생님 목록을 참고하여 강사를 직접 섭외한 후 활용하라는 내용이었다. 그 목록에는 마을선생님의 분야와 내용이 200페이지가량 깨알 같이 적혀 있었다. 나는 정신없이 그 목록을 훑어보았다.

교육지원청에서 마을선생님의 신분을 보장했기 때문에 학교에서는 공고나 그 어떤 절차 없이 활용이 가능한 점이 가장 좋았다. 예산도 교육청에서 소액의 교통비만 지급하는 형태의 교육기부였기에 학교에서는 아무 부담이 없었다. 마을선생님은 내 걱정을 한 방에 날려버리고 신념을 지켜낼 수 있는 신의 한 수였다.

설레는 마음으로 세부사항을 읽어가며 아이들에게 적합한 선생님을 찾았다. '기초학력 분야'라고 쓰여 있는 박진영 마을선생님이 눈에 띄었다. 익산에 거주하며 삼례, 봉동까지만 가능하다고 기재되어 있었다. 그래도 우리 학교 사정을 이야기하며 간곡히 부탁드릴 생각으로 전화 연락을 했다. 그런데 흔쾌히 소양도 가능하다고 했다. 횡재했다는 생각이 들었다.

우리 아이들을 위해 맞춤 주문한 듯 그 선생님은 방과후학교에서 수학을 가르쳤다고 했다. 특히 창의놀이 교구를 활용하여 수학에 친숙하게 다가설 수 있는 활동을 많이 했다고 했다.

마을선생님으로부터 수업을 받을 아이는 두 명이었다. 한 아이는 5학년 남자아이로 기초연산이 능숙하지 못하고 분수, 소수 개념이 불분명하여 해당 학년의 수학을 전혀 따라가지 못하여 3학년 수학부터 다시 배워야 했다. 또 한 아이는 6학년으로 체조선수였는데 운동을 해서 그런지 학습더딤 정도가 심했다.

두 아이의 지도 시간을 확보하기 위해 우선 5, 6학년의 수학 교과 시간을 매주 화요일, 금요일 3~4교시 블록으로 묶었다. 해당 학생들의 부모님께 동의를 얻은 후 지도를 시작했다. 또한 학교 행사로 인해 수학 시간이 빠지지 않도록 하기 위해 행사를 미루거나 다른 날로 바꾸기도 했다.

아이들은 3, 4학년 수학 교과를 열심히 공부했다. 4월 말부터 그 이듬해 1월까지 방학도 쉬지 않고 지도해서 3학년과 4학년 수학 과정을 모두 마쳤다. 안타깝게도 완주교육지원청에서 지원하는 마을선생님 사업이 12월 중에 마감되어 겨울 기초학력 캠프는 학교 자체 예산으로 운영했다.

아이들은 이제 수학이 두렵고 싫지는 않다고 한다. 다만 어려울 뿐이다. 그러나 누군가가 옆에서 계속 도와준다면 이 아이들은 또다시 책상에 앉아 연필을 쥐고 숫자를 쓰고 계산을 할 것이다. 더 이상 수학을 피하거나 도망가지 않고 말이다. 마을선생님의 도움이 없었다면, 학교에서 아이들을 이만큼 성장시킬 수 있었을지 의문이다. 아이들을 위해 가방에 수제 소라 과자를 넣어 오시는 그분의 자상함과 성실함이 있었기에 아이들이 포기하지 않고 지속적으로 학습하는 방법을 터득하고 습관을 형성했다

이 글을 쓰고 있는 지금은 두드림학교 운영사업과 모든 기초학력 프로그램이 종료된 상태다. 홀가분한 마음으로 컴퓨터 앞에 앉아 있는데 불현듯 조급함이 밀려온다. 2017학년도에도 우리 아이들을 위해 기초학습지도를 함께 해줄 마을선생님을 찾아야 하기 때문이다. (마을선생님을 기초학력 지도에 활용한 소양초등학교 이금옥 선생님)

어깨동무 멘토링 교육봉사

초·중·고 아이들과 나이 차이가 그리 나지 않는 대학생을 활용하여 학습더딤 학생을 지원하기로 방향을 잡았다. 대학생이 교원자격증을 받으려면 교직과정을 이수하는 것과 더불어 교육봉사 활동을 60시간 이상 해야만 한다. 교육봉사는 유·초·중등학교 또는 특수학교에서 학습보조 등

교육과 관련된 활동을 해야 받을 수 있다. 이는 학생을 직접 만나는 경험을 통해 예비교원으로서 올바른 교직관과 사명감을 키우는 데 목적이 있다. 그러나 이런 목적과는 달리 대부분의 교육봉사는 학교에서 기회를 잡기도 어려울 뿐만 아니라, 학교로 들어간다고 하더라도 학습과는 거리가 먼 청소나 허드렛일, 도서나 서류정리 등을 하는 경우가 많다.

우연한 기회에 전북대학교 사범대학 학장을 사석에서 만난 일이 있다. 이 자리에서 완주교육지원청이 지역의 어려운 아이들을 지원하기 위한 방법으로 교육봉사를 활용할 계획이 있다고 말했다. 전북대학교 사범대학이 교육봉사 활동이 가능한 대학생을 추천해주면 완주 관내의 학교에 재학하고 있는 초·중·고등학생을 연결해주는 방식을 계획하고 있다고 덧붙였다.

그러자 이번 제안은 완주교육지원청보다 전북대학교 사범대학에 더욱 의미 있는 일이라면서 반가워했다. 현실적으로 대학생이 교육봉사 활동을 할 수 있는 마땅한 학교를 찾기가 여간 어려운 일이 아니었기 때문이다. 사범대학이 이런 현실을 알고도 마냥 학생에게만 맡겨놓을 수 없어서 해결 방법을 찾고 있었다고 했다.

대화를 나누면서 대학생들에게는 교육봉사의 기회를 주고, 아이들에게는 언니, 오빠들과 함께 공부하면서 공부 이외의 유대감을 형성할 기회를 줄 수 있을 거라는 기대를 하게 되었다.

완주 관내 학생들이 대학생으로부터 1:1로 교과학습 지도, 한글 문자 및 문해력 향상, 특기적성과 관련된 지도를 받는다면 연령대가 비슷하여 공감대를 형성하기 쉬워서 학습도 잘 이루어질 것이라고 보았다. 대학생들 역시 형식적인 교육봉사의 한계를 극복하고 아이들을 직접 만나는 경험을 통해 예비 교사로서의 전문성과 사명감을 함양하는 데 도움을 받고,

또한 교원자격증을 획득하는 데 꼭 필요한 교육봉사 60시간을 이수할 수 있어 서로에게 좋은 일이라고 생각했다.

대학생 어깨동무 교육봉사는 기본적으로 교육기부의 형태로 운영해야 하나, 완주가 전주를 둘러싼 상태로 넓게 분포하고 있기 때문에 실비 수준의 교통비를 지급하기로 검토했다. 대학생들의 학생지도 전문성 신장을 위한 다양한 연수와 워크숍을 지원하고, 학습에 필요한 기본적인 교재와 물품도 지원했다.

❖ 대학생 어깨동무 교육봉사 신청 분야
- 국어, 영어, 수학 등 학습더딤 학생 지도 분야
- 그림책 읽어주기, 한글 지도 등 문자 지도 분야
- 음악, 미술, 체육 등 특기적성 지도 분야

관내 학교에 대학생 어깨동무 교육봉사 안내문을 발송하고 신청을 받았더니 20여 개 학교에서 86명의 학생(초등 73명, 중등 13명)이 참여하고자 했다. 삼례 지역의 어느 초등학교에서는 40여 명이나 신청했다.

학교 신청을 받는 것과 동시에 전북대학교 사범대학과 업무협약을 체결했다. 전주교육대학교에도 연락을 했으나 협의가 잘 이루어지지 않아 아쉬웠다. 관내 초등학교에서 신청자가 많아 새로운 학기가 시작되면 교대 학생들이 참여할 수 있도록 다시 접촉해볼 생각이다.

업무협약 체결 후 전북대학교 사범대학 교육봉사 설명회에 갔다. 학교 측의 배려로 대학생들에게 직접 설명할 기회가 있었다. 대체로 이날 설명회 분위기는 좋은 편이었다. 그러나 대학생늘이 적극적으로 참여할 것이라는 생각과는 달리 전북대학교에서 보내온 참여 인원은 13명에 불과했다. 처음부터 대규모로 진행할 생각은 없었지만 초, 중, 고에서 신청한 인원에 비해 너무 적었다. 완주지역의 특성으로 인해 전주와 거리가 너무 멀고 이에 따라 대중교통을 이용해야 하는 어려움 때문에 신청하지 못한 것 같았다.

로컬에듀는 관내 중학교 지원에 초점을 두었기 때문에 중학생 위주로 매칭했다. 초·중·고 학생이 원하는 분야와 과목을 중심으로 대학생의 일정과 시간에 맞게 매칭을 했는데 여러 가지 변수가 많아 쉬운 일이 아니었다. 그 과정에서 대학생들의 수업 시간과 일정 조정이 되지 않는 경우도 있었고, 대중교통을 이용해야 하는 학생의 경우 교통의 불편함을 호소하기도 했다. 또한 중등이 1대 1 매칭이 아닌 경우도 있어 대학생이 초등을 맡아야 하는 경우가 생겼는데 초등보다 중등을 선호한다고 하면서 포기하는 경우도 있었다.

전북대학교에서 참여하는 학생이 너무 적어 완주군 삼례 지역에 있는 우석대학교와도 어깨동무 멘토링 교육봉사를 추진했다. 어쩌면 우석대학교와의 협력은 지역교육 자원을 활용한다는 맥락에서 로컬에듀의 정신과도 맞닿아 있었다.

우석대학교 역시 이번 교류가 교육봉사 활동을 개선하는 데 많은 도움을 줄 수 있다면서 매우 적극적으로 참여했다. 우석대학교는 지역에 있는 대학이라 대학생 교육봉사만 아니라 진로직업체험 지원, 자유학기 지원 등과 같은 폭넓은 분야의 업무협약을 체결했다. 이를 바탕으로 우석대학교에서는 13명의 학생을 추천해주었다. 전북대학교와 같은 방식으로 매칭해주었지만 대중교통의 어려움, 활동시간 조정 어려움 등으로 최종적으로는 8명이 참여했다.

어깨동무 멘토링 교육봉사에 참여한 대학생 18명과 만남의 시간을 가졌다. 여기에 어깨동무 교육봉사에 참여한 동기, 아이의 상황과 느낌, 구체적으로 어떤 활동을 하는지 등 많은 이야기를 나누었다. 어떤 학생은 집에서 무려 버스를 세 번이나 갈아타고 두 시간 정도 걸려서 초등학교에 찾아간다고 했다. 그렇게 먼 거리라면 다소 무리가 되지 않겠느냐며 걱정을 표하자 그 시간에 아이들을 어떻게 만날지 생각하면서 가기에 오히려 좋은 시간이라고 했다.

처음에 중2 남자 학생을 만난다는 것을 알았을 때 걱정을 많이 했다. 걱정과 달리 순수한 마음을 가진 아이였는데 나를 열렬히 반겨주어 기뻤다. 만날 때마다 지난 일주일 동안 무엇을 하고 지냈는지 이야기를 하며 관계가 더 돈독해졌다. 그런 과정에서 아이의 상황에 대해 잘 알 수 있었는데 할머니와 지내며 혼자 보내는 시간이 많아 외로움을 느끼고 있었다. 겉으로는 밝고 씩씩하지만 내면이 쓸쓸해 보여 더욱더 많은 관심을 가지고 학생에게 힘이 되어야겠다고 생각했다.

영어 수업도 중요하지만, 학생에게 좋은 멘토가 되었으면 하는 바람에 꿈이 무엇인지 물어보았다. 그림에 큰 관심을 가지고 있고 앞으로 디자이너가 되고 싶다고 했다. 실제로 영어 교과서에 낙서한 그림들을 보며 수준급이라고 생각했다. 그러나 아이는 디자이너가 되기 위해서는 어떠한 길을 가야 하고 어떠한 노력을 해야 하는지 명확하게 모르는 것 같았다. 나도 학교 다닐 때 미술을 좋아했었다. 그래서 아이의 꿈을 응원하고 앞으로 이 아이가 훌륭한 디자이너가 될 수 있도록 도와주는 멘토가 되면 좋겠다는 생각을 했다.

완주는 전주에서 멀리 떨어져 있기 때문에 대학생들이 많이 불편해했다. 그 불편을 조금이나마 덜어주고자 하루 10,000원 정도의 교통비를 지급했다. 큰 금액은 아니지만, 대학생들에게는 나름 도움이 되었을 것으로 기대한다. 대학생이 어깨동무 교육봉사 진행 후 담당 교원이 교통비의 근거가 되는 대학생 월별 활동 현황을 작성하여 진로교육지원센터에 발송하면 진로교육지원센터에서 지급하는 방식으로 진행되고 있다.

2016년도에 대학생 18명과 29명의 초·중학생이 대학생 어깨동무 교육봉사에 참여하여 뜻깊은 시간을 만들어갔다. 사례나눔을 들어보니 대학생들은 실질적인 교육봉사의 기회와 경험을 가질 수 있어 남다른 의미가 있다는 말을 많이 했다. 아마 이러한 과정을 통해 그들은 예비교원으로서 학습에 어려움을 겪는 아이들을 만나 그들을 어떻게 이해하고 지원할지 고민하고 실천해보는 소중한 경험을 했을 것이다.

대학생 어깨동무는 비록 생각보다 규모가 그리 큰 편은 아니었지만, 의미 있는 첫걸음을 떼었다고 생각한다. 내년에는 더욱 많은 대학생과 초·중·고등학생이 참여할 것이라고 믿는다.

어깨동무 교육봉사를 시작할 때 나는 학습더딤을 극복하는 데 조금이나마 도움을 주었으면 하는 마음이었다. 그런데 학습더딤을 넘어 아이와 소통하면서 외롭고 힘든 아이들의 마음도 함께 다독여주고 있었다. 학생들이 봉사를 마치고 보낸 후기를 읽으면서 나도 모르게 눈시울이 뜨거워졌다. 분명 이런 시간을 거쳐 간 대학생들은 좋은 교사가 될 것이다. 함께 시간을 보냈던 아이는 학창시절에 따뜻한 한 사람을 만난 덕분에 조금 더 힘을 내서 세상을 살아갈 것이다.

참 미안합니다[13]

처음 대학생 어깨동무 멘토링에 참여하게 된 동기는 교육봉사 학점을 이수하겠다는 목적이 강했습니다. 교육봉사를 구하는 학교도 많지 않고, 또 교육봉사의 취지에 맞는 활동을 하는 곳은 찾아보기 힘들어 어려움을 겪던 중 이 프로그램을 알게 되어 신청을 했습니다. 사실 잘 찾아보면 쉽고 빠르게 봉사 시간을 채울 수 있는 업무지원이나 시험 감독 봉사 등이 있었지만, 나중에 교사가 되었을 때 도움이 될 진정한 의미의 교육봉사를 하고 싶어 참여하게 되었습니다.

하지만 성배(가명)를 만나다 보니 지금은 학점을 따기 위한 교육봉사 활동이라기보다는 남동생이 생긴 것 같은 기분입니다. 성배와 공부만 하는 것이 아니라 고민이나 친구 문제 등을 이야기하며 즐겁게 지내고 있습니다. 앞으로도 남은 기간 제가 학생에게 도움을 줄 수 있는 부분을 최대한 더 찾아서 도와주고 싶다는 생각을 하고 있습니다.

성배는 가정형편이 좋지 않아서 부모님과 떨어져 보육원에서 살고 있습니다. 어릴 때부터 한글을 읽지 못했던 것은 아니지만, 초등학교에 들어간 이후로 흥미를 아예 잃었다고 합니다. 기본적인 한글 교육을 받지 못한 상태에서 학교에 들어가면서 선생님들에게 글을 읽지 못한다고 꾸지람을 듣는 일이 잦았다고 합니다. 그것이 일종의 트라우마가 되어서 한글 읽기를 포기했다고 합니다.

한글을 제대로 읽지 못하다 보니 국어 교과뿐만이 아니라 전 과목

---

13 어깨동무 멘토링에 참여한 대학생이 쓴 글이다

에서 학업성취도가 많이 떨어지는 상황입니다. 한글을 제대로 배워보고 싶어 하는 마음은 있지만, 집중력이 약해서 공부 시간이 길어지거나 내용이 조금만 어려워져도 금방 포기하곤 합니다. 또, 한글을 읽지 못해서 또래 친구들과 핸드폰이나 컴퓨터를 이용한 소통이 힘들기 때문에 종종 소외감을 느끼곤 합니다. 수업 시간에는 늘 그림을 그리거나 친구가 필기한 내용을 베끼면서 시간을 보낸다는 이야기를 들은 후에는 안타까운 생각이 들었습니다. 그래서 정규 수업은 아니지만 내가 할 수 있는 한 최선을 다해서 한글을 익힐 수 있도록 도움을 주어야겠다는 생각이 들었습니다.

성배는 특히 받침이 있거나 된소리 글자에 약한 모습을 보입니다. 두 학기에 걸쳐서 받침 글자를 가르쳤지만, 아직도 많이 헷갈린다고 합니다. 긴 문장이나 이야기에는 쉽게 질려 하고 어려워해서 보통 2시간 수업을 하면 1시간은 한글 공부를 하고, 나머지 1시간은 이야기를 들려주거나 좋아하는 활동을 하게 합니다.

성배는 미술을 좋아해서 그림을 그리고 설명을 쓰게 하거나, 그림에 있는 것들을 단어로 쓸 수 있도록 하고 있습니다. 학교 선생님께서 쓰기보다는 읽기를 중점적으로 지도해달라고 요청하셔서 동화의 내용을 그림으로 표현할 수 있는 책을 읽으면서 즐겁게 수업을 하고 있습니다. 또 가끔은 한글 게임을 하고 있습니다. 칠판에 한글 자음을 적어두고 어떤 단어인지 힌트를 주고, 맞추는 게임을 합니다. 지금은 총 4단계로 되어있는 한글책 중에서 3단계를 진행하고 있고, 한글 그림카드를 이용해서 읽기 연습을 합니다.

성배와의 관계는 처음보다 많이 가까워졌습니다. 큰 테이블에 앉아서 수업을 진행하는데 처음에는 제가 앉아있는 자리에서 세 자리씩

떨어져서 앉았습니다. 그런데 지금은 바로 옆에 앉아서 이런저런 이야기를 하면서 수업합니다. 심리적으로도 많이 가까워진 것 같습니다. 그리고 우연히 장래희망에 관해서 이야기를 하게 되었습니다. 저는 당연히 미술을 좋아하는 만큼 화가가 되고 싶어 할 줄 알았는데 의외로 마술사가 되고 싶다고 했습니다. 이유를 물었더니, 마술사는 사람들을 웃게 하고, 행복하게 해줄 수 있기 때문이라고 합니다. 생각지 못했던 답변에 깜짝 놀라기도 했고, 대견한 마음이 들었습니다. 한글을 몰라 더딤아라 낙인찍힌 줄만 알았지 이렇게 심성이 고운 줄 누가 알겠습니까?

성배를 만난 지 벌써 1년 가까이 되었습니다. 특별한 행사가 없는 경우에는 매주 만나고 있습니다. 이제는 선생님과 학생이라기보다는 아는 누나와 동생 같은 느낌입니다. 성배도 제가 많이 편해졌는지 자신의 가정형편이나 부모님에 관한 이야기도 자주 하곤 합니다.

성배와 이야기하다 보면 제가 했던 말에 대해서 다시 생각해보는 때가 많습니다. 한번은 성배가 자신의 핸드폰 번호를 알려주고 카톡을 보내달라는 말을 했습니다. 저는 핸드폰을 가지고 있는지 몰랐기에 카톡도 하냐고 물었습니다. 그러자 성배는 '한글도 모르는데 카톡하는 게 신기해요?' 라고 되물었습니다. 그때 제가 또 성배에게 상처를 주었구나 하는 생각이 들었습니다. 이미 성배는 여러 차례 다른 아이들에게 한글도 모르면서 카톡을 어떻게 하냐고 비웃음을 당했다고 합니다. 그 말을 듣고 보니 지금까지 제가 했던 사소한 말들이 이 아이에게는 큰 상처가 될 수 있었겠구나 하는 생각이 들었습니다. 그동안 얼마니 이런 말을 많이 들었을까 생각하니 속이 많이 상했습니다.

요즘에는 올해가 지나면 이제 다시 오지 않을 것인지 자주 묻습니다. 저는 다시 만나고 싶지만, 장담할 수 없기 때문에 대답을 하지 못했습니다. 참 미안합니다. 그러나 마음속으로는 정이 많이 들어서 멘토링이 끝나더라도 지속적으로 연락해야겠다고 생각했습니다.

이 소중한 경험이 제가 교사가 되었을 때 학생들을 제대로 만나는 데 좋은 밑바탕이 되어줄 것이라 생각합니다. 남은 기간 잘 마무리 짓고 멘토링이 종료된 이후에도 꾸준히 연락을 주고받으면서 최대한 도움을 주고 싶습니다.

3장

문밖 진로체험처

　자유학기에서는 학생들이 오후에 자신의 적성과 희망에 따라 진로탐색 활동, 주제선택 활동, 동아리 활동, 예체능 활동 등에 참여하도록 권장하고 있다. 이러한 활동을 위해서는 지역 내에 이를 뒷받침할 수 있는 체험처가 많아야 한다. 그런데 완주를 비롯하여 대부분 지역에는 아이들이 직업을 체험할 수 있는 체험처가 절대적으로 부족하다. 지역 내에 이를 지원할 수 있는 인력과 자원이 부족하기도 하지만 지금까지 관행적으로 진로직업체험은 관공서나 기업 등 대규모 사업장에서 하는 것으로 인식되었기 때문이기도 하다.

　학교에서는 진로체험을 위해 아이들을 버스에 태워 멀리 나가는 경우가 많다. 진로체험을 나가기 힘들기 때문에 교사들은 계획을 세울 때 전교생이 함께 나가도록 하는 경우가 많다. 학생 수가 지나치게 많은 학교는 학년 단위로 가기도 한다.

대규모 인원이 장거리 이동을 하면서 현장을 잠깐 훑어보고 돌아오는 방식으로는 실질적인 진로체험이 이루어지기를 기대하기 어렵다. 아이들은 버스를 타고 몇 시간씩 오가다 보면 파김치가 돼 정작 체험은 대충 하는 경우가 많다. 교육과정 운영상 하루를 빼서 왕복 4시간 달려 한두 시간 체험하는 사례도 있다.

일부 진로체험장은 사람들의 삶의 모습이 생생하게 담겨있기보다는 잘 만들어진 시설에 그럴싸하게 직업을 꾸며놓기도 한다. 아이들이 이렇게 인위적으로 만들어놓은 체험처에서 제대로 된 직업체험을 할 리 만무하다. 사정이 이렇다 보니 직업체험의 참된 의미와 가치를 제대로 전할 생각보다는 '실적'에 의미를 두기도 한다. 대체로 이러한 형태의 진로체험이 아이들의 진로탐색 및 방향 설정에 실질적으로 기여하기보다 형식적인 행사로 치러지는 이유이기도 하다.

교사가 아이들의 진로탐색 활동에 적합한 체험처를 알아보고 운영 프로그램을 살펴보는 것은 당연한 직무이다. 그러나 진로체험 현장을 답사하고 인력, 환경, 안전시설 등을 확인하는 일뿐만 아니라 버스를 빌리고 예산을 지출하는 등 부수적인 업무가 발생한다. 수업과 아이들을 만나기에도 시간이 빠듯한 교사가 이런 일을 감당하기는 어렵다.

그래서 학생들이 쉽게 갈 수 있는 지역의 일터를 찾아 '문밖 진로체험처'로 발굴하여 학교에서 활용할 수 있도록 안내했다. 지역의 일터는 대체로 학교 인근에 있어 버스를 타지 않고도 쉽게 나갈 수 있다. 교사가 학생들을 데리고 학교 밖으로 나가는 것을 부담스러워 하는 가장 큰 이유는 이동 수단이 마땅치 않기 때문이다. 학교 밖에 아무리 아이들이 의미 있는 경험을 할 수 있는 공간과 프로그램이 있더라도 쉽게 갈 수 없다면 그림의 떡에 불과하다. 그런데 지역의 일터는 걸어서 가거나 대중교통을 이용할 수 있는 등 이동 거리가 짧아 접근성이 좋아서 학교에서 진로체험처로 활용하기에 매우 유용하다.

지역을 떠나게 하는 교육은 이제는 멈춰야 한다

얼마 전 실시한 로컬에듀 300인 원탁토론[14]에서 중·고등학교에 다니는 아이들을 만난 적이 있다. 이 자리에서 학교와 지역사회가 아이들에게 무엇을 해주었으면 좋겠는지 물었다. 아이들은 학교에 다니면서 자신이 좋아하는 일, 하고 싶은 일, 잘하는 일을 찾을 수 있기를 기대하고 있었다. 고등학교 3학년이 되도록 도대체 자신이 무엇을 좋아하고, 어떤 일을 하면 좋을지 알지 못한다는 아이가 많았다. 지금까지 학교에서 그런 교육을 제대로 받은 적이 없다고 했다. 아이들은 학교와 지역에서 자신들이 꿈을 찾고 이를 키워 나갈 수 있도록 지원받기를 원하고 있었다.

이 자리에 참석한 학부모들의 생각 역시 아이들과 크게 다르지 않았다. 사회가 입시 위주의 경쟁교육에 매몰되면서 학부모들도 어쩔 수 없이 소위 명문대학에 자녀가 진학하기를 바라고 있다. 지역에서 학교에 다니는 것을 불안해하고, 자꾸 밖을 기웃거리기도 한다. 그런데 최근 경제적으로 또는 사회적으로 인정받는 직업보다는 아이들이 좋아하는 일을 하면서 살아갈 수 있도록 해야 한다는 데 지역의 많은 학부모가 공감하고 있다. 아이들의 '성공'보다는 '행복' 쪽에 무게중심이 조금씩 기울고 있는 것

---

14 4부에서 자세히 다룬다.

이다. 물론 학부모 입장에서는 아이들이 지역에서 입시와 진로 두 마리 토끼를 잡는다면 더할 나위가 없을 것이다. 아이들이 교과수업과 창의적 체험활동에서 지역을 이해하고 기여하는 주제중심 활동에 참여하고, 그 과정을 학교생활기록부에 기록한다면 충분히 가능성 있는 일이다. 정시보다 수시 비중이 갈수록 높아지는 대학입시 제도를 조금만 뜯어보면 누구나 알 수 있다. 엄밀히 따지면 시험 잘 봐서 대학을 가는 시대는 지났다.

그런데 학교에서는 여전히 국, 영, 수를 중심으로 하는 입시교육에 치우치다 보니 지역을 교실 속으로, 수업 속으로 들여오지 않았다. 오로지 학교 교육은 국, 영, 수 입시공부에 집중하여 서울의 유명 대학에 들어가는 것을 인생의 목표로 삼게 한다. 이 과정은 아이들이 지역을 떠나는 것을 당연하게 여기도록 하는 것과 크게 다르지 않다. 오히려 어쩌면 지금까지 학교에서 실시한 교육은 아이들이 지역을 떠나는 것을 조장하는 교육이라고 해도 지나치지 않을 것이다.

교사는 수업을 설계할 때 지역의 삶에 관심을 가지지 않는다. 아이들이 배우는 교과서에는 지역에서 살아가는 사람들과 그들이 살아가는 모습이 나오지 않는다. 아이들은 TV나 영화에 화려하게 등장하는 배우나 연예인을 동경하고, 고소득 직종의 직업을 갖기 위해 끊임없이 경쟁한다. 그러다 보니 아이들은 학교에서 마을에 사는 사람들이 무슨 일을 하며 어떻게 살아가는지는 배우지 못한다. 부모의 직업에 대해서도 알지 못하거나 심지어 부끄러워하기도 한다. 학교에서도 지역에 남아 농사짓는 부모처럼 살지 않기 위해서 더욱 열심히 공부해야 한다는 생각을 은연중에 주입하기도 한다.

아이들이 원하는 대로, 학부모가 진정으로 바라는 아이들의 '행복'을 일궈내는 교육을 위해서, 지역을 떠나는 교육을 멈추기 위해서 지역이 무엇을 어떻게 해야 할지 깊은 고민이 필요하다.

지자체도 지역을 떠나게 한다

지자체 역시 지역을 떠나게 하는 교육에 힘을 보탠다. 많은 지자체가 인재양성을 목표로 설정해놓고 적지 않은 예산을 입시공부에 지원한다. 경쟁적으로 기숙학원을 직접 운영하기도 하고, 유명 입시학원의 강사들을 불러 국, 영, 수 중심의 입시공부를 시킨다. 이러한 과정을 거쳐 서울의 유수한 대학에 입학하면 상당한 금액의 장학금을 주기도 한다.

지자체는 이들이 성공해서 지역으로 돌아와, 지역발전에 기여할 것으로 기대하는지 모르겠다. 그런데 이들 중 실제로 성공하여 지역으로 돌아와 지역발전에 이바지하는 사람이 얼마나 될까? 이 아이들이 지역에서 살아가는 삶을 긍정적으로 인식하거나 지역으로 돌아올 가능성은 거의 없다. 설령 지금 일시적으로 입시 결과에 환호하더라도 아이들이 지역으로 돌아오지 않는다면 지역의 미래는 어두울 수밖에 없다.

지자체가 생각하는 인재가 어떤 사람인지 묻고 싶다. 지역을 떠나 좋은 학교에 들어가서 부를 축적하고 성공하는 사람이 인재인지, 지역에 남아 세금을 내고 지역의 발전에 기여하는 평범한 사람이 인재인지 생각해보라고 하고 싶다. 지자체는 이제부터라도 주민의 세금으로 예산을 조성하여 아이들을 지역에서 떠나게 하는 정책을 중단해야 한다. 대신 지역에 어떤 사람들이 살고 있고, 그들이 어떤 일을 하며, 그 일을 하면서 어떤 가치를 추구하고 있는지를 아이들이 알 수 있게 해야 한다.

지역 내에 아이들이 체험할 수 있는 다양한 진로체험처를 개발하여 안내하고, 직접 체험하게 하고, 이를 통해 지역이 살만한 곳이고, 충분히 행복하게 살 수 있다고 인식할 수 있도록 정책을 전환해야 한다. 구체적인 방법은 지역 사람들이 모여 머리를 맞대면 나올 것이다. 이 과정에서 교사들의 행정업무를 경감해주고 일터 운영자나 학부모들을 대상으로 진로체험 지원단과 같은 인력을 운용하여 일자리가 발생할 수 있도록 해야 한다. 그 일자리가 근무조건이나 보수 면에서 양질이어야 함은 물론이다.

문밖 진로체험처는 이러한 현실에 질문을 제기하면서 추진한 정책이다. 자유학기에 대비하여 지역의 체험처를 발굴하여 학교에 안내함으로써 소그룹 단위의 학생이 수시로 체험할 수 있는 여건을 지역사회에서 조성하고자 했다. 이와 동시에 아이들이 지역에서 살아가는 사람들의 삶의 현장을 직접 보고, 듣고, 경험함으로써 지역에 대한 이해를 높이고자 하는 데 목적이 있었다. 아이들에게 지역을 떠나지 않고도 자신이 좋아하는 일을 하면서 충분히 행복하게 살아갈 수 있음을 알 수 있게 하려고 했다.

지역의 일터를 진로체험처로 발굴하다

2014년도 하반기에 자유학기를 지원하고, 지역의 삶이 아이들에게 의미 있게 다가설 수 있도록 지역의 일터를 진로체험처로 발굴했다. 이를 위해 약 2,000만 원 정도 예산을 완주군청과 공동으로 확보하여 지역에서 활발히 활동하고 있는 단체인 커뮤니티 비즈니스 센터(이하 CB센터)와 온누리살이 협동조합(이하 온누리)에 진로체험처 발굴을 의뢰했다. CB센터는 지역경제를 활성화하는 데 핵심 역할을 하고 있었고, 온누리는 CB센터가 지역 청소년들의 진로교육을 목표로 설립한 사회적 협동조합이다.

지역의 일터를 발굴하다[15]

완주교육지원청에서 의뢰한 '문밖 진로체험처 발굴'이라는 과업을 제대로 해내기 위해서는 진로교육에 대한 포괄적인 정의나 의미보다는 발굴 목적에 적합한 '완주군에서의 진로교육이란 무엇인가?', '완주군에서는 진로교육이 어떻게 이루어져야 하는가?'에 대한 해답을 우선 찾아내야 한다. 그렇게 해야 자유학기에 대비하고 아이들이 지역 사람들의 삶의 모습을 이해할 수 있는 완주형 진로교육모델을 구축해낼 수 있을 것이다.

1. 완주형 진로교육모델 구축

우리는 해답을 찾기 위해 지역의 진로체험처 구축과 관련한 다양한 사례와 전문가, 전문기관을 살펴보았고 그중 서울 마포(현재는 성북구로 이전)에 위치한 '공간민들레'를 만나게 되었다. '공간민들레'는 이미 오래전부터 대안학교 형태로 진로교육을 진행해왔다. 최근에는 공립학교 학생을 대상으로 '길 위에서 길을 찾다'라는 장기 진로교육프로그램을 운영하고 있다. 그리고 자유학기제 다음 단계라 할 수 있는 고등학교 자유학년제인 '오딧세이학교'를 준비(현재 서울시에서 운영하고 있음)하고 있는 비영리단체로 우리는 '공간민들레' 사무실을 직접 방문해 완수형 진로교육모델에 대한 자문을 구하게 되었다.

한 번의 만남으로 모든 해답을 얻을 수는 없었지만, 우리가 나아가

---

15 진로체험처를 발굴한 온누리협동조합 윤석진 사무국장이 쓴 글이다.

야 할 방향을 찾는 데 의미가 있었다. 우리나라의 지나친 자본주의 중심 경제체제와, 이 체제에서 살아남기 위해 끊임없이 경쟁하도록 부추기는 교육 현실이 가장 근본적인 문제라는 데 인식을 같이했다. 이를 해결하기 위해서는 경쟁과 차별과 분리를 공공연히 부추기는 지금의 교육을 넘어 개인과 공동체의 삶을 아름답게 꽃피울 수 있는 길을 고민하고 실천하도록 해야 한다고 했다.

또한 한 개인과 그가 속한 사회가 더불어 성장해나가는 과정은 학교라는 시스템을 넘어 삶 전반에서 일어나고, 또 학생들이 배워야 할 것도 삶과 일치하는 내용이어야 한다고 했다. 그러므로 제대로 된 진로교육이란 삶의 모든 장면에서, 또 모두가 함께 배우고 성장하는 '배움'의 길을 만들어가야만 하는 것이라고 했다.

이에 따라 완주군에서는 젊은 세대를 밖으로 내보내는 교육 현실에서 벗어나 아이들이 완주군이 가지고 있는 장점과 단점, 과거와 현재 그리고 미래의 모습을 명확하게 이해하는 것이 중요하다는 시사점을 얻었다. 그리고 지역의 일터 체험을 통해 아이들이 지역 내에서도 충분히 자신의 길을 찾아 지역과 함께 성장할 수 있다는 것을 알려주는 교육이 되어야 한다고 했다.

2. 체험처 발굴 조사 설계

완주형 진로교육모델에 적합한 체험처 및 체험교사의 조건에 대한 위 연구 및 조사 결과를 반영해 단계를 구분해 설계했다.

1단계: 진로교육 모델에 맞는 체험처 및 체험교사의 조건 연구

지역사회를 강조한 완주형 진로교육모델을 설정하고 이에 맞는 체

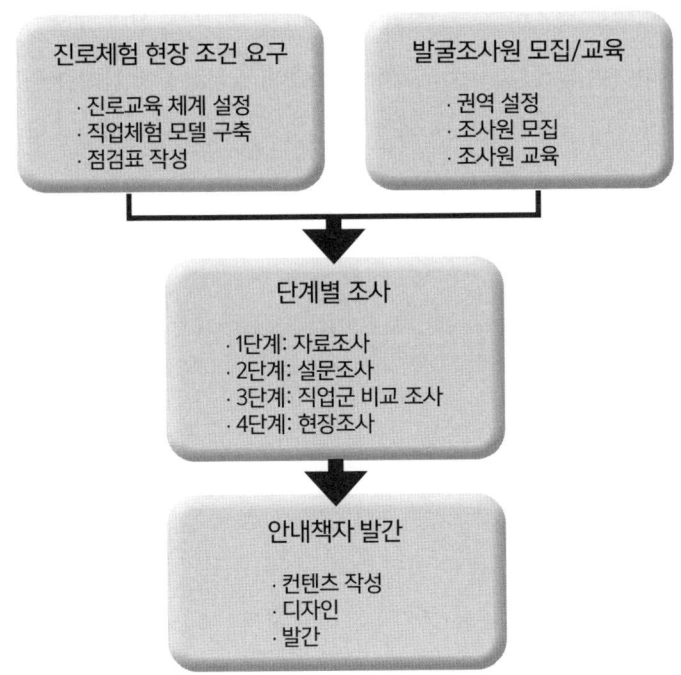

[그림 2] 진로체험처 조사 설계

험처와 직업체험 교사의 조건을 연구했다. 진로교육에는 학교의 진로교육 담당교사, 보조교사, 직업체험 교사가 참여하는데 이들이 역할 분담을 어떻게 할지와 이 과정에서 직업체험 교사가 가져야 하는 자질과 조건을 연구하여 설정했다. 또한 체험처와 체험교사의 조건을 하나의 점검표로 만들어 지역 내 체험 자원을 발굴하고 조사할 때 기초자료로 사용할 수 있도록 했다.

2단계: 체험처 발굴 조사 인력 모집 및 교육

효과적으로 지역의 체험처를 발굴, 조사하기 위해 완주 내의 지역 특성을 반영하여 3~4개 권역을 나누어 조사를 하기로 했다. 또한 권역별로 청소년 진로교육에 관심이 많은 학부모, 청년, 활동가들을 모집하여 발굴, 조사를 진행하기로 했다. 발굴과정에 참여한 인력이 차후 진로 체험 보조 교사가 될 수 있도록 발굴 조사에 관련된 교육뿐 아니라 기초적인 진로교육에 대한 교육을 진행하고 이후 진로교육에 지속적으로 참여하도록 했다.

3단계: 체험처 발굴 및 조사

권역별로 다양한 체험처를 발굴할 수 있도록 단계별로 조사를 진행하기로 했다.

- 목록 작성: 완주군의 각종 통계자료, 정책 자료를 통해 체험처와 체험교사가 될 수 있는 잠재적 자원의 목록을 작성했다.
- 목록 보완: 관련 공무원, 관련 공공기관, 지도자 등을 대상으로 설문조사를 통해 1단계의 목록을 보완, 수정했다.
- 목록 재점검: 직업군별로 다양하게 체험처와 체험교사가 포함되어 있는지 점검하고 취약 분야의 자원이 있는지 재점검했다. 이때 직업군별 분류 기준은 홀랜드의 직업 유형을 활용했다.
- 조사 실시: 체험처와 체험교사의 조건에 부합하는지 점검표에 따라 조사를 진행하여 적합한 직업체험현장과 체험교사를 구별하고 추후 체험시 활용하거나 고려해야 하는 사항까지 조사했다.

4단계: 체험처 안내 책자 제작

진로직업 체험처를 단순히 소개하는 것이 아니라 진로직업체험 프로그램을 운영하는 가이드북이 될 수 있도록 다양한 내용을 포함하기로 했다. 발굴한 체험처와 체험교사를 지역별, 직업군별, 특성별로 분류하여 다양한 목적에 맞는 진로직업체험 프로그램을 구성할 수 있도록 했다. 진로직업체험뿐 아니라 방과후학교, 휴먼라이브러리, 인턴, 멘토 등 다양하게 활용할 수 있도록 부가적인 정보를 수록하기로 했으며, 학교 현장에서 쉽게 활용할 수 있는 디자인으로 설계했다.

3. 조사자 모집 및 교육

진로직업 체험처 발굴에 있어 조사자 모집은 매우 중요한 과정이다. 조사 설계를 통해 조사 점검표가 아무리 정교하게 만들어졌다 하더라도 해당 체험처가 적합한지의 판단은 진로교육에 대한 명확한 이해를 바탕으로 하는 조사자의 주관적인 평가가 많은 부분을 차지하기 때문이다. 진로직업 체험처 발굴이라는 과제가 이번 한 번으로 끝나는 것이 아니라 해당 체험처의 상황이 수시로 변하고, 추후에 진행할 체험처 활용 모니터링 과정에 대비해야 하기 때문에 지속해서 관리해야 한다.

조사 설계 과정에서 결정된 내용을 반영해 실제 조사자 모집은 주로 완주교육지원청, 완주군청 홈페이지와 교육지원청에서 추천한 로컬에듀 학부모네트워크를 활용했다. 조사단은 20명 모두 지역에서 살고 있는 학부모로 구성되었다. 당초 청년 및 활동가도 포함할 계획이었으나 짧은 모집 기간과 낮은 관심도 등의 이유로 참여가 이루어지지 않았다.

조사자 선발 이후에는 조사자들이 진로교육을 명확하게 이해할 수 있도록 조사자 전원을 대상으로 '공간민들레' 김경옥 대표의 특강을 포함한 진로 이론교육을 진행했다. 이와 함께 체험처 조사에 필요한 인터뷰 및 점검표, 보고서 작성방법에 대한 교육도 진행했다.

4. 조사 실시

체험처 조사는 완주군 13개 읍면을 10개 권역으로 묶고 조사자를 10개 조(2인 1조)로 구성하여 실시했다.

조사에 필요한 권역별 발굴현장 목록, 현장조사 점검표, 보고서 양식 등은 CB센터에서 작성해 조사자에게 제공했다. 조사자들은 제공된 자료를 토대로 체험처 자원을 방문하고 기록하여 보고서를 작성했다. 공식적인 경로가 필요한 경우 CB센터에서 협조공문 발송 등으로 사전에 섭외했고 현장방문 일정 협의는 조별 자율에 맡겨 진행했다.

5. 조사 결과

일차적으로 202개의 체험처 자원을 조사 완료했다. 202개소가 모두 진로직업 체험처로 적합한지 판단하기 위해서 추가로 검증작업을 진행해야 한다. 조사 완료한 202개소 체험처 자원을 당장 진로직업교육 체험처로 활용해서는 안 되며 추가 조사로 검증, 심사과정을 거친 후에 진로직업교육 프로그램의 체험처로 활용해야 한다.

이번 조사는 2014년 11월부터 12월까지 약 2개월간 진행했는데 대부분의 조사자가 학부모로서 내 아이를 보내기에 충분히 교육적으로 의미 있고 안전한지를 중점적으로 살펴보도록 유도했다. 조사 결과 총 202개소 체험처 자원을 일차적으로 확정했다. 일단 이번 조사는 최대한 지역의 많은 체험처 자원을 조사하고 그에 대한 DB를 구축해 다음번 추가 조사를 원활하게 이루어지게 하는 기초조사로서의 의미가 더 중요하다고 판단했기 때문에 질적 검증을 엄격하게 하지는 않았다. 이들 체험처는 그 이듬해에 완주진로교육지원센터에서 보다 세밀히 살펴보고 검증하여 체험처로 인증받고, 그 결과를 학교에 안내했다.

조사를 마치며 학부모 조사자와 조사 과정을 이야기 나누는 자리가 있었다. 학부모들은 조사를 진행하면서 만족도가 높고 행복해 보이는 직업군이 안정적이면서 수입도 괜찮은 공무원일 것이라 예상했으나 이들 직업군보다는 상대적으로 수입이 낮은 문화예술인들의 만족도와 행복도가 훨씬 더 높아 보였다고 했다. 이번 조사를 진행하면서 자녀의 진로교육에 대해 다시 생각해보는 계기가 되었다고도 했다.

이는 결국 직업에 대한 기존의 인식에서 벗어나 이제는 자신이 보람을 느끼고 행복하게 일할 수 있는 방향으로 눈을 돌려야 함을 역설적으로 보여주는 결과라고 할 수 있다. 또한 젊은 세대를 밖으로 내보내는 교육 현실에서 벗어나 완주군의 장단점, 과거와 현재 그리고 미래의 모습을 명확하게 이해시켜 지역 내에서도 충분히 자신의 길을 찾아 지역과 함께 성장할 수 있다는 것을 알려주는 교육으로 방향을 전환해야 할 것이다.

진로직업 체험처 검증 및 추가 발굴

2016년에 자유학기제가 본격적으로 시행됨에 따라 지역 내 다양한 진로직업체험 가능 일터 발굴이 당면과제로 대두되었다. 교육부 등에서 진로체험처를 발굴하여 보고하라는 공문이 빗발쳤다. 다행히 우리는 이미 2014년에 지역의 일터를 '문밖 진로체험처'로 발굴해 약 200개 일터를 찾아놓았다. 하지만 발굴된 일터를 학교에서 바로 활용하기에는 미흡했다. 일터에 대한 세부적인 정보도 부족했지만, 일터 자체도 준비가 부족한 상황이었다. 그리고 2014년 조사 당시 미처 발굴하지 못한 현장도 다수 있었다.

　이듬해 완주진로교육지원센터가 개소를 하면서 이 역할을 담당했다. 이 센터는 단위 학교 진로교육 프로그램을 지원하면서 지역의 일터를 발굴하고 학교와 지역의 진로직업 체험처를 유기적으로 연결하는 허브 역할을 하고 있다. 또한 지역의 다양한 교육공동체, 협동조합, 학부모 등과 진로교육 지원 네트워크를 구축하여 학생 맞춤형 진로교육 지원 방안을 강구하고 있다.

　단위 학교 진로교육 지원과 지역 내 진로직업체험의 안정적인 기반 확립을 위해서는 지역사회 내 체험처 확보가 가장 시급한 과제라는 목소리가 나오기 시작했다. 그래서 2014년 조사에서 발굴된 일터에 더해 추가 발굴 조사를 실시하고 발굴된 전체 일터에 대해 일터로서의 적합성 검증 및 제공 가능한 프로그램 조사를 실시했다. 이렇게 하여 최종 발굴된 일터가 2016년 자유학기제 시행과 동시에 진로직업체험 일터로 활용될 수 있도록 함은 물론, 장기적으로는 지역사회와 함께 건강하고 지속 가능하게 성장해나갈 수 있는 계기를 만들고자 했다.

　진로교육지원센터 주관하에 지역 내 진로교육 커뮤니케이션을 강화하고 정보를 공유하기 위하여 조사자들과 함께 '지역에서 새로운 희망을 찾다'라는 주제로 워크숍을 개최했다.

　2015년 9월 1일부터 12월 15일까지 체험처 발굴을 추가로 진행했다. 2014년 발굴한 일터에 대한 정보를 공유하고 분석한 후에 리스트를 각 읍·면에 발송하여 체험처 발굴 협조를 요청했다. 조사자들은 직접 발로 뛰면서 체험처를 보완했다.

　이러한 과정을 거쳐 완주군의 여러 기관 및 단체가 완주 진로직업체험 일터로 선정되었다. 이들 기관 및 단체를 대상으로 체험처 운영 현장 교사

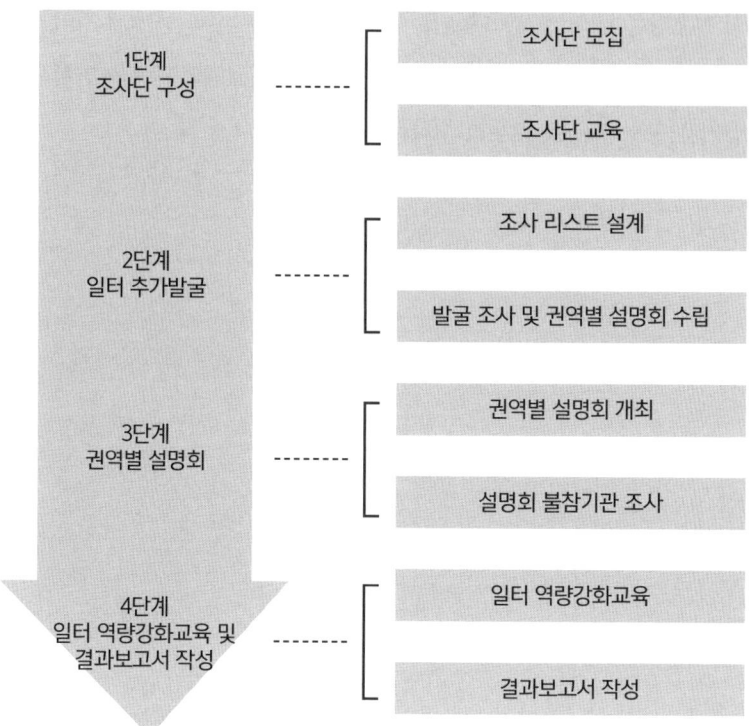

[그림 3] 진로체험처 추가 발굴 추진 단계

역량강화 교육을 실시했다. 이 자리에서 진로직업체험교육에 대한 올바른 이해와 진로직업체험 일터로서의 역할과 운영방법의 전반적인 교육이 진행되었다. 최종적으로 96개 기관 및 단체가 완주군 진로직업 체험처로 인증되었고, 이들 체험처에 인증패를 전달했다.

향후 진로직업체험처 멘토의 전문성 교육과 함께 특별한 경우에는 자원봉사자 형태의 인력을 충당할 수 있는 제도적 방안을 구축하는 것도 필요해 보인다. 또한 완주시역에서 활발하게 활동하고 있는 기업 등 산업체의 전문적인 진로직업체험 확보를 통해, 보다 안정적인 지역 진로직업체

힘 인프라를 구축할 것이다. 이는 지역의 미래인 청소년들에게 지역에 대한 올바른 인식과 함께 적성과 소질에 적합한 진로직업탐색을 위한 좋은 밑거름이 될 수 있을 것이라 생각한다.

4장

마을의 들꽃,
교육공동체

:

완주에는 지역주민과 학부모가 자생적으로 지역의 공교육을 고민하고, 오갈 데 없는 아이들을 챙긴 교육공동체가 있다. 바로 고산면의 '향기 나는 고산 교육공동체' (이하 고산향)와 소양면에서 활동하는 '소양의 꿈을 키우는 사람들' (이하 소꿈사)이다.

'고산향'은 공교육을 살리기 위해 학부모들이 주축이 되어 다양한 참여와 실천을 통해 학교를 지원하고 있다. 이 공동체는 지역주민과 학부모의 삶의 중심에 학교가 있고, 학교가 살아야 지역이 살 수 있다는 가치에 일찌감치 동의했고, 이에 맞는 활동을 해왔다.

'고산향'은 지난 5년 동안 고산지역의 교육환경을 개선하기 위해 여러 가지 의미 있는 일을 해냈다. 2017년도에는 민간단체의 한계를 극복하고 자 새로운 방향을 모색하고 있다. 그중 하나가 고산지역의 학교와 마을의 사다리 역할을 할 수 있는 고산 풀뿌리 교육지원센터(4부에서 자세히 다룬다)

운영에 참여하는 것이다.

'소꿈사'는 학교를 마치고 갈 곳이 없어 길거리를 배회하는 아이들에게 간식을 먹이고 놀 공간을 마련해주면서 시작됐다. 마음껏 놀다가 지쳐, 아이들이 뭔가 하고 싶어 하는 마음이 들 때 동아리 활동을 할 수 있는 기회도 만들어주고 있다.

'소꿈사'의 학부모와 지역주민은 아이들을 돌보는 데 드는 비용을 그동안 각자의 호주머니를 털어 마련해왔다. 완주교육지원청에서는 이런 노력에 조금이나마 보탬이 되고자 '소꿈사'에서 운영하는 '들락날락' 프로그램을 마을 돌봄교실로 지정하고 적은 예산이나마 지원하고 있다.

고산향 교육공동체[16]

나는 전주에서 나고 자랐으며, 다른 도시에서 생활해본 적이 없다. 엄마가 되면서 자연스럽게 생겨난 걱정 중 하나가 교육문제였다. 첫째 아이가 초등학교 입학을 앞둔 2006년 즈음 아이를 도시에서 키우기 어려울 것 같다는 생각이 들곤 했다. 그러나 시민사회 단체 등에서 여러 가지 일을 도왔던 터라 바로 도망칠 수도 없는 노릇이었다.

그러던 어느 날 제 이름 석 자 딱 쓸 줄 알고 초등학교에 입학한 큰아이로부터 반 친구들이 모두 사서 본다는 문제집을 사달라는 말을 들었다. 너는 글을 읽을 줄 모르니 문제집을 사는 것은 의미가 없다며

---

16 고산향 (전)사무국장이며 고산에서 두 아이를 키우는 박현정 학부모가 쓴 글이다.

8살짜리 아들을 설득했으나 별 소용이 없었다.

이때부터 도시 교육에 근본적인 회의가 들기 시작했다. 그러던 중 시민단체 모임을 같이한 지인으로부터 반가운 소식을 들었다. 고산면의 한 초등학교의 선생님들이 아이들을 데리고 학교 옆 논과 밭, 산과 들로 돌아다니며 참 잘 놀아준다는 것이었다. '아이들과 잘 놀아 준다'는 그 한마디에 더 망설이지 않고 그 학교에 아이를 보내기로 마음을 먹었다.

아이들이 매우 어릴 때부터 친분이 있던 학부모들을 만나 함께 시골학교로 통학을 시키자고 설득했다. 여러 번 모임 끝에 열 가정 정도가 동참했고, 한 집 학부모가 차량 운행까지 맡아주면서 도시에서 시골에 있는 초등학교 통학이라는 흔하지 않은 일을 감행하게 되었다.

그리하여 2008년 봄 당시는 세상에 거의 알려지지 않았던, 아이들과 잘 놀아주는 선생님들이 있던 완주군 고산면 삼우초등학교에 큰아이가 새로운 둥지를 틀었다. 지인의 말대로 우리 아이는 이 학교에서 오직 아이들만을 바라보고 사랑하는 눈물겨운 선생님들의 에너지를 받으며 자기 안의 씨앗을 천천히, 그러나 야물게 키워갈 수 있었다.

삼우초등학교 선생님들은 조금 더 행복한 교육을 만들어 보고자 자원해서 모인 분들이었다. 그 선생님들에게 힘을 실어주고, 학교를 지원하며 아이들의 행복한 성장을 바랐던 우리는 학부모회 활동도 억척스럽게 해나갔다. 수없이 많은 회의와 소통의 시간, 아이들을 위한 프로그램을 만들고 진행하면서 나는 아예 고산면으로 이사해야겠다는 결심을 굳혔고, 아이를 통학시킨 지 3년 만에 고산 주민이 되었다.

막상 고산 주민이 되고 나니 중학교가 걱정이었다. 초등학교는 시골에서 보내더라도 중학교는 인근 도시로 내보내거나, 이사를 가는 것이 당연시되던 때였다.

그 무렵 완주군에서 각 읍·면에 지역이 스스로 장기발전계획을 세우게 했다. 그래서 고산면은 지역발전위원회를 만들었고, 그 아래 4개 분과 중 하나를 교육 분과로 구성했다. 나는 교육 분과 실무위원으로 참여했다. '지역의 장기 발전을 위해 지역의 교육은 어떻게 해야 하는가?'를 주제로 이틀이 멀다하고 만나 회의를 진행했다. 이 물음에 대한 대답은 실제 지역에 살고 있는 아이들과 학부모 그리고 실제 아이들을 가르치는 교사들과 같은 교육주체에게 물어야 한다는 데서 출발하기로 했다. 그래서 지역에 있는 5개 학교의 학생 578명, 교사 71명, 학부모 390명을 대상으로 설문조사를 했다.

이렇게 지역 교육주체들의 의견을 물어 2011년 7월 '고산면 공교육의 현실과 전망'이란 주제로 고산향 교육공동체 포럼을 개최했다. 고산면사무소 3층 대강당에 약 300여 명이 모였다. 5개 학교의 교장 선생님이 모두 참여하여 학교의 현황과 당면과제를 발표했다. 이어서 지역의 아이들이 경쟁보다는 협력을 통해 스스로 배우고 서로 존중하는 행복한 학교를 만들면 좋겠다는 내용의 설문조사 결과를 공유했다. 그리고 토론에서 이를 실현하기 위해서는 지역교육공동체가 필요하다는 의견이 모였다. 그 결과로 고산향 교육공동체가 탄생했다.

그동안 고산향 교육공동체는 학교를 지원하고, 아이들을 지역에서 잘 키우기 위해 많은 일을 해왔다. 매년 정기적으로 고산향 교육포럼을 열어 학교마다 진행되는 의미 있는 교육사례를 발표하고, 지역의 교육문제를 토론했다.

지역의 전체 학교 교사가 매년 면사무소 강당에 모여 자기를 소개하는 '교사 만남의 날', 선생님들에 대한 감사의 마음을 전하기 위한

'스승의 날 감사음악회', 지역의 전체 선생님과 학부모가 모여 몸으로 부딪치는 '5개 학교 연합 체육대회' 등을 열어 선생님과 지역주민이 관계를 돈독히 쌓아나갔다. 이 밖에도 자녀교육에서 올바른 학부모의 역할과 관점을 갖기 위한 인문학 강좌도 다수 개최했다.

또한 지역에 귀촌한 언론인들의 도움을 받아 '학생기자단'을 만들었다. 학생기자단은 지역의 이야기를 담는 '학생신문 YEYE'를 발행했다. YEYE는 '당신의 눈과 귀가 되겠다'는 뜻의 'YOUR EYES, YOUR EARS'의 약자로 아이들이 직접 지었다. 해마다 참여하는 학생들과 만나는 장소, 신문발행 횟수는 조금씩 달랐다. 아이들은 신문을 함께 만들면서 지역의 다른 아이들과 소통하고, 언론인의 꿈을 키워나갔다.

아이들과 함께 '고산향 생태 자전거 체험'을 여러 차례 진행했다. 여기에는 초·중·고 학생들과 교사들은 물론 몸이 다소 불편한 특수학교 아이들과 교사들도 참여했다. 고산천을 따라 꾸불꾸불 이어진 아름다운 길만큼이나 멋들어진 아이들의 자전거 행렬은 쉬이 잊을 수가 없다.

어느덧 우리는 특별한 사업을 위해 모이는 것이 아니라, 살다 보니 모여 무엇인가를 함께 하는 공동체가 되었다. 지역에서 살아가는 사람들이 다른 사람들과 만나 삶과 연결된 교육 이야기를 나누는 지역교육 네트워크로 거듭난 것이다.

어떤 해는 좀 느슨해질 수도 있지만, 그 연결고리가 끊어지지는 않도록 했다. 그러다 어느 순간 좀 더 긴요한 힘이 필요하게 되면 다시 처음처럼 새 판을 깔기 위해 애쓰지 않아도 된다. 손을 바짝 잡아당기기만 하면 다시 힘찬 걸음을 내디딜 수 있는 그런 어깨동무 친구들처럼 말이다.

2014년에 가장 활발했던 분야는 인문학 강연과 전시였다. 시, 인권, 핵, 그림 등 분야도 다양한 강연이 여섯 번 진행되었다. 네발요정[17]이라는 작은 카페에서 펼쳐진 그림 전시를 통해 농촌의 작은 마을에서도 충분히 문화예술을 접할 수 있다는 좋은 사례를 만들었다. 이를 계기로 지금까지 지역주민은 물론 도내 유명 작가들의 작품까지 자주 전시되고 있다. 어른들의 그림 동아리도 자발적으로 결성되었다. 어른들이 지역에서 즐겁게 살아가는 삶을 보여주는 것만으로 아이들에게 큰 의미가 있을 것이라는 생각도 이때부터 하게 되었다.

2015년부터는 고산향 교육공동체 집행위원회나 사무국에서 사업을 진행하는 것을 최대한 자제했다. 4년 넘게 사업을 하다 보니 일부 주민으로부터 이런저런 불만의 목소리가 흘러나왔기 때문이다. 그래서 교사 모임, 학부모 모임, 학생기자단 교육과 학생신문 발간, 교사 체육대회 등 네트워크 유지를 위한 최소한의 모임만 진행하고, 전체적으로 숨 고르기 시간을 가졌다.

반면 지역의 학부모회 연합은 더욱 활발히 활동했다. 굳이 고산향 교육공동체 사업을 통하지 않고서도 수백 명의 지역 학부모와 아이들로 구성된 견학이나 캠핑 등을 조직하고, 실행해나갈 수 있는 자생력이 생겼다. 학부모들은 자기 아이가 다니는 학교에만 머물지 않고 다른 학교의 학부모들과 관계를 맺고 다양한 만남의 장을 펼쳤다. 요가와 클래식 기타 동아리를 꾸려 배우기도 하고. 학부모 밴드를 구성해서 마을 잔치나 학교 행사에서 공연하기도 했다. 완주 안팎에서 우리

---

17 고산향에서 활동하는 지역주민 10여명이 출자금을 내 공동으로 운영하는 카페이다. 지역의 소통과 문화예술 공간으로 그 역할을 톡톡히 하고 있다.

들의 도움이 필요한 경우 물품이나 시간, 노동력 등을 흔쾌히 지원하는 바자회를 진행하고, 그 힘에 스스로 놀라곤 했다. 세월호 참사 이후 현재까지 220여 회가 넘는 촛불집회를 매주 한 차례씩 열 정도다. 그 밖에도 마을의 작은 카페 공간을 이용해 서로 필요한 물품을 주고받기도 하고 지역에서 생산된 농산물이나 수공예품을 팔아주는 등 착한 소비도 꾸준히 이어가고 있다.

지역 5개 학교 학부모회 연합이 석 달을 준비하여 '시끌시끌 와글와글 캠핑'도 열었다. 고산향의 정신과 작동 원리가 가장 잘 반영된 사업이다. 특정한 학교나 한두 사람이 기획하지 않고 처음부터 마무리까지 5개 학교 학부모회연합이 종이 한 장도 맞드는 방식으로 논의하고 일을 나누어 실행했다. 400여 명의 학부모, 학생, 선생님 몇 분이 함께 참여하는 대규모 캠핑에 모두 다 주인이 된 행사였다고나 할까? 진행도, 사회자도, 강사도, 갖가지 뒤치다꺼리 일도 학부모가 도맡았다. 또 아이들을 학교 안팎에서 돕던 교육 관련 단체와 합세해서 인적, 물적, 내용적, 재정적으로 훨씬 풍성한 캠핑을 치렀다. 함께 하는 일의 위력을 모두가 실감했다.

이런 일이 진행되는 데는 마을주민과 학부모 60여 명이 공동 구매 공간으로 활용하는 SNS의 역할도 컸다. 꼭 고산향 교육공동체라는 이름을 달지 않고서도 '벼농사'[18] 모임이라든지, '돌봄'[19] 모임은 각자

---

18 귀촌인과 주민들, 20대 청년부터 70대 노인, 전업농부터 취미농까지 농사에 관심 있는 다양한 주민의 협동 농사 모임

19 고산에는 사각시내에 있는 아이들을 자발적으로 돕는 학부모들과 지역의 삼촌, 이모가 여럿 있다. 하교 후 아이들과 놀아주고 간식을 주는 것에서부터 상담, 학습지원까지 다양한 방법으로 이곳저곳을 찾아다니며 지역 돌봄을 지속하는 멋진 주민들이다.

의 방식으로 농촌 지역을 가능성의 공간으로 만들어가고 있다.

그리고 우리는 만나면 늘 '더 좋은 학교' 이야기를 했다. 정답을 찾기보다는 여러 번 모여서 서로의 생각을 이야기했다. 왜 지역의 초등학교는 만족스럽게 보내고 중학교는 두려워하는지 솔직하게 자신의 속내를 털어놓았다. 이러한 만남을 거듭하면서 지역 학교에 대한 근거 없는 두려움에서 벗어나 지역에서 가르치는 것이 도시로 나가는 것보다 더 의미 있을 수 있다는 결론을 내렸다.

단순히 몇 번 만나서 내린 결론이라기보다는 학부모와 지역주민의 소통의 장이 그물처럼 촘촘하게 얽혀있고, 그 사이 사이에서 농촌 지역, 농촌교육의 희망을 슬쩍슬쩍 보기도 하고 스스로 만들어보고 싶기도 했을 것이다. 그렇게 해서 4년이 지난 지금, 특별한 경우가 아니면 이제는 지역의 초등학교에서 중학교로의 진학은 별스러운 일이 아니게 되었다.

이제 어느덧 고산지역은 고등학교에 관심을 기울이기 시작했다. 5년 전에 꿈꾸었던 초·중·고 12년 연계교육을 이루기 위한 것이다. 간절히 원하면 이루어진다고 했던가! 전라북도에서 공립 대안고등학교 한 곳을 지정하는데 고산고등학교가 지역주민과 치열한 논의를 거쳐 신청하기로 했다. 그리고 우여곡절 끝에 2016년 7월 전라북도 최초로 '대안계열 공립특성화고등학교'로 지정이 되었다. 성적으로 줄을 세우고 대입만 바라보는 고등학교가 아니라, 마을과 학교가 아이들을 감싸 안고 꿈을 키우도록 돕는 학교를 만들기 위해서 모든 노력을 기울인 결과였다.

이제 고산향 교육공동체가 어떻게 발돋움을 해야 할 것인지 비전을 제시해야 하는 중요한 시점이 되었다. 지난 5년을 정리하고 새로운 5

년 혹은 10년의 비전을 모색할 때라고 의견이 모였다. 최근 지역 내의 5개 학교 중 4개 학교에서 관리자가 바뀐 사실도 중요한 변수이다.

얼마 전 주민자치센터에서 5개 학교의 관리자와 일반교사, 지역아동센터장, 고산향 교육공동체 대표, 행정 관계자 등이 한데 모였다. 이 자리에서 고산향 교육공동체의 가치와 운영 방향 등에 대하여 깊은 토론을 진행했다. 그리고 저마다 고산향 교육공동체에 대한 마음을 솔직하게 나누었다. 어떤 방식으로 지역의 교육주체들이 만날 것인지 토론했다. 그날 내린 작은 결론은 5년 만에 다시 학부모, 교사, 학생들에게 '묻는 것'으로 다시 시작하자는 것이었다.

5년 전 물었고, 만났고, 움직였고, 바뀌고, 잠시 쉬었다가 이제 다시 또 묻기 시작한 것이다. 앞으로 고산지역에 펼쳐질 낯익고도 새로운 이야기와 만남이 무척 기대가 된다. 지역주민이자 학부모의 한 사람으로서!

소양의 꿈을 키우는 사람들[20]

2013년 12월 하순쯤으로 기억한다. 전주에서 볼일을 마치고 집으로 돌아오는 길이었다. 덩치 큰 남자아이 서너 명이 서로 잡으려고 뛰어다니고 있었다. 아이들은 길 한복판에서 웃통을 벗고 상체를 드러낸 채 상스런 말을 내뱉으며 서로의 등에 올라타고 팔로 목을 조르고

---

20 '소꿈사' 박순정 대표가 쓴 글이다.

있었다. 차를 멈추고 아이들을 불렀다. 아이들은 순순히 다가왔다. 그중 한 아이는 내가 아는 중학생이었다.

"추운데 옷까지 벗고 뭐 하고 있니?"

"놀고 있어요."

"놀려면 그냥 놀지, 옷은 왜 벗어?"

"그러게요. 저 녀석이 먼저 내 옷을 벗겨서요."

나는 아이들을 차에 태웠다. 녀석들은 밖에서 놀던 모습과는 딴판이었다. 웃옷을 갖춰 입느라 부산스럽기는 했지만, 묻는 말에 공손하게 대답하는 품이 내가 그동안 만나왔던 여느 아이와 다르지 않았다.

그 후로도 나는 삼삼오오 몰려다니며 큰 소리로 떠들어대는 중학생들을 많이 만났고, 주민자치센터 건물 뒤편에서 나오는 아이들에게서 풍기는 담배 냄새도 심심찮게 맡을 수 있었다. 그 녀석들이 버리고 간 담배꽁초가 지천이었다. 새해가 시작된 지 얼마 지나지 않아서는 중학교 선생님들이 무더기로 전근을 신청했다는 소리도 들었다. 아이들 때문에 버티기가 힘들다고 했다. 이 모든 것을 모른 척하고 있자니 마음이 불편했다.

설날이 지난 2월 어느 날 생활협동조합 소양 마을 모임에서 한 가지 제안을 했다. 아이들을 위해 엄마인 우리가 할 수 있는 일을 찾아보자고 했다. 그날 모였던 4명의 조합원은 학교가 끝나고 배회하는 아이들을 모아 간식을 먹이고, 이야기를 나누며 놀 수 있는 공간을 마련하자고 의견을 모았다. 그 후로 채 열흘도 지나지 않아 10여 명의 엄마가 모였다.

서너 번의 회의를 통해 우리는 두 가지 원칙을 정했다. 아이들이 자유롭게 자신의 꿈과 희망을 키울 수 있도록 곁에서 지지하고 지원하되, 간섭하거나 가르치려 하지 말자는 것이 첫 번째 원칙이었고, 회의 참석과 회비 납부, 간식 제공 등은 모두 자발적인 의지로 참여하자는 것이 두 번째 원칙이었다.

이어서 우리는 공간 마련을 위해 소양면장을 만났다. 우리 이야기를 들은 면장도 무척 기뻐하며 기꺼이 공간을 제공하겠다고 했다. 면사무소에서도 청소년 일탈 문제를 마냥 모른 체할 수는 없었다. 그래서 주민자치센터 1층 동아리실에 둥지를 틀었다. 이렇게 해서 '소양의 꿈을 키우는 사람들'의 청소년 둥지 '들락날락'은 이야기가 나온 지 한 달 만에 정식으로 활동을 시작하게 되었다.

'들락날락'이 처음으로 문을 연 날, 20여 명의 아이가 몰려왔다. 아이들은 엄마들이 챙겨준 간식을 먹고 등받이 의자에 포개 앉아 핸드폰 게임을 하거나 수다를 떨고, 화장을 고치기도 했다. '소꿈사' 엄마들은 아이들을 불러 모아 공간의 의미를 차근차근 설명하고 난 후, 학교가 끝나고 가는 길에 들러 간식도 먹고, 도서관에서 책도 보고, 엄마들이랑 수다도 떨다 가라고 말했다. 아이들은 환호성을 질렀다.

우리는 그날 저녁 늦게 모였다. 아이들과 처음 만난 소감을 나누는 자리였다. 아이들이 과연 올 것인지 우려했던 것과 달리 첫날부터 성황을 이뤄서 뿌듯하다는 의견이 많았다. 하지만 천방지축인 아이들의 앞날이 우려된다는 의견도 적지 않았다. 엄마들의 회의는 이후로도 매주 수요일에 계속 이어졌다. 엄마들은 청소년의 신체적 정서적 특징을 이해하고 대화법을 배우는 강좌에도 참여했었다.

'소꿈사' 엄마들은 매주 회의를 거쳐 식단을 짰다. 그리고 아이들을 만나면서 겪은 일을 서로 이야기했다. 이 자리에서 보람 있었던 순간이나 속상했던 일을 함께 나누었다. 몇 주 지나지 않아 엄마들은 '들락

3부. 학교를 품은 마을   **285**

날락'에 오는 20여 명 아이의 성격이나 가족 관계, 서로 친한 정도, 학교생활 태도나 평판 등을 자연스레 알 수 있었다. 아이들도 속상한 일이 생기면 '들락날락'에 들러 엄마들에게 속마음을 털어놓게 되었다. 엄마들도 자기 아이들에게 그러하듯 말짓을 하는 녀석들에게 잔소리를 쏟아낼 만큼 허물없는 사이가 되었다.

아이 중 일부는 무리를 지어 돌아다니며 친구들의 용돈을 빼앗거나 때리기도 했다. 학교 선생님들과 심지어는 잘못을 나무라는 교장 선생님께도 쌍욕을 하며 달려드는 망나니로 악명이 높았다. 그런 녀석들이 이상하게 여기에서는 그야말로 '순한 양'이 되었다. 적어도 '들락날락'과 그 인근에서는 괴롭힘을 당하는 아이들이 없는 것 같았다. 간식을 주는 오후 4시 반부터 6시 반 사이에는 건물 뒤편의 담배 연기도 잦아들었다.

소꿈사 엄마들이 아이들을 보살피면서 아이들도 눈에 띄게 달라져 갔다. 별다른 제재가 없어도 아이들의 입에 달렸던 욕설이 사라지고, 어쩌다 무의식중에 사용하는 경우에도 아이들 스스로 아차 실수했다며 사과했다. 여학생들의 얼굴에서는 짙은 화장이 사라졌고, 3학년 여자아이들은 야간 자율학습을 마치고 들락날락에 와서 책을 읽기도 했다. 어른들과 마무리 청소를 함께 하고, 좁은 화장실에서 하는 옹색하고 불편한 설거지를 돕기도 했다.

그러는 사이에 후원자도, 아이들도 꾸준히 늘어서 들락날락의 규모가 커졌다. 간식을 먹이는 것만으로는 뭔가 부족함을 느낀 우리는 재능기부 수업을 기획했다. 민요와 화장법, 역사, 토론 수업을 열었는데, 아이들은 민요와 역사 대신 춤을 배우고 싶어 했다. 재능 기부만으로는 아이들의 요구 사항을 들어줄 수가 없었다. 다행스럽게도 소양면에서 강사비를 지원하겠다고 해서 아이들이 원하는 수업을 진행할 수 있었다.

나아가 소양면에서 주민자치센터 마당에 노란색 컨테이너로 새 터전을 마련해 주어서 우리 활동을 훨씬 더 탄탄하게 뒷받침해주었다.

2016년 4월부터 완주교육지원청이 지원하는 미취학 아동 및 초등 저학년 돌봄 사업에 참여했다. 이때부터 '들락날락' 과 작은 도서관 그리고 주민자치센터 마당은 유치원생부터 초등 고학년 그리고 중학생 아이들로 북새통을 이룬다. 날마다 밥 먹이랴, 치우랴, 수업 준비하랴. 정신이 없다. 음식 냄새가 빠져나가기 전 진행하는 수업도 어쩐지 어수선하다.

그 무렵 소양면사무소와 주민자치센터가 신축에 들어간다는 일정이 구체화되면서 소꿈사도 바빠졌다. 처음엔 수업 교실만 하나 더 있으면 하는 바람에서 시작했지만, 학습 이외에도 중학교 아이들을 위한 직업체험 동아리나 문화 활동 공간이 필요했다. 그래서 지자체를 설득해 현재의 주민자치센터 공간을 청소년과 여성을 위한 복합문화 공간으로 조성하기로 했다. 올해 말쯤에는 소양에도 아이들이 마음껏 뛰어놀고, 활동할 수 있는 자치 공간이 생기는 것이다.

우리는 곧 전북사회경제포럼의 도움을 받아 소꿈사 사회적 협동조합을 꾸릴 것이다. 사회적 기업 인증도 함께 받을 예정이다. 이 계획을 구체화시키기 위해 마을학교 만들기 협동조합 결성을 위한 토론회도 열었다. 그리고 완주교육지원청에서 추진하는 로컬에듀의 지원을 받아 소양 풀뿌리 교육지원센터도 운영한다는 거창한 계획도 세워놓고 있다. 일부 학부모를 중심으로 소소하나마 독서모임도 가질 것이다. 아이들에게 지역에서 뜻있는 일을 하며 살아가는 사람을 연결해주고,

그들의 삶을 통해 지역에서도 충분히 잘 살아갈 수 있다는 희망을 심어줄 것이다.

이제 소꿈사는 단순한 아이들을 돌보는 단체에서 벗어나 학교와 마을을 연결하고, 지역의 교육적 기능을 회복하는 지역교육공동체의 중심으로 바뀔 것이다. 그리고 새로운 일자리를 창출할 것이다. 농촌에서 살아가는 사람들에게 안정적인 일자리가 필요하다. 개인들이 모여 열정적으로 자원 봉사하던 시기는 이미 지났다.

보다 많은 사람이 마을 교육활동에 참여할 기회를 얻고, 또 다른 엄마들은 마을 기업에서 생계를 이어나갈 수 있다면, 그리고 마을 기업의 이윤을 마을학교에 환원한다면 주민자치 교육공동체의 자립 역량을 키워나갈 수 있을 것이다.

4부

마을과 함께 숨 쉬는 교육

우리는 그동안 지역이 학교를 지원하고, 학교는 교육과정과 수업을 충실히 운영하는 혁신교육특구 정책을 펼쳐왔다. 그 결과 학교교육과정의 변화와 교원의 수업 전문성 신장에 의미 있는 진전이 있었다. 그리고 마을은 학교를 지원할 수 있는 역량을 조금씩 축적하고 있다.

그런데 이제는 혁신교육특구 정책이 종료되어 예산 지원이 끊기는 것도 조금씩 대비해야 한다. 또한 혁신교육특구를 통해 거둔 의미 있는 변화가 학교의 교육과정과 일상 수업에 스며들 수 있도록 그 토대를 마련해야 한다. 나아가 마을의 다양한 자원을 모으고, 이곳에서 학교와 마을이 쌍방향으로 소통하고 정보를 공유할 수 있도록 해야 한다.

마을이 학교를 품고, 학교 교육으로 마을이 살아날 수 있도록 해야 한다. 학교는 마을의 미래이다. 학교가 없어진다면 마을의 미래도 없다. 아이들이 다닐 학교가 없는데 어떤 사람이 지역에서 살겠는가.

300인 원탁토론에서는 지역의 다양한 교육주체가 한자리에 앉아 지역이 어떤 아이를 키울 것인지 이야기를 나누었다. 로컬에듀 실현의 걸림돌과 대안도 토론하고, 모두가 함께 완주교육 비전을 만들었다. 이 비전은 완주교육지원청의 슬로건으로 채택될 것이며, 모든 정책과 사업에 반영할 것이다.

혁신교육특구를 운영하면서 축적한 경험과 다양한 사례가 일상의 학교교육과정에 스며들 수 있도록 풀뿌리 교육과정 편성 운영 자료를 만들어 학교에 안내했다. 이 자료는 서근원 교수의 도움을 받아 초·중학교 30교의 학교교육과정 운영계획서를 분석하여 만들었다. 현재의 학교교육과정 편성 운영에는 어떤 문제가 있고, 그 문제를 해결하기 위하여 어떤 과정을 거쳐야 하는지 제시하고 있다. 나아가 교육과정의 핵심인 수업은 교사에서 학생으로 무게중심이 옮겨져야 하고, 학생의 특성을 반영한 수업을 위한 교사의 역량은 어떻게 형성할 수 있는지를 제시했다.

우리는 로컬에듀에 도달하기 위하여 학교와 마을이 역할을 나누어 함께 아이를 키우고자 했으나, 아쉽게도 고착화된 타성과 지자체의 벽을 넘지는 못했다. 그러나 여기에서 멈출 수는 없다. 그래서 한 지역이라도 풀뿌리 교육지원센터를 시범 운영하면서 학교와 마을의 분권과 협치를 시도해보고자 한다. 만약 이러한 지역교육의 새로운 모델이 성공한다면 지자체의 참여를 이끌어내 완주 전역으로 확대할 것이다.

아울러 일상 수업에서 아이들이 지역에 대해 학습하고, 이해할 수 있도록 워크북 형태로 마을교과서를 만들고 있다. 이 교과서에는 지역에서 살아가는 사람들의 삶과 지역의 유래, 지형, 자연환경, 문화유적 같은 자료를 수록하여 프로젝트 학습 등에 사용되도록 할 것이다. 해마다 한두 지역씩 만들어나가면 3~4년 후에는 완주군 13개 읍면 전체를 위한 마을교과서가 만들어질 것이다.

  지역의 다양한 인력과 자원이 한 공간에 모이고 공유될 수 있도록 플랫폼 홈페이지를 만들어 운영하고 있다. 아직은 초보적인 수준이지만 마을교육과정, 마을선생님, 진로체험처 등을 공유하면서 학교와 마을이 유기적으로 소통하고 있다. 앞으로 꾸준히 플랫폼 홈페이지에 자료가 축적된다면 학교든 마을이든 누구나 필요한 자원과 정보를 이곳에서 찾을 수 있을 것으로 기대하고 있다.

1장

300인 원탁토론

2014년 하반기에 동시에 교육장을 포함한 중등 전문직 전체가 관내 '중학교로 찾아가는 공감토크'를 진행했다. 9월 중순부터 11월 말까지 약 2개월에 걸쳐 관내 모든 중학교를 찾아다니며 학교가 어떤 상황에 처했고, 선생님들에게 무엇이 필요한지 들었다. 그리고 이를 바탕으로 따뜻한 학교, 열손가락학교, 즐거운 학교, 마을학교와 같은 혁신교육특구 1년차 사업계획안을 마련하여 시행했다.

2015년도 하반기에는 1년 차에 실시한 혁신교육특구 정책에 대하여 학교와 지역사회의 다양한 의견을 듣고, 보완하기 위하여 '권역별 교육주체와 교육장과의 대화'를 진행했다. 완주 전 지역을 4개 권역으로 나누어 교육장과 전문직 전체가 권역별로 찾아가 교원, 학부모, 지역 활동가들과 진솔한 대화를 나누었다. 이들은 대체적으로 혁신교육특구 정책이 현장에 많은 도움이 되고 있다고 했다. 다만 세부 사업에 현장의 의견을 더욱 반영해주고, 완주군과 잘 협의하여 예산을 더 지원해줄 것을 요청하기도 했다. 이 자리에서 협의한 내용과 현장의 요구를 반영하여 중학교의 '따뜻한 학교 사업'을 지정에서 공모로 전환하고, 학교별 지원 예산에 규모를 반영하는 등 혁신교육특구 2년 차 사업 계획안을 수정·보완하여 추진했다.

2016년도는 지자체와 4년 동안 추진하기로 합의한 혁신교육특구의 반환점을 도는 해였다. 지금까지 진행한 과정을 전체적으로 돌아보고, 학교 현장과 지역의 의견을 면밀히 살펴 정책을 보완하는 과정이 더욱 필요했다. 좋은 정책에 많은 예산이 들어간 사업도 현장과 괴리되는 순간 불필요한 정책으로 전락되기 쉽다. 그뿐만 아니라 오히려 현장에 부담을 주는 사업이 될 가능성도 크다. 그래서 학생, 교원, 학부모, 지역주민과 시민사회단체, 교육지원청과 지자체 관계자, 군 의원 등이 모두 참여하여 지역교육의 이상과 방향을 토론하고, 대안을 마련하는 '로컬에듀 300인 원탁토론'을 개최했다.

지역의 교육 철학을 함께 세우다

지역에는 다양한 교육주체가 살고 있다. 먼저 학교 교육의 3주체인 학생,교원, 학부모가 있다. 그리고 지역교육을 직접 지원하는 교육지원청과, 유·초·중등 교육에 대한 재정 지원이며 미취학 아동교육, 평생교육 등을 담당하는 지자체가 있다. 또한 지역주민과 시민사회 단체의 활동가들이 자신의 경험과 전문성을 살려 활발하게 교육을 지원하고 있다. 그런데 이들이 함께 모여서 자신이 가지고 있는 교육 철학과 방향에 대하여 생각을 나눈 적이 없다. 모두가 교육을 중요하게 생각하면서 나름의 방식으로 참여하지만, 정작 만나서 상대방의 이야기를 들어본 적이 없다.

그러다 보니 각 주체가 교육을 바라보는 관점과 방향이 다를 수밖에 없고, 각자 다른 목소리를 냈다. 특히 교육지원청과 지자체는 교육자치와 일반자치를 통해 동일 행정구역의 주민을 대상으로 교육서비스를 제공하지만, 그 결은 사뭇 다르다.

교육지원청의 장학사들은 학교에서 오랫동안 아이들을 가르쳐온 교사 출신이다. 오로지 아이들만 바라보고 평생을 살아왔다고 해도 과언이 아니다. 그들에게는 대체로 행정 경험이 없다. 그러다 보니 교육에 대한 전문성은 있어도 행정에 대한 전문성은 다소 약하다. 지자체에서 교육을 지원하는 공무원들은 지역주민을 지원하는 일반 행정에 오랫동안 종사해온 사람들이다. 그들은 다양한 분야에서 복잡다기한 정책을 펼치고, 어려운 민원도 많이 접했을 것이다. 이렇게 전혀 다른 분야에서 수십 년 살아온 사람들에게 교육을 바라보는 관점과 방향이 일치하기를 바라는 것 자체가 무리이다. 어쩌면 교육지원청 장학사와 지자체 공무원이 만나 협의하는 과정에서 의견이 다르고 갈등이 생기는 것은 당연하다고 할 수 있다.

그런데 두 행정기관에 종사하는 사람들은 지역교육에 막중한 권한을 가지고 있다. 권한은 반드시 책임을 동반하기 때문에 마땅히 그 역할을 충실히 수행해야 한다. 이렇게 중요한 역할을 하는 사람들 간에 교육을 바라보는 관점과 생각이 다르다는 것은 큰 문제다. 아니 더 엄밀히 말하면 관점과 생각의 차이를 좁히려고 하지 않는 것이 문제다.

지금까지 두 기관은 각자의 관점과 방향에 따라 학교와 아이들을 대상으로 사업을 기획하고, 막대한 예산을 집행했다. 그리고 학교에 성과와 실적을 요구했다. 그 결과 학교는 업무량이 많아지고, 심지어 교육지원청과 지자체가 도움을 주기는커녕 학교교육과정 운영에 지장을 초래하기도 했다. 또한 기관 간에 정책에 대한 최소한의 소통도 거치지 않고 진행하다 보니 사업이 중복되거나 누락되는 등 예산의 배분과 집행에 효율성이 떨어졌다.

교육지원청은 재정이 열악하여 지자체의 전폭적인 지원과 협조가 절실하다. 지자체 역시 학교와 학생들을 대상으로 하는 교육 사업을 펼칠 때 교육지원청의 지원 없이는 원활하게 수행할 수 없다. 따라서 이제부터라도 양 기관은 서로를 파트너로 인정하고 간격을 좁히려는 노력이 필요하다. 지역교육 발전과 아이들의 성장을 위해 생각을 공유하고 가능한 부분을 찾아 협업하면서 생각의 거리를 좁혀 가야 한다.

원탁토론은 학생, 학부모, 지역주민과 함께 교육지원청의 전문직과 지자체의 과별 팀장급 이상이 참여하도록 기획했다. 양 기관이 관점의 차이를 인정하고 함께 지역교육을 지원할 방법을 찾아보자는 취지였다. 그러나 지자체에서는 군수만 참여했고, 팀장급 이상은 참여하지 않았다. 원탁토론을 마치고 실시한 설문조사에서 많은 사람이 이 점을 아쉬워했다.

그럼에도 불구하고 로컬에듀 300인 원탁토론에서는 양 기관을 포함해 지역의 다양한 교육주체가 참여하여 지역교육의 이상과 방향을 토론하고, 비전을 함께 만드는 과정을 거쳤다. 사실 학교교육과정 운영계획을 수립할 때 교원, 학생, 학부모 등 구성원이 모두 참여하여 학교의 철학과 방향을 함께 세우고, 이를 실현하기 위한 방법을 함께 마련하는 과정이 중요하다고 역설하면서도, 정작 지역 차원에서는 이러한 과정을 단 한 번도 거치지 않았다. 지금부터라도 지역 전체가 지역교육의 철학과 방향을 먼저 토론하고 합의하는 과정이 필요하다. 구체적으로 '무엇'을 할지는 방향을 설정한 후에 해도 늦지 않다.

원탁토론을 지자체에 제안하다

2016년 8월 중순에 지자체와의 정기협의회에서 지역의 교육주체가 모두 참여하는 원탁토론을 처음으로 제안했다. 우리는 이미 교육지원청, 지자체, 진로교육지원센터가 혁신교육특구와 진로교육을 주제로 월 2회 정도 정기적인 협의회를 진행하고 있었다. 이 자리에서 원탁토론의 필요성과 방향을 충분히 설명하고, 지자체장이 토론에 참여할 수 있도록 협조를 부탁했다. 그러나 완주군수는 하루에도 여러 개의 일정을 분 단위로 소화해야 하는 형편이라 3시간 이상 진행되는 토론회 전 과정에 참여하기는 어렵다는 답변을 받았다.

그러나 완주군수가 의례적인 인사만 하고 가거나 형식적으로 토론에 잠깐 참여하는 것은 큰 의미가 없었다. 군수가 직접 선생님과 학부모 그리고 아이들의 이야기를 직접 듣는 것이 가장 중요했다. 이후에도 어떻게 해서든 군수가 이번 원탁토론회에 처음부터 끝까지 참여할 수 있는 일정을 마련해달라고 다양한 경로로 여러 차례 협조를 요청했다. 다행히 약 한 달 후에 군수가 토론회 전 과정에 참여하겠다는 연락이 와서 원탁토론을 진행할 수 있었다.

TF팀을 구성하여 운영하다

대규모 원탁토론은 처음 시도하기 때문에 전문가 자문 그룹이 필요했다. 그래서 20여 명 정도의 전문가가 참여하는 TF팀을 구성하여 협의회를 4회 진행했다. 여기에는 관내 학교의 교원, 학부모, 교육지원청 전문직과 완주군 인재양성 팀장이 참여했다. 그리고 고산지역에서 활동하고 있는 김용찬 군의원이 참여하여 논의에 힘을 실어주었다. 전라북도교육청과 전북교육연수원에서 대규모 행사를 치른 경험이 있는 혁신담당 전문직 3명이 지원을 해주었다. 이들은 자기 분야에서 쌓은 전문성과 경험을 바탕으로 원탁토론 전반에 많은 조언을 주었다.

TF팀에 참여한 다양한 분야의 위원들은 원탁토론의 의제, 방향, 참여자 모집, 실제 운영 방법 등 세세한 것까지 챙겼다. 특히 원탁토론이 일회성 행사에 그치지 않고 지역교육의 방향을 설정하는 중요한 의제로서 자리매김할 수 있도록 전반적인 맥락을 잘 짚어 주었다. 그들은 교육지원청이 단독으로 추진했을 때 생길 수 있는 문제를 사전에 예방하고, 여러 가지 어려움을 극복하는 데 많은 도움이 되었다.

그럼에도 불구하고 지역 단위의 교육철학을 세우기 위한 원탁토론은 그 내용과 효과 면에서 지자체가 주도하거나 학부모 등 민간에서 시도하고 교육지원청이 지원하는 방향이 적합해 보인다. 우리는 여러 가지 상황으로 어쩔 수 없이 교육지원청에서 주도했으나 다른 지역에서는 이를 참고하면 좋을 듯하다.

정보통신기술을 결합한 집단 토론

300인 원탁토론은 무선투표기 및 웹토론 시스템 등의 정보통신기술(ICT)을 결합한 대규모 토론으로 진행했다. 진행은 국내에서 집단적 숙의 모형을 처음으로 개발하고, 활빌하게 활동하고 있는 코리아스픽스(대표 이병덕)가 도움을 주었다. 이러한 모형은 첨단 기술을 활용해 대규모 의제의 설정과 토론을 통하여 직접 민주주의를 실현해가는 방식이다.

또한 퍼실리테이터(테이블 토론 진행자)를 원탁별로 1명씩 배치하여 토론 결과를 중앙스크린으로 전송하고 참가자들이 무선투표기로 평가한다. 투표 결과에 따라 다시 후속 토론이 이루어지는 생동감 있는 전개 방식이 특징이다. 모든 퍼실리테이터는 완주 관내 교사들과 학생들로 구성되어 있으며 행사 일주일 전에 퍼실리테이션 전문성 신장을 위해 워크숍을 실시했다.

이러한 시스템은 토론에 참여한 모든 사람의 의견을 다른 사람들과 공유할 수 있게 했고, 무엇보다 참가자들이 토론에 대한 열기와 흥미를 지속해서 유지할 수 있다는 장점이 있다. 그러나 지방의 작은 교육지원청 차원에서 감당하기에 비용이 많이 든다는 단점도 있다.

의제 설정이 가장 중요하다

로컬에듀 300인 원탁토론을 준비하면서 토론의 규모나 형식보다는 토론 슬로건과 의제 설정에 큰 공을 들였다. 지역의 관심과 참여를 이끌어내고, 동시에 완주교육의 철학과 방향을 세우기 위해서였다. 이는 토론의 성패를 결정짓는 가장 중요한 과정이었다.

TF팀 협의회와 여러 번의 자체 논의를 거쳐 초기에 설정한 원탁토론 슬로건인 '변화와 희망의 300인 원탁토론'을 '로컬에듀 300인 원탁토론'으로 변경했다. 슬로건은 토론의 성격을 규정하고 방향을 결정한다. '변화와 희망'은 다소 추상적이고 사람마다 자신의 관점에서 주관적으로 생각할 수 있기 때문에 토론의 목적과 방향을 직접적으로 알 수 있도록

'로컬에듀'를 명시했다.

　토론 의제도 변경할 필요가 있었다. 초기 의제는 완주교육의 어려움과 대안 마련이었다. 이는 개방형 질문으로 토론이 그다지 어려움이 없이 활발히 진행될 수 있어 가장 무난하다는 장점이 있다. 그러나 자칫 명문고 설립이나 수월성 교육 확대 등과 같이 전혀 엉뚱한 방향으로 토론이 흐를 수 있었다. 그래서 제1토론 주제를 '로컬에듀 실현의 걸림돌은 무엇인가'로 제시했다. 제2주제는 발제에서 제안한 내용을 중심으로 '로컬에듀 실현을 위해 무엇을 할 것인가'로 정하고, 제3주제는 완주교육 철학과 방향을 세워 모두가 외치는 비전 선언으로 마무리하도록 했다.

토론 참여자를 모집하다

　사람이 많이 왕래하는 주요 지역에 로컬에듀 300인 원탁토론 안내 플래카드를 부착하고, 신문과 웹자보, SNS 등을 활용하여 모집했다. 먼저 관내 51개 전체 학교에 공문을 보내어 교원, 학부모, 중·고등학교 학생 중 참여자를 추천하도록 했다. 온라인에서만 참여자를 모집할 경우 지역별, 급별 균형 있는 참여자와 대표성이 있는 참여자 모집이 어려울 수 있기 때문이었다.

　이와 함께 교육지원청 홈페이지, 페이스북, 밴드, 네이버 폼을 활용하여 온라인으로 참여자를 모집했다. 온라인 참여자 모집은 토론 참여자의 폭을 넓힘과 동시에 토론 방향과 내용을 미리 정해놓고 치른다는 일각의 우려를 불식시키는 데 꼭 필요했다.

참여자를 확정하고, 사전 설문조사를 하다

토론 참여자는 최종적으로 학생 43명, 교사 109명, 학부모 125명, 지역주민 15명, 퍼실리테이터 38명, 군수와 군의원, 교육지원청 전문직 등 총 331명이었다. 이들을 대상으로 코리아스픽스가 10월 7일부터 6일간 사전 설문조사를 했다. 사전 설문조사는 참석자들의 로컬에듀에 대한 인식 정도를 조사하는 한편, 토론자들에게 원탁토론의 주제와 문제의식을 인식하도록 하여 토론자의 자세를 갖추도록 하는 두 가지 효과가 있다. 사전 설문조사의 결과는 토론의 아젠다 설정에 많은 도움이 되었다.

원탁토론의 토론자는 지역의 학부모, 교사, 주민이 한 테이블에 앉도록 구성했다. 학생들은 테이블을 별도로 마련하여 그들의 생각을 자유롭게 펼치도록 했다. 각 원탁에서 토론을 진행하는 퍼실리테이터는 완주군의 교원 32명과 학생 6명이 맡았다.

퍼실리테이터 교육은 10월 7일(금)에 3시간 동안 완주교육지원청에서 진행했다. 퍼실리테이션 강의는 한국퍼실리테이터 연합회 부회장인 정병석 씨가 했으며 경청, 세련된 발표와 매력적인 중재를 주제로 강의했다. 특히 학생 테이블을 진행할 고등학생 퍼실리테이터 6명이 참석하여 교육을 함께 받았다. 이들의 토론 진행 솜씨는 교사들을 놀라게 했을 뿐만 아니라 아이들의 성장과 지역 학교의 발전을 위해 어른들이 새겨 담아야 할 말을 하기도 했다.

저는 고산고등학교 1학년 강진석입니다. 완주 로컬에듀 300인 원탁토론에 참여해 학생 테이블 퍼실리테이터를 맡았습니다. 퍼실리테이터를 맡고나서 저는 두 가지 걱정이 있었습니다.

첫 번째, 평소에 책을 많이 읽지 않았고, 상대방의 생각을 정리하는 게 익숙하지 않았던 저는 현장에서 여러 사람의 생각을 정리하고 워드를 쳐야 한다는 부담감이 정말 컸습니다. '몇 시간 토론 진행을 배워서 잘할 수 있을까?' '우리 테이블에 앉은 사람 생각을 잘못 정리하지 않을까?' 하는 것이었습니다. 두 번째는 처음 보는 사람들에게 인사를 하고 말을 이어가는 것도 큰 부담으로 다가왔습니다.

하지만 현장에 가서는 모든 걱정이 사라졌습니다. 학생들이 다 모이고 제 소개를 먼저 한 뒤 돌아가며 학생들에게 자기소개를 부탁했습니다. 모두 어색한 분위기를 없애기 위해 많은 이야기를 나누었습니다.

토론이 시작되었고 학생들이 각자 자기 생각을 말했습니다. 저는 학생들의 생각을 정리하고 "이렇게 말씀하신 거 맞나요?"라고 물어보며 아니라고 할 때는 "다시 한 번 말씀해주실 수 있나요?"라고 물어보며 토론을 이어갔습니다. 처음에는 부담이 컸지만, 점차 시간이 흐르니 어색함이 없어졌습니다. 오히려 원래 하던 일이듯 자연스러워졌습니다. 토론이 다른 테이블보다 일찍 끝날 때는 서로 학교에 대해 이야기도 하고 중·고등학교의 삶이나 학교 교육에 관한 생각을 나눴습니다. 우리는 이런저런 말을 나누면서 학교가 다르고 나이도 차이가 나지만, 서로에게 많은 것을 배울 수 있었습니다.

"지금 학교에서 배우는 공부는 대학을 가기 위한 공부이지 나의 꿈을 이루기 위한 공부는 아닌 것 같다."

"자유학기제를 실시하는데 그 시간에 내가 배우고 싶은 것들을 학교에서는 하지 않는다."

"학교 수업 중 전공이나 예체능 같이 자기의 소질을 계발할 수 있는 시간을 늘려주면 좋겠다."

"학생들이 원하는 학교생활이 되도록 학교의 선생님들이 관심을 가져야 한다."

저는 퍼실리테이터를 하면서 모르는 사람에게 먼저 말을 걸고, 다른 사람의 생각을 듣고 정리하는 법을 배웠습니다. 그 밖에도 완주교육 발전을 위해 선생님, 학부모 그리고 지역주민이 함께 노력해 오신 것을 알게 되었습니다. 앞으로도 완주 로컬에듀 300인 원탁토론처럼 교육주체들이 한자리에 모여서 이야기를 하면 좋겠습니다. (퍼실리테이터로 참여한 강진석 학생 소감)

지역의 교육주체가 원탁에 둘러앉다

2016년 10월 26일(금)에 삼례문화체육센터에서 원탁토론이 열렸다. 총 38개의 원탁이 배치되었고, 그중 6개는 중·고등학생 토론자들의 자리로 정했다. 나머지 32개에는 학부모, 교사, 지역주민이 골고루 배치해 앉도록 했다. 각 원탁에는 토론을 진행하는 테이블 퍼실리테이터가 한 명씩 자리했다. 원탁 위에는 약간의 다과와 토론자들의 대화를 입력하는 노트북, 그리고 필기도구가 마련되었다. 중앙 무대에는 200인치 LED 스크린을 설치하여 테이블 토론 결과를 노트북에 입력하면 그 내용이 자료 분석팀을 거쳐 모든 청중이 볼 수 있게 했다.

전라북도교육청 소속 14개 교육지원청 중 8개 지역의 교육장이 참석했다. 직속 기관장, 본청 과장과 교육지원과장, 전문직도 많이 참석하여 원탁토론에 대한 뜨거운 관심을 보여줬다. 행사를 주관한 코리아스픽스에 따르면, 교육지원청 차원에서 이 정도 규모와 내용의 원탁토론을 개최한 것은 전국적으로도 찾아보기 어려울 정도였다고 한다.

완주군 의회 의원 10명 중 8명이 참석하여 지역교육을 함께 고민하는 모습을 보여줬다. 테이블 토론자로 군 의원들도 모두 배치했으나 대부분 인사만 하고 자리를 떴다. 다행스럽게도 TF팀에 처음부터 참여하여 모든 과정을 논의한 고산의 김용찬 의원은 처음부터 끝까지 토론에 참여했다.

토론 시작에 앞서 고산항에서 활동하고 있는 학부모 밴드 '컨테이너'가 '혜화동', '왓츠업'을 연주했다. 이어서 고산중학교 1학년 학생 4명으로 구성된 밴드 '4Ever'는 '놀자'와 '개구쟁이'를 연주해 관객들로부터 기립박수를 받았다. 그리고 피날레로 학부모들과 아이들이 함께 곡을 연주하기도 했다. 학부모와 아이들의 밴드 공연은 토론 테이블에서 처음 만난 사람들의 어색함과 긴장을 풀어주고, 원탁토론을 즐거운 축제의 장으로 만드는 데 상당한 역할을 했다.

본격적인 토론에 앞서 '완주교육은 어디로 가야 하는가'를 주제로 발제를 했다. 완주는 그 어떤 지역보다도 정주 여건이 좋아서 인구는 계속 늘어나지만, 중등학교의 교육 여건이 좋지 못해 학생 수는 줄어들고, 중학교 졸업자의 단 25%만이 완주군의 학교로 진학하는 현실을 구체적인 통계 수치로 제시했다. 이를 극복하기 위한 방안으로 지역의 모든 교육주체가 마음과 힘을 모아 학교를 지원하고, 학교는 이를 바탕으로 창의적 교육과정 운영과 수업을 통해 학생의 성장과 발달을 지원하는 로컬에듀 운동을 다시 한 번 제안했다.

로컬에듀의 핵심은 완주군의 학생이 완주군에서 고등학교를 마치고 대학을 졸업한 후 다시 완주군에서 살아가는 선순환 구조를 만들어가는 것이다. 이로써 아이들이 바르게 성장함은 물론 교육발전과 함께 지역의 미래 성장 동력을 확보할 수 있을 것이라고 덧붙였다. 그리고 이를 실현하기 위하여 지자체와 교육지원청이 협력관계를 구축해 지자체 교육경비를 학교교육과정 운영에 적극적으로 활용하는 것이 필요하다는 것을 강조했다.

사전 설문조사 결과를 안내하다

본격적인 토론은 한국퍼실리테이터 연합회장인 이병덕 리딩 퍼실리테이터가 진행했다. 토론의 시작은 토론자를 대상으로 실시했던 사전 설문조사 결과 안내, 원탁토론의 진행 규칙을 소개했다.

> ❖ 사전 설문조사 개요
> - 조사내용: 토론에 참가하는 참가자 331명을 대상으로 인적조사를 포함한 객관식 7문항과 주관식 7문항을 물었다. 완주 로컬에듀에 부족한 부분과 우선해야 하는 사업 그리고 그 이유를 물었다.
> - 조사기간: 2016.10.07. ~ 10.12.(6일간)
> - 조사방법: 참가자 대상 LMS 조사(개방형 조사)
> - 분석방법: 개별 의견 상향식 구조화 및 키워드 추출
> - 조사 및 분석 기관: 코리아스픽스

로컬에듀 인지도는?	빈도(명)	비율(%)
매우 잘 알고 있다.	26	27.1
조금 알고 있다.	51	53.1
잘 모른다.	16	16.7
전혀 모른다.	3	3.1
합계	96	100

<표 9> 사전 설문조사 내용 1

다음 로컬에듀 추진 과제 중 가장 중요한 것은?	빈도(명)	비율(%)
1) 학교교육과정의 자율적이고 탄력적인 운영	15	16.3
2) 선생님의 수업 및 생활교육 전문성 신장	18	19.6
3) 학생들의 소질 및 적성 개발	19	20.7
4) 학교와 마을의 연계성 제고	12	13.0
5) 지자체의 전향적인 교육 예산 활용 및 지원	28	30.4
합계	92	100

<표 10> 사전 설문조사 내용 2

순위	로컬에듀의 걸림돌은?	빈도(명)	비율(%)
1	아이들의 흥미를 이끌어내지 못하는 수업방식	23	27.4
2	비효율적 교육예산 편성 및 기관 간 연계 미흡	21	25.0
3	지역 교육공동체의 소통 미흡	14	16.7
4	지역교육에 대한 부정적 이미지	9	10.7
5	진로탐색 및 체험활동 부족	5	6.0

<표 11> 사전 설문조사 내용 3

사전 설문조사 결과를 보니 로컬에듀를 80% 정도의 사람들이 알고 있었다. 로컬에듀 추진 과제 중 가장 중요한 것을 묻는 설문에는 '지자체의 전향적인 교육 예산 활용 및 지원'에 가장 많은 30.4%가 응답했다. 그러나 '학교교육과정 운영'과 '선생님의 수업 및 생활교육 전문성 신장'도 합치면 35.9%로 매우 큰 비중을 차지하고 있음을 알 수 있다.

이는 설문조사 세 번째 항목에서도 비슷하다. '아이들의 흥미를 이끌어 내지 못하는 수업방식'이 가장 많은 27.4%를 차지하지만, '비효율적 교육예산 편성'과 '지역 교육공동체의 소통 미흡' 문항을 합치면 41.7%에 이른다.

사전 설문 결과를 종합하면 원탁토론의 참석자들은 학교의 교육과정과 수업방식에 문제를 제기하면서 동시에 지역교육을 책임지고 있는 기관의 예산 활용 및 소통 방식에 많은 문제의식을 가지고 있음을 알 수 있다.

본격적인 토론에 들어가다

'완주 로컬에듀 실현의 걸림돌 찾기'를 주제로 진행한 제1토론은 입론-상호토론-전체공유-투표 순으로 진행되었다. 먼저 참가자들이 자신이 생각하는 로컬에듀의 걸림돌을 1분 30초 이내로 돌아가며 말했고, 이를 토대로 다른 사람과 상호토론하는 방식이었다. 이때 퍼실리테이터는 발언자의 말을 경청하고 그 발언의 핵심을 노트북에 입력했다. 그러면 그 내용이 중앙스크린에 실시간으로 전송되었다. 이로써 참여자들이 자신의 테이블에서 나온 이야기 이외에도 전체 38개 테이블에서 나오는 이야기를 알 수 있었기 때문에 매우 흥미로워했다. 토론 시간이 3시간을 넘어 자칫 힘들 수도 있었는데 이런 과정은 참여자들의 관심을 계속 유지하게 해주었다. 뿐만 아니라 실제 토론의 내용을 더욱 풍부하게 하는 데도 많은 도움이 되었다.

이어서 입론과 상호토론에서 나온 의견들의 우선순위를 정하고, 완주 로컬에듀의 현재 문제점 및 발전의 걸림돌을 진단하는 토론을 진행했다. 입론된 내용을 바탕으로 전반적인 완주 로컬에듀 실현 걸림돌의 우선순위를 투표하고, 이후에 진로탐색과 학교 및 교사의 자율적 운영이 정착되지 못하는 이유를 투표했다.

완주 로컬에듀의 걸림돌을 진단하는 제1토론에서 참가자의 19%는 '군청과 교육지원청의 교육 목적이 다르고 소통이 원활하지 못함'을 문제점으로 지적했다. 뒤를 이어 16%의 참가자는 '학교교육과정이 시대에 뒤처져 있고, 교사의 전문성이 결여됨'을 이야기했고, '학생의 소질과 적성을 살려주는 진로탐색 프로그램이 부족함'에 관한 의견도 15%의 참가자가 개진했다.

'전반적 교육환경이 미흡하고, 학교가 학생 선택을 존중하지 않음'과 '학교와 마을의 연계 및 학부모 등 교육주체들의 소통도 부족함'을 꼽은 참가자는 각각 전체의 14%와 11%였다. '다양한 요인으로 학생의 수업 참여 동기 부여 미흡' 의견도 11%에 이르렀다. '완주군 교육수준에 대한 부정적 이미지와 고정 관념이 있음'은 4%로 응답했다.

제1토론에서 로컬에듀 실현 걸림돌에 대한 상호토론 후 투표한 결과, '군청과 교육지원청의 교육 목적이 다르고 소통이 원활하지 못함'을 투표한 참가자 비율이 입론과 큰 차이 없이 20%로 가장 많았다. 이에 반해 '전반적 교육환경이 미흡하고, 학교가 학생 선택을 존중하지 않음'이 19%를 차지해 2순위에 올랐다. 또한 '완주군 교육수준에 대한 부정적 이미지와 고정 관념이 있음' 역시 상승해 17%의 득표율로 그 뒤를 이었는데, 입론 때 4%에 불과했던 데 비해 4배 가까이 상승한 수치였다.

그 밖에도 '학교교육과정이 시대에 뒤처져 있고, 교사의 전문성이 결여됨'은 16%에서 소폭 하락한 14%로 4순위에 머물렀고, '다양한 요인으로 학생의 수업 참여 동기 부여 미흡'이 12%였으며, '학생의 소질과 적성을 살려주는 진로탐색 프로그램이 부족함'이 9%로 입론 때보다 6% 감소했다. '학교와 마을의 연계 및 학부모 등 교육주체의 소통도 부족함'은 6%, '교육 관련 정보제공 미흡'이 3%의 득표율을 보였고, '소단위 방과후 프로그램 필요'는 표를 얻지 못했다.

이어서 완주의 아이들을 어떻게 키울 것인가를 주제로 진행한 제2토론도 입론-상호토론-전체공유-투표 순으로 진행되었다. 입론과 상호토론을 통해 나온 의견들의 우선순위를 정하고, 완주 로컬에듀의 철학과 실현방안을 제시하는 토론으로 진행되었다. 투표에서는 입론된 내용을 바탕으로 완주 로컬에듀 철학의 우선순위를 투표하고, 이후 사전조사에서 분석된 로컬에듀 비전 키워드 투표를 실시했다.

제2토론 로컬에듀 철학과 방향에 관한 입론 결과 참가자들의 절반에 가까운 48%가 '학생의 흥미와 적성 및 자기주도성을 강화하는 진로 지도 강화'를 꼽았다. 뒤를 이어 '학력 신장 및 학습소외 학생에 대한 공교육의 역할 강화'가 17%, '예체능 및 독서, 인문 교육에 대한 집중적인 지원'이 15%를 차지했다.

'아이의 꿈을 찾아 함께 키우는 마을 교육공동체' (8%), '아이의 다양한 꿈을 지원하는 특성화고 유치 및 프로그램 지원 다양한 꿈을 지원하는 특성화고 유치' (5%), '미래지향적 프로그램 운영을 통한 인재 육성' (3%) 순으로 나타났다.

상호토론 후 참가자의 투표 결과에서 입론 때와 비율의 차이는 크게 없었다. 다만, 입론 당시 3%에 불과했던 '미래지향적 프로그램 운영을 통한 인재 육성' 항목이 11%로 상승해 공동 3순위에 올랐다.

마지막으로 제3토론은 로컬에듀 비전 작성을 위해 사전조사의 결과를 토대로 핵심 키워드를 분류해 투표를 실시했다. 그 결과 '창의적인, 스스로, 소질과 잠재력, 성장'을 가장 많이 선택했다. 뒤를 이어 '아이들이 행복한, 가고 싶은', '다양한 꿈을 지원하는' 순으로 득표했다. '교육공동체(지역·주민·마을의 상생)', '인성, 참된 아이', '어울림, 함께, 소외 없는'의 득표 수도 순서대로 비슷하게 나왔다. 투표 결과를 토대로 다음과 같은 비전을 함께 만들었다.

[
학교와 마을이 함께
아이들의 꿈을 찾아 키우는 행복한 완주 로컬에듀
]

완주교육 비전을 함께 외치며 마무리하다

이병덕 리딩 퍼실리테이터의 선창에 맞춰서 원탁토론에 참여한 모든 사람이 완주교육 비전을 함께 외쳤다. 3시간이라는 짧은 시간에 우리는 결국 해냈다. 보면 볼수록 마음에 쏙 든다. 집단지성의 힘을 다시 한 번 느꼈다. 이 자리에 참석한 한 학부모는 지역에서 모두가 함께 만든 교육비전을 바라보며 감격스러워 눈물을 글썽였다는 말도 들었다.

원탁토론이 끝나고 얼마 시나지 않아 이 비전은 교육지원청의 정문에 현수막으로 내걸렸고, 교육지원청이 직영하는 에듀버스에 큰 글씨로 새겨져 지역 사람들에게 널리 알려지고 있다.

그리고 지금은 완주교육의 가치와 방향을 담은 교육비전으로 채택되어 모든 정책과 사업에 반영되고 있다. 그리고 완주교육지원청은 이러한 비전을 실현할 수 있도록 다양한 방법을 모색하고 있다. 실제 완주는 전라북도교육청에서 시행하는 2017학년도 농어촌 교육특구로 선정되었는데, 그 사업 중 하나로 '청소년 꿈 찾기 프로젝트 사업'을 설정했다.

이제 우리 완주는 아이들이 꿈을 찾아 키우는 데 학교와 마을이 함께 최선을 다해 지원함으로써 모두가 행복한 완주교육을 이뤄낼 것이다. 이를 통해 아이들이 떠나는 지역이 아니라, 돌아오는 지역으로 거듭나도록 모든 교육주체가 노력을 기울일 것이다.

끓어오른다. 공부의 피가![21]

2016년 10월 14일, 평소 교육문제에 관심이 많아 교육학과를 가고 싶었는데 나의 꿈을 더 키울 기회가 생겼다.

학교 대표로 선생님들과 함께 완주 로컬에듀 300인 원탁토론에 참가했다. 원탁토론은 각 테이블에 앉은 여러 사람과 자신의 의견을 말한 뒤 토론하는 방식으로 이루어졌다.

원탁마다 사회자 역할을 하는 한 명의 퍼실리테이터가 있었다. 선생님이 퍼실리테이터를 해보지 않겠냐고 제안하셨지만, 일정이 맞지 않

---

21 원탁토론에 참여한 한별고등학교 최율하 학생이 쓴 글이다.

아 아쉽게도 토론자로만 참가했다. 나는 2조였는데, 중학교와 고등학교 학생들이 골고루 섞인 조였다. 제1토론에서 내가 제일 먼저 입론을 했다.

각자의 입론 후에는 상호토론이 이루어졌는데, 우리 조는 의견이 비슷해 토론이 감정적으로 번질 염려가 없어서 좋았다. 하지만 의견이 비슷하다고 토론을 끝내지 말고 각자 교육의 걸림돌이 무엇인지 얘기해보자고 제안했다. 그런 방향으로 상호토론을 이어나가다가 다수의 토론자가 '선생님의 수업방식'에 대해 이야기했다. 재미있는 수업이면 학생들이 잘 듣고, 조금 어렵거나 딱딱한 수업은 상대적으로 집중력이 떨어지니 '선생님 탓'을 한 것이다. 나도 같은 학생 입장이지만, 다른 토론자들과는 생각이 달라서 다음과 같이 말했다.

"지금까지 다른 분들이 말씀하신 내용은 '선생님 때문'이라는 거죠? 하지만 저는 교육을 통해 만들어내는 것이 최종적으로 학생들에게 달렸기 때문에 선생님보다는 '학생들 탓'이라고 생각해요. 그만큼 수업의 재미에 따라 공부를 편식하는 학생들이 스스로 자신의 걸림돌이 되는 것이죠. 그런 부분은 선생님에게 원인을 묻는 것이 아니라 오히려 학생들에게 물어야 한다고 생각합니다."

이 내용을 중심으로 토론자들과 이야기하니 '선생님 때문'이기보다는 오히려 학생 자신에게 잘못이 있는 것 같다고 얘기하는 학생들도 있었다. 모두들 심각한 고뇌의 표정이 보였다.

제2토론에서도 나부터 입론했다. 상호토론에서는 다들 사전조사에서 가장 많은 비율을 차지한 체계적인 진로 활동을 강조했다. 그런데 나는 사전조사의 항목을 살펴보다 보니 로길에듀에 필요한 교육으로 동아리 활동이 10위로 최하위를 차지한 것을 보고 정말 놀랐다. 그래서 이 내용 또한 토론자들과 이야기를 나눴다.

열띤 분위기로 상호토론을 하고 나니, 각 테이블의 의견을 공유하는 전체토론이 이어졌다. 중앙스크린에는 테이블 토론 결과를 퍼실리테이터가 실시간으로 올린 내용이 올라와 있었는데, 그중에서 내 의견을 인상 깊게 보신 전체 토론 진행자가 나에게 마이크를 주셨다. 앞서 테이블에서 이야기한 입론과 같은 내용을 발표했다. 이어서 나의 꿈을 물어보시기에 미래의 교육학자가 꿈이라고 당당히 답했다.

이번 로컬에듀 300인 원탁토론을 통해 다양한 생각을 가진 토론자들과 토론하는 시간을 가진 것은 참 뜻 깊은 경험이었다. 무엇보다도 토론 주제 속의 또 다른 주제를 내가 제시하고, 그 주제에 대해 다시 이야기를 나누어서 즐거웠다. 모두가 당연하다고 생각하는 99%의 의견 속에서 1%의 역발상으로 관점을 비틀어 의견을 제시했던 것도 너무 즐거웠다.

이날은 학습동기가 뼛속까지 깊게 밴 날이었다.

끓어오른다. 공부의 피가!

2장

풀뿌리 교육과정과 질적교육연구소

정부는 2015 개정 교육과정을 고시하면서 모든 학생이 인문학적 상상력과 과학기술 창조력을 갖춘 창의·융합형 인재로 성장할 수 있도록 방향을 잡고 있다. 교과의 핵심 개념을 중심으로 학습 내용을 구조화하고, 교과 특성에 맞는 다양한 학생 참여형 수업을 활성화하여 자기주도적 학습 능력을 기르고 학습의 즐거움을 경험하도록 하고 있다.

학교에서는 개정 교육과정을 바탕으로 학교에 알맞은 학교교육과정을 편성·운영하되 지역사회의 실정 및 교육시설·설비 등 교육 여건과 환경을 충분히 반영하도록 하고 있다. 특히 교과와 창의적 체험활동의 효율적인 운영을 위하여 지역사회의 인적, 물적 자원을 계획적으로 활용하도록 요구하고 있다.

학교는 성취기준에 따라 단편적 지식의 암기를 지양하고, 각 교과의 핵심 개념과 일반화된 지식 및 기능을 학생의 발달 단계에 따라 심화할 수 있도록 수업을 체계적으로 설계하도록 하고 있다. 이를 위하여 교과용 도서 이외에 교육청이나 학교에서 개발한 다양한 교수·학습 자료를 활용할 수 있도록 길을 열어 놓고 있다.

학교교육과정의 원활한 편성·운영을 위하여 교육청은 지역의 특수성, 교육의 실태, 학생·교원·주민의 요구와 필요 등을 반영하여 교육청 단위의 교육 중점을 설정하고, 학교교육과정 개발을 위한 시·도교육청 수준의 교육과정 편성·운영 지침을 마련하여 안내하고 있다. 또한 학교가 지역사회와 적극적으로 연계·협력해서 교과와 체험활동을 내실 있게 운영하도록 지원하고, 학교가 활용할 수 있는 '지역 자원 목록'을 작성하여 제공하는 등 구체적인 지원 방안을 마련하도록 요구하고 있다.

정부가 고시한 개정 교육과정에 따라 각 시·도교육청에서는 교육과정 편성·운영 지침을 만들어 지역 단위의 교육과정 운영 방향을 제시한다. 이를 바탕으로 지역의 교육지원청은 장학자료 등을 제작하여 학교교육과정 편성·운영을 지원할 것이다.

그러나 이러한 방식으로는 지역의 고유한 특성과 상황을 반영하고, 지역자원을 활용한 학교교육과정 편성·운영을 지원할 수 없다. 대체로 지금까지 시·도교육청에서는 권한과 여건의 제약, 그리고 관행적으로 국가교육과정을 적극적으로 분석하고 재해석하여 지역에 적합한 교육과정을 제시하지 못했다. 대신 국가교육과정 문구와 숫자를 다소 수정하고 일정한 자료를 첨부하는 수준에서 교육과정 편성·운영 지침을 만들어 학교에 안내했다. 대부분 시·도교육청에서 마련한 교육과정 편성·운영 지침이 비슷할 수밖에 없다. 시·도교육청의 지도·감독을 받는 교육지원청에서도 개별적이고 단편적인 장학자료를 간헐적으로 제작하는 데 그쳤다.

사정이 이렇다 보니 각 학교에서도 지역의 특성과 다양한 자원을 활용하여 학교교육과정을 편성·운영하지 못했다. 대신 형식적인 논의와 절차를 거쳐 전년도 교육과정을 그대로 사용하거나 심지어 인근 학교의 교육과정을 학교명만 바꿔 베끼는 경우도 있다. 많은 학교에서 지역의 상황과 여건, 규모와 아이들의 특성에 차이가 큰데도 학교교육과정은 그다지 큰 차이를 보이지 않는 이유이다.

또한 국가수준의 교육과정을 바탕으로 국가가 직접 제작하거나 검인정한 교과서를 그대로 사용하다 보니 각 학교의 교육과정과 교실 수업이 똑같을 수밖에 없다. 대도시, 중소도시, 농산촌 등 지역적 여건과 사회적, 문화적, 가정적 배경의 차이를 고려하지 않고 편성한 교육과정과 이를 바탕으로 획일적으로 진행하는 교실 수업은 필연적으로 학습격차와 학생소외를 유발한다. 서울의 아이들, 전주의 아이들 그리고 완주의 아이들이 같은 교육과정과 같은 교과서로 수업을 받는다면, 완주와 같은 농산촌의 아이들이 도시 아이들에 비해 성적이 떨어지지 않는 것이 오히려 이상하다고 할 수 있다.

지역 단위 교육과정은 왜 필요한가

그동안 완주교육지원청에서는 학교 교육의 획기적인 변화와 발전을 통하여 완수지역 학생의 외부유출을 막기 위하여 지역사회에 로컬에듀 운동을 제안했다. 이를 실현하고자 전라북도교육청에서 지정한 혁신교육특구를 완주군과 공동으로 운영하고 있다. 혁신교육특구는 학교교육과정과 수업의 변화를 꾀하면서 동시에 시역의 교육자원을 발굴하여 학교와 연결하는 데 중점을 두고 있다. 이미 학교–마을이 함께 만드는 교육과정, 마을학교, 문밖진로체험처, 마을선생님 등과 같이 지역의 다양한 인적, 물적 자원을 발굴하여 학교에 안내했고, 학교가 교육과정 운영과 수업, 창의적 체험활동 및 진로교육 등에 적극적으로 활용하고 있다. 그 결과 많은 학교에서 의미 있는 변화가 일어나고 있다.

그러나 학교교육과정과 일상의 교실 수업의 변화가 없다면 혁신교육특구는 일반적인 사업의 하나로 남을 수밖에 없다. 그동안 학교에 잠깐 들어왔다가 흔적 없이 사라진 수많은 목적사업과 별 차이가 없을 것이다. 교육과정과 교실 수업의 변화는 교사들의 교육과정 편성·운영 역량과 수업 전문성 신장을 기본 전제로 한다. 학교교육과정을 짜는 사람도, 아이들을 가르치는 사람도 결국 교사이기 때문이다. 우리가 교사들의 역량과 전문성 신장을 혁신교육특구의 가장 중요한 과제로 설정하고, 수업의 다양한 문제 상황을 스스로 해결하기 위한 역량을 쌓도록 지원한 이유이다.

지역사회의 다양한 전문가와 자원이 학교교육과정 편성·운영에 의미 있는 도움을 주더라도 혁신교육특구가 종료되면 지속성을 담보할 수 없다. 최악의 경우에 지자체의 예산 지원이 끊기면 이들 지역의 전문가와 자원이 학교로 들어가는 경로가 막힐 수도 있다. 따라서 지금까지 발굴한 지역의 다양한 자원을 체계적으로 정리하여, 안내함으로써 학교가 교육과정 편성 운영에 계속 활용할 수 있도록 토대를 튼튼히 할 필요가 있다. 완주지역의 특성과 여건을 반영하고, 지역의 학교와 아이들에게 적합한 고유의 교육과정이 필요한 이유가 여기에 있다.

이런 맥락에서 풀뿌리 교육과정 편성·운영 자료(이하 풀뿌리 교육과정)를 만들고자 했다. 교육지원청 차원에서 지역 단위 교육과정을 만들고자 시도하는 것은 전국적으로 사례를 찾아보기 힘들다. 물론 일부 지역에서 단편적이고 개별적인 '지역자원 목록'을 만든 사례는 있다. 그러나 지역의 교육철학과 방향을 담고, 교사의 전문성 신장 방안과 함께 지역 전체의 인적, 물적 자원을 체계적으로 정리하여 학교에 안내한 사례는 드문 것으로 알고 있다.

어쩌면 지역의 교육지원청 차원에서 지역 단위 교육과정을 만드는 것은 권한 밖이거나 불필요하다고 말할 수도 있다. 그러나 정부에서는 교육과정을 고시하면서 지역적, 환경적 차이를 고려하여 지역의 다양한 자원을 활용하여 학교교육과정을 편성·운영하도록 하고 있다. 이러한 맥락에서 마을의 다양한 인적, 물적 자원을 발굴하여 학교에 안내하고, 교육 거버넌스를 구축하여 지원하는 것은 교육지원청의 가장 기본적인 역할이자, 막중한 책무라 할 수 있다.

지역교육의 주춧돌, 풀뿌리 교육과정

대부분의 농산촌 지역에서 인구가 줄어들면서 아이들도 점차 줄어들고 있다. 이 문제를 해결하기 위해 지역마다 고민하고, 나름의 방법을 찾고 있지만 뾰족한 수가 없다. 그런데 자세히 들여다보면 지역, 혹은 학교에서 아이들이 지역에 남지 않고 떠나는 것을 방치하거나, 되려 조장하는 측면도 있다. 아이들이 지역을 떠나는 것은 외부를 동경하는 까닭도 있지만, 지역을 잘 알지 못하기 때문이다. 아이들은 자신의 지역이 역사·문화적으로 어떤 의미가 있고, 지역에서 어떤 사람들이 무슨 일을 하며 살아가고 있는지 잘 모른다.

이는 학교교육과정과 수업이 마을과 별 관계가 없기 때문이다. 대체로 수업이나 창의적 체험활동 같은 활동은 지역과 아이들의 실제 삶에 기반을 두지 않고 교과서에 제시된 일반적인 내용에 바탕을 두고 있다. 그 결과 아이들이 지역과 지역 주민의 삶을 잘 알지 못하게 된다. 설령 알게 되더라도 비공식적인 경로로 부정적인 인식을 강화하는 정보의 영향을 받는 경우가 많다. 이는 아이들이 지역을 떠나게 하거나, 설령 떠나지 못하더라도 패배자라는 낙인을 씌워 지역사회를 중심으로 긍정적인 삶을 만들어가기 어렵게 한다.

아이들이 지역을 떠나게 하는 교육을 해놓고 지역을 떠난다고 문제를 제기하는 것은 자가당착이다. 사람들은 허공에 집을 그려보라면 대개 지붕부터 그린다. 그러나 건축 지식을 조금이라도 가지고 있는 사람은 절대 그럴 리가 없다. 그들은 지반을 먼저 그리고, 튼튼한 기둥을 세우고, 지붕은 마지막에 올린다. 그들은 실제로 집을 지어보았기 때문이다. 집이 수백 년 이상 버티려면 지반과 기둥이 튼튼해야 한다.

완주 풀뿌리 교육과정은 완주교육의 주춧돌이며 튼튼한 기둥과 같다. 학교교육과정은 지역에 뿌리를 내리고 있고, 아이들은 교실 수업에서 지역의 삶을 잘 배울 수 있는 원동력이 될 것이다. 이는 곧 아이들이 지역에서 살아갈 수 있는 자양분이 될 것이다.

풀뿌리 교육과정을 어떻게 만들 것인가

완주 풀뿌리 교육과정을 만들기 위해 혁신교육특구 예산에 1,000만 원의 연구·개발비를 책정했다. 교육지원청에서 현장 교사와 함께 직접 만드는 것이 이상적이었으나 역량의 한계가 있었고, 물리적인 시간도 절대적으로 부족했다. 현장 교사에게 교육과정 개발에 참여하도록 하는 것은 오히려 현장에 부담을 지우는 것이라 생각했다.

그리고 혁신교육특구의 다양한 사업을 정리하는 것이기 때문에 그다지 어려움이 없을 것으로 보았다. 혁신교육특구 운영 초기부터 각 사업의 과정이나 성과를 계속 기록하고, 현장으로부터 피드백을 받았다. 개별 사업의 진행 과정에서, 혹은 종료될 때마다 나름의 방법으로 평가의 과정을 거쳤기에 자료는 어느 정도 확보하고 있었다.

다만 지역 단위 교육과정의 의미나 필요성, 국가교육과정과 시·도 교육청 편성운영지침과의 관계, 현장 적용 방안 등은 전문가의 지원이 필요했다. 그래서 이미 수년 동안 혁신교육특구의 몇 가지 운영 과제에 참여하고 있는 서근원 교수에게 연구·개발 용역을 의뢰했다. 그리고 이 교육과정이 학교 현장으로부터 벗어나지 않도록 현장 교원이 주축이 되어 검토위원회를 구성했다. 아래는 서근원 교수와 함께 초기에 만든 목차이다.

제1부. 풀뿌리 교육	제1장	국가 교육과 지역사회의 관계 및 학교의 역할
	제2장	완주 지역사회의 현실(지리, 경제, 사회, 문화 등)
	제3장	완주교육의 현실(학생, 학부모, 교사. 학력, 수업 등)
	제4장	완주 풀뿌리 교육의 모색
제2부. 질적 교육	제1장	국가 교육과 질적 교육
	제2장	질적 교육의 조건
	제3장	질적 교육과 풀뿌리 교육
제3부. 학교 풀뿌리 교육과정 편성	제1장	학교 풀뿌리 교육과정 편성의 기본 방향
	제2장	학교 풀뿌리 교육과정 편성의 기본 원리
	제3장	학교 풀뿌리 교육과정 편성 절차
	제4장	학교 풀뿌리 교육과정 문서의 구성
제4부. 학교 풀뿌리 교육과정 운영	제1장	학교 풀뿌리 교육과정 운영의 기본 방향
	제2장	교수학습 활동
	제3장	평가 활동
	제4장	연구 및 연수 활동

제5부. 지역사회 자원의 활용	제1장	학교-마을이 함께 만드는 교육과정
	제2장	마을선생님 및 대학생 어깨동무 멘토링 교육봉사
	제3장	마을 자원을 활용한 마을학교 및 돌봄교실
	제4장	마을교과서 활용 방안
	제5장	지역사회 교육 거버넌스 및 다양한 네트워크
제6부. 완주 풀뿌리 교육과정의 토대	제1장	교육과정 운영 중심 학교 조직
	제2장	혁신교육특구 운영 과제 및 시사점
	제3장	교사의 자율성과 전문성
	제4장	교육지원청의 역할 변화
	제5장	질적교육연구소
제7부. 완주교육 중장기 발전 방안		

<표 12> 풀뿌리 교육과정 목차

풀뿌리 교육과정은 완주지역의 학교와 아이들에게 적합한 교육과정이다. 때문에 완주지역과 학교, 아이들의 특성을 파악하는 것이 가장 중요했다. 완주는 농산촌이면서 동시에 대규모 산업단지와 아파트 숲이 혼재하고 있는 복잡한 지역적 특성이 있었고, 아이들 역시 원주민 가정의 아이들과 도시에서 이주한 가정의 아이들로 구성되어 있었다. 그러다 보니 학력과 가정환경 등에서 많은 차이가 있었다.

이어서 학교가 현재 교육과정을 어떻게 편성·운영하는지 살펴보고, 분석하여 학교교육과정 편성·운영에 대한 바람직한 모델을 제시하고자 했다. 일부 학교는 학교의 교육과정 워크숍과 평가회를 통해 전년도 교육과정을 분석하여 전체 구성원들의 의견을 모아 신학년도 교육과정을 짜는 등 올바른 방법으로 진행하지만, 연구부장 등 한두 사람이 주먹구구식으로 짜는 경우도 허다했기 때문이다.

혁신교육특구 정책을 기획할 단계부터 가장 역점을 둔 부분은 학교교육과정 지원과 교사들의 전문성 신장이었다. 이에 따라 풀뿌리 교육과정에도 교사들이 아이를 존중하고, 아이들 한 명, 한 명의 특성에 따른 수업을 진행하며, 이에 필요한 전문성을 쌓는 데 필요한 과정과 절차 등을 담고자 했다.

완주 풀뿌리 교육과정에는 지역자원 목록과 함께 완주 혁신교육특구의 철학과 방향이 담긴 추진과제 및 운영사례를 정리할 계획이었다. 완주 혁신교육특구 주요 과제인 따뜻한 학교, 열손가락 학교, 함께 배우고 실천하는 학교, 즐거운 학교, 마을학교 운영사례를 종합적으로 검토 분석하여 그 의미와 방법 등 생산된 자료 등을 정리하여 안내할 계획이었다.

풀뿌리 교육과정, 세상에 나오다

서근원 교수는 완주교육지원청의 의뢰를 받아 지역의 30여 개 초·중학교 교육과정을 분석하여 풀뿌리 교육과정 편성·운영 자료를 개발했다. 교육지원청은 이 과정에서 지역의 현황과 실태를 파악할 수 있는 다양한 자료를 제공했다. 이 자료에는 완주군의 인구, 산업·경제, 환경 등 지역적 특성을 파악할 수 있는 자료와 학교 규모, 학생 수, 전출입 비율, 기초학력 미달 비율 등이 포함되었다.

교육과정 개발을 시작한 지 약 6개월 후에 완주 풀뿌리 교육과정 편성·운영 자료 개발을 마쳤다. 처음에 설정한 교육과정이라는 명칭 대신에 교육과정 편성·운영 자료라는 명칭을 사용했다. 이 자료에는 완주지역의 지리적, 사회적, 환경적 특징과 함께 학교와 학생의 특성이 잘 정리되어 있다. 다음은 그 서문이다.

완주 풀뿌리 교육과정 편성 운영 자료는 완주교육지원청 관내에 소재하는 각 학교의 교사들이 완주지역과 학생의 특성을 고려하여 학교교육과정을 편성하여 운영할 때 참고해야 하는 기본적인 사항을 정리하여 안내하기 위한 목적에서 마련되었다.

2017년부터 연차적으로 운영될 예정인 2015 개정 교육과정은 각 학교의 현장 교사들로 하여금 지역사회와 학교, 그리고 학급의 실태와 여건 등을 고려하여 학교 나름의 고유한 교육과정을 편성하여 운영하도록 제시하고 있다. 그렇게 함으로써 각 지역과 학교의 특수성이 교육 활동에 반영되도록 하고, 궁극적으로는 학생들 각자에게 질적으로 의미 있는 학습의 기회를 제공하기를 기대한다.

그러나 많은 학교 현장에서는 이러한 취지를 충분히 살려서 교육과정을 편성하여 운영하기보다는 상급 기관의 정책을 중심으로 학교교육과정을 편성하여 운영한다. 또한 일부 학교에서 지역사회의 자원 등을 활용하여 교육과정을 편성하여 운영한다고 해도 다양한 사업을 병렬적으로 나열하는 방식으로 이루어짐으로써 다른 활동과 유기적으로 연관시키지 못하고 교사의 업무만 가중시키는 경향이 있기도 하다.

국가교육과정이 각 학교에 교육과정 편성 운영의 자율권을 부여하고 있음에도 불구하고, 이와 같은 현상이 발생하게 되는 것은 학교의 시설, 교사들의 업무, 평가를 비롯한 교육 제도 등과 같은 학교의 현실적 조건이 충분히 갖추어지지 않은 데 일차적인 원인이 있다. 따라서 학교의 교육과정을 내실 있게 편성하여 운영하기 위해서는 학교의 현실적 조건을 개선해야 한다. 그와 함께 학교 현장의 교사들이 각 학교, 또는 학급의 교육과정을 편성하고 운영하는 데 요구되는 역량을 충분히 갖추어야 한다. 교사가 학교교육과정을 자율적으로 편성하여 운영할 수 있는 역량을 갖추지 못한다면 학교의 현실적 조건의 개선은 무의미해지기 때문이다.

　이런 이유에서 본 자료집은 학교 현장의 교사들이 학생들 각자에게 질적으로 의미 있는 학습의 기회를 제공하기 위해서는 학교교육과정이 어떤 방향으로 편성되고 운영되어야 하는지, 그와 같은 교육과정을 편성하여 운영하는 데 교사에게 기본적으로 요구되는 역량은 무엇이고, 그 역량은 어떻게 형성할 수 있는지를 제시하는 데 중점을 두었다.

　제1장에서는 학교교육과정을 편성하고 운영하게 된 취지와 방향을 먼저 이해하고, 그것을 바탕으로 각 학교의 교육과정을 편성하고 운영할 때 따라야 하는 일반적인 기준과 교사의 역할 등을 정리하여 제시했다.

　제2장에서는 현재 완주지역의 학교에서는 학교교육과정을 어떻게 편성하여 운영하고, 그 안에는 어떤 문제가 있는지, 그 문제점을 해결하기 위한 시도의 한계가 무엇인지 살펴보았다.

　제3장에서는 학교에서 교육과정을 편성하여 운영할 때 핵심적으로 고려해야 하는 사항은 무엇이고, 그 점을 중심으로 학교교육과정을 편성하여 운영하려면 어떤 과정을 거쳐야 하는지 제시했다.

　제4장에서는 학교교육과정 운영의 핵심이라고 볼 수 있는 수업의 의미를 재해석하고, 수업이 어떻게 이루어지는 것이 적절한지 제시했다.

　제5장에서는 학교가 각 지역과 학생의 특성을 충실하게 반영하는 교육과정을 편성하여 운영하기 위해선 학교가 어떻게 변화해야 하고, 변화된 학교에 요구되는 교사의 역량은 무엇이며, 또 어떻게 형성할 수 있는지 등을 제시했다.

　하지만 이 자료집이 학교 현장의 교사들이 학교 또는 학급의 교육과정을 편성하여 운영하는 데 관련된 모든 사항을 제시할 수는 없다. 학교교육과정의 편성 및 운영과 관련된 좀 더 구체적이고 세부적인 사항은 이와 관련된 전문적인 서적을 참고하기 바란다. 다만 이 자료집을 통해서 교사들이 교육과정을 편성하고 운영하는 과정에서 겪는 어려움을 최소화하고, 학생들에게 조금이라도 더 질적으로 유의미한 학습의 기회를 제공할 수 있게 되기를 바란다.

풀뿌리 교육과정을 어떻게 활용할 것인가

풀뿌리 교육과정 편성·운영 자료를 활용하여 학교교육과정을 편성·운영하는 데는 해결해야 할 많은 문제와 어려움이 뒤따를 것이다. 풀뿌리 교육과정은 기존의 교육과정처럼 미리 편성하여 운영할 수 있는 것이 아니다. 교사가 학생의 특성과 지역의 여건을 고려하여 학생과 함께 교육과정을 만들고 운영해가는 것이다. 교육과정학에서는 그것을 생성교육과정(emerging curriculum)이라고 부른다. 이러한 생성교육과정으로서의 풀뿌리 교육과정을 편성하여 운영하려면 무엇보다도 교사의 역량이 절대적으로 필요하다. 교사가 학생과 지역사회를 충분히 파악하고 이해해야 하며, 교과와 국가교육과정에 정통하고 있어야한다. 또한 그것을 학생의 성장을 중심으로 조직하고 운영할 수 있어야 한다.

따라서 풀뿌리 교육과정은 교사의 역량에 따라서 수준과 질이 달라질 수밖에 없고, 각 학교와 교사와 학생에 따라서 매번 새롭게 만들어질 수밖에 없다. 그러므로 이러한 풀뿌리 교육과정의 구체적인 모습은 현장 선생님들의 시도에 의해서 드러날 수밖에 없을 것이다. 풀뿌리 교육과정이 좀 더 완성된 형태를 띠기 위해서는 현장 교사들의 실험적인 시도와 사례가 함께 제시되어야 했지만, 한정된 기간과 예산의 범위 내에서 추진하다보니 그런 점이 누락되었다.

　또한 연구자에게 지나치게 의존하다보니 연구보고서와 같은 형태로 개발되었다. 교육과정 연구 개발 용역을 의뢰했어도 교육지원청에서 개발 과정에 깊이 참여하고 공동 개발의 형태로 갔어야 했는데 여러 이유로 그렇게 하지 못했다. 사정이 이러다 보니 로컬에듀의 이상과 방향, 혁신교육특구의 중점 추진 과제, 마을의 다양한 교육자원 발굴 목록과 자료가 함께 제시되지 못했다. 이러한 부분은 추후에 보완할 예정이다.

　전체 학교 관리자 연수와 혁신교육특구 과제별 담당자 워크숍에서 풀뿌리 교육과정의 방향과 내용을 안내했다. 일부에게는 서근원 교수가 단행본으로 출간한 '풀뿌리 교육론'을 배부했다. 학교교육과정을 편성·운영할 때 학교와 선생님들이 필요한 부분을 가져다 쓸 수 있도록 방향을 설정했기 때문이다. 아무리 좋은 정책과 제도도 학교에 일방적으로 강요해서는 안 된다. 풀뿌리 교육과정 역시 마찬가지다. 그래서 이 자료를 학교에 안내하되 활용을 절대 강요하지 않았다. 자칫 잘못하면 옥상옥으로 변질돼 학교에 또 하나의 부담을 줄 수도 있기 때문이다. 학교의 자발성과 자율성이 작동하도록 하려면 자료를 내실 있게 만들어야 한다. 그 부분은 우리의 몫이다.

　첫해는 일부 학교와 선생님이 활용할 수 있도록 일종의 실험학교를 운영하는 것이 바람직하다. 그래서 한 두 학교가 시범 운영하도록 할 계획이다. 여기에 참여하는 학교는 비본질적인 요소를 걷어내고 학생 한 명 한 명의 성장과 발달을 지원하기 위해 철저하게 수업 중심으로 학교 시스템을 재조직할 것이다. 또한 선생님들은 일상의 수업을 개선하고, 아이의 삶을 진정으로 이해하는 전문성을 쌓는 일련의 과정에 동참할 것이다. 이렇게 한두 학교에서 운영한 경험을 바탕으로 수정 보완하여 다음 학년도에는 자발적 참여를 바탕으로 조금 더 확대할 예정이다.

완주질적교육연구소

완주교육과정은 풀뿌리 교육과정이다. 각 학교가 풀뿌리 교육과정 편성·운영 자료를 활용하여 교육과정을 운영한다면 학교교육과정 운영과 수업에 질적인 변화를 가져올 수 있을 것이다. 완주는 아이들을 잘 키우기 위해 지역의 교육자원을 활용하여 학교와 온 마을 사람이 힘을 합쳐 완주의 지역적·환경적 특성에 적합한 교육을 하도록 지원할 것이다. 이는 결국 지방자치에 이어 진정한 교육 자치를 실현하는 데 기여할 것이다.

그런데 완주교육을 보다 체계적으로 연구하여 대안을 제시하고, 선생님들의 수업과 생활교육 전문성 신장을 지원하기 위해서는 지역의 교육환경을 분석하고 연구하며, 교원의 전문성 신장 연수를 지원할 수 있는 독립적인 기관이 필요하다. 물론 전라북도교육청 산하에 전북 교육 실태를 분석하고 정책 수립을 지원하는 전북교육정책연구소와 선생님들의 연수를 담당하는 전북교육연수원이 있다. 그러나 이들 기관은 광역 단위의 교육 정책을 수립하고, 이에 필요한 연수를 지원하기 때문에 각 지역별로 다양한 실태와 상황을 분석해 적합한 방향과 대안을 제시하기는 어렵다.

따라서 지역의 고유한 특성을 분석하고 이를 바탕으로 지역의 교육이 나아갈 방향을 제시할 수 있는 연구소가 필요하다. 규모와 여건을 무시하고 모든 지역에서 연구소를 운영하는 것은 경제적으로 비효율적이라고 생각할 수도 있다. 하지만 혁신교육특구와 같이 지역의 교육의 근본적인 대안을 모색하는 지역에서는 실험적으로 지역 단위 교육연구소를 운영해볼 것을 제안한다.

  우리는 2015년도에 완주질적교육연구소를 설립하여 대구가톨릭대학교 서근원 교수를 비상임 연구소장으로 위촉했다. 연구소는 지역사회와 학교, 학생의 다양한 특성을 고려하여 선생님들이 학생에게 의미 있는 교육을 실현할 수 있는 전문적인 역량을 형성하는 데 초점을 두고 있다. 이는 마치 엄마가 아이의 몸집과 개성에 맞는 옷을 지어 입히듯이 완주지역의 학생 한 사람 한 사람에게 의미 있는 교육을 실현하고자 한다. 그리고 그 일을 하는데 선생님들이 갖춰야 할 다양한 역량을 형성하는 것을 지원할 것이다.

  서근원 교수는 지난 2년 동안 매주 목요일에 정기적으로 완주교육지원청을 방문하여 선생님들의 연구회 운영을 지원했다. 또한 따뜻한 학교의 설계, 열손가락 책임교육 지원단 사례회의, 전입교사 및 컨설팅 연수, 수업 나눔 동아리 연수 등에 참여하여 많은 도움을 주었다.

  그런데 이렇게 일주일에 한두 번 선생님들을 만나는 방식으로는 적절한 연구소 운영이 어렵다. 이에 따라 서근원 교수를 연구소장으로 전임하고자 했으나 아쉽게도 이루어지지 못했다. 전북교육정책연구소에 찾아가 연구원으로 채용하는 방법도 알아보았으나 여의치 않았다. 도봉구 등 일부 자치구에서 실시하고 있는 교육정책 특별보좌관 등으로 자치단체에서 채용하는 방법이 있고 전라북도교육청에서 연구위원으로 임용하는 방법도 모색할 만하다.

  만약 이러한 꿈이 실현된다면 완주질적교육연구소에서는 선생님의 수업과 생활교육 전문성 신장을 위한 체계적인 연수 과정을 운영할 것이다. 선생님과 지역교육의 이상과 방향을 공유하고 실전연구를 통하여 선생님이 교실에서 아이들을 만날 때 겪는 다양한 문제와 어려움을 극복하는 힘을 기를 수 있을 것이다. 선생님의 힘은 고스란히 아이들한테 전해져 아이들이 깊이 있게 생각하고 스스로 문제를 해결하는 힘을 기르는 데 기여할 것이다.

완주질적교육연구소가 이상의 목표를 성공적으로 수행해내기 위해서는 적어도 10년 이상의 시간이 필요하다. 현재 완주교육지원청 관내의 학교에 근무하는 교사의 연령대가 다른 교육지원청에 비해서 높은 편이고, 기존과는 다른 질적교육을 모색하는 데 필요한 연구와 실천 방법을 익히지 못하고 있다. 또한 관내 교사의 이동이 빈번하게 발생하므로, 이를 위한 연수 과정이 항상 새롭게 요구된다. 이런 점을 고려하여 다음과 같이 점진적이고 단계적으로 접근할 필요가 있다.

❖ **완주질적교육연구소 운영 단계**[22]

연구소가 정상적인 궤도에 오르는 과정을 발아기(3년), 착근기(4년), 생장기(2년), 결실기(1년) 4단계로 구분한다(단계별 기간과 전체 기간은 진행되는 정도에 따라서 달라질 수 있다).

▶ 발아기(1~3년)에는 연구소의 체제와 조직을 정비하고, 연구와 실천에 필요한 리더그룹을 양성하며, 그들을 중심으로 다양한 질적교육의 실험적 사례를 구축하는 데 중점을 둔다. 아울러 관내 학교에 근무하는 모든 교사에게 완주교육청 및 본 연구소가

---

22 완주 질적교육연구소 운영계획 중(서근원)

지향하는 바가 무엇인지를 인지하도록 분위기를 조성한다.
- ▶ 착근기(4~7년)에는 리더그룹이 중심이 되어서 일반 동료 교사와 함께 자기 지역과 학교와 학생의 특성에 적합한 질적교육의 방안을 모색하고 실천하도록 함으로써 관내의 모든 교사가 점진적으로 스스로 질적교육을 모색하고 실천할 수 있는 역량을 형성하게 한다.
- ▶ 생장기(8~9년)에는 관내의 모든 학교와 교사가 지역사회와 학생의 다양한 특성을 고려하여 학생들에게 의미 있는 질적교육의 방안을 개별적으로 또는 공동으로 적어도 한 가지씩 다양하게 모색하여 실천하게 한다.
- ▶ 결실기(10년)에는 그동안 수행했던 질적교육의 실천 사례를 종합하여 정리하고, 그 과정과 결과를 체계화함으로써 다른 지역에서도 유사한 과정을 통하여 해당 지역 나름의 질적교육을 모색하고 실천하는 데 참고 자료가 될 수 있게 한다.

완주는 대표적인 도·농 복합형 도시로 농업 등 1차 산업에 종사하는 가정과 공업과 서비스업 등 2, 3차 산업에 종사하는 가정의 학부모와 학생이 공존하고 있다. 또한 대규모 학교와 중·소규모 학교, 도시형 과밀학급과 농산어촌형 과소학급이 운영되고 있고, 원주민과 이주민, 중상류 계층과 사회적 배려 대상 계층 등 교육정책을 수립할 때 고려할 요소가 지나치게 많고 복잡하여 일반적인 교육정책을 통해서 학교를 지원하는 것은 한계가 있다. 따라서 지역의 교육환경과 여건을 체계적으로 분석하고, 지

역의 학교와 아이들에 적합한 교육정책을 마련해야 한다.[23]

완주가 다소 특이한 경우일 수도 있으나 각 지역은 지역의 상황과 여건, 학생과 학부모의 특성과 관심사 등이 각각 다르다. 이러한 차이를 무시하고 교육부나 도교육청에서 일률적으로 교육정책을 적용하면 필연적으로 사람들이 몸에 맞지 않는 옷을 입히는 결과를 가져올 수밖에 없다. 완주질적교육연구소에서는 이러한 완주지역의 교육 실태를 정확히 분석하고 이에 적합한 교육정책을 마련할 것이다.

지역의 전반적인 교육환경을 분석하여 학교교육과정을 지원할 수 있는 자원을 발굴 조직하고 이를 학교에 연결해주며, 학교가 이를 활용할 수 있도록 행·재정적인 지원을 해주는 것이 바로 교육지원청의 고유한 역할이자 책무라 할 수 있다. 마을 사람들과 함께하면 학교는 교육과정을 더욱 내실 있고 풍성하게 운영할 수 있을 것이다. 이를 바탕으로 선생님들은 수업에서 아이들이 흥미를 가지고 더 적극적으로 참여하여 배우는 즐거움을 느끼게 할 수 있을 것이다. 나아가 완주의 아이들이 지역의 주민으로서 건강하게 살아가는 토대를 마련하고, 완주군이 지속해서 발전해갈 수 있는 지역 전체의 교육력도 강화할 수 있을 것이다.

---

23 『풀뿌리 교육론』, 서근원, 2016

3장

풀뿌리 교육지원센터

로컬에듀는 적어도 고등학교까지는 지역의 학교에서 아이를 키우자는 교육운동이다. 학부모에게 아이의 교육만큼 중요한 것은 없다. 이런 학부모의 마음을 잡기 위해서는 지역의 학교가 학부모의 요구와 기대에 부응해야 한다. 그 핵심은 진로와 진학이다. 아이들이 지역의 학교에 다니더라도 좋아하는 일을 하며 살아갈 수 있고, 또 그것을 뒷받침할 수 있는 학교에 진학할 수 있다는 믿음이 있어야 한다.

이를 학교의 힘만으로 이루기는 쉽지 않다. 지자체를 포함한 지역사회의 적극적인 지원이 필요하다. 지역이 학교를 실질적으로 지원하고, 학교는 수업과 생활교육, 진로교육 등 본질에 집중할 수 있어야 한다. 지역이 방과후학교 및 돌봄, 직업체험, 문화예술, 지역사회 이해 교육 등을 전담하고, 학교는 교육과정과 수업, 생활교육에 매진하면 학교와 지역이 상생하는 지역교육의 새로운 모델을 만들 수 있다.

우리는 지난 몇 년 동안 혁신교육특구를 완주군과 공동으로 추진하면서 이러한 목표를 달성하기 위하여 부단한 노력을 기울였다. 그리고 지자체로부터 이에 필요한 예산을 확보하고자 노력했다. 지자체장, 공무원, 군의원 등을 포함해 지역의 다양한 사람을 숱하게 만났다. 그러나 만족스러운 결과를 이끌어내지는 못했다.

그동안 우리가 지자체와 함께 연 10억 정도의 예산을 조성하여 학교를 지원한 혁신교육특구 정책은 분명 의미 있는 일이었다. 4년 전 불과 8개였던 혁신학교는 20개로 늘어 전체 학교의 약 40%에 이른다. 전북 도내에서 가장 비율이 높다. 많은 학교에서 교육과정이 수업 중심으로 바뀌었다. 함께 책을 읽고, 수업을 나누며, 다시 교실에서 실천하는 교사들이 늘어났다. 다양한 진로체험, 동아리, 독서캠프와 연극 공연 등을 통해 학교에 가는 것이 즐겁다고 말하는 아이도 많아졌다. 지역의 다양한 자원이 학교로 들어가 교육과정과 수업을 지원했다. 그 결과 학교가 학부모의 신뢰를 회복하고, 마을이 한결 활기차졌다.

그러나 늘 아쉬움이 있었다. 처음에 지역사회에 제안했던 것과는 방향, 규모, 내용 면에서 차이가 컸다. 우리는 지자체에 약간의 예산을 지원해달라고 사정하는 것이 아니라, 지자체 예산을 분석, 조정, 통합하여 보다 근본적인 학교 교육활동 개선에 사용하도록 요청했다. 학교를 살려 학부모들이 아이를 지역의 학교에 보낼 수 있도록 교육환경을 개선하자는 큰 방향을 제시했다. 그러나 지자체와 분명한 입장 차만 확인했을 뿐 더 이상 앞으로 나아가지 못했다.

따라서 이제는 부족하나마 우리 스스로의 힘으로 시도해보려고 한다. 다행히 올해 전라북도교육청으로부터 농어촌교육특구로 지정받아 약간의 예산을 확보했다. 그러나 지역의 작은 교육지원청이 얼마 안 되는 예산으로 완주 전체에 이러한 방식을 적용하는 것은 불가능하다. 그래서 한 지역을 먼저 선정하여 학교와 마을이 역할을 나누어 아이들을 키우는 방식을 시범적으로 운영하고자 한다. 이 지역에서 지역교육의 성공적인 모델을 만들어 완주 전체에 확대할 것이다. 만약 이러한 시도가 의미 있는 결과를 가져온다면 분명히 지자체도 참여할 것으로 믿는다. 학교가 살아나면 그 지역에 사람이 모여들고, 그렇게 모인 한 사람, 한 사람이 소중한 유권자가 되기 때문이다.

학교와 지역을 연결하는 징검다리

학교와 지역을 연결하는 징검다리 역할을 하는 풀뿌리 교육지원센터를 운영하려고 한다. 이 센터는 완주 13개 읍·면 중, 한 지역의 초·중·고등학교 전체의 방과후학교와 돌봄을 통째로 위탁받아 운영한다. 나아가 진로 직업 체험, 문화예술 체험, 지역사회 이해, 학부모 교육 및 전문성 강화와 함께 지역의 사회적 배려 대상 자녀에 대한 돌봄도 함께 진행할 예정이다.

방과후학교는 1995년 사교육비를 절감하고 교육격차를 해소하기 위하여 도입했다. 그러나 정부가 고시한 교육과정에 일부 조항이 있었을 뿐 법률적 근거는 없었다. 그런데 최근 교육부에서 초·중등교육법을 개정해 학교에서 방과후학교를 운영할 수 있는 법률적 근거를 마련한다고 한다. 학교 입장에서는 그리 반가운 소식이 아니다.

방과후학교는 굴러온 돌이 박힌 돌을 빼는 것과 다름이 없다. 학교에 소리 없이 찾아와 해를 거듭할수록 정규 교육과정을 잡아먹는 애물단지가 되어버렸다. 많은 학교에서 방과후학교 때문에 업무 부담이 늘어나 원성이 자자하다. 선생님들이 수업연구를 할 시간, 아이들을 만날 시간, 잠깐의 휴식할 수 있는 시간을 빼앗아갔기 때문이다. 교육부에서는 방과후학교의 법률적 근거를 마련하는 일보다 오히려 학교에서 방과후학교를 빼내는 것이 학교 교육 정상화를 위한 첫 단추임을 직시해야 한다.

지역에서 초·중·고 연계 방과후학교를 운영하면 질적으로 전혀 다른 상황이 전개될 수도 있다. 사실 지금까지 방과후학교는 단순한 취미 이상의 의미를 부여하기 어려웠다. 한 학기나 1년 단위의 방과후학교 프로그램이 아이들의 성장과 진로에 의미 있는 영향을 끼치기는 어렵다. 맞벌이 등으로 바쁜 학부모 대신 아이를 학교에서 안전하게 맡아두는 역할을 할 뿐이다.

그런데 풀뿌리 교육지원센터에서 운영하는 방과후학교는 지금까지와는 전혀 다른 관점과 맥락에서 프로그램을 운영할 수 있다. 방과후학교를 단순한 취미가 아니라 소질과 적성을 실질적으로 계발하는 기회로 활용할 수 있다. 예를 들어 초등학교에서 드럼 연주 방과후학교에 참여한 학생은 중·고등학교까지도 지속적으로 참여할 수 있을 것이다. 그리고 방과후학교 선생님이 학생을 지도한 내용과 성장의 과정을 자세히 기록하고, 학교 선생님과 공유한다면 아이의 진로 및 진학에도 영향을 미칠 수 있다. 학생의 초·중·고 12년의 성장 과정이 분절되지 않고, 학교의 경계를 넘어 통합적으로 기록되며, 이로써 지속적인 지원이 가능하게 되는 것이다.

풀뿌리 교육지원센터에서 단순히 방과후학교와 돌봄을 전담하는 것으로 그치지 않는다. 학교에서 담당하기 어려운 진로직업체험, 지역사회 이해 교육 등을 지원할 수 있다. 지역의 일터 체험을 통해 지역에서 살아가는 사람들의 삶에 대해 알 기회를 제공할 수 있다. 지역주민과 함께하는 다양한 프로젝트를 통해 아이들에게 지역이 충분히 살만한 가치가 있는 곳이라는 것을 알게 해줄 수 있다.

나아가 학교 수업을 마치면 오갈 데 없는 지역의 아이들이 마음 편히 쉴 수 있는 최소한의 공간과 이들이 즐겁게 활동할 수 있는 프로그램도 제공할 수 있을 것이다.

> 학교가 변하고 선생님들이 아이들을 잘 보살피면, 아이들이 변하고 잘 성장할까요? 아이들은 아침 9시경에 학교에 와서 3시 조금 넘으면 집으로 돌아갑니다. 산술적으로 따지면 하루 24시간 중에 학교에 있는 시간은 1/3이 채 안 되는 6~7시간 정도입니다. 나머지 시간은 가정의 보살핌을 받으며 살아가야 합니다.
>
> 그런데 우리 학교만 해도 기초, 차상위, 다문화, 조손, 한부모 등 사회적 배려 대상 가정이 30%가 넘습니다. 이 아이 중 일부는 삼시 세끼 밥 먹는 것도 걱정해야 하는 아이들도 있습니다. 학교가 아이들을 무한 책임으로 돌볼 수는 없지 않나요? 학교에 있는 시간에 아무리 잘 보살피고 가르친다 하더라도 학교를 떠난 이후 다음 날 아침에 학교에 올 때까지 아이들한테 도대체 무슨 일이 일어나는지 알 수가 없습니다.
>
> 이제는 교육청, 군청을 비롯한 지역사회가 이들을 보다 적극적으로 품어주어야 한다고 생각합니다.

학교로 찾아가는 공감토크에서 어느 선생님이 한 말 중 일부다. '학교가 아이들을 무한 책임으로 돌볼 수는 없지 않나요?' 라는 말은 지역에서 무엇을 해야 하는지 많은 것을 생각하게 한다. 어쩌면 이 아이들을 지역에서, 교육청에서, 지자체가 팔을 걷어붙이고 도와주지 않으면 나중에 이 아이들은 분노와 절망을 우리 사회에 쏟아낼 것이다. 풀뿌리 교육지원센터는 이와 같은 사회적 배려 대상 가정의 아이들과 청소년들을 돌보는 '학교 밖 학교' 형태로도 운영될 수 있을 것이다.

왜 고산인가

완주에는 13개 읍·면이 있다. 어느 지역에 이 새로운 모델을 적용할지 고민이 많았다. 가장 중요한 것은 지역이 풀뿌리 교육지원센터를 운영할 수 있는 사람과 역량이 있는지였다. 지난 몇 년간 완주에서 근무한 경험을 바탕으로 삼례읍, 고산면, 소양면의 3개 지역으로 압축했다. 삼례읍은 초·중·고와 대학교까지 있고, 완주의 전통적인 중심지여서 상징적인 의미가 컸다. 소양면은 학부모와 주민이 소꿈사 교육공동체를 만들어 지역의 교육을 깊이 고민하고 있었다. 실제 주민들이 학교 수업을 마친 후 오갈 데 없는 아이들에게 쉴 수 있는 공간을 제공하는 등 헌신성이 돋보였다.

그런데 두 지역 모두 중등학교가 이를 뒷받침하지 못했다. 정작 아이들의 삶과 배움에 가장 많은 영향을 끼치는 학교에서 이 새로운 방식의 학교 운영에 동참할 선생님들이 쉽사리 보이지 않았다. 그래서 결국 고산을 선택했다. 그러나 고산이 최종 목적지는 아니다. 고산에서 성공 사례를 만들어 다른 지역으로 확장할 것이다. 고산에서의 진행 과정을 모두 기록과 자료로 남겨 훗날 다른 지역에서 이와 같은 모델을 시도할 때 도움이 되도록 할 것이다.

고산에는 '작은학교'로 전국적으로 이름난 삼우초가 있다. 이 학교에 보내고자 이미 수년 전부터 많은 학부모가 고산에 들어와 살고 있다. 그리고 그들과 토박이 지역주민, 지역 학교가 어우러져 만든 고산향이라는 탄탄한 지역교육공동체가 있다. 고산향은 2011년도부터 지금까지 마을에서 다양한 교육 관련 프로그램을 운영하고 있다. 여기에 그치지 않고 고산중, 고산고로 이어지는 고산지역 공교육을 고민하고 있고, 실제 학교 변화에 많은 영향을 끼치고 있기도 하다.

고산에는 초 2교, 중 1교, 고 1교와 특수 1교 등 총 5교가 있다. 시골의 작은 면 단위에 이 정도의 학교가 있는 지역도 드물다. 그리고 전북에서도 드물게 초, 중, 고 모두 혁신학교로 지정되어 있다. 혁신학교 벨트화가 어느 지역보다 빠르게 구축되었다. 고산고등학교는 2018년부터 공립 대안 특성화 고등학교로 전환될 예정이다. 바야흐로 고산교육의 판이 새로 짜지는 형국이다.

고산을 선택한 중요한 이유가 하나 더 있다. 바로 교육을 깊이 고민하는 학부모가 타 지역에 비해 상대적으로 많기 때문이다. 고산지역의 많은 학부모는 자신의 아이들이 학교에서 경쟁교육 대신 협력과 존중의 교육을 받기를 원하고 있다. 이 새로운 지역교육 모델은 학부모가 교육에 대한 기존의 생각을 바꿔야 가능하다. 그리고 지역이 교육철학을 새롭게 정립해야 한다. 국, 영, 수 입시교육을 통해 서열화와 경쟁의 마지막 열차를 탈 것인지, 아니면 아이 한 명 한 명이 존중받고, 그들이 잘할 수 있는 일을 하며 살아가게 할 것인지에 대한 깊이 있는 토론과 성찰이 필요한 일이다. 만약 자녀의 공부가 소위 명문대학의 잘나가는 학과에 들어가는 것이 목적이라면, 우리가 시도하는 일이 학부모들을 혼란과 불안에 떨게 만들 수도 있다. 이런 맥락에서 고산지역 학부모들은 충분히 이 새로운 지역교육 모델에 동참할 것으로 기대한다.

학교는 무엇을 해야 하는가

초기 고산지역에서 여러 차례 토론할 때 학부모들은 방과후학교 운영 방식을 가장 궁금해했다. 특히 지역주민과 학부모가 강사로 참여하면 방과후학교의 질이 떨어지지 않을지 불안해했다. 학교에서 방과후학교가 빠져나오는 것에 두려움도 있었다. 우리는 우려를 불식시키기 위해 강사의 전문성을 높이고, 교육지원청이 지속적으로 지원하겠다고 약속했다.

그러나 이 부분은 사실 본질에서 비켜나 있다. 풀뿌리 교육지원센터는 방과후학교와 돌봄을 잘하기 위하여 운영하는 것이 아니다. 이미 고산지역의 초등학교 방과후학교와 돌봄은 지역의 힘을 굳이 빌리지 않더라도 학부모들이 어느 정도 만족하고 있다. 우리의 주된 관심은 방과후학교와 돌봄을 학교에서 통째로 빼고, 그 여백을 활용하여 학교가 교육과정과 수업 등 본질에 집중하는 것이다.

이미 고산을 비롯하여 완주 전역에서는 지역주민과 학부모들이 다양한 방식으로 학교를 지원하고 있고, 마을에서도 아이들을 품고 있다. 특히 13개 읍, 면에 마을학교를 각각 1, 2개씩 만들어 방과후에 학부모와 지역주민이 아이들을 보살피도록 지원할 계획도 있다. 이는 학교와 마을이 함께 아이를 키운다는 면에서 매우 뜻깊은 활동이다. 그런데 이러한 활동이 학교교육과정과는 별로 관계가 없다는 한계도 있다. 아이들이 학교에서 정규 수업과 방과후학교를 모두 마치고 마을에 돌아가 마을학교에 참여하기 때문이다.

그렇다면 이제는 학교에서 방과후학교와 돌봄을 빼내는 새로운 시도가 있어야 한다. 그 역할을 풀뿌리 교육지원센터가 할 것이다. 풀뿌리 교육지원센터는 방과후학교와 돌봄을 위탁하여 운영함으로써 교육과정을 지원한다. 대신 방과후학교와 돌봄이 빠져나온 이후에 학교는 교육과정을 더욱 내실 있게 운영하고, 수업을 아이들 중심으로 바꾸어야 한다.

고산지역의 일부 학교는 '풀뿌리 교육과정'을 활용하여 학교를 운영하거나, 적어도 학교를 수업중심 체제로 전환하여야 한다. 교사가 아이 한 명 한 명을 존중하고, 아이의 특성과 삶을 파악하여 그에 적합한 의미 있는 교육적 경험을 제공할 수 있어야 한다. 그리고 이와 같은 지도 역량을 형성할 수 있는 실천연구 등에 참여할 수도 있을 것이다.

어쩌면 이 부분이 우리가 하고자 하는 일 가운데 가장 어려운 과제라고 할 수 있다. 학교의 변화는 현장 교사의 동의와 참여 없이는 원칙적으로 불가능하다. 여러 가지 어려움이 있겠지만, 고산지역의 학교 교원은 이 과정에 동참할 것이라 믿는다. 고산의 모든 학교가 혁신학교이고, 그 안에서 이미 많은 교사가 아이들을 잘 키우기 위해 눈물겨운 실천을 하고 있기 때문이다.

풀뿌리 교육지원센터를 지역에 제안하다

2016년도 12월에 고산향 집행위원회[24]에 참석했다. 고산지역 학교의 교장 선생님들과 학부모 대표, 지역주민, 군 의원 등이 집행위원회에 참여하고 있다. 이날은 사전에 연락해서인지 대부분의 집행위원이 나를 기다리고 있었다. 이날 풀뿌리 교육지원센터에 대한 구상을 처음으로 밝혔다.

---

24 고산지역 교육공동체의 실무를 지원하는 집행위원회로서 5개 학교의 교장 선생님과 지역의 다양한 주체가 참여하고 있다.

사실 얼마 전부터 학부모를 비롯한 몇 사람에게 이러한 구상을 조금씩 알렸으나 공식적으로 밝힌 것은 처음이었다.

먼저 완주의 교육 현실과 이를 극복하기 위해 지난 3년 동안 로컬에듀를 추진한 과정을 대략 설명했다. 이어서 농어촌교육특구로 확보한 예산 중 일부를 지원하여 풀뿌리 교육지원센터를 설립하고, 지역의 학교에서는 방과후학교와 돌봄을 통째로 이곳에 위탁하는 구상을 밝혔다. 나아가 풀뿌리 교육지원센터를 통해 지역과 학교가 아이를 함께 키우는 새로운 지역교육의 모델을 제안했다. 이 센터를 시범적으로 고산에 운영하고자 하나 수용 여부를 포함한 모든 결정은 고산지역 학교와 학부모의 뜻에 따르겠다는 뜻을 밝혔다.

이날 고산향 집행위원회 회의는 마치 벌집을 쑤셔놓은 듯했다. 풀뿌리 교육지원센터에 대한 다양한 의견이 나왔고, 밤늦게까지 치열한 토론이 벌어졌다. 처음에는 일부 학교에서 방과후 프로그램을 이미 결정했다는 것, 방과후 프로그램의 질이 떨어질 수도 있다는 것, 2017학년도에 시행하는 것은 시간상으로 너무 촉박하다는 것, 활동 공간과 이동 수단이 마땅치 않다는 것, 지역에 이를 추진할 만한 사람이 없다는 것 등을 포함하여 풀뿌리 교육지원센터에 부정적인 의견 등이 많이 나왔다. 충분히 예상하고 있었다. 이런 의견 중 일부는 사실이기도 했다.

논의가 깊어지면서 점차 분위기가 긍정적으로 바뀌었다. 교육지원청의 적극적인 지원에 힘입어 민간단체인 고산향의 한계를 극복하고, 아이들과 학교에 더 나은 교육환경을 만들어줄 수 있었기 때문이다. 그러나 이 자리에서 결정하지 말고, 지역의 전체 학부모가 모인 자리에서 토론회를 열어 결정하는 것으로 결론이 났다. 교장 선생님들은 학교로 돌아가 선생님들의 의견을 모으기로 했다. 이 새로운 모델이 성공하기 위해서는 학교와 동의와 선생님들의 참여가 전제되어야 했다. 만약 그렇지 않다면 포기할 수밖에 없었다.

그로부터 일주일 후에 고산지역의 전체 학부모를 대상으로 토론회를 열었다. 이날도 풀뿌리 교육지원센터의 운영 방향을 설명하고, 밤늦게까지 토론을 이었다. 학부모들은 전반적으로 긍정적인 입장을 보였다. 아무래도 지역의 학교에 아이들을 온전히 맡기기에는 고산교육이 만족스럽지 않았기 때문이다. 특히 학교를 마치고 오갈 데 없는 아이들을 돌보고, 방학 중에도 돌봄이 가능하다는 말은 학부모의 관심을 끌기에 충분했다.

그러나 고산초 학부모를 중심으로 반대 의견도 만만치 않았다. 고산초는 나름대로 학부모들과 소통하면서 방과후학교를 잘 운영하고 있었고, 상대적으로 만족도도 높았기 때문이었다. 그래서 얼마 후 고산초를 방문하여 별도의 토론회를 열었다. 충분하지는 않았겠지만, 최선을 다해 안내하고 자리를 빠져나왔다. 밤늦게 학부모로부터 투표가 끝났다는 내용과 함께 다음과 같은 문자가 왔다.

"장학사님, 이제 고산 풀뿌리 교육지원센터 시작입니다."

고산 풀뿌리 교육지원센터, 구체적인 윤곽이 보이다

이듬해 2월, 고산 풀뿌리 교육지원센터 준비위원회(가칭)가 열린다기에 참석했다. 그 자리에 나가 보니 지역주민과 학부모들은 자체적으로 준비위원회를 만들어 차근차근 내용을 채워가고 있었다. 그들은 이미 여러 번 만나 고산 풀뿌리 교육지원센터를 만들기로 잠정 합의하고, 구체적인 방법과 절차를 협의하고 있었다.

지역의 자생적 교육공동체인 고산향에 상임집행위원회 역할을 부여하고, 고산 풀뿌리 교육지원센터 운영위원회를 가동하기로 했다. 이 위원회에는 각 학교의 학부모 대표와 지역주민, 학교의 담당 교원이 선택적으로 참여한다. 그리고 실무를 담당할 인력 2명 정도를 지역주민과 학부모 중에 채용하여 행정 처리를 지원하기로 했다.

초기에는 예산을 지원받고 강사비를 집행하는 등 실무를 담당할 주체로 고산지역에서 활동하고 있는 온누리살이 협동조합이나 씨앗 협동조합을 활용하기로 했다. 그러나 자체 논의 과정에서 고산향 교육공동체가 위탁 운영에 직접 참여하는 것으로 가닥을 잡았다. 교육지원청에서 지원 예산과 학교별 방과후학교와 돌봄 예산을 집행할 업체를 2단계 입찰[25]로 공모하기로 했다. 학교의 부담을 덜어주기 위해 위탁 사업자 선정 과정은 교육지원청에서 전담했고, 학교는 계약만 체결하도록 했다.

그리고 지역에 아이들이 모여 프로그램을 운영하기에 적합한 공간이 없고, 이동이 어렵기에 한시적으로 기존 방식대로 학교에서 운영하되 운영의 주체를 학교가 아닌 지역이 하는 것으로 의견을 모았다. 다만 중, 장기적으로는 아이들이 방과후에 학교에서 나와 자유롭게 활동할 수 있는 큼지막한 건물 하나를 확보해 보기로 했다. 의정부에서 (구)경기도교육청 북부청사를 아이들에게 내어준 몽실학교와 같이 건물이 필요하다. 지역 국회의원과 지자체장이 풀어야 할 숙제다.

한두 개 과정은 특정한 장소에 지역의 아이들이 함께 모여 운영하도록 할 예정이다. 이런 경험을 통해 자연스럽게 지역에서 방과후학교를 종적,

---

25 1단계는 기술평가이고, 2단계는 가격 경쟁이다. 1단계 기준 점수를 통과한 업체 중, 최저가를 제시한 업체가 최종 선정된다.

횡적으로 운영할 수 있는 역량을 형성하도록 지원하고자 한다.

고산 풀뿌리 교육지원센터를 운영하다

고산향 교육공동체에서 풀뿌리 교육지원센터를 운영하기로 결정되었다. 실무를 담당할 학부모들은 생전 처음으로 공모 참여 계획서와 제안서를 쓰고 전자입찰에 참여했다. 행정업무를 처음 해보았고, 이런 방식의 사업 운영을 참고할 만한 사례가 없었기에 많이 힘들었을 것이다. 실제 어려운 고비도 여러 번 있었지만, 결국 여러 사람의 도움으로 위탁 운영 사업자로 선정되었다.

풀뿌리 교육지원센터는 지역의 주민과 학부모가 인력풀을 구성하여 4개 정도의 초·중·고 연계 토요 프로그램을 운영한다. 그리고 방학 중 돌봄과 다양한 생태체험, 농사체험, 역사탐방 등도 진행할 계획이다. 삼우초와 고산초의 방과후학교와 돌봄교실도 함께 운영한다.

교육지원청에서는 실무 운영진 2명의 인건비와 프로그램 운영비 등으로 약 6,700만 원을 지원했다. 풀뿌리 교육지원센터는 고산초 3,098만 원, 삼우초 4,017만 원을 위탁받아 방과후학교와 돌봄교실을 운영할 것이다. 이외에도 고산중학교에서 개별적으로 참여해 약 1,000만 원 남짓한 규모의 방과후학교를 위탁 운영할 계획이다.[26]

고산 풀뿌리 교육지원센터에서 활동하는 방과후학교와 강사는 대부분

---

26 여러 과정을 거쳐 고산중학교 방과후학교도 풀뿌리 교육지원센터가 위탁하여 운영하고 있다.

완주, 또는 고산지역의 주민과 학부모로 구성했으며, 이로써 점차 사라져 가는 마을의 공동체성을 확보할 수 있을 것으로 기대하고 있다. 또한 동네의 삼촌과 이모들이 꿈꾸는 세상을 만들어가자는 의미로 '동삼이몽' 동아리를 만들어 한 달에 한 번 정도 지역의 조손 및 다문화 가정의 자녀를 지원할 방안을 함께 고민하고 챙기는 사회적 안전망도 만들 예정이다.

이외에도 고산지역 5개 학교의 학부모 교육을 고산향에서 운영하고, 진로적성 검사를 통해 아이들의 소질과 적성을 파악해 지원하는 진로캠프와 함께, 지역의 직업인을 초청하여 진로직업 특강을 실시하여 지역 어른들의 삶을 이해하는 프로그램도 운영할 것이다.

그러나 풀뿌리 교육지원센터는 방과후학교와 돌봄 및 일정한 프로그램을 운영하는 과정을 넘어서야 한다. 프로그램 수요를 조사하고, 강사를 섭외하고, 강사비를 지급하고, 아이들을 붙잡는 것만이 전부가 아니다. 또한 학교와 교사의 업무 부담을 덜어주는 것에서 끝나지 않고 우리 교육이 나아갈 곳이 어디인지 실마리를 제공할 수 있다. 고산교육 발전을 넘어 학교와 지역이 분권과 협치를 통해 아이를 함께 키우는 역사의 한 페이지가 될 것으로 기대하고 있다.

| 풀뿌리에서 피어나는 꽃과 열매, 씨앗을 기대하며[27]

"학교에서 담당하기 힘든 방과후학교와 돌봄을 마을이 운영하고,

---

27 고산 풀뿌리 교육지원센터에서 행정실무를 담당하고 있으며, 지역에서 아이를 키우고 있는 진미혜 학부모가 쓴 글이다.

학교는 본질을 되찾고, 마을의 어른들은 지역의 아이들을 함께 키워가며, 마을에서도 충분히 꿈을 키워가는 아이들이 늘어난다면 마을을 떠나는 사람은 줄어들고, 함께 아이를 키우고 싶은 사람들이 찾아올 것입니다."

마을과 학교가 아이들을 함께 키우는 풀뿌리 교육지원센터 제안 설명을 들으니 마치 꿈을 꾸는 듯했다. 집성촌과는 또 다른 형태의 마을 공동체가 우리 마을에 만들어지는 것이다. 한 가정에서 한두 명의 자녀를 키우는 것이 아니라 마을에서 다수의 어른이 다수의 아이들을 키우는 공동체를 형성하는 것이다. 이는 가정과 학교 단독으로는 할 수 없는 것들을 가능하게 할 것이며, 동시에 지역의 교육환경도 크게 바꿀 수 있을 것이다.

나는 대안교육과 공동체, 그리고 작은학교와 혁신교육을 찾아 이 마을에 정착했다. 이곳에 이사 온 지 얼마 되지 않았던 때라 지역에 대한 이해도 부족했다. 경험도 부족했고, 능력도 없었다. 그런데 작년 12월에 풀뿌리 교육지원센터를 지역에서 토론하는 중에 어쩌다 실무 운영진으로 참여했다.

그동안 많은 일이 있었다. 방과후학교 프로그램을 만들고 강사를 섭외하는 일은 차라리 쉬웠다. 제안서 작성, 전자입찰, 나라장터, 수의계약 등 평생 한 번도 들어보지 못한 용어들과 계속 싸워야 했고, 그 어려운 행정의 벽을 넘어야 했다. 풀뿌리 교육지원센터 출범 준비를 위한 두 달 동안은 단 한 푼도 지원되지 않았다. 이 과정에서 경제적, 정신적으로 많은 어려움을 겪었고, 그럴 때마다 시간을 지난 12월로 되돌리고 싶었다. 마을의 아이들을 함께 키워가기 위한 일을 한다는 명목 하에 정작 내 아이들은 방치되기도 했다.

그렇게 힘에 부쳐 지쳐갈 무렵에 아이들을 만나니 닫혀가던 마음이 녹아내렸다. 풀뿌리 교육지원센터를 운영할 마땅한 사무실이 없어 고산초 도서관에 임시로 짐을 풀었다. 사서 봉사도 겸하고 있다. 가까이에서 아이들을 만나니 비로소 아이들이 눈에 들어온다. 잘생긴 4학년 아이는 조손가정 아이, 3학년의 누구는 다문화가정 아이, 또 누구는 이혼가정 아이 등 사연도 많다. 온전한 가정의 아이들보다 주눅 들어 있거나, 화가 나있는 아이들에게서 시선을 뗄 수가 없다. 엄마를 대신해서 마을의 또 다른 엄마가 아이들을 품어주니 어느새 아이들이 장난을 치고, 책을 잘 읽는다며 자랑도 한다. 이 작은 아이들을 누가 아프게 했는지 가슴이 저려온다. 풀뿌리 교육지원센터를 잘 운영해서 이 마을의 착하디착한 아이들, 외로운 아이들을 잘 키웠으면 좋겠다.

고산은 도시와는 다르게 아이들의 집이 학교와 멀었고, 맞벌이 가정도 많다. 방학이 되면 학교의 방과후학교와 돌봄 프로그램이 중단되기 때문에 어려움을 호소하는 가정이 많다. 또한 결손 가정이 많아 가정의 보살핌을 받지 못하는 아이들도 많이 있다. 그런데 고산 풀뿌리 교육지원센터에서 학교의 방과후학교와 돌봄 운영에 그치지 않고 이러한 어려움을 해결하는 프로그램을 방학 중에도 배치해서 학부모의 지지를 받고 있다.

그런데 고산 풀뿌리 교육지원센터는 학부모들이 먼저 요청한 것이 아니라 교육지원청 주도로 이루어졌다. 지역에서 자발적으로 시작한 것이 아니었기 때문에 충분한 설득 과정과 합의를 이루어내지 못한 채 시작했다. 그러다 보니 맞벌이 때문에 아이가 꼭 학교에 있어야 하는 부모에게 불안감을 주기도 했고, 여기에 반대하면 내 자식만 생각하는 사람이라 여겨질까 억지로 찬성한 부모도 많이 있다. 따라서 올해는 지역의 주민과 학부모가 적극적으로 소통하고, 의견을 나누면서 함께 나아가야 한다.

　지역의 참여와 합의가 담기지 않은 풀뿌리 교육지원센터는 메마른 모래밭에 심겨진 풀뿌리와 같을 것이다. 너무 서두르지 않고 천천히 한걸음씩, 그리고 아이들과 학부모의 눈높이에 맞게 나아간다면 어떠한 바람에도 흔들리지 않는 풀뿌리가 될 것이다. 이러한 풀뿌리에서 피어나는 다양한 꽃과 열매, 그리고 씨앗은 우리의 아이들의 삶의 자양분으로 제 역할을 할 것이다. 더하여 우리 마을은 학교와 마을이 함께 아이를 키우는 진정한 교육공동체로 거듭나길 기대한다.

4장

마을교과서

정부는 교육과정을 고시하면서 초·중·고등학교의 교육목표를 달성하기 위하여 교과의 핵심개념을 중심으로 학습내용을 구조화하고, 교과 특성에 맞는 다양한 학습방법을 활용하여 학습의 즐거움을 경험하도록 하고 있다. 그리고 이를 지원하기 위하여 국정, 검인정 등 각종 교과용 도서를 사용할 수 있도록 하고 있고, 교육청과 학교 차원에서 각종 교수·학습 자료를 개발하여 활용할 수 있도록 길을 열어 놓고 있다.

이러한 국가교육과정에 따라 출판사에서는 교과별, 단원별 집필위원을 위촉해 교과서를 만든다. 집필위원은 대부분 관련 분야의 전·현직 교수로 구성되어 있으며, 드물게 현직 교사가 일부 참여하기도 한다. 이렇게 만든 교과서를 전국의 모든 학교에 견본으로 보내고, 학교는 교과용 도서 선정 위원회를 구성하여 일정한 절차와 단계를 거쳐 교과서를 선정한다. 그런데 많은 학교에서는 교과서 선정에 그다지 많은 시간과 노력을 기울이지 않는다. 학교가 지나치게 바쁘고, 교사의 시간이 절대적으로 부족하기 때문이다. 하지만 더 중요한 이유는 교과서 내용이 대개 엇비슷하기 때문이다. 교사들은 교과별 10~20종 내외의 견본 교과서를 대강 훑어보고 마음이 가는 교과서를 선정한다. 사정이 이렇다 보니 대부분의 교실에서 비슷한 교과서로 수업을 한다. 즉 지역의 특수성과 요구, 가정적 환경, 학생의 수준과 배경지식 등을 고려하지 않고 동일한 교과서로 수업하는 상황이 발생한다. 이는 전국의 교실 수업이 그다지 차이가 없는 까닭이 되기도 한다. 수업이 아이들의 삶과 유리될 수밖에 없다.

교과서 발행 출판사에서는 대체로 서울 등 대도시의 중·상류층 아이들의 수준에 맞추어 교과서를 만든다. 각 교과에는 아이들이 이해하고 학습해야 할 교과 목표나 원리, 성취기준과 태도, 지식 등이 있다. 교과서는 아이들이 이를 배우고 익힐 수 있도록 적절한 언어로 기술하는데, 다양한 소재, 그림, 사진, 도표 등과 같은 자료가 함께 제시된다. 이때 사용되는 언어와 자료 등이 대부분 도시 아이들의 삶과 눈높이에 맞춰져 있다.

그런데 농산어촌 아이들은 대도시 아이들과 삶의 시간과 공간이 다르다. 그들은 대도시 아이들에 비해 가정적으로, 사회적으로, 문화적으로 열악한 환경에서 자란다. 동시에 그들이 사용하는 언어가 다르고 배경지식 등에도 차이가 있다. 새로운 것을 받아들이고, 이해하는 능력도 다를 것이다. 그러다 보니 완주와 같은 농산어촌 지역의 아이들이 교과서의 내용, 자료, 어휘, 문장 등을 이해하는 데 어려움을 겪는다. 교과서가 어렵다 보니 수업도 재미가 없다. 아이들이 자꾸 교실에서 도망가는 이유다. 이러한 교과서로 수업하면 필연적으로 학습더딤이 따라오기 마련이다. 어쩌면 이러한 상황에서 대도시와 중소도시, 지방의 아이들이 학습격차가 발생하지 않는다면 오히려 그것이 이상하다.

지역별 마을교과서가 필요하다

완주는 이러한 현실을 극복하고, 아이들이 자신이 살아가고 있는 지역에서 무언가를 배울 수 있도록 마을교과서를 만들고 있다. 바로 지역별 마을교과서이다. 이 교과서는 예산과 역량의 한계로 완주 전체를 대상으로 한 번에 제작하기 어렵다. 그래서 일단 한 개 지역을 선정해 시범적으로 개발하고 있다. 2016년 후반기부터 시작하여 제작하고 있는데, 점진적으로 한 해에 2~3개씩 만들어 나간다면 3~4년 이내에 완주의 모든 13개 읍·면 마을교과서가 만들어질 것이다.

사실 전국 대부분 초등학교에서는 사회과 보조 교재로 지역의 특성과 생활을 다루는 교과서가 있다. 완주 역시 초등학교 3학년에는 기초 지자체의 특성을 다루고 있는 '완주의 생활'이라는 보조 교재가 있다. 초등학교 4학년들은 광역 지자체를 다룬 '전라북도의 생활'을 배우고 있다. 그런데 아이들에게 '군'이나 '도'는 그 범위가 너무 넓다.

예를 들어, 완주군 소양면에 사는 아이는 완주의 다른 지역 이야기는 너무 낯설어서 우리 마을이라고 생각하지 않는다. 그리고 '완주의 생활'이라는 보조 교재에 소양면이나 자신의 마을과 관련된 이야기가 거의 나오지 않을 가능성이 크다. 따라서 소양면의 위치, 규모, 역사, 자연환경, 문화유적과 지역에서 살아가는 사람들의 삶이 담긴 교과서가 필요하다. 이를 수업 속에서 활용할 때 아이들은 학습에 흥미를 느끼고, 삶과 배움이 일치하는 경험을 할 수 있을 것이다.

완주는 자연과 역사, 문화 그리고 최근 완주의 이름을 드높이고 있는 농업 자원(로컬푸드)까지, 매우 우수한 지역자원을 보유하고 있다. 최근 전국에서 많은 사람이 견학을 올 정도로 지역이 활기를 띠고 있지만, 정작 지역의 아이들은 완주를 잘 알지 못한다. 아이들이 가장 많이 배우는 학교 수업 시간에 지역을 이해하고, 배우는 시간이 절대적으로 부족하기 때문이다. 일부 뜻있는 선생님들이 '마을 알기 프로젝트 수업'을 시도하거나 특별한 행사에서 지역과 협력하는 프로그램을 진행하기도 한다. 그러나 대부분 일회성이고 그나마 많은 아이가 그런 경험을 할 기회 자체를 갖지 못하고 있다. 단지 수업 시간에 다른 지역에 대해 배우거나 교과 지식을 외우는 것에 급급하다.

마을을 수업에 들여오면 수업의 내용과 질이 달라질 것은 분명하다. 수업에 참여하는 아이들의 태도도 적극적으로 변할 것이다. 교과서에 자신이 살고 있는 마을과 그 마을에서 살아가는 마을 사람들의 삶이 소개된다면 얼마나 흥미로울까. 수업 시간에 이를 활용하여 스스로 도전과제를 설정하고, 이를 해결하기 위해 직접 마을로 나간다면 수업이 훨씬 재미있을 것이다. 아무리 좋은 내용도 재미가 없다면 아이들은 관심을 두지 않는다.

지금까지는 사회과 성취기준인 '숲의 역할과 가치를 알고, 숲을 보호할 수 있다'를 학습할 때 몇 걸음만 가면 되는 학교 뒷산 대신에 교과서에 있는 낯선 산을 활용했다. 교과서의 지식을 언어로만, 이론으로만 학습했다. 가만히 앉아서 듣기만 했다. 이런 수업이 재미있을 리 없다.

마을의 자원을 수업에 들여오기 위해서는 누군가는 직접 발로 뛰어야 한다. 누군가의 시간과 노력이 필요하다. 가장 좋은 방식은 수업을 담당하는 선생님들이 아이들과 함께 직접 조사하고, 사람들을 만나는 것이다. 전북 진안의 마령초 사례가 이 내용을 잘 보여주고 있다. 마령초는 선생님들이 지역주민과 학습하면서 아이들과 함께 마을을 직접 탐방하고 마을교과서인 '마령의 마을 이야기'를 만들었다고 한다. 매우 뜻깊은 일이나.

그러나 이런 모델이 아무리 좋아도 선생님들에게 부담이 될 수밖에 없다. 선생님들은 지금도 충분히 바쁘다. 또 한 가지 이유가 있다. 선생님들은 사실 지역을 잘 모른다. 지역에 살고 있지 않기 때문이다. 대체로 인근 도시에서 출퇴근한다. 지역의 자원을 들여와 교육과정을 운영하고, 수업을 하고 싶어도 지역에 대해 잘 모르기 때문에 포기하고 만다.

중등의 경우 한 지역에서 교사가 6년 정도 근무하면서 아이들을 가르치는데 정작 아이들이 살아가는 마을에 대한 이해는 부족하다. 여러 가지 어려움과 이유가 있겠지만, 교육보다 먼저 아이들의 삶을 이해하려는 노력을 기울이는 선생님들이 늘어나면 좋겠다. 근무 기간 동안에 조금씩이라도 아이들이 사는 마을에 무엇이 있고, 마을 사람들이 어떻게 살아가는지 관심을 가지면 좋겠다.

고산을 깊이 알아가는 즐거움

고산지역에서 뿌리를 내리고 있는 자생적 교육공동체인 '온누리살이 협동조합'과 '완두콩 미디어 협동조합'이 주체가 되어 마을교과서를 만들고 있다. 이 교과서가 바로 고산지역 마을교과서인 '고산을 깊이 알아가는 즐거움'이다. 고산지역은 앞에서 살펴본 것처럼 고산향이라는 자생적 교육공동체가 뿌리를 내리고 있다. 이미 수 년 전부터 지역교육을 고민하면서, 학교 교육의 변화를 지원하기 위하여 다양한 일을 하고 있다.

'고산을 깊이 알아가는 즐거움'과 같은 마을교과서는 완주의 초·중·고등학교와 특수학교에서 활용될 것이다. 사실 교사들도 이런 교과서에 목말라 하고 있었는지도 모른다. 수업에서 고산의 역사와 환경, 삶을 담아내고 싶어도 그동안 몰라서 못 하고, 바빠서 못했던 부분이 분명 있었을 테니 말이다. 완주 풀뿌리 교육과정과 마을교과서를 통해 학교가 지역자원을 최대한 활용하여 학교교육과정을 편성·운영하고 수업에 적용한다면 교육과정과 수업은 분명 변화할 것이다.

고산 마을교과서 연구회가 참여하다

마을교과서를 만드는 것도 중요하지만, 이를 학교에서 어떻게 활용하느냐가 더욱 중요하다. 이에 대한 답은 선생님이 가지고 있다. 아무리 좋은 자료라도 선생님이 수업 시간에 활용하지 않는다면 아무런 쓸모가 없다. 시간과 종이 낭비에 불과하다. 학교에서 선생님이 이를 활용하기 위해서는 선생님이 함께 만들어야 한다. 또는 적어도 만드는 과정에 직접 참여해서 함께 검토하고 의견을 제시해야 한다.

그래서 지역의 공동체 관계자와 고산지역 5개교에서 10여 명의 선생님이 주 1회 정기적으로 만났다. 이분들을 고산 마을교과서 연구회로 묶고 약간의 운영비를 지원하여 매주 한 번씩 만나 논의할 수 있도록 했다. 그리고 마령에서 먼저 마을교과서를 만들어본 경험이 있는 L 선생님을 초청하여 마령초에서 마을교과서를 만든 과정과 내용을 들었다. 아이들이 두 달에 걸쳐 다섯 마을을 공부하고 마을 곳곳을 돌아다니며 자료를 조사하고 사람들을 만난 이야기는 참 감동적이었다.

마령초나 서울의 일부 혁신지구 초등학교가 만든 교과서는 대상이 초등학교 3학년에 국한되어 있다. 그러나 우리가 만든 교과서는 지역 단위로 초·중·고등학교에서 사용할 수 있게 했다.

마을교과서 연구회에 참여한 선생님들은 처음에는 다소 수동적이었다.

이런 시도 자체가 처음이고, 그렇지 않아도 바쁜데 새로운 일이 생겼기 때문이다. 그러나 논의에 계속 참여할수록 흥미로워했고, 의견도 매우 적극적으로 제시했다. 선생님들은 교과서의 체제와 내용의 전개 순서, 학생들이 관심을 가질만한 사항 등의 의견을 제시하고 기초자료를 함께 검토했다. 지역 공동체에서 초안을 가져오면 이를 함께 검토하는 방식으로 진행했다. 마을교과서 초안이 나오면 선생님들은 초·중·고 급별로 수업 시간에 아이들과 함께할 수 있는 활동지를 만들 것이다. 일종의 프로젝트 과제도 함께 제시된다. 이 작업은 직접 아이들을 만나는 선생님들이 아니면 하기 어려운 과정이다.

마을교과서 연구회에 참여한 선생님들이 적어도 고산지역의 학교에 두 명씩은 된다. 선생님들이 참여하여 함께 만든 교과서라서 더 쉽고, 친근하게 다가갈 것이 분명하다. 이 선생님들이 먼저 교과서를 활용하고 다른 선생님들이 여기에 동참한다면 점진적으로 많은 선생님이 함께할 것이다.

지역의 초·중·고 교사들이 일정한 네트워크를 형성한다면 향후 마을교과서를 수업에 활용할 때 서로 도움을 주고받을 수 있을 것이다. 초·중·고 교육과정의 연속성을 확보할 수 있기 때문이다. 초등학교 단계에서 마을의 지도를 만든다면, 중학교에서는 이를 동영상으로 만들 수 있고, 고등학교 단계에서는 연극이나 영화 제작까지도 가능할 것이다.

특히 교실에서 교사와 학생들이 마을교과서를 활용하여 수업하고, 수업을 진행하면서 다시 마을교과서의 내용을 채워갈 것이다. 선생님들이 수업한 과정과 내용을 다른 선생님들과 공유하고, 네트워크를 이용해 지역의 다른 학교에 전파하며, 각 학교의 수업상황이 일정한 곳(플랫폼 홈페이지 등)에 모인다면 지역 전체의 선생님들이 활용할 수 있을 것이다. 마을교과서는 이를 바탕으로 해마다 수정 보완될 것이다.

교과서는 교과의 학습목표에 도달하고 내용을 이해하는 데 중요한 역할을 한다. 교사는 아이들이 교과서를 활용하여 교과 지식을 이해할 수 있도록 하는 동시에 다양한 능력과 정서, 태도를 갖출 수 있도록 지도해야 한다. 즉 교과서의 지식을 그대로 가르치는 전달자에서 벗어나 교과내용에 대한 이해를 바탕으로 교과를 재구성하여 가르쳐야 한다. 이를 통하여 아이들이 교과목표에 도달하고 나아가 자신을 이해하며, 타인과 함께 살아가는 힘을 기를 수 있도록 해야 한다. 그러나 현행 학교 수업은 아직도 교과서의 높은 벽에 갇혀있다. 많은 교실에서 교사는 교과서의 지식을 충실히 전달하고 학생은 이를 잘 암기하는 것에 초점을 맞추고 있다. 아직도 많은 교실에서 교과서의 내용을 하나도 빠뜨리지 않고 다루고 있다.

 그런데 이러한 상황은 역설적으로 교과서가 얼마나 중요한지를 알려준다. 교실에서 사용되는 교과서가 잘 만들어진다면 수업도 내실 있게 운영될 것이다. 잘 만들어진 교과서에는 지역과 아이들의 특성과 수준에 맞은 내용이 담겨 있다.

 마을교과서는 공간적인 범위를 읍·면 단위 지역으로 한정해 학생들이 상시로 접하는 삶의 공간을 수업으로 들여올 것이다. 또한 기존의 단순 정보 전달 목적으로 제작된 텍스트 중심의 교과서에서 탈피해 사진, 영상, 인터넷 등 다양한 미디어를 활용해 제작한다. 선생님들에게는 풍부하고 다양한 자료를 지도서 형태로 제공하고, 아이들에게는 지역에 대한 모든 정보를 제공하지 않고 일부 정보만 준다. 나머지는 아이들이 스스로 조사, 자료수집, 분석, 탐구할 수 있도록 워크북의 형태로 제작될 것이다.

❖ **마을교과서를 활용한 가상의 수업**

　3학년 교과서에 강의 역할과 중요성에 대한 단원이 있다. 이 교실에는 또 하나의 교재가 있다. 바로 고산천이 담긴 마을교과서이다. 여기에는 고산천의 역사, 규모, 생태, 서식생물과 고산천을 활용하여 삶을 살아가는 사람들 이야기가 담겨 있다. 아이들이 어릴 적부터 아빠 손을 잡고 물놀이를 했던 고산천이 교과서에 나온다. 자신의 할아버지나 할머니가 등장할 수도 있다. 아이들 눈이 빛난다. 아이들은 그 경험을 바탕으로 팀으로 나눠 어떤 도전과제를 수행할 것이지 토론하고 팀 내에서 자신이 어떤 역할을 할지 스스로 결정한다. 선생님의 도움을 받아 일정한 절차와 단계를 거쳐 아이들이 직접 고산천에 가서 팀별 과제를 해결한다. 이 과정에 학교-마을이 함께 만드는 교육과정에 참여한 완주 수자원공사 직원과 마을선생님이 동행하여 아이들을 지원한다. 아이들은 강의 역할과 중요성에 대하여 자신들이 직접 경험하고 조사한 것을 바탕으로 정리하여 발표한다. 그리고 실제로 강을 보호하기 위하여 실제로 무엇을 할 것인지 결정한다. 이번 주말부터 직접 고산천에 가서 쓰레기를 줍는다.

　국가교육과정은 아이의 성장을 지원하기 위해서 국가 수준의 공통성과 지역 수준의 특수성을 동시에 고려하도록 방향을 설정하고 있다. 마을교과서는 수업 시간에 마을을 공부하는 것만을 목적으로 하지 않는다. 각 교과에는 교과목표와 성취기준이 있다. 아이들은 마을을 소재로 하여 공부합으로써 각 교과의 목표와 성취기준에 도달할 수 있을 것이다. 아이들은 마을교과서를 통해 그동안 몰랐던 마을의 유래, 역사, 생태, 문화, 자연환경을 배울 수 있고 동시에 사회과 교과목표인 지역에 대한 이해, 나아가 지역사회를 위한 일을 직접 실천할 수 있을 것이다.

고산 마을교과서, 기대하셔도 좋습니다[28]

첫 번째 만남: 당황스러운 고산지역의 교사들

어느 날 제게 한 통의 전화가 걸려왔습니다. 고산지역 마을교과서를 제작하려고 하는데 교사 모임의 총무를 담당하면 좋겠다는 내용이었습니다. 저는 스카우트 제의를 흔쾌히 승낙했고, 얼마 후 고산지역의 마을교과서를 만드는 데 학교에서 2명씩 참석해달라는 공문을 받았습니다. 그리고 우리 고산지역의 5개 학교에서 근무하는 교원 10명과 지역의 공동체에서 2명, 학부모, 장학사 등 14명이 한자리에 모였습니다. 처음 만나는 자리라 서로 자기소개와 함께 인사를 했습니다. 이때까지만 해도 분위기가 화기애애했는데 추창훈 장학사의 모임 목적에 대해 설명을 듣는 순간 모든 사람은 혼란에 빠졌습니다.

- 앞으로 3~4개월 안에 마을교과서를 제작할 수 있을지
- 학년 말 준비로 바쁜 교사들이 어떤 역할을 할 것인지

---

28 고산 마을교과서 연구회에 참석하고 있는 고산중학교 송유란 선생님이 쓴 글이다.

- 마을교과서 활용은 학교교육과정 속에서 가능할 것인지
- 학교급이 다른 학생들에게 교과서 수준을 어떻게 맞출 것인지
- 마을교과서 목차, 내용, 자료 등을 어떻게 구성할 것인지

첫 모임은 이 중 어느 것 하나 결론이 나지 않았습니다. 하나의 문제를 해결하려고 하면 또 다른 문제가 등장했고, 다시 차근차근 처음부터 해결하려고 하면 다른 문제가 또다시 등장하고 해서 별 소득이 없었습니다. 저는 처음 만난 선생님들과의 낯섦, 주어진 과제의 무거움, 시간의 촉박함 때문에 이 자리가 처음이자 마지막일 것이라는 생각까지 했습니다. 그래도 정말 다행스러운 것은 2017년 2월까지는 만든다는 합의를 하고 헤어진 것이었습니다.

두 번째 만남: 빛이 보이기 시작했다

첫 번째 모임이 끝나고 집으로 돌아가며 든 제 개인적인 생각은 두 번째 모임에는 선생님들이 절대 참석하지 않을 것 같은 불안감이었습니다. 설령 오더라도 아주 소수일 것 같았습니다. 하지만 제 걱정과 달리 두 번째 모임에도 선생님들은 대부분 모였고, 첫 만남과는 다르게 표정에서 조금의 변화를 볼 수 있었습니다. 먼저 진안 마령초등학교에서 마을교과서를 제작해보신 선생님을 초청하여 제작과정을 들으면서 이 작업이 완전히 불가능한 일은 아닐 것이라는 생각이 들었습니다. 두 번째 만남에서 논의된 내용은 아래와 같습니다.

<교과서 수준을 어떻게 맞출 것인지>

고산은 학교급이 다양하고, 학교급별로 교과서를 제작하는 것은 시

간적으로 불가능하다. 따라서 하나의 마을교과서를 제작하되, 급별, 학년별에 맞는 주제를 찾아 교사가 변형하여 사용하는 것이 좋을 것 같다. 이런 문제를 해결하기 위해서 교과서를 교사용과 학생용으로 나누어 제작한다. 교사용은 지침서처럼 마을의 풍부한 정보를 주로 제공하여 수업 진행의 자료로 사용할 수 있도록 한다. 학생용은 다양한 활동으로 고산지역을 알 수 있는 워크북 형식으로 제작한다면, 아이들이 지역의 특성과 사람들의 삶을 이해하고, 지역에 대해 긍지를 가지는 데 기여할 것이다.

<목차를 어떻게 구성할 것인지>

고산 마을교과서는 한번 만들어 계속 사용하는 것보다 매년 수정 보완하여 새로운 버전이 나왔으면 한다. 따라서 많은 내용을 담기보다는 학교에서 실제 활용할 수 있는 내용을 바탕으로 목차를 구성하고 실제 활용해보는 것이 중요하다. 목차는 고산의 지역적 특성과 사람들의 삶의 모습을 중심으로 잡는다. 공동체에서 다음 모임 때까지 목차 초안을 만들어 오도록 한다.

<마을교과서에 들어갈 기초 내용 확보 및 역할 분배>

모두 함께 마을교과서를 만든다는 것은 어렵기 때문에 일의 효율성을 높이기 위하여 역할 분배가 필요한 것 같다.

- 교과서에 들어갈 기초 내용 확보 및 정리: 마을공동체 선생님
- 학생용 워크북 구성 및 활동 방안 제시: 고산지역 교사
- 마을교과서 내용 제안 및 마을 협조 요청: 박현정 학부모

세 번째 만남: 마을교과서 설계와 기초 쌓기

공동체에서 가져온 고산지역의 다양한 자료를 바탕으로 협의했습니다. 그리고 전반적인 목차를 잡고 주요 내용을 설계했습니다. 다음 모임 때까지 의견을 더 모아 최종 결정하기로 했습니다. 공동체에서 가져온 자료 샘플에 대해서는 학생들이 쉽게 읽을 수 있고, 관심을 가질 수 있도록 콘텐츠를 조금 더 보완하기로 했습니다. 이날 모임은 마을교과서의 전반적인 방향을 결정짓는 중요한 자리였습니다.

네 번째 만남: 마을교과서가 90% 완성되다

사람들은 90%라고 말하면 마을교과서가 거의 완성되어 편집에 들어간 것이라 생각할지도 모르겠습니다. 그러나 교과서 전체 50쪽 중 단 5쪽만 완성되었습니다. 그런데도 이렇게 자신 있게 말씀드릴 수 있는 이유는 교과서에서 가장 중요한 목차가 네 번째 만남에서 확정되었기 때문입니다. 아무리 멋진 건물도 설계와 기초 작업이 완벽하지 않으면 와르르 무너지고 말지요? 많은 어려움을 겪으며 마을교과서를 함께 만들었기에 나머지 작업은 수월하게 진행될 것 같습니다.

선생님들이 각자 자신의 역할을 다하면 2017년 2월에 완주에서 최초로 만들어진 마을교과서를 만나보실 수 있을 것입니다. 마을교과서 속 사진은 고산지역에서 유명한 사진작가를 초청하여 촬영하기로 했습니다. 삽화는 우리 학교 학생들이 그리는 것으로 했습니다. 한 권의 마을교과서를 만들기 위해 학교, 지역사회, 학생, 학부모 모두가 힘을 합치고 있다는 사실 하나만으로도 대한민국 교육 역사에 한 줄 기록될 일 아닐까요?

또 이번 모임에서 처음과 다른 선생님들의 모습을 보았습니다. 바로 교과서에 등장할 곳을 방문해보고 직접 체험해보자는 제안을 한 것입니다. 교과서에 등장할 곳을 모두 돌아볼 수는 없지만, 한두 군데라도 방문해본다면 교과서를 만드는 데 도움을 줄 수 있을 것입니다. 또한 고산지역을 바라보는 교사들의 관점이 변할 수 있습니다.

다섯 번째 만남: 고산이 다르게 보이기 시작했다

여기서는 제 개인적인 이야기를 해야 할 것 같습니다. 고산지역은 제 외갓집이 있는 곳이라 어렸을 때부터 뛰어놀던 곳입니다. 제게는 아주 익숙한 곳이기에 저는 고산이 좋습니다. 고산을 생각하면 개울가에서 수영하던 기억, 외갓집에서 고구마를 구워 먹던 저녁, 전형적인 시골의 분위기만을 간직하고 있던 제게 이번 다섯 번째 모임은 신선한 충격을 안겨줬습니다.

고산중학교에서 2년 동안 근무하면서 우물 안의 개구리처럼 지낸 저를 반성하는 시간이었습니다. 박현정 학부모님 덕분에 오늘 직접 고산을 둘러보고 배우는 시간을 가졌습니다. 완주지역경제순환센터, 미디어공동체협동조합 완두콩, 공동육아모임 숟가락, 대아수목원, 고산미소시장 등을 방문했습니다.

각 기관 관계자의 이야기를 들으며 아이들을 위해 교과서를 쓰려고 갔지만, 저는 제 인생에 또 다른 계획 하나를 세우는 시간을 가졌습니다. 이럴 때 일석이조라는 말을 써도 되겠지요? 이날 모임에서 한 가지 기쁜 소식이 추가되었다면, 고산중학교 1학년 학생 중 일부가 교과서에 들어갈 그림과 사진 촬영에 협조하겠다는 소식을 받았답니다. 시작은 미약했지만, 끝은 꽤 괜찮지 않나요?

나가며

 마을교과서 제작에 참여하면서 이 교과서가 학교에서 잘 활용되면 좋겠다는 생각을 했습니다. 이 교과서를 통해 아이들이 자신들이 사는 동네 이야기를 한 가지라도 알고 자랑스러워하면 좋겠습니다. 지금은 아이들이 우리 동네에 최신식 PC방이 있는 것을 자랑스러워하겠지만, 언젠가 자신들의 동네가 다른 동네와 다른 점을 발견하고 자랑스러워지는 날이 올 것입니다. 아이들이 마을을 배운다는 것은 아이의 참된 성장과 발전에 큰 영향을 줄 수 있을 것이라는 생각을 했답니다.

 고산지역의 다른 학교 선생님들을 알 수 있게 되어 어느 곳에서 뵙든 자연스럽게 인사할 수 있는 사이가 되어서 참 기뻤습니다. 마을교과서를 활용해 수업할 때 언제든지 묻고 답할 수 있는 든든한 응원단이 생긴 것입니다. 이제 두 달 후면 여러 선생님의 참여와 노력으로 결실 맺은 고산지역 마을교과서를 만나볼 수 있을 것입니다. 기대하셔도 좋습니다.

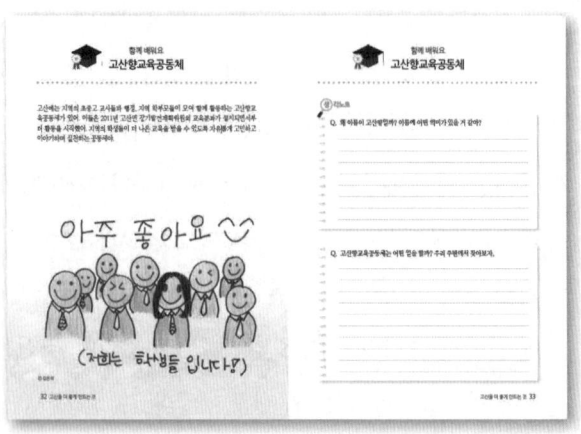

[그림 4] 고산 마을교과서 일부

5장

플랫폼 홈페이지

2014년도 상반기에 지역사회에 로컬에듀를 운동으로 제안하고 하반기에는 관내에 있는 중학교를 다니며 선생님들의 어려움과 의견을 듣고 이를 정책과 세부 사업에 반영했다.

2015년도에는 혁신교육특구 1년 차를 마치면서 완주를 4권역으로 나누어 권역별로 교육주체와 교육장과의 대화를 통해 1년 차 혁신교육특구 사업에 대한 학교와 지역의 의견 및 애로사항, 요구사항 등을 듣고, 이를 바탕으로 2년 차 사업계획안을 작성하여 시행했다.

그런데 언제까지나 이런 방법으로 혁신교육특구의 철학과 방향을 안내하고, 선생님들과 학부모의 이야기를 들을 수는 없었다. 물론 직접 얼굴을 맞대고 소통하는 것도 중요하다. 그러나 자칫 겉치레에 그칠 수도 있고, 비효율적일 수도 있다. 일정한 시공간에 많은 사람이 모이기 위해서는 부수적으로 많은 절차와 노력도 필요하다. 또 이러한 자리에 참여하는 사람들은 일단 호의적이기 때문에 객관적인 정보를 얻기 어렵다.

  선생님과 학부모, 그리고 학생들도 혁신교육특구와 개별 과제에 대하여 언제나 쉽게 자신의 의견을 개진할 수 있는 장이 필요하다. 이들 교육 주체가 필요한 정보와 자료를 언제든 찾아서 활용할 수 있는 공간도 필요하다. 그리고 무엇보다 완주교육의 질적인 전환을 시도하고 있는 혁신교육특구를 이해하고 동참할 수 있도록 하는, 근본적이고 체계적인 시스템이 필요하다.

  1년 차와 2년 차 혁신교육특구를 운영하면서 따뜻한 학교, 열손가락 학교, 함께 배우고 실천하는 학교, 즐거운 학교, 마을학교 등의 주요 과제를 운영하면서 학교와 선생님들이 도움을 받을 수 있는 의미 있는 시사점과 실천 사례가 나오고 있다. 단위 학교 창의적 교육과정 운영 절차와 방법, 선생님들의 수업 및 생활교육 전문성 신장 방안, 학습더딤과 결손 아이를 바라보는 관점의 전환과 지도 방법, 아이들이 즐겁게 학교에 다니고 꿈을 찾아가는 문화예술 및 진로 프로그램, 마을과 학교의 다양한 협력 방안 등이 생산되고 있다.

  그런데 이들 운영 과제에서 나온 의미 있는 시사점과 실천자료 및 구체적인 방안이 통합 관리되지 못하고 각각의 개별 사업으로 떨어져 파편화되어 있었다. 기껏해야 교육지원청 차원에서 학교에서 들어온 자료와 결과물 등을 출력하여 파일로 보관하는 정도였다. 이런 방식이 지속되면 혁신교육특구의 종료와 동시에 학교와 선생님들의 실천과정과 소중한 경험 역시 신기루처럼 사라질 것이 분명하다. 예산이 끊기면 사업이 종료되고 아무것도 남지 않는 기존 목적사업처럼 말이다. 학교 현장의 선생님들에게는 실천과 기록의 중요성을 강조하면서 우리는 이러한 학교 현장의 실천 사례를 기록하고 경험을 축적하지 않는 잘못을 저지를 수는 없다.

혁신교육특구의 여러 과제를 운영하면서 학교와 선생님들이 축적한 의미 있는 경험과 사례를 다른 학교와 선생님들에게 알리고 함께 나누는 기회가 부족했다. 학교와 수업을 열어 사례발표를 하거나 다른 선생님들을 직접 만나 경험을 나누는 것도 하나의 방법이나, 학교가 바쁘고 선생님들이 마음의 여유가 없는 등 여러 가지 이유에서 쉽지 않다. 2016년 여름에 실천연구회 워크숍에 직접 참여한 선생님들은 자신의 연구 주제와 사례를 발표하고, 다른 선생님과 공유하면서 서로 힘을 받았지만, 워크숍에 참여하지 않은 선생님들은 알 방법이 없다. 어쩌면 참여하지 않은 선생님 입장에서는 워크숍 역시 그들만의 리그로 보일 수 있다. 워크숍에 직접 참여하지 않는 선생님들도 연구회에 참여한 선생님들의 교실에서 지난 한 학기 동안 무슨 일이 일어났는지를 기록한 300쪽짜리 과정보고서와 워크숍 영상이라도 볼 수 있는 최소한의 장치가 필요하다.

로컬에듀는 지역 사람들이 힘을 합쳐 학교를 지원하는 지역교육운동이다. 이에 따라 지난 3년 동안 지역의 다양한 인적, 물적 자원을 발굴하여 학교와 연계하는 데 힘을 쏟았다. 학부모와 지역주민이 직접 발로 뛰어 학생들의 진로직업 체험이 가능한 작업현장인 '문밖 진로체험처' 202개를 발굴하여 학교에 안내했다. '학교-마을이 함께 만드는 교육과정'에 지역에서 활동하고 있는 38개 기관이 102개 프로그램을 운영하고 있다. 66명의 학부모님과 지역주민이 '마을선생님'에 참여하여 자신의 경험과 전문성을 교육기부의 형태로 지역에 환원하고 있다. 지역에 위치한 교육대학과 사범대학에 재학하고 있는 예비교원 31여 명이 '대학생 어깨동무 교육봉사'에 참여하고 있다. 10여 개의 '마을학교'와 '마을 돌봄 교실'이 완주 전역에서 운영되고 있으며 하반기에는 완주 산업단지와 과학산업단지에 입주해 있는 기업들을 학교와 연결해 기업과 학교 모두가 윈-윈

할 수 있는 '1교(校)-1사(社) 아름다운 교육농행' 협약을 맺을 계획이다.

그런데 지금까지는 이러한 지역사회의 다양한 자원 발굴을 교육지원청이 주도했다. 즉 교육지원청이 직접 자원을 발굴하거나, 지역주민이나 학부모를 활용하여 자원을 발굴한 후 단위 학교에 자원 목록과 프로그램, 인력풀 등을 안내하면 학교가 교육과정 운영과 학생중심수업, 창의적 체험활동, 방과후학교, 진로직업체험 등에 활용했다. 이러한 방식이 지금까지는 유용했지만, 자원의 규모가 커지고 복잡해지면서 이들 자원을 통합적으로 관리하고 체계적으로 운용할 필요가 생겼다. 또한 학교와 마을이 쌍방향으로 소통하여 서로의 필요와 상황에 적합한 자원을 공유해야 한다. 따라서 이제는 마을의 기관, 단체 및 학부모, 지역주민 등이 가진 교육자원과 프로그램이 학교와 자유롭게 공유될 수 있는 새로운 장이 필요하다.

기술의 힘으로 가치를 높이자

인터넷이라는 기술이 우리나라에 도입된 지도 벌써 20년이 넘었다. 과학기술을 연구하던 연구자들이 정보를 공유하기 위해 시작한 네트워크가 이제는 모든 사람에게 없어서는 안 되는 생활 수단이 되었다. 뉴스, 쇼핑, TV, 영화, 뱅킹 등 이제 온라인에서 해결하지 못하는 분야가 없을 정도다. 우리나라는 인터넷 강국답게 세계 전자정부 평가에서 수년째 1위 자리를 지키고 있다. 온라인 교육의 규모도 이미 3조 원대를 넘었다. 전 국민이 인터넷과 스마트폰을 쓰는 상황에서 행정 서비스 역시 온라인 지원 시스템을 갖춰야 하는 것은 피할 수 없다.

이런 맥락에서 로컬에듀를 보다 체계적으로 지원할 온라인 시스템을 궁리하기 시작했다. 로컬에듀의 핵심은 지역과 학교가 협력하여 아이를 함께 키우는 것이다. 이를 위하여 마을의 다양한 자원이 현재 활발하게 학교교육과정을 지원하고 있다. 지금까지와 같이 직접 발로 뛰면서 사람들을 만나 자원을 발굴하여 학교에 안내하는 과정도 의미 있지만, 마을과 학교가 보다 폭넓고 활발한 소통을 하기 위해서는 온라인 서비스를 활용할 필요가 있다는 생각이 들었다.

온라인 서비스를 이용하면 서비스를 이용하는 각 개인이 자신에게 적합한 서비스를 언제 어디서나 이용할 수 있다. 이를 기반으로 데이터를 축적하고 분석·개선하는 기회를 마련할 수 있다. 이는 사업의 지속적인 발전의 밑거름이 되고 새로운 사업을 창출해내는 계기를 만들어줄 것이다. 교육은 미래의 인재를 키워내는 것이 목적이다. 특히, 혁신교육특구는 교과 중심의 교육에 머물지 않고 미래를 준비할 수 있는 다양한 역량을 키워주기 위한 사업이라고 할 수 있다. 그래서 더욱더 미래지향적이어야 한다. 우리가 로컬에듀 홈페이지를 만들게 된 밑바탕에는 혁신교육특구 사업이 좀 더 미래지향적이고, 참여자들 중심으로 이루어져야 한다는 치열한 고민이 있었다고 할 수 있다.

홈페이지 제작을 고민하다

2016년 초부터 이러한 고민을 하면서 혁신교육특구의 지속성과 안정성을 확보하고, 완주교육의 질적인 변화에 기여할 수 있는 홈페이지를 만들 생각을 했다. 그러나 예산을 확보하지 못했다. 부족하나마 컴퓨터 등 기자재 구입비로 편성한 500만 원을 활용하여 제작하고자 했으나 예산담당 직원이 지침에 어긋난다며 난색을 표했다. 행정지원과 전산담당 직원을 통하여 교육연구정보원 등에서 제작해줄 수 있는지 물었으나 별 소득이 없었다.

이 무렵에 교육장이 우리 교육지원청의 핵심 사업이기도 한 로컬에듀가 교육지원청 공식 홈페이지에 단 한 줄도 언급되지 않았다면서 로컬에듀를 알릴 방안을 강구해보라고 전산담당에게 지시했다. 2014년에 로컬에듀를 시작하면서 지금까지 단 한 번도 먼저 어떤 새로운 사업을 하자고 말하지 않았는데 이번에 처음으로 의사를 표시한 것이다. 행정지원과와 몇 차례의 협의 끝에 교육지원청 홈페이지 한쪽에 로컬에듀를 안내하고 학교에서 자료를 탑재할 수 있는 콘텐츠를 개설했다. 그러나 예상대로 활용도가 낮았다. 학교와 마을에서 거의 참여하지 않았다. 일단 콘텐츠가 질과 양에서 부족했고, 마을에서 다양한 자원을 자유롭게 올리고 이를 학교가 활용할 수 있는 시스템을 갖추지 못했다.

다른 지역은 어떻게 홈페이지를 운영하는지 알아보기 위하여 타 기관 홈페이지를 자주 들어가 보았다. 일찍부터 우리와 교류하고 있던 경기도 시흥과 의정부 교육지원청도 들어가 보고, 공릉청소년문화정보센터도 들어가 보았다. 그중 시흥행복교육지원센터의 시스템이 눈에 들어왔다. 시흥창의체험학교 목록이 보이고 학교에서 승인 신청하면 센터에서 지원해주는 방식이었다. 이미 시흥교육지원청 안선영 장학사로부터 이런 시스템을 들은 적이 있기 때문에 더욱 부러웠다. 눈만 높아졌다.

그러다 우연히 노원구에서 운영하는 '마을이 학교다' 홈페이지에 들어갔다. 순간 무릎을 탁 쳤다. 내 머릿속에서 생각만 하고 있던 홈페이지를 노원구에서 실제로 운영하고 있었다. 학부모와 지역주민이 모여 일정한 프로그램을 운영하는 마을학교를 홈페이지에 개설하고 학생들이 자유롭게 참여할 수 있게 해놓았다. 마을학교에서 프로그램 운영을 마치면 증빙

서류를 홈페이지에 올린다. 이 과정에서 노원구는 마을학교 운영에 필요한 행정적, 재정적 지원을 하는 방식이다.

우리 완주교육지원청에서도 이러한 마을학교를 운영하고 있는데 대부분 오프라인으로 운영한다. 교육지원청에서 마을학교를 공모하고, 학부모들이 참여 신청서를 내고, 서류심사를 한 후 면접을 보고, 선정된 마을학교가 학생들을 모집하고, 프로그램을 운영한다. 여기서 끝이 아니다. 강사비, 재료비, 체험비 등을 사용한 예산의 증빙 서류가 또 한 묶음이다. 이 모든 과정을 직접 찾아오거나 찾아간다. 학부모들은 행정 경험이 없다 보니 한 번에 통과되지 못하고 여러 차례 교육지원청을 방문한다. 교육지원청 직원도 학부모도 여간 힘든 과정이 아니다.

노원구 담당자에게 전화를 걸어 홈페이지에 대하여 몇 가지 정보를 얻었다. 그 정보에는 홈페이지 제작업체도 포함되어 있었다. L 대표에게 전화를 걸어 노원구 홈페이지에 대한 정보를 묻고 우리 교육지원청에서 제작하고자 하는 홈페이지에 대해서도 간단히 의견을 나누었다. 통화 말미에 노원구 홈페이지 제작비용을 물었는데 답변을 듣고 뒤로 떨어질 뻔했다. 교육지원청 차원에서 감당할 수 있는 예산이 아니었다. 노원구라는 자치단체에서나 가능한 예산이다. 우리는 예산이 부족해 더 이상 협의가 불가능하다는 말을 하고 서둘러 통화를 마무리했다.

그런데 얼마 후 L 대표로부터 완주교육지원청을 방문하겠다는 전화가 왔다. 올해는 예산이 없어 홈페이지 제작이 어렵다고 해도 제작 여부와 관계없이 방문하겠다고 해서 그렇게 하도록 했다. L 대표와 만나서 홈페이지를 활용한 로컬에듀 지원 방안을 자세히 말했다. 노원구청에서 운영하는 '마을이 학교다' 홈페이지의 기능보다 규모도 크고 분야도 다양해서 더욱 복잡하고 세밀한 프로그램이 필요하다고 했다. 상당히 오랜 시간 이 아기한 끝에 L 대표는 올해 쓸 수 있는 예산이 얼마인지 물었다. 사실 한 푼도 없었다. 그러나 운영비를 줄이면 700만 원 정도 마련할 수 있다고 했다. 노원구 홈페이지 제작비용을 이미 들었기 때문에 말하기도 부끄러운 금액이었다. 그러나 L 대표는 올해는 이 정도 금액을 투입하여 기본적인 시스템만 갖추고 내년과 내후년에 본예산을 확보하여 프로그램을 보강하자는 의견을 제시했다. 홈페이지에 대한 욕심과 기대가 너무 커서 교육장님에게 보고도 하지 않고 그 자리에서 진행하기로 구두 약속을 했다.

교육장의 퇴임 선물

사실 올해 지출하기로 협의한 예산도 사용 목적에 맞지 않았다. 홈페이지에 진로교육지원센터에 유용한 기능도 있으니 도교육청에서 재배정한 진로교육예산을 활용할 계획이었으나, 사실 이마저도 자신이 없었다. 능력도 없으면서 덜컥 일을 저질러서 고민을 하다가 이틀 후에 교육장실에 찾아가서 이 상황을 설명했다. 그러자 교육장은 이렇게 말했다.

"추 장학사, 이거 내가 교육감님께 한번 말씀드려보면 어떨까? 내가 내년에 퇴임하니까 선물을 하나 달라고 하지 뭐. 홈페이지를 올해 조금 만들고 또 내년에 본예산을 확보하여 만들면 내후년에야 본격적으로 가동하는데 그럼 혁신교육특구도 다 끝나버리잖아. 그리고 사실 해마다 선생님들을 찾아가서 혁신교육특구를 설명할 수도 없잖아, 홈페이지를 만들면 누구라도 언제든지 와서 볼 수 있으니까 좋을 것 같아. 이왕 만드는 거 제대로 만들어보자."

이로부터 얼마 후에 교육장은 전라북도교육청 기관장 회의에서 로컬에듀 홈페이지의 필요성과 기능을 구체적으로 설명하고 혁신교육특구의 성공을 위해서 꼭 필요하다고 강조했다. 기관장 회의가 끝난 후 교육감님을 따로 만나 홈페이지 제작에 필요한 예산을 요청했다. 그 결과는 대성공이었다. 교육감 재량사업비를 지원받은 것이다.

완주교육지원청에서 추진한 로컬에듀는 규모나 내용 면에서 전문직을 포함하여 교육지원청 전체가 함께 움직여야 가능한 일이었다. 그중에서도 특히 교육장의 역할이 결정적이었다. 선관위에서 정책토론회를 불허해 진퇴양난의 위기에 빠졌을 때 모든 책임은 본인이 지겠다면서 강행했고, 지자체와 협상이 막혀서 한 발자국도 나가지 못할 때 군수를 직접 만나기도 했다. 이번에도 직접 교육감실에 찾아가 홈페이지 필요성을 역설하고 예산을 지원받았다.

완주 교육자원의 플랫폼

플랫폼은 기차나 전철에서 승객이 타고 내리는 승강장을 말하는데, 그 의미가 확대되어 특정 장치나 시스템 등에서 이를 구성하는 기초가 되는 틀 또는 골격을 지칭하는 용어로, 컴퓨터 시스템·자동차 등 다양한 분야에서 사용되고 있다. 특히 IT업계에서는 개별 제품이나 서비스가 아닌 이들을 담을 수 있는 공간을 뜻하기도 한다. 콘텐츠가 장사를 하는 가게라면 플랫폼은 이들이 모여 있는 아름다운 도시라고 할 수 있다. 우리가 스마트폰을 사용할 때 구동되는 운영체계, 즉 안드로이드가 플랫폼이고, 그 안에서 구동되는 수많은 앱이 콘텐츠라고 보면 된다.

플랫폼 서비스는 고객과 고객, 집단과 집단을 연결해주는 시스템이다. 플랫폼의 가치는 사용자의 수와 데이터의 질로 결정된다. 콘텐츠에서 직접 수익을 얻기보다 사용자들에게 데이터와 환경을 제공해주면서 수익을 얻는다. 카카오가 메신저를 무료로 제공하면서 적자를 보지만 해마다 엄청나게 성장하는 이유는 음악, 게임, 택시 등 그 안에서 다양한 사업자가 활동할 공간을 제공하고, 그 대가를 받기 때문이다.

완주군의 학교에서는 방과후 강사를 모집하는 데 많은 어려움을 겪고 있다. 시간당 3만 원의 강사비를 받기 위해 한 시간씩 차를 타고 나올 사람이 그리 많지 않기 때문이다. 그러다 보니 강사를 구하기도 어렵고 강사의 질 또한 담보하기가 쉽지 않다. 강사 채용 공고를 내는 대부분의 학교에서는 채용 인원에 미달되거나 겨우 채운다. 워낙 사람이 귀하다 보니 검증을 거쳐 적합한 사람을 쓰기가 어렵다. 또한 어떤 학교에서 어렵게 확보한 강사를 다른 학교와 공유되지 않기도 한다. 학교의 담이 너무 높다. 지역에만 높은 것이 아니라 다른 학교와도 높은 장벽을 치고 있다. 이 높은 장벽에 조금의 균열을 내는 어떤 시도가 필요하다.

단위 학교는 로컬에듀 홈페이지를 통해 방과후학교 강사를 공고하고, 이와 동시에 학교별로 확보하고 있는 강사를 공유한다. 방과후학교에 참여를 희망하는 강사들은 직접 자신의 사진과 프로필, 전문 분야, 교육과정 운영계획을 홈페이지에 탑재한다. 교육지원청에서 강사들이 학교에 들어갈 수 있는지 성범죄 조회 등을 진행하여 승인하면 학교에서는 별도의 공모 선정절차를 거치지 않고 바로 채용 계약을 해도 된다.

학교는 어떤 특정한 분야의 전문 강사가 어느 학교에 들어가 수업을 하는지 월별로 데이터를 볼 수도 있다. 강사의 질을 검증할 수도 있다는 이야기이다. 강사들도 전체 학교의 방과후 강사 채용 분야와 현황을 알 수 있다. 많은 학교에서 강사로 활동할 수 있는지 연락이 오기도 한다.

홈페이지를 활용한 가상의 방과후학교 강사 정보 공유 및 채용 과정이다. 이런 과정으로 적어도 두 세 단계의 행정 행위가 간소화되고, 교사의 업무 부담이 줄어든다. 홈페이지가 구축되면 충분히 실현 가능한 일이다. 어쩌면 학교와 마을이 홈페이지를 통해 활발히 소통하면 우리가 꿈꾸는 일도 이루어질 수 있다. 바로 지역자원을 활용하여 방과후활동을 운영하는 것이다. 현재의 시스템으로는 불가능하다. 학교에서 개설한 첼로, 무용, 성악 등의 프로그램을 가르칠 사람이 마을에는 없기 때문이다.

그렇다면 전혀 불가능한가? 시스템을 역으로 바꾸면 된다. 프로그램을 개설하고 강사를 뽑는 것이 아니라 지역에서 가르칠 강사 자원이 있는 프로그램을 개설하면 된다. 학부모, 마을주민, 청년 및 어르신 등이 가지고 있는 경험과 전문성을 바탕으로 방과후학교 프로그램을 개설하면 된다. 마을의 유래를 잘 알고 있는 어르신이 강사가 되어 아이들과 마을 탐방을 함께한다. 이렇게 홈페이지에 직접 자신의 정보를 올려 승인된 강사를 중심으로 방과후학교를 운영하면 굳이 전주에서 모셔오지 않아도 된다.

자, 이제 여기까지 왔으면 조금 더 상상력을 발휘할 수도 있다. 일자리 창출 차원에서 지역사회나 지자체가 방과후학교를 가져갈 수도 있다. 학교는 교육과정운영과 수업, 생활교육 등에 전념하고 방과후는 지역사회나 지자체에서 맡는 것이다. 어쩌면 지역사회나 지자체는 이 분야를 학교보다 훨씬 잘 운영할 수 있다. 학교와 교육청과는 비교도 안 되는 인력, 예산, 시설, 프로그램, 네트워크 등이 있기 때문이다. 지역에서 이렇게 일사리를 만들어가는 데 반대할 사람이 누가 있겠는가. 학부모와 지역주민이

민선 단체장에게 아낌없이 박수를 보내고 환호할 것이다. 그다음에 벌어질 일은 언급하지 않겠다.

학교와 마을의 쌍방향 의사소통 과정은 비단 방과후학교 강사에 국한된 것이 아니다. 마을선생님, 대학생 교육봉사에 참여할 사람도 직접 자신의 경험과 전문성을 홈페이지에 올린다. 학교-마을이 함께 만드는 교육과정에 참여할 기관들도 기관 소개 자료와 함께 활동하고 있는 강사 및 운영 프로그램을 올려 학교가 교육과정 운영에 적합한 기관을 선택하도록 한다. 학교 역시 교육과정 운영에 필요한 자원과 프로그램 등을 수시로 올려 지역의 교육 자원들이 참여할 수 있도록 한다.

학교-마을 교육과정, 마을선생님, 마을학교, 마을교실, 진로체험처, 방과후학교 강사 등에 참여하는 사람들과 기관은 대개 완주에 살고 있고, 완주에 근거지를 두고 있다. 이들은 서로 중복되기도 하고, 깊은 연관을 맺고 있다. 마을선생님이 마을교육과정에 참여하고, 진로체험처를 운영하기도 한다. 지금까지는 이들이 별도로 운영되었다. 그러나 각각의 개별 사업을 하나로 묶어 통합 운영하는 과정이 필요하다. 이들이 홈페이지라는 동일한 공간에 모여 정보를 공유하고, 자신들의 경험을 나누면 학교의 문을 개별적으로 두드릴 때 느꼈던 어려움을 극복할 수 있을 것이다.

이들 지역사회 자원을 필요로 하고 활용하는 것은 결국 학교와 선생님, 아이들이다. 아이들의 동아리 활동을 지원할 사람, 마을 주변에 있는 진로직업체험처, 마을교육과정의 강사, 방과후학교 강사들, 심지어 교통이나 급식지원을 도와줄 학부모가 필요하면 언제나 로컬에듀 홈페이지를 찾아 활용하면 된다. 이에 필요한 예산, 사람, 버스, 프로그램 등은 완주교육지원청과 완주군청이 로컬에듀를 통하여 지원할 것이다.

로컬에듀는 앞으로 지역사회 교육발전의 중추적인 역할을 할 것이다.

홈페이지는 로컬에듀 추진에 날개를 달아줄 것이다. 혁신교육특구 분야별 과제를 통합적으로 관리하고, 학교와 교사가 서로의 경험을 나누며, 이를 바탕으로 교육과 학교가 나아가야 할 방향을 찾는 데 기여할 것이다. 또한 학교와 마을이 쌍방향 의사소통과 자원 공유를 통해 마을이 가지고 있는 다양한 교육자원과 프로그램을 학교가 적절하게 활용할 수 있도록 기여하는 플랫폼 역할을 할 것이다. 이를 통하여 지역사회가 교육을 주제로 활발하게 협력하고 협치를 함으로써 교육 거버넌스를 구축하여 지역 교육공동체를 실현하는 데 매우 긍정적인 역할을 할 것이다. 모두가 힘을 모으면 충분히 이루어질 수 있는 꿈이다. 우리는 이 꿈을 예전부터 꾸었고, 이 꿈을 이루기 위해 이미 2014년도에 localedu.kr 도메인을 구매했다.

[그림 5] 로컬에듀 플랫폼 홈페이지 화면

나가며
혁신교육에서 지역교육으로

오랫동안 학교는 아이들의 성장과 발달보다는 입시성적을 중요한 가치로 여겼다. 단순 정보를 누가 더 잘 암기하는지 평가하여 서열을 매기고, 소수의 아이를 상위권 대학에 입학시키기 위해 대다수의 아이를 희생시켰다. 민주주의와 인권을 가르쳐야 하는 학교에서는 비민주적인 의사결정 구조와 반인권적인 문화가 견고하게 자리 잡았다. 교사들은 가르치는 일보다 공문처리에 많은 시간과 에너지를 쏟았다. 그러다 보니 아이들은 세상을 살아가는 데 꼭 필요한 능력, 태도, 품성 등을 학교에서 제대로 배우고 익히지 못했다.

이러한 학교 교육에 대한 비판의 목소리가 높아지면서 2010년 이후 두 차례의 지방선거에서 진보교육감들이 구원투수로 대거 등장했다. 그리고 학교에 산업화 시대의 경쟁교육, 입시교육에서 벗어나라고 요구했다. 이에 부응하여 진보교육감들은 지금까지와는 사뭇 다른 관점으로 교육을 바라보고, 학교의 본질을 찾기 위한 교육시스템을 학교에 적용했다. 그동안 학교 교육에 문제를 제기하고, 변화를 갈구하던 전국의 수많은 교사와 활동가들이 참여와 실천으로 화답했다. 혁신교육이 시작된 것이다.

혁신교육은 먼저 학교에 뿌리 깊이 박혀있는 불합리한 관행을 극복하고, 비민주적인 관료주의를 타파하는 데에 역점을 두었다. 학교가 민주적인 의사결정 구조를 갖추고, 행정업무보다는 수업과 교육과정 운영에 집중할 수 있도록 했다.

이와 동시에 교사가 교과서에 있는 지식을 일방적으로 전달하고, 아이들은 수동적으로 외우기만 하는 수업에 변화를 꾀했다. 교사들은 아이들의 배움과 성장을 촉진하는 다양한 수업방식을 앞다투어 교실에 들여왔다. 배움의 공동체, 발도르프 교육에서부터 최근에 등장한 거꾸로 수업, 하브루타 수업 등이 그것이다. 더 나아가 아이들 하나하나를 들여다보며 교사의 수업을 근본적으로 성찰하기도 하고, 교과의 벽을 넘는 주제통합 수업을 진행하기도 했다.

이들 수업방식의 공통점은 아이들이 수업의 대상이 아니라 주체가 된다는 것이다. 이런 수업을 통해 아이들은 수업 시간 내내 교사의 설명을 받아 적고 암기하는 것에서 벗어나 적극적으로 참여하고, 깊이 탐구하여, 실생활에 활용할 수 있는 역량을 기를 수 있다. 자연친화 활동과 문화예술 체험을 통해 감수성을 기르고, 다양한 협업을 통해 세상을 바라보는 안목을 키우면서, 동시에 다른 사람과 더불어 살아가는 민주시민 의식도 함양할 수 있다.

전국적으로 혁신교육이 활발하게 전개되면서 불과 5~6년 사이에 학교가 많이 바뀌었다. 현장에 조금이라도 발을 걸치고 있는 사람이라면 누구나 학교변화를 실감했을 것이다. 일부 교사의 헌신과 희생에 의존하던 혁신학교가 이제는 학교 구조와 시스템의 변화로 진화하고 있다. 또한 전국적으로 1,000개 이상 운영되면서 학교혁신의 거대한 물결이 전체 학교로 확산되고 있다.

많은 학교에서 교육부와 교육청의 지도·감독과 관리자의 일방적인 지시보다는 구성원들의 협의와 토론이 존중되는 등 민주적 가치가 중시되고 있다. 이러한 학교 구조의 변화는 현장 교사들의 변화와 참여를 이끌어냈다. 수많은 교사가 단편적인 지식 전달 수업에서 벗어나 교육과정을 재해석하고, 재구성함으로써 아이들이 주인공이 되는 수업을 실천했다. 나아가 학교 민주주의는 교실 민주주의로 이어져 학급에서 자치역량과 민주시민 의식을 몸으로 습득할 수 있는 의미 있는 활동을 시도하고 있다. 이러한 학교 시스템의 변화와 현장 교사들의 실천으로 아이들은 좀 더 존중받고, 좀 더 교육적인 환경에서 성장할 수 있게 되었다.

그렇다면 이러한 혁신학교와 혁신교육으로 우리나라 교육 문제가 모두 해결되었을까? 학교 교육의 문제가 어느 정도 해결되었다고 해서 아이들은 학교를 졸업하면 자신이 하고 싶은 일을 하면서 행복하게 살 수 있는가? 이 물음에 대답하기 위해 주목해야 할 점이 있다. 초·중학교에서 혁신교육을 받았던 아이들도 고등학교에 진학하면서 입시의 블랙홀로 빨려들어 갈 수밖에 없다는 점이다. 예전에 해왔던 대로 수학능력시험에 대비해 EBS 문제풀이 중심의 수업을 진행하는 고등학교가 대다수이다. 국, 영, 수 중심의 특별보충수업, 야간자율학습에서 자유롭지 못하다. 지금과 같은 입시제도가 유지되고, 학벌주의, 물질만능주의 문화가 우리 사회에 남아있으면 아이들은 다시 치열한 경쟁의 대열에 합류해야 한다. 남들보다 더 좋은 대학에 들어가서 남들보다 더 좋은 직업을 갖기 위해 끊임없이 경쟁해야 한다. 결국 혁신교육이 어느 정도 성공했다 하더라도 경쟁의 열차에 올라탈 수밖에 없는 냉엄한 현실이 아이들을 기다리고 있다.

또한 고령화가 가파르게 진행되면서 노년세대와 청년세대 간의 갈등의 골도 더욱 깊어질 것이고, 부족한 일자리를 차지하기 위해 아이들은 끊임없이 경쟁할 것이다. 더구나 4차 산업혁명시대에 인공지능(AI)이 광범위하게 사용되면서 기계가 인간의 영역을 급속도로 침범하고, 모든 공정이 자동화되면서 많은 일자리가 사라질 것이 분명하다. 결국 운 좋게 남들이 동경하는 일자리를 찾은 5%의 아이들과 그 대열에 합류하지 못한 95%

의 평범한 아이들로 구분될 것이다.

혁신교육을 통해 학교가 변화하고, 그 결과 아이들이 성장한다 하더라도 아이들이 사회에 나가는 순간 일자리 문제에 직면할 것이다. 아이들은 양질의 일자리를 찾기 위해 경쟁의 대열에 합류할 것이고, 조금이라도 더 좋은 기회를 잡기 위하여 결국 지역을 떠날 것이다. 이는 결코 혁신학교나 혁신교육의 힘만으로 풀 수 있는 문제가 아니다.

이 문제를 푸는 것은 북유럽 국가처럼 국민 전체가 동의하고, 국가 시스템이 완전히 바뀌지 않는 한 어쩌면 불가능할 수도 있다. 그렇다고 우리는 국가에서 해결해 줄 때까지 마냥 두 손 놓고 앉아 있을 수는 없다. 현재의 수준에서 다양한 대안과 방법을 모색해야 한다. 그 중심에 지역교육이 있다. 혁신교육만으로는 풀 수 없는 문제를 지역교육으로 해결할 수 있다.

지역교육은 기초지자체 행정구역을 그 범위로 한다. 지역의 양대 행정기관인 교육지원청과 지자체가 학교, 학부모, 지역주민과 함께 지역의 교육환경을 획기적으로 바꿔 지역에서 아이들이 자라고, 그 아이들이 다시 지역에서 살아갈 수 있는 교육 생태계를 만드는 것이다. 더는 국가나 중앙정부, 도교육청에 의존하지 않고 지역의 교육환경을 함께 분석하며 어려움을 극복할 수 있는 새로운 대안을 찾아 함께 실천하는 것이다.

지역사회가 안고 있는 다양한 교육문제를 더 이상 외부에 의존하지 않고 지역 스스로 해결해야 한다. 더 좋은 일자리를 갖기 위하여 아이들이 지역 밖으로 빠져나가는 현상을 더 이상 외면해서는 안 된다. 지역의 아이들이 일자리를 찾기 위해 경쟁의 대열에 합류하도록 부추기는 것이 아니라, 지역 스스로 새로운 교육과 경제시스템을 작동시켜 아이들이 지역에서 살아갈 수 있게 해야 한다.

더하여 지역에서 일자리를 창출할 수 있도록 지역의 환경과 시스템 전

빈에 대한 재검토기 필요하다. 많은 지역에서 사회적 경제나 협동조합, 지역 내 착한 소비 운동을 하는 것도 이러한 시대의 흐름을 반영한 결과라고 볼 수 있다.

호지[29]는 물질 중심주의, 무한 경쟁으로 대표되는 세계화의 폐단을 극복하기 위하여 지역화를 강조하고 있다. 지역화는 단순한 지역이기주의가 아니라 지역 단위의 지속 가능한 경제활동을 보장하는 것이다. 지역이 함께 일자리를 만들고 연대하여 사회적, 경제적 공동체를 만들어나갈 수 있다. 빵을 팔기 위해 고용하는 것이 아니라 고용하기 위하여 빵을 판다는 루비콘 베이커리의 사업 모토를 보면 지역이 일자리를 만들기 위해 나아갈 방향을 미루어 짐작할 수 있다.

완주군에서 성공을 거둔 로컬푸드도 지역화와 맥을 같이 한다. 로컬푸드는 지역에서 생산한 먹을거리를 복잡한 유통 과정을 거쳐 타 지역으로 보내지 않고 지역에서 소비하는 정책이다. 생산자는 유통에 들어가는 불필요한 비용을 줄여 높은 이윤을 남길 수 있고, 소비자는 값싸고 신선한 농산물을 식탁에 올려 건강을 지킬 수 있다. 지역의 생산자와 소비자 모두가 이익을 본다. 돈이 밖으로 빠져나가지 않고 지역에서 돈이 돌게 함으로써 지역경제를 살리는 정책이다. 소비자들이 대형마트나 대기업에서 운영하는 프랜차이즈 식당에 가지 않고 동네에 있는 전통시장이나 작은 가게에 가는 것도 결국 같은 맥락이다.

완주교육이 꿈꾸고 있는 로컬에듀도 이와 크게 다르지 않다. 우리는 로컬에듀로 지역을 떠나지 않고도 지역에서 잘 살아갈 수 있음을 보여주고

---

29 헬레나 노르베리-호지(Helena Norberg-Hodge, 1946~) 스웨덴의 환경 운동가. 유럽과 미국을 오가며 연구 활동을 해 왔으며, 생태계와 공동체 복원을 위한 활동을 지원하고 있다.

자 했다. 이를 위하여 다른 어떤 문제보다도 교육 문제를 해결해야 했다. 그래서 로컬에듀는 아이들의 삶이 지역으로 스며들 수 있도록 학교를 중심으로 지역과 학교를 연결하고자 했다. 아이들을 굳이 타 지역으로 떠나보내지 않아도 지역의 학교에서 오히려 잘 키울 수 있다. 지역이 학교를 지원하고, 학교는 교육과정과 수업, 생활교육, 진로교육을 충실히 운영하면 아이들이 지역의 학교에서 지역의 시민으로 성장할 수 있다.

지역교육의 방향과 내용에 대해서는 지역 스스로 토론과 협의를 통하여 찾아야 한다. 지역마다 상황과 여건이 다르기 때문이다. 완주가 지금까지 해왔던 것을 중심으로 정리하면 다음과 같다.

첫째, 지역교육의 내용과 방법에 대한 지역 전체의 협의와 합의가 필요하다. 지역은 어떤 아이를 키울지, 지역교육에 어떤 문제가 있고, 무엇을 함께 시작할 것인지에 대한 토론이 필요하다. 그리고 각자 자신의 역할을 충실히 수행하면 된다.

둘째, 학교와 지역의 역할 분담, 즉 분권과 협치가 필요하다. 학교는 정규교육과정과 수업을 충실히 운영하고, 지역은 학교에서 행하는 나머지 것들을 지원한다. 교육과정 운영에 부담을 주는 방과후학교, 돌봄교실, 직업체험 등을 지역에서 지원해주면 좋다. 나아가 지역에서 소외된 아이를 보듬고 돌볼 수 있는 시스템을 마련한다.

셋째, 지역의 양대 행정기관인 교육지원청과 지자체의 소통과 긴밀한 협력이 필요하다. 지역의 교육 특성과 실태를 공동으로 조사하여 대안을 마련해야 한다. 특히 지자체 교육지원 경비에 대한 분석, 조정, 통합을 통해 예산을 확보하고, 이를 학교교육과정 운영과 수업 등에 지원한다.

넷째, 학교는 교육과정을 내실 있게 운영하고, 수업의 변화를 통해 공교육에 대한 신뢰를 높여야 한다. 교육과정에 대한 이해를 바탕으로 아이의 특성을 파악하여 적절한 상황을 제시하고 학생의 학습을 지원할 수 있는 교사의 전문성 신장이 가장 중요하다.

다섯째, 학습의 장을 지역으로 넓혀야 한다. 아이들의 삶은 필연적으로 지역에 뿌리를 내리고 있다. 그런데 학교에 들어가면서 지역과 철저하게 유리되도록 길러진다. 교과내용과 수업이 지역을 거의 다루지 않기 때문이다. 아이들의 삶이나 생활이 배제된 수업은 아이들의 흥미를 끌지 못한다. 마을교육과정과 마을교과서를 활용해 지역을 접할 기회를 충분히 제공해야 한다.

여섯째, 지역의 다양한 전문가와 프로그램, 체험처와 시설 등의 교육자원들을 시스템과 네트워크로 만들어 학교에서 쉽게 활용할 수 있도록 해야 한다. 마을교육과정을 운영하기 위한 학교와 교사의 행정업무 부담을 대폭 줄이고, 마을 사람들이 활발하게 학교로 들어가 아이들을 직접 만날 수 있도록 지역이 행정적·재정적 지원을 해야 한다.

마지막으로 아이들이 지역의 삶에 대해 긍정적으로 인식할 수 있도록 해야 한다. 어쩌면 이는 지역 내의 일자리 문제보다도 더 중요할지도 모른다. 아이들이 마을 사람들의 일터를 체험하고, 마을교육지원센터에서 방과후학교를 전담하며, 지역에서 결손 가정의 자녀를 돌보는 것도 결국 아이들이 자신들의 마을이 살만한 곳이고, 사람들이 행복하게 살고 있다는 것을 직접 보고, 듣고, 느끼게 하기 위해서였다. 그래야 어른이 되어서도 지역에서 뿌리를 내리고 살아갈 마음이 싹틀 수 있다.

아이들이 지역을 떠나는 것을 강제로 막을 수는 없다. 그러나 적어도 아이들이 지역의 삶을 이해하고 그 이후에 선택할 수 있도록 해야 한다. 아이들에게 지역을 가르치기보다는 지역에서 어른들이 자신이 하고 싶은 일을 하면서, 충분히 행복하게 사는 모습을 보여주어야 한다. 이러한 과정을 거쳐 지역에 남기를 희망하는 아이가 있다면 그 아이가 지역에서 잘 살 수 있도록 지역의 안전망을 가동해야 한다. 그 안전망은 지역 전체가 만들어야 한다.

> 컴퓨터 프로그래머였던 한 청년이 귀농을 했어요. 그런데 가지고 있는 기술이 없었어요. 우리 마을은 누가 여기 남겠다고 했을 때 어떻게든 방법을 찾아봐요. 어제부터 그 청년은 여러 사람의 도움을 받아 집 짓는 일을 하고 있어요. 기술이 없어도 괜찮다, 일단 와서 같이 하자라는 문화가 있는 거예요. 우리는 서로가 서로를 지켜준다는 그런 거 말이에요. 그런 것들이 굉장히 중요한 것 같아요. 여기도 일자리 수만 따지고 보면 현대자동차의 일자리가 훨씬 많죠. 하지만 사람들이 그 일자리 때문에 여기에 들어오고 있는 건 아니거든요. 서로를 생각해주는 공동체 문화에서 희망을 많이 봐주시는 것 같아요. 지역이 사람들을 내치지 않고 지켜준다는 믿음이 있으면 충분히 살 수 있어요.

고산지역 청년과 나눈 대화 중 일부다. 지역에 사람이 들어오면 그 사람이 지역에 뿌리를 내릴 수 있도록 지역주민이 모두 나서서 도와준다고 한다. 또 한 가지, 놓쳐서는 안 되는 중요한 것이 있다. 아이들의 삶은 근본적으로 마을과 맞닿아 있다. 그러나 예전에 비해 마을은 교육적 기능을 많이 잃어버렸고 이에 따른 문제들이 발생하고 있다. 그러다 보니 학교가 마을의 역할까지 해야 하는 경우가 많다. 학교 밖에서 자연스레 이루어지던 예절 교육이며, 인성교육, 놀이를 통해 길러지던 공동체 의식 등도 이제는 학교 교육을 통해 가르쳐야만 하는 상황에 놓여 있다. 학교가 힘들고 부담스러울 수밖에 없는 이유다.

학교가 고스란히 감당해야 할 이런 부담을 덜고, 손상된 마을의 기능을 회복하기 위하여 학교는 아이들과 마을을 연결하는 징검다리 역할을 해야 한다. 아이들이 학교에서 마을 사람들을 만날 수 있게 하고, 마을에서 의미 있는 경험이나 체험을 할 수 있게 해야 한다. 학교 안에서 마을 사람들을 만나고, 마을에서 교육적인 경험을 하면 분명 마을을 잘 이해하게 될 것이고, 앞으로의 삶에 긍정적인 영향을 얻게 될 것이다. 마을 안에서 행복하게 자라는 아이들이라면 어른이 되어서도 분명히 지역의 삶을 선택할 것이다.

교육이란 무엇인가? 교육자라면 누구나 평생 가슴에 지니고 살아가는 근본적인 질문이다. 아이들이 자신이 하고 싶은 일을 하면서 즐겁게 살아갈 수 있도록 다리를 놓아주는 일이 아닐까 싶다. 그 일이 나뿐만 아니라 이웃에게까지 의미 있는 일이라면 더욱 좋을 것이다. 아이들이 어떤 직업을 가질 것인가 보다, 그 직업을 통해 어떻게 살아갈 것인지를 고민하게 해야 한다. 어떻게 살아갈 것인가에 대한 고민을 통해 건강하고 가치 있는 삶을 살아갈 수 있도록 돕는 일이 교육의 근본이 되어야 한다.

일반적으로 교사나 아이들, 그리고 학부모가 주목하는 현행 입시제도의 핵심은 좋은 대학에 들어가는 것이고, 이를 통해 좋은 직업을 갖는 것이다. 그런데 아이들이 직업을 가질 때쯤이면 우리가 알고 있는 직업의 상당 부분은 없어지고, 새롭게 각광받는 직업은 지금 이름도 들어보지 못한 직업이 될 것이라는 보고서도 있다. 특히 의사, 약사, 변호사, 회계사 등 지금 선망 받고 있는 직업도 그 업무 영역의 많은 부분이 인공지능으로 대체될 것이라고 한다. 또한 지금 학교에 다니는 아이들은 살면서 적어도 직업을 열 번은 바꿀 것이라는 연구 결과도 있다. 그런데도 여전히 아이들을 명문대학에 보내기 위하여 몸부림치고, 사교육에 열광한다. 만약 우리가 이러한 입시정책과 진로지도를 고집한다면 그 피해는 고스란히 아이들에게 돌아갈 수밖에 없다.

이제 다가올 새로운 환경에 아이들이 잘 적응하고 행복하게 살아갈 수 있도록 새로운 교육을 해야 한다. 입시공부로 물질적 행복을 추구하는 대신 아이들이 자기 삶의 주체가 되어 삶을 스스로 개척해나갈 힘을 기르도록 해야 한다. 그 힘은 국가교육과정에서는 핵심역량이라 부르고, 전라북도교육청에서는 참학력이라 부른다. 아이들이 어떤 삶을 살 것인지 스스로 생각하고, 선택하여 그러한 삶을 위해 자신이 무엇을 해야 할지 고민하고, 그 길을 걸어갈 역량을 기를 수 있도록 해야 한다.

완주는 지금 새로운 길을 만들어가고 있다. 그것은 바로 지역의 교육 문제를 외부에 의존하지 않고 지역 스스로의 힘으로 풀어가는 것이다. 아이들이 어디에 살든, 어떤 일을 하든지 자기 삶의 주인이 되어 행복하게 사는 힘을 기를 수 있도록 키우는 것이다. 지역의 삶에 대한 충분한 이해와 경험을 제공하여 지역에서도 충분히 행복하게 살 수 있다는 것을 보여주고자 한다. 그것은 학교 교육일 수도 있고, 지역주민과 학부모의 삶일 수도 있다. 그 선택은 아이가 하지만, 선택할 기회를 주는 것은 지역과 어른들의 몫이고, 선택 후에는 아이를 지역 전체가 보듬어 줄 것이다.

우리가 가고자 하는 이 길의 끝이 어디이고, 그곳에 무엇이 기다리고 있을지 아직 모른다. 그러나 우리 아이들을 잘 키우기 위해 학교와 지역사회, 학부모와 지역주민 그리고 교육지원청과 완주군이 함께 걸어가는 길이기에 기꺼이 기쁜 마음으로 나아가고자 한다.

지금까지 교육청에서 학교를 대상으로 실시한 수많은 정책과 사업이 고기를 잡기 위해 물가에서 맴돌기만 한 것이라면 완주교육지원청이 하는 일은 비로소 고기를 잡기 위해 신발을 벗고 물속으로 들어가는 것이라 할 수 있습니다.

지난 3년 동안 완주교육의 변화를 위해 지속적으로 도움을 주신 서근원 교수의 말이다. 우리 완주교육지원청의 지역교육에 대한 새로운 도전과 즐거운 모험이 어떻게 끝을 맺을지는 아무도 모른다. 구성원의 변화, 지역적 특성과 한계, 지자체와의 견해차가 분명히 존재하고 있다. 그리고 무엇보다 학교의 변화를 이끌어내기가 녹록지 않고 선생님들의 참여와 마음을 얻기도 어렵다. 다만 몇 가지 의미 있는 변화는 분명히 있다. 수업 전문성 신장 연구회에 참여하는 선생님들의 진지한 눈빛, 언제나 우리를 믿고 든든한 후원자가 되어주는 학부모님들의 열띤 호응, 환하게 웃는 아이들의 모습을 보며 어쩌면 로컬에듀가 꿈이 아니라 실제 이루어져 현실이 될 수도 있겠다는 생각이 들기도 한다. 다만 로컬에듀 실현 여부를 떠나 지역이 함께 꿈을 꾸고, 지역이 함께 도전한 시간은 우리 모두를 행복하게 했다.

5% 뛰어난 아이들의 성공도 중요하지만, 95% 평범한 아이들의 삶과 행복을 더욱 소중히 여기는 지역이 되어야 한다. 이를 위해 지역이 어떤 역할을 할지 모두 함께 고민해보고, 구체적으로 실천하는 마을을 꿈꾼다. 바로 지금, 그리고 여기에서!